Repräsentationen der Arbeit

Archiv der sozialen Demokratie der Friedrich-Ebert-Stiftung
Reihe: Politik- und Gesellschaftsgeschichte, Band 104

Herausgegeben von Anja Kruke und Meik Woyke

Knud Andresen · Michaela Kuhnhenne
Jürgen Mittag · Stefan Müller (Hg.)

Repräsentationen der Arbeit

Bilder – Erzählungen – Darstellungen

Bibliografische Information der Deutschen Nationalbibliothek

Die Deutsche Nationalbibliothek verzeichnet
diese Publikation in der Deutschen Nationalbibliografie;
detaillierte bibliografische Daten sind im Internet
über *http://dnb.dnb.de* abrufbar.

ISBN 978-3-8012-4247-3
ISSN 0941-7621

© 2018 by
Verlag J. H. W. Dietz Nachf. GmbH
Dreizehnmorgenweg 24, 53175 Bonn

Reihengestaltung: Just in Print, Bonn · Kempken DTP-Service, Marburg

Umschlagfoto:
Werbeplakat des Verbands der Nahrungsmittel- und Getränkearbeiter, 1929
Quelle: Archiv der sozialen Demokratie der Friedrich-Ebert-Stiftung (AdsD)

Umschlag: Kempken DTP-Service | Satztechnik · Druckvorstufe · Mediengestaltung,
Marburg

Satz: Kempken DTP-Service | Satztechnik · Druckvorstufe · Mediengestaltung, Marburg

Druck und Verarbeitung: CPI books, Leck

Alle Rechte vorbehalten
Printed in Germany 2018

Besuchen Sie uns im Internet: *www.dietz-verlag.de*

Inhaltsverzeichnis

Einleitung

Knud Andresen · Michaela Kuhnhenne · Jürgen Mittag · Stefan Müller
Arbeit und Repräsentation: Perspektiven historischer Analyse
im Spannungsfeld von Politik-, Sozial- und Kulturgeschichte 7

I Industrielle Arbeit

Lars Bluma
Funktionen von Repräsentationen des Arbeiterkörpers: Objektivierende
und idealisierende Darstellungen im industriellen Steinkohlebergbau 23

Sigrid Koch-Baumgarten
Gewerkschafts- und Medien-Frames im publizistischen Konflikt
während des Streiks um Lohnfortzahlung im Krankheitsfall 1956/7 41

Arne Hordt
Ein Konflikt um »Arbeit«? Zur performativen Kraft politischer Sprache
im britischen Bergarbeiterstreik 1984–85 67

II Verlust von geregelter Arbeit als Gewinn

Torsten Erdbrügger · Inga Probst
Arbeit(slosigkeit) als Schelmenerzählung bei Peter-Paul Zahl
und Volker Braun 89

Cora Rok
Motivationsmeetings, Casual Fridays und Eigenevaluationen –
(Selbst-)Entfremdung in literarischen Arbeitsrepräsentationen
der italienischen und deutschen Gegenwartsliteratur 109

III Arbeit im Museum

Olaf Schmidt-Rutsch
Zwischen Musealisierung und Dokumentation:
Das LWL-Industriemuseum Henrichshütte in Hattingen 131

Sabine Kritter
Bilder der Arbeit im Museum – kulturhistorische Museen
und die Imaginationskrise der Arbeit 147

IV Unterhaltung und Belehrung

Daniela Mysliwietz-Fleiß
»Geschäftiges Leben und treiben allüberall in den hohen Arbeitssälen!«
Repräsentationen von Arbeit als Objekt der touristischen Neugier im
späten 19. Jahrhundert 165

Jana Hawig
Die Ständige Ausstellung für Arbeiterwohlfahrt
als Medium politischer Repräsentation von Arbeit 191

V Visuelle Repräsentationen

Agneta Jilek
Abgesang auf die Helden: Repräsentationen des arbeitenden Menschen
auf den Porträtsfotoschauen der DDR (1971–1986) 213

Stefan Moitra
Mitbestimmung im Bild? Zur visuellen Kommunikation
der industriellen Beziehungen im westdeutschen Bergbau, 1945–1969 233

Rudolf Tschirbs
Bergarbeit im Film: Über das Spannungsverhältnis zwischen
ästhetischen Darstellungsformen und epistemischen Ansprüchen 253

Anhang

Abkürzungsverzeichnis 275

Verzeichnis der Bildrechteinhaber nach Beiträgen 277

Literaturverzeichnis 279

Autorinnen und Autoren 299

Knud Andresen · Michaela Kuhnhenne · Jürgen Mittag · Stefan Müller

Arbeit und Repräsentation: Perspektiven historischer Analyse im Spannungsfeld von Politik-, Sozial- und Kulturgeschichte

Repräsentation ist nicht nur ein traditionsreicher, sondern auch ein vielschichtiger und schillernder Begriff.[1] Sowohl in den Politik- und Staatswissenschaften[2] als auch in der Soziologie und Philosophie[3] sowie in der Ethnologie und den Kulturwissenschaften[4] zählt er zu den zentralen Termini, mit denen Beziehungsverhältnisse zwischen Individuen und Kollektiven, aber auch zwischen Subjekten und Objekten oder auch Vor- und Abbildern beschrieben und analysiert werden.[5] Im Mittelpunkt des wissenschaftlichen Interesses stehen dabei neben Formen der Vertretung beziehungsweise des Sprechens für andere vor allem Möglichkeiten und Grenzen der Teilhabe[6], der Anerkennung[7], der Identität[8] sowie politische, soziale oder ästhetische Ausdrucksformen und deren Wirkungen.[9] Die wohl bekannteste und grundlegendste Definition von Repräsentation geht auf die US-amerikanische Politikwissenschaftlerin Hanna F. Pitkin zurück, die – mit der Formel »[R]epresentation, taken generally, means the making present in some sense of something which is nevertheless not

---

1 Grundlegend zur Begriffsgeschichte Hasso Hofmann, Repräsentation. Studien zur Wort- und Begriffsgeschichte von der Antike bis ins 19. Jahrhundert, Berlin 1974 und Adalbert Podlech, Repräsentation, in: Otto Brunner/Werner Conze/Reinhart Koselleck (Hg.), Geschichtliche Grundbegriffe. Historisches Lexikon zur politisch-sozialen Sprache in Deutschland, Stuttgart 1984, S. 509-547.
2 Siehe Philip Manow, Repräsentation, in: Martin Hartmann/Claus Offe (Hg.), Politische Theorie und Politische Philosophie. Ein Handbuch, München 2011, S. 297-299.
3 Kerstin Behnke/Benedikt Haller/Stephan Meier-Oeser/Eckart Scheerer/Oliver R. Scholz, Repräsentation – V. Krise der Repräsentation, in: Joachim Ritter/Karlfried Gründer/Gottfried Gabriel (Hg.), Historisches Wörterbuch der Philosophie, Bd. 8, Basel/Stuttgart 1992, S. 797-853.
4 Barbara Stollberg-Rilinger, Repräsentation 2: Politische Aspekte, in: Friedrich Jaeger (Hg.), Enzyklopädie der Neuzeit, Bd. 11, Stuttgart 2010, Sp. 65-73.
5 Siehe etwa Hans Jörg Sandkühler (Hg.), Repräsentation und Modell. Formen der Welterkenntnis. Eine Ringvorlesung, Bremen 1993.
6 Exemplarisch Laura Gorriahn, Partizipation und Repräsentation, in: Gisela Riescher (Hg.), Spannungsfelder der Politischen Theorie, Stuttgart 2014, S. 68-84 und Markus Linden/Winfried Thaa (Hg.), Die politische Repräsentation von Fremden und Armen, Baden-Baden 2009.
7 Erik Jentges, Die soziale Magie politischer Repräsentation. Charisma und Anerkennung in der Zivilgesellschaft, Bielefeld 2010.
8 Siehe hierzu auch Pierre Bourdieu, Identity and Representation. Elements for a Critical Reflection on the Idea of a Region, in: ders., Language and Symbolic Power, Oxford 1992, S. 220-251.
9 Niels Wagner, Repräsentation/repräsentativ, in: Karlheinz Barck (†)/Martin Fontius/Friedrich Wolfzettel/Burkhart Steinwachs (Hg.), Ästhetische Grundbegriffe. Ein Historisches Wörterbuch in sieben Bänden, Bd. 5, Stuttgart/Weimar 2003, S. 264-290.

present literally or in fact« – Repräsentation als die Vergegenwärtigung von etwas bezeichnet, das im direkten, materiellen oder wörtlichen Sinne nicht präsent ist.«[10]

1 Dimensionen von Repräsentation

Die Bandbreite von Ansätzen und Zugängen, die auf dieser Definition fußen, ist beträchtlich: Während die einen den Akzent dabei auf das Darstellen oder das Vorstellen legen, analysieren andere die Formen der Stellvertretung oder untersuchen das Verhältnis von Signifikant, Signifikat und Referent. Namentlich seit dem Beginn moderner Staatswerdung[11] dominierte dabei eine politische Perspektive auf Repräsentation[12], bei der zunehmend die demokratische Repräsentation in das Blickfeld rückte.[13]

Der französische Historiker Roger Chartier hat demgegenüber den Blick auf die kulturgeschichtlichen Perspektiven von Repräsentation gelenkt.[14] Chartier nennt drei Aspekte, mit denen Repräsentationen zu gesellschaftlicher Sinndeutung und Praxis beitragen: 1. Mittels Repräsentationen lassen sich kollektive Wahrnehmungen erkunden, da bei Repräsentationen wertende Vorstellungen, Projektionen und Beurteilungen einfließen. 2. Repräsentationen sind Formen, die als symbolische Akte Macht und allgemein soziales Leben zeigen. 3. Repräsentationen vermitteln kollektive Identitäten, die ebenso abstrakt wie konkret sein können. In diesem Sinne weisen Repräsentationen eine Nähe zum geschichtswissenschaftlichen Diskursbegriff auf. Diskurse und – so die Ausdeutung dieses Bandes – auch Repräsentationen stehen im Zentrum des Ringens von Akteuren, »gültige Versionen von Wirklichkeit zu etablieren«.[15] In beiden Fällen geht es um die Organisation des Sagbaren, des Denkmöglichen und der umsetzbaren Praxis. Während die Untersuchung von Diskursen jedoch vornehmlich die Regeln und Strukturen von Sprache in den Blick nimmt, wenden sich Analysen von Repräsentationen stärker den Akteuren zu.

Mit dem »cultural turn« der 1990er-Jahre wurde die bis dahin stark politisch geprägte Sichtweise auf Repräsentation deutlich geweitet. Ergänzend zu politischen

---

10 Hanna F. Pitkin, The Concept of Representation, Los Angeles/Berkeley 1967, S. 56.
11 Beatrice Brunhöber, Die Erfindung »demokratischer Repräsentation« in den Federalist Papers, Tübingen 2010.
12 Siehe Ian Shapiro/Susan C. Stokes/Elisabeth J. Wood/Alexander S. Kirshner (Hg.), Political Representation, Cambridge 2010.
13 Grundlegend Philipp Manow, Im Schatten des Königs. Die politische Anatomie demokratischer Repräsentation, Frankfurt a. M. 2008.
14 Roger Chartier, Kulturgeschichte zwischen Repräsentationen und Praktiken, in: ders., Die unvollendete Vergangenheit. Geschichte und die Macht der Weltauslegung, Berlin 1989, S. 7-34; hier: S. 12. Siehe zuvor auch ders., Die Welt als Repräsentation (frz. 1989), in: Matthias Middell/Stefan Sammler (Hg.), Alles Gewordene hat Geschichte. Die Schule der »Annales« in ihren Texten 1929–1992, Leipzig 1994, S. 320-347.
15 Achim Landwehr, Historische Diskursanalyse, Frankfurt a. M./New York 2009, S. 91.

Akteuren, Institutionen[16] oder auch Symbolen[17] sind weitere gesellschaftliche und soziale Akteure sowie vor allem Praktiken und Wahrnehmungen von Repräsentation ins Blickfeld gerückt. Repräsentation ist damit zu einer analytischen Kategorie zur Untersuchung fremder Kulturen und literarisch-fiktionalisierender Darstellungsstrategien avanciert[18], hat aber auch eine eingehendere Beschäftigung mit den Repräsentationsformen von Museen und Wissenschaft angeregt.[19] Im Kontext eines »reflexive turn« erfolgte dabei eine intensive Auseinandersetzung – nicht zuletzt in der Wissenschaft – mit dem eigenen Handeln, bei dem auch Autoritäts- und Machtstrukturen jenseits der politischen Repräsentation verstärkt hinterfragt wurden. Länderübergreifende oder vergleichende Studien wie etwa im Feld der »postcolonial studies« haben darüber hinaus die Forschungsperspektiven von Repräsentationen erheblich geweitet.

In der Geschichtswissenschaft hat die Beschäftigung mit Repräsentationen ebenfalls durch die Kulturgeschichte zahlreiche neue Impulse erhalten. Roger Chartier formulierte apodiktisch: »Die Kämpfe im Bereich der Repräsentationen sind nicht minder wichtig als die ökonomischen Kämpfe, wenn man die Mechanismen verstehen will, durch die eine Gruppe ihre Sicht der sozialen Welt, ihre Werte und ihre Herrschaft durchsetzt oder durchzusetzen sucht.«[20] Für Chartier markieren Repräsentationsmodi eine wesentliche Quelle, um gesellschaftliche Prozesse zu verstehen. Zu diesen gesellschaftlichen Prozessen gehört auch das weite Feld der Arbeit.

2 Arbeit und Repräsentation im Zusammenspiel

Dem Problemfeld Arbeit kommt als gewissermaßen ubiquitäre gesellschaftliche Erscheinung zentrale Bedeutung in Geschichte und Gegenwart zu. Als geschichtswissenschaftlicher Untersuchungsgegenstand war die Erforschung der Arbeit bislang in starkem Maße sozialgeschichtlich geprägt.[21] Im Blickfeld stand in der Regel das

---

16 Siehe klassisch Gerhard Göhler, Institutionen – Macht – Repräsentation. Wofür politische Institutionen stehen und wie sie wirken, Baden-Baden 1997.
17 Paula Diehl/Felix Steilen, Politische Repräsentation und das Symbolische. Historische, politische und soziologische Perspektiven, Berlin 2015.
18 Siehe Niels Wagner, Repräsentation/repräsentativ, in: Barck (†)/Fontius/Wolfzettel/Steinwachs (Hg.), Ästhetische Grundbegriffe, Bd. 5., 2003, S. 264-290.
19 Hans-Jörg Rheinberger/Michael Hagner/Bettina Wahrig-Schmidt (Hg.), Räume des Wissens. Repräsentation, Codierung, Spur, Berlin 1997.
20 Roger Chartier, Kulturgeschichte zwischen Repräsentationen und Praktiken, in: ders., Die unvollendete Vergangenheit. Geschichte und die Macht der Weltauslegung, Berlin 1989, S. 7-34; hier: S. 12.
21 Als Forschungsüberblicke Josef Ehmer, History of Work, in: Neil J. Smelser/Paul B. Baltes (Ed.-in-Chief), International Encyclopedia of the Social & Behavioral Sciences, Bd. 24, London 2001, S. 16569-16575; Jürgen Kocka, Mehr Lust als Last. Arbeit und Arbeitsgesellschaften in der europäischen Geschichte, in: ders., Arbeiten an der Geschichte. Gesellschaftlicher Wandel im 19. und 20. Jahrhundert, Göttingen 2011, S. 203-224; Dietmar Süß/Winfried Süß, Zeitgeschichte der Arbeit:

Kollektiv der Arbeiter als eine Personengruppe, die einer abhängigen Erwerbsarbeit nachgeht und deren Lebensumstände und Arbeitsbedingungen dabei näher beleuchtet wurden. Peter Hübner konstatiert zutreffend, dass die »Arbeit selbst als physischer und intellektueller Prozess, als Lebensäußerung des ›Arbeiters‹ [...] demgegenüber irgendwie im Halbschatten [blieb], es sei denn, besonders skandalöse und damit konflikträchtige Arbeitsumstände weckten das Interesse.«[22] Demzufolge gelten – jenseits der engeren Arbeiterbewegungskultur – kulturgeschichtlich inspirierte Studien zur Geschichte der Arbeit und ihrer Repräsentation auch eher als eine künftige Perspektive, denn als ein Merkmal aktueller Forschung.[23]

Vor diesem Hintergrund und einer erst schrittweise einsetzenden wissenschaftlichen Beschäftigung mit dem Verhältnis von Repräsentation und Arbeit[24] setzt sich der vorliegende Band mit dem Zusammenspiel dieses Begriffspaars aus historiografischer Perspektive näher auseinander. Untersucht werden sollen dabei sowohl exemplarische Rahmenbedingungen und Kontexte, in denen sich die Repräsentation von Arbeit vollzieht, als auch Formen der politischen Repräsentation von Arbeit im Hinblick auf Bilder, Filme, Museen etc., die unser Bild von Arbeit, vom Konflikt zwischen Kapital und Arbeit und von gewerkschaftlicher Interessenvertretung im sozialen, politischen und kulturellen Raum geprägt haben. Die Frage, wie das Bild der Arbeit in andere Bedeutungssysteme – zum Beispiel Politik, Kultur und Wissenschaft – übersetzt wurde, ist dabei ebenso von Bedeutung wie die daraus resultierenden Wirkungen. Das Verhältnis von Repräsentation und Arbeit wird in dieser Publikation in einem weiten Verständnis analysiert: Behandelt werden politische, visuelle und narrative Repräsentationen in Deutschland im 20. Jahrhundert, mit vergleichenden Ausblicken nach Italien und Großbritannien. Dem Band liegt dabei die These zugrunde, dass Repräsentationen als eigenständige Praxis kollektive wie individuelle Wahrnehmungen und andere Praktiken beeinflussen und bedingen. Sie rahmen, ebenso wie andere Praktiken, die Grenzen des Sagbaren und des gesellschaftlich Akzeptierten, unterliegen aber immer auch einem historischen Wandel und der Aushandlung.

Wird auf der einen Seite untersucht, wie »über« Arbeit gesprochen (und nachgedacht) wird, geht es auf der anderen Seite um die (Selbst-)Darstellung von Arbeit

---

Probleme und Perspektiven, in: Knud Andresen/Jürgen Mittag/Ursula Bitzegeio (Hg.), »Nach dem Strukturbruch«? Kontinuität und Wandel von Arbeitsbeziehungen und Arbeitswelt(en) seit den 1970er-Jahren, Bonn 2011, S. 345-365.

22 Peter Hübner, Arbeitergeschichte, Version: 1.0, in: Docupedia-Zeitgeschichte, 11.2.2010.
23 Siehe demgegenüber aber mit stärkeren Gegenwartsbezügen die literaturwissenschaftlichen Zugänge bei Franz-Josef Deiters/Axel Fliethmann/Birgit Lang/Alison Lewis/Christiane Weller (Hg.), Narrative der Arbeit – Narratives of Work, Limbus. Australisches Jahrbuch für germanistische Literatur, Freiburg i. Br./Berlin/Wien/Rombach 2009; Susanne Heimburger, Kapitalistischer Geist und literarische Kritik. Arbeitswelten in deutschsprachigen Gegenwartstexten, München 2010 und Gisela Ecker/Claudia Lillge (Hg.), Kulturen der Arbeit, München 2011.
24 Jüngst Susanna Brogi/Carolin Freier/Ulf Freier-Otten/Katja Hartosch (Hg.), Repräsentationen von Arbeit. Transdisziplinäre Analysen und künstlerische Produktionen, Bielefeld 2013.

beziehungsweise Akteuren von Arbeit. Gegen beide Zugänge erheben sich jedoch gerade im politisch umkämpften Feld der Arbeit schnell Stimmen, die auf den sozialökonomischen Gehalt von Arbeitsverhältnissen und deren materielle Auswirkungen hinweisen. Arbeit, zumal abhängige Lohnarbeit, sei ebenso wie politische Repräsentation eine Frage, in der sich Machtverhältnisse konkret ausdrücken und die nicht alleine in Repräsentationen aufgingen. Eine so formulierte methodische Kritik beschränkt jedoch die Quellenzugänge und verstellt Erkenntniszugänge. Ute Daniel hat als kulturgeschichtliches Credo formuliert: »[O]hne den kulturellen Kontext von Meinen und Glauben, von Fürchten und Wissen« lassen sich auch vermeintlich reale Ereignisse nicht analysieren, da nur so die zeitgenössische Sinngebung zu erschließen ist.[25] Repräsentationen sind also nicht nur symbolische Inszenierungen, sondern sie entstammen, ermöglichen und beeinflussen Wahrnehmungen und Praktiken der gesellschaftlichen Subjekte und sozialer Gruppen.

Der Rekurs auf Dimensionen wie Autorisierung, Herrschaft und Legitimität ist auch für Konzepte von Arbeit von Bedeutung. Visuelle, narrative oder personale Repräsentationen geben Auskunft über hegemoniale, gegenkulturelle oder differente Vorstellungen, die zeitgenössisch oder rückblickend auf Arbeit als soziales Phänomen verhandelt und definiert wurden. Klaus Türk hat in seinem Band zu Bildern der Arbeit darauf hingewiesen, dass die »Darstellung von Arbeit [...] stets zu der jeweiligen historischen Form der Arbeit Stellung [nimmt]« und daher fast immer eine politische Tendenz besitze, denn Arbeit sei »strukturbildend für Gesellschaftsformationen überhaupt«.[26] Türk hatte als Kulturhistoriker die Wandlungen visueller Darstellungen über die Jahrhunderte im Blick. Aber wie lassen sich im 20. Jahrhundert Vorstellungen von Arbeit in die verschiedenen Repräsentationsformen übersetzen? Welche Zusammenhänge bestanden zwischen ihnen und den Anforderungen arbeitszentrierter Gesellschaften: Sind es vor allem Abbilder früherer oder gegenwärtiger Arbeit, oder erzählen Repräsentationen von Arbeit auch etwas über Zukunftserwartungen oder sogar über Hoffnungen auf die Zukunft?

Sowohl kapitalistische als auch sozialistische Gesellschaften waren bzw. sind Arbeitsgesellschaften. Die soziale Sinnstiftung in ihrer gesellschaftlich akzeptierten Form ist – trotz aller Kritik – weiterhin mit anerkannten Tätigkeiten verbunden. Dabei ist der Begriff Arbeit vielfältig. Neben der mehr oder weniger selbst- oder fremdbestimmten entlohnten Arbeit umfasst sie Formen nicht entlohnter Zwangs- und Sklavenarbeit, der Subsistenzarbeit, der Haus- und Carearbeit, der ehrenamtlichen Arbeit. In einem weiten Verständnis können alle menschlichen Tätigkeiten zur Arbeit werden. Die begrifflichen Antipoden von Arbeit – seien es Freizeit, Faulheit oder Nichtstun – hatten historisch entweder ausgrenzenden Charakter gegenüber ungeregelten Lebens-

---

25 Ute Daniel, Kompendium Kulturgeschichte. Theorien, Praxis, Schlüsselwörter, Frankfurt a. M. 2001, S. 17.
26 Klaus Türk, Bilder der Arbeit. Eine ikonografische Anthologie, Wiesbaden 2000, S. 11.

weisen oder waren wie Müßiggang Teil künstlerischer Kreativität oder bürgerlicher Kontemplation.[27]

Auf die definitorische, kulturelle und individuelle Vielfalt des Konzeptes Arbeit ist schon häufig hingewiesen worden. Der Bedarf nach einem übergreifenden Begriff für Tätigkeiten entstand in der Aufklärung, Arbeit galt nun als zweckgerichtet und überwand Unlustempfindungen. Neben der »philosophischen Fundamentalisierung des Arbeitsbegriffes« erfolgte auch seine »Ökonomisierung«. Historiografisch sind Repräsentationsformen auch Quellen von Erfahrungen und Praktiken arbeitender Subjekte. Jürgen Kocka wies darauf hin, dass diese emphatischen Arbeitsdiskurse nicht mit den Arbeitsempfindungen der Tätigen deckungsgleich sein mussten, methodisch aber schwierig zu erkunden und daher häufig in der Literaturwissenschaft zu finden sind.[28]

Die vorliegende Publikation orientiert sich an einem Arbeitskonzept, das sich seit der Industrialisierung vor allem um Erwerbsarbeit zentrierte und sich im gesellschaftlichen Selbstverständnis einer »Arbeitsgesellschaft« (Hannah Arendt) niederschlug. Daher stehen industrielle Tätigkeiten im Vordergrund. Insbesondere die Arbeiterbewegung gründete ihre Legitimationen und Selbstverständnisse auf einem widersprüchlichen Arbeitsbegriff: Einerseits war Arbeit eine Quelle von Arbeitsstolz und Zukunftsorientierung; andererseits war das Elend der Arbeit in der körperlichen Anstrengung, Subalternität und Ausbeutung präsent. Die Gegenüberstellung von Arbeit als Erwerbsarbeit gegen Freizeit und Muße ist aber nur ein Aspekt der Arbeit in der (Hoch-)Moderne. Mit der Ausweitung von Dienstleistungssektoren und dem »Abschied vom Malocher« als körperliche, männlich konnotierte Schwerstarbeit[29] begann in den 1970er-Jahren ein Wandel der Arbeitswelten, der einerseits mit einer Aufwertung der Arbeit in einem alten emphatischen Sinne als schöpferische, selbst organisierte Arbeit in Projekten und dem Anstieg der Frauenerwerbsquote ebenso einherging wie mit dem Rückgang gesicherter Arbeitsverhältnisse und neuer Erwerbsarmut.[30]

---

27 Rudolf Helmstetter, Austreibung der Faulheit, Regulierung des Müßiggangs. Arbeit und Freizeit seit der Industrialisierung, in: Ulrich Bröckling/Eva Horn (Hg.), Anthropologie der Arbeit, Tübingen 2002, S. 259-279; Martin Jörg Schäfer, Die Gewalt der Muße. Wechselverhältnisse von Arbeit, Nichtarbeit, Ästhetik, Zürich/Berlin 2013; siehe das aktuelle Forschungsprojekt von Yvonne Robel, Disziplinierung des »Nichtstuns«. Zur populären Konstruktion gesellschaftlicher Ordnung, www.zeitgeschichte-hamburg.de; des Weiteren aus ethnografischer Perspektive die aktuellen Fallstudien bei Gerrit Herlyn/Johannes Müske/Klaus Schönberger/Ove Sutter (Hg.), Arbeit und Nicht-Arbeit. Entgrenzungen und Begrenzungen von Lebensbereichen und Praxen, München/Mering 2009.
28 Kocka, Last, 2011, S. 207.
29 Wolfgang Hindrichs/Uwe Jürgenhake/Christian Kleinschmidt, Der lange Abschied vom Malocher. Sozialer Umbruch in der Stahlindustrie und die Rolle der Betriebsräte von 1960 bis in die neunziger Jahre, Essen 2000.
30 Robert Castel/Klaus Dörre (Hg.), Prekarität, Abstieg, Ausgrenzung. Die soziale Frage am Beginn des 21. Jahrhunderts, Frankfurt a. M./New York 2009.

Arbeit hat als Repräsentationskategorie sozialer und politischer Milieus zwar an Bedeutung verloren, bleibt aber entscheidend für die Verteilung der Kapitalklassen im Sinne Bourdieus und damit auch für soziale Positionierungen.[31] Auch personale Identitätsbildungsprozesse sind weiterhin von Arbeit als sinnstiftender Tätigkeit geprägt. Die Konsumgesellschaft hat die Angebote zur Selbstfindung in der »Erlebnisgesellschaft« (Wolfgang Schulze) ausgeweitet, aber Arbeit nicht ersetzt. Seit den 1970er-Jahren ist die Semantik von Arbeit durch alternative Milieus neu justiert worden, ohne dass ein allzu ausgeprägter Wertewandel des Arbeitsethos' feststellbar ist.[32] Im »flexiblen Kapitalismus« (Richard Sennett) sind Arbeit und Konsum zur gemeinsamen Währung personaler Identitätsprozesse sowie gesellschaftlicher Situierung geworden.

Neben den gesamtgesellschaftlichen Perspektiven auf Repräsentation lenkt der Band den Blick auch auf Zugänge, bei denen einzelne Personen, Orte, Medien oder auch Figuren im Blickfeld stehen: Personen können zu Repräsentanten werden, wenn sie für Branchen, Berufe oder Phänomene qua Amt sprechen oder medial die Funktion eines Repräsentanten erhalten. So war in den 1970er-Jahren Josef Stingl die personifizierte Sorge, wenn er als Präsident der Bundesanstalt für Arbeit monatlich die neuesten Arbeitslosenzahlen verkündete. Als »Bundes-Unke« geschmäht, sollen seine eher düsteren Pressekonferenzen Umsatzrückgänge beim Einzelhandel bewirkt haben. Aber auch die umgangssprachliche Formulierung, nun bei der »Firma Stingl« beschäftigt zu sein, trug zur Aufladung bei. Ebenso wurden Gebäude zu Repräsentanten. In Duisburg-Rheinhausen ist das Pförtnerhäuschen des ansonsten vollständig abgerissenen Stahlwerkes Rheinhausen im Sinne eines Erinnerungsortes zum Repräsentanten des ehemals größten Arbeitgebers und Werkes im Ort geworden. Es steht mittlerweile unter Denkmalschutz. Als drittes Beispiel sind allegorische Figuren zu nennen. Sei es der Kumpel Anton im Ruhrgebiet, der Wasserträger Hummel in Hamburg oder der Berliner Leierkastenmann – es sind nicht alleine verdichtete Erzählfiguren vermeintlicher regionaler Eigenarten, sondern auch Vertreter spezifischer Arbeitspraktiken. In diesem Sinne ist auch der namenlose »Tramp« zu berücksichtigen, den Charlie Chaplin im US-Spielfilm »Modern Times« verkörpert, um die entfremdete Arbeit im Taylorismus zu veranschaulichen.

---

31 Stefan Hradil, Arbeit, Freizeit, Konsum: Von der Klassengesellschaft zu neuen Milieus?, in: Thomas Raithel/Andreas Rödder/Andreas Wirsching (Hg.), Auf dem Weg in eine neue Moderne? Die Bundesrepublik Deutschland in den siebziger und achtziger Jahren, München 2009, S. 69-82.

32 Einen Wertewandel in den Arbeitswelten sieht skeptisch: Jörg Neuheiser, Der »Wertewandel« zwischen Diskurs und Praxis. Die Untersuchung von Wertvorstellungen zur Arbeit mit Hilfe von betrieblichen Fallstudien, in: Bernhard Dietz/Christopher Neumaier/Andreas Rödder (Hg.), Gab es den Wertewandel? Neue Forschungen zum gesellschaftlich-kulturellem Wandel seit den 1960er Jahren, München 2014, S. 141-167; hingegen hebt diesen hervor: Andreas Wirsching, Konsum statt Arbeit? Zum Wandel von Individualität in der modernen Massengesellschaft, Vierteljahreshefte für Zeitgeschichte, 57 (2009) 2, S. 171-199.

In allen diesen Beispielen sind Figurationen von Repräsentation zu finden, die es lohnen, genauer betrachtet zu werden. Denn in den Beispielen werden immer auch Vorstellungen von Arbeit verhandelt: bei Stingl die steigende Arbeitslosigkeit, in Rheinhausen die Erinnerung an den Niedergang von Traditionsindustrien, bei den vermeintlichen Originalen Erzählungen über gesellschaftlich eher marginalisierte, körperlich Arbeitende, die in der narrativen Abstraktion ihre soziale Stellung übersteigen.

3 Themen- und Untersuchungsfelder dieses Bandes

Mit Blick auf diese Ausgangsüberlegungen widmen sich die Beiträge des vorliegenden Bandes nicht nur verschiedenen Repräsentationsformen, sondern auch unterschiedlichen disziplinären Kontexten. Dies erfolgt auch, weil historisch orientierte Forschungen zu Repräsentationen fast immer interdisziplinären Charakter haben.[33] In diesem Band sind neben sozial- und kulturhistorischen Sichtweisen auch literatur- und politikwissenschaftliche Perspektiven vertreten. Gerade die jüngeren Phänomene der Arbeit – vor allem prekäre Beschäftigungsverhältnisse, auch von Hochqualifizierten, und das viel beschworene, gleichwohl unzutreffende Wort vom Ende der Arbeitsgesellschaft – sind historiografisch bislang noch kaum erforscht.[34] Werke der Gegenwartsliteratur und damit die Literaturwissenschaft sind mit der Behandlung entsprechender Sujets den historischen Wissenschaften vielfach einen Schritt voraus, wie *Cora Rok* im vorliegenden Band am Beispiel der »Praktikanten- oder Call-Center-Romane« zeigen kann.

Im ersten Abschnitt des Bandes steht die Repräsentation industrieller Arbeit im Mittelpunkt. Neben den Repräsentanten von Arbeit geht es auch hier um Medien und Formen der Repräsentation. Einen gleichermaßen theorieorientierten und körpergeschichtlichen Zugang wählt *Lars Bluma*, der die Repräsentationen des Bergarbeiterkörpers in medizinischen Quellen in den Blick nimmt und so den Begriff der Repräsentation um den medizinischen Expertendiskurs erweitert. Bluma fragt anhand von medizinischen Dokumenten der Knappschaft, wie mittels Röntgenaufnahmen oder Verlaufsdiagrammen von Langzeiterkrankungen der Körper des Bergarbeiters objektivierbar gemacht werden sollte. Während die Bemühungen erfolgreich waren, die Silikose als Berufskrankheit zu akzeptieren, blieb dem Augenzittern die Anerkennung lange verwehrt. Erst 1961, als aufgrund besserer Beleuchtung die Krankheit kaum noch vorkam, erfolgte die Anerkennung. Auch

---

33 Paula Diehl/Felix Stellen, Einleitung, in: dies. (Hg.), Politische Repräsentation und das Symbolische. Staat – Souveränität – Nation, Wiesbaden 2016, S. 1-6; hier S. 1.
34 Auch wenn es meinungsstarke Debattenbeiträge von Historikern gibt, etwa Hans-Ulrich Wehler, Die neue Umverteilung. Soziale Ungleichheit in Deutschland, München 2013.

wenn Überlegungen zur Autorisierung und Verantwortung bei Bluma keine explizite Rolle spielen, wird deutlich, dass sich die medizinischen Repräsentationen innerhalb der vorherrschenden Machtbeziehungen im Bergbau bewegten, in denen der Körper des Bergarbeiters vor allem durch Defizite beschrieben wurde. Der kontrastierende Blick auf künstlerische Repräsentationen in Skulpturen hingegen zeigt einen muskulös und vital idealisierten Bergarbeiterkörper, dessen Gesundheit eben nicht durch Arbeit bedroht war.

Sigrid Koch-Baumgarten nimmt die mediale Berichterstattung und die gewerkschaftlichen Repräsentanten während des Streiks für die Lohnfortzahlung im Krankheitsfall in Schleswig-Holstein 1956/57 in den Blick. Die IG Metall konnte diesen zeitgenössisch äußerst umstrittenen Streik fast drei Monate lang führen. Ein solcher Tarifkonflikt eignet sich besonders, die »kommunikative Doppelstruktur« zu untersuchen: Die autorisierten und offenkundig auch legitimen Repräsentanten im Gewerkschafts- und Arbeitgeberlager kommunizierten zuerst in ihren Verbänden, aber auch in der öffentlichen Arena der Medien, um gleichermaßen Akzeptanz und Mobilisierung zu erzielen. Koch-Baumgarten identifiziert auf der Grundlage des Framing-Ansatzes die unterschiedlichen Deutungsrahmen von IG Metall, Gesamtmetall und den Medien und veranschaulicht, wie stark Repräsentation im Kontext der Arbeitsbeziehungen auch Interessenvertretung ist. Während die Tarifakteure mit ihren Frames aber zumeist nicht durchdringen konnten – vor allem nicht die Gewerkschaften – waren in den Medien vor allem die Positionen der Bundesregierung präsent, die vor einem volkswirtschaftlichen Schaden und einer ungebührlichen Streikhärte der Gewerkschaften warnte. Koch-Baumgarten unterstreicht, dass in der medial ausgerichteten Demokratie insbesondere die Gewerkschaften zu stark auf Legitimität und Binnenkommunikationen in ihrem Milieu setzten, ein Framing nach außen den Repräsentanten jedoch vielfach nicht gelang, ja oft gar nicht angestrebt wurde.

In den Beiträgen von Bluma und Koch-Baumgarten werden die praktischen Wirkungen, aber auch die politischen Rahmenbedingungen von Repräsentation deutlich. Ob medizinische Anamnese oder die der Tarifpolitik Grenzen setzende veröffentlichte Meinung: In beiden Fällen wirken politische Herrschaftsverhältnisse und Deutungshoheiten unmittelbar materiell.

Arne Hordt wählt mit dem britischen Miners' Strike 1984/85 ebenfalls einen prominenten und materiell bis in die Gegenwart reichenden Arbeitskonflikt als Ausgangspunkt seiner Darstellung. Mit seiner Frage nach der performativen Kraft der politischen Sprache nimmt Hordt jedoch stärker Selbstwahrnehmungen der Akteure in den Blick. So markierte der Miners' Strike zwar den strukturellen Übergang von der britischen Industrie- zur (Finanz-)Dienstleistungsgesellschaft, Arne Hordt interessieren jedoch vor allem die spezifischen Vorstellungen von Arbeit. Das Ringen um »Arbeit« war eine wesentliche Legitimitätsressource: Die konservative Regierung in London sah sich als Repräsentant der Arbeiter, die individuelle Leistungsbereitschaft zeigten; die Gewerkschaften hingegen verstanden die britische Nachkriegsordnung mit ihrer Form der Mitbestimmung als kollektive Leistungsfähigkeit. Beide rangen dabei miteinander um Legitimität als zentrales Merkmal von Repräsentativität. Anhand exemplarischer Beispiele aus dem industriellen Nordosten Englands kann Hordt zeigen, dass die Deutungskämpfe um das Konzept Arbeit bereits innerhalb der Arbeiterschaft geführt wurden und einen kommunalpolitischen Bezug hatten. Trotz der erbitterten Konflikte waren bei regionalen und nationalen Akteuren die Vorstellungen von Arbeit häufig näher beieinander als sich auf den ersten Blick vermuten lässt.

Die nachfolgenden Hauptabschnitte des Bandes wenden sich im Sinne Chartiers stärker kollektiven Wahrnehmungen und Deutungen von Repräsentationen zu, die in Form von Literatur, Museen, Fotografie und Film eine Praxis aufweisen, deren Wirkung auf andere Praxisfelder jedoch schwieriger auszumachen ist. Im zweiten Teil des Bandes geht es dabei zunächst in literaturwissenschaftlicher Perspektive um den Verlust von Arbeit als Chance.

Torsten Erdbrügger und *Inga Probst* analysieren zwei Schelmenromane, die in Krisenzeiten entstanden sind. Peter-Paul Zahls 1978 erschienener Roman »Die Glücklichen« entwirft anhand einer Kreuzberger Einbrecherfamilie einen Gegendiskurs zur Normalarbeit. Die Protagonisten versehen ihre Tätigkeit mit handwerklichem Stolz, lehnen aber eine geregelte Lohnarbeit in der Fabrik ab. Diese Reflexion auf Krisenerfahrungen der 1970er-Jahre stellen sie Volker Brauns Donquijoterie »Machwerk« von 2008 entgegen, in dem der ständig um Arbeit bemühte ehemalige Braunkohlearbeiter Flick nur Verwüstung hinterlässt. Die Probleme der Nachwendezeit ebenso wie die Arbeitsgesellschaft der DDR werden in diesem Zusammenhang persifliert. Die Autoren resümieren gleichwohl im Genre einen Wandel des Sujets. Die subversive und spielerische Arbeitsverweigerung der 1970er-Jahre verwandelte sich mit dem Übergang in die Massenarbeitslosigkeitsgesellschaft in den erbitterten Kampf um Arbeit überhaupt.

Diese Beobachtung wird von *Cora Rok* unterstrichen. Sie identifiziert in der italienischen und deutschen Gegenwartsliteratur weniger Schelmereien als neue Formen der Entfremdung. Gerade Entfremdung als wichtige Kategorie eines Konzeptes von Arbeit in der Industrialisierung ist ihrer Ansicht nach für Repräsentationen in der Literatur bedeutsam. Das »Scheitern« der Ich-Unternehmer steht häufig im Mittelpunkt. Entfremdung ist dabei keine kollektive, sondern eine individuelle Erfahrung, die zumeist in der Kündigung endet. Hoffnung vermitteln diese Repräsentationserzählungen nicht mehr. Beide Beiträge verdeutlichen, dass die hier untersuchten Bereiche auch jenseits der klassischen politischen Varianten von Autorisierung und Legitimität eine Form der Interessenvertretung und Repräsentation zum Ausdruck bringen, die nicht zuletzt den Autor oder Schriftsteller zu einem Repräsentanten von sicherlich weniger eindeutig umrissenen Kollektiven macht.

Im dritten Hauptabschnitt des Bandes stehen Repräsentationen der »Arbeit im Museum« im Mittelpunkt. Gerade hier eröffnet sich ein Feld, auf dem Deutungen vergangener Arbeitskonzepte dargestellt werden, die mit den subjektiven Perspektiven des

Betrachters in der Gegenwart korrespondieren. *Olaf Schmidt-Rutsch* berichtet von der Entstehung und der Gestaltung des Industriemuseums Henrichshütte in Hattingen. Es waren Initiativen der ehemaligen Hüttenarbeiter, die zum Erhalt des Arbeitsortes und der Gründung des Museums führten. Authentische Elemente wie ein Hochofen wurden erhalten, Schmidt-Rutsch betont jedoch, dass schwerindustrielle Arbeit nur noch als »Eindruck« vermittelt werden kann. Zugleich konstatiert er, dass die »museale Repräsentation von Arbeit nicht ausschließlich vergangenheitsbezogen« inszeniert werden kann. Da die individuellen Berührungspunkte mit Arbeit in einem Hüttenwerk kontinuierlich abnehmen, sind auch aktuelle Themen wie Ideen einer guten Arbeit mit zu verhandeln. Aneignungsprozesse erfolgen im regionalen Raum nicht zuletzt durch die Nutzung als Veranstaltungsort ganz unterschiedlicher Art.

Sabine Kritter nimmt mit dem Ruhr Museum Essen und dem Industriemuseum Chemnitz zwei Repräsentationsräume in ehemaligen schwerindustriellen Regionen zum Ausgangspunkt, um über Darstellungsweisen und Chancen zu reflektieren, gerade weil – wie Schmidt-Rutsch es anschaulich beschreibt – Museen sich selbst als Orientierungsorte verstehen. Kritter beschreibt die Ausstellungen und deren Konzeptionen. Sie kommt vor dem Hintergrund einer »Imaginationskrise der Arbeit« (Michael Denning) zu widersprüchlichen Befunden. Der Fluchtpunkt der Darstellungen von Arbeit bleibt die industrielle männliche Erwerbsarbeit, wenngleich auch sie ihre Erweiterung erfährt. Die Imaginationskrise resultiert daraus, dass heutige Dienstleistungs- und Angestelltentätigkeiten kaum eingängige Bildrepräsentationen vorweisen können, um Orientierungen für die Gegenwart zu geben. Auch dieser Umstand lässt sich darauf zurückführen, dass heutige Museen innerhalb von spezifischen Macht- und Interessenbeziehungen von Akteuren entstanden sind, wenngleich die Trennung zwischen einzelnen sozialen Gruppen nicht mehr so dominant ist, wie es noch im Kaiserreich der Fall war.

Der vierte Hauptabschnitt des Bandes umfasst zwei Texte, die sich mit Repräsentationen von Arbeit zu unterhaltenden und belehrenden Zwecken im Kaiserreich und der Weimarer Republik befassen. *Daniela Mysliwietz-Fleiß* fragt nach der »touristischen Neugier« auf die Arbeitswelten, wie sie mit Fabrikreportagen in bürgerlichen Illustrierten oder mit organisierten Fabrikbesuchen befriedigt wurde. Für Mysliwietz-Fleiß bestimmten die Repräsentationen aber weniger die Auseinandersetzung mit der realen Lage in den Betrieben als vielmehr Deutungen und Zuschreibungen über die Körperlichkeit von Arbeit. Letztlich wurden die Vorerwartungen der Betrachter nur bestätigt und das durch die anwachsende Arbeiterschaft bedrohte Machtgefüge des Bürgertums wieder gesichert. Die untersuchte touristische Neugierde trug damit zur kollektiven Identitätsbildung der bürgerlichen Leser und Besucher durch Differenzierung und Distanzierung bei (»Othering«).

Eine andere Zielsetzung verfolgte die »Ständige Ausstellung für Arbeiterwohlfahrt« (1903–1944), die *Jana Hawig* als ein Medium politischer Repräsentation von Arbeit analysiert. Bereits eine Vorgängerausstellung zum Arbeitsschutz im Jahre 1890 war vom Reichsinnenministerium begleitet worden. Ziel der Berliner Dauerausstellung war, die Arbeiterschaft zu einem achtsamen Umgang am Arbeitsplatz zu erziehen. Das Individuum, so die verbreitete Ansicht, müsse sich den Maschinen anpassen. Besucher waren Arbeiter, aber auch Vorgesetzte und Verantwortliche aus Fabriken, die sich über Gefahren und Gegenstrategien informieren wollten. Zwar rückten in der Weimarer Republik auch arbeitende Menschen stärker in den Ausstellungsvordergrund, das Ziel blieb aber deren Erziehung und Belehrung als Ergänzung zum Unfallschutz. Ohne dass eine explizite Autorisierung erfolgt war, dokumentiert die bürgerliche Dominanz über die museal repräsentierte Arbeit (und damit auch über die Arbeiterinnen und Arbeiter) die bestehenden Herrschaftsverhältnisse. Vermittelt wurde auf symbolische Weise so die Rolle des Bürgertums im Kaiserreich und der Weimarer Republik.

Im letzten Hauptabschnitt des Bandes stehen visuelle Repräsentationen in Bildern im Zentrum. *Agneta Jilek* fragt nach den Repräsentationen des arbeitenden Menschen auf den Porträtfotoschauen der DDR 1971–1986. Auch die Fotografien von arbeitenden Menschen unterlagen in der DDR einem Veränderungsprozess. Waren zuerst typisierte und heroische Porträts gefragt, individualisierten sich die Aufnahmen seit 1971, als unter Erich Honecker die ganze Breite von »Lebensäußerungen« künstlerisch gezeigt werden sollte. Anhand der drei Porträtfotoschauen im Umfeld der Parteitage der SED und der entsprechenden Gruppen skizziert Jilek einen Wandlungsprozess. Zwischen 1971 und 1986 minimierten sich die politischen zugunsten künstlerischer Legitimationen, und an Stelle von Kollektiven wurden individuelle Porträts in den Vordergrund gerückt. Diese »Zunahme einer thematischen und ästhetischen Komplexität« in der DDR-Fotografie ergab sich nicht allein aus Lockerungen in der Kulturpolitik, sondern einer in ganz Europa zu beobachtenden Ausweitung der Fotografie, die für eine individualisierende visuelle Repräsentation von Arbeit spricht.

Anhand des westdeutschen Bergbaus diskutiert *Stefan Moitra* Formen visueller Kommunikation industrieller Beziehungen im westdeutschen Bergbau. Aufgrund des tradierten Autoritarismus und schon zu Erinnerungsorten geronnener Bilder wie die des Bergknappen bietet sich der Steinkohlenbergbau an, den Wandel von älteren, hier noch ständischen und zünftischen Repräsentationsformen, hin zu einer Bildsprache des 20. Jahrhunderts zu untersuchen. In den Fokus stellt Moitra die politisch umkämpfte Mitbestimmung und kann so den unternehmensseitigen Versuch nachzeichnen, Arbeitnehmerrechte in der Bildsprache zu ignorieren und ikonografisch an paternalistische Traditionen anzuknüpfen. Die Gewerkschaft ihrerseits wurde erst durch die ökonomische Krisensituation zu einer kämpferischen Bildsprache bewegt.

Rudolf Tschirbs rekurriert mit seinem Beitrag auf den Zeitraum der Zwischenkriegszeit. Anhand von zwei Bergarbeiterfilmen – G. W. Pabsts »Kameradschaft« (1931) und John Fords »How Green was my Valley« (1941) – diskutiert Tschirbs ästhetische Darstellungsformen und epistemische Ansprüche. Tschirbs geht nicht von einer Hierarchie zwischen Ereignis und visueller Repräsentation aus, sondern von einer »Andersartigkeit«. »Kameradschaft« lehnte sich an die Hilfsaktionen deutscher Bergbauunternehmen bei einem Grubenunglück 1906 im französischen Courrières an, arbeitete es aber zu einem Film von Völkerverständigung und Arbeitersolidarität um. Ford adaptierte die Familiensaga eines walisischen Bergarbeiterdorfes und stellte den Verlust gegen einen Fortschrittsoptimismus. Tschirbs konstatiert, dass ein Regisseur wie ein Historiker die »semantische Aktivität im tropologischen Ausdruck« nutzen müsse, um das historische Feld zu beschreiben.

Bei den Artikeln dieses Bandes handelt es sich weitgehend um Fallstudien, die das Erkenntnispotenzial ausloten, das in der Analyse von Repräsentationen der Arbeit liegt. Sie umfassen eine zeitliche Spannbreite, die von der Hochzeit der Industrialisierung um 1900 bis in die Gegenwart reicht. Die Beiträge beleuchten Formen und Praktiken der Repräsentation, die von der Analyse medialer Diskurse über Arbeitskämpfe, der Darstellung des kranken und des gesunden Arbeiterkörpers in Medizin und Skulpturen, der Verarbeitung von Sinn und Sinnkrisen von Arbeit in der Literatur bis hin zur Darstellung des arbeitenden Menschen und seiner Umgebung in Film und Fotografie sowie zur musealen Darstellung von Arbeit reichen. Zugleich behandelt die Untersuchung von Repräsentationen auch einen spezifischen Praxisbereich von gesellschaftlicher Arbeit und von Arbeiterinnen und Arbeitern.

Die Beiträge des Bandes verdeutlichen insgesamt, dass Arbeit als Untersuchungsfeld erhebliches Potenzial für Analysen zur Repräsentation bietet. Zum einen spielt die Sicht auf Repräsentation als Interessenvertretung in den Debatten und Kontroversen der vielfach konflikthaft gegenüberstehenden Akteure eine wichtige Rolle im Sinne der politischen Geschichte. Zum anderen wird aber auch deutlich, wie stark Literatur und Film, aber auch Museen und Ausstellungen gesellschaftliche Reflexionsinstanzen von Arbeit sind. Hier kommen Veränderungsprozesse zum Ausdruck, hier erfolgen Deutungen und Zuschreibungen und hier wird selbst auf die weitere Gestaltung und Wahrnehmung von Arbeit Einfluss genommen. Autoren und Schriftstellerinnen avancieren damit in zunehmendem Maße selbst zu Repräsentanten von Arbeit und Arbeitenden. Nimmt man diese kulturalistisch inspirierte Sichtweise ernst, verspricht die Debatte über die aktuell vielfach konstatierte Krise der (politischen) Repräsentation durchaus neue Perspektiven.

In den Fallstudien zeigen sich neben den Potenzialen auch die Grenzen der Repräsentation von Arbeit. Korrespondierend mit den dominierenden Wirtschaftszweigen des 20. Jahrhunderts sind die Beiträge dieses Bandes zum einen primär auf die industrielle Produktion und den Bergbau bezogen. Zum anderen dominiert in den untersuchten Repräsentationen die männliche Lohnarbeit. Die vielfältigen Formen weiblicher Erwerbs- und Produktionsarbeit und der weniger körperbetonten Arbeit von Angestellten fehlen – mit Ausnahme der Literatur – weitgehend. Auffällig ist die Abstinenz dieser Formen von Arbeit gerade in Ausstellungen und Museen. Die Auseinandersetzung mit Repräsentationen enthält somit nicht von vornherein ein subversives Element.

4 Danksagung

Der Sammelband basiert auf einer am 7. und 8. November 2013 in Düsseldorf durchgeführten wissenschaftlichen Tagung. Diese Veranstaltung stellte die mittlerweile vierte Tagung der 2008 initiierten geschichtswissenschaftlichen Kooperation zwischen dem Archiv der sozialen Demokratie der Friedrich-Ebert-Stiftung und der Hans-Böckler-Stiftung dar. Organisiert wurde die Fachtagung von den Herausgebern in Verbindung mit Dr. Johannes Platz von der Friedrich-Ebert-Stiftung.

Die vorliegende Publikation hätte – ebenso wie die ihr zugrunde liegende Tagung – ohne vielfache Unterstützung nicht realisiert werden können. Die Herausgeber danken beiden Stiftungen für die finanzielle Förderung der Tagung sowie die Unterstützung bei der Herausgabe dieses Sammelbandes. Der Dank richtet sich namentlich auch an die Teilnehmerinnen und Teilnehmer der Tagung, nicht zuletzt den Moderatoren und Kommentatoren, für ihre vielfältigen Beiträge und Hinweise. Den Autorinnen und Autoren, die – in zahlreichen Fällen parallel zu anderweitigen beruflichen Verpflichtungen – ihre Beiträge für die Publikation teils überarbeitet, teils eigens neu erstellt haben und dabei stets Bereitschaft zum konstruktiv-kritischen Dialog bewiesen, sei besonders für ihre Mühen und Geduld gedankt. Damit ist auch die Hoffnung verbunden, dass die vorliegende Publikation dem bunten, aber weiterhin unvollständigen Mosaik der Arbeiter- und Arbeiterbewegungsgeschichte weitere Steinchen hinzufügt, die anregen mögen, das Bild weiter zu vervollständigen.

I
Industrielle Arbeit

Lars Bluma

Funktionen von Repräsentationen des Arbeiterkörpers: Objektivierende und idealisierende Darstellungen im industriellen Steinkohlebergbau

1 Repräsentationen der Arbeit

Die wissenschaftliche Auseinandersetzung mit Repräsentationen, ob nun in historischer, sozialwissenschaftlicher, philosophischer oder medienwissenschaftlicher Perspektive, hat zweifellos Konjunktur, und *Repräsentation* ist zu einem Schlüsselbegriff der Kulturwissenschaften avanciert.[1] Dies ist letztendlich eine Konsequenz der diversen *turns* in den Geisteswissenschaften, also unter anderem *linguistic, cultural, pictorial, practical* und *material turn*, die in der englischsprachigen Geisteswissenschaft zur Ausdifferenzierung in diverse *studies* ihren Ausdruck finden.[2] In allen diesen *turns* spielt die Repräsentation als Produktion von Bedeutung durch Sprache und deren Codes eine zentrale Rolle. Der britische Soziologe Stuart Hall hat 1997 einen noch immer lesenswerten Referenztext zur bedeutungsstiftenden Funktion von Repräsentationen veröffentlicht.[3] In diesem führt er seinen konstruktivistischen Ansatz in Abgrenzung zu mimetischen und intentionalen Theorien aus: »The relation between ›things‹, concepts and signs lies at the heart of the production of meaning in language. The process which links these three elements together is what we call ›representation‹.«[4] Konstruktivistisch ist Halls Repräsentationsbegriff, weil dieser davon ausgeht, dass Bedeutung weder von den Dingen (Objekte, Personen Ereignisse – »die reale Welt«) strukturiert wird (als mimetisches Abbildungsverhältnis zwischen Welt und Repräsentation), noch ein rein individueller (intentionaler) Prozess ist. Vielmehr sind es die Systeme der Repräsentation, die Bedeutung konstruieren, und zwar als eine soziale Praxis: »It is us – in society, within human cultures – who make things mean, who signify. Meanings, consequently, will always change, from one culture or

---

1 Repräsentation ist z. B. einer der Grundbegriffe in Ansgar Nünning (Hg.), Grundbegriffe der Kulturtheorie und Kulturwissenschaften, Weimar 2005, S. 188 ff.
2 Stephan Moebius (Hg.), Kultur. Von den Cultural Studies bis zu den Visual Studies. Eine Einführung, Bielefeld 2012.
3 Stuart Hall, The Work of Representation, in: ders. (Hg.), Representation: Cultural Representations and Signifying Practices, London/Thousand Oaks (CA) 1997, S. 13-64.
4 Hall, Representation, 1997, S. 19.

period to another.«[5] Kulturwissenschaften untersuchen also die symbolischen Funktionen von Zeichen innerhalb unterschiedlicher sozialer und damit zeitlich wandelbarer Praktiken.

Im Rahmen dieses sehr allgemeinen Verständnisses von Repräsentation als Konstituierung von Sinn entfalteten sich unterschiedliche Zugangsweisen und Theorien, die sich vor allem dadurch unterscheiden, dass sie das Verhältnis von Referenz und Performanz im Prozess der Repräsentation jeweils anders bestimmen. Es soll hier keine Übersicht zum Stand dieser ausdifferenzierten Debatte in den verschiedenen wissenschaftlichen Disziplinen, die Repräsentationstheorien anwenden, geleistet werden; der Hinweis auf einschlägige Einführungen zur Kulturgeschichte und zu den Kulturwissenschaften mag hier genügen.[6]

Versteht man Kulturgeschichte als Geschichte von Repräsentationen, also von sprachlichen Sinnstiftungen, Bedeutungen und Wahrnehmungsweisen in der Vergangenheit, so dürfte nachvollziehbar sein, dass dieser Ansatz weder eine thematische Grenze kennen kann, noch dass er sich auf bestimmte Repräsentationsformen und deren Medien beschränken ließe.[7] Entsprechend unübersichtlich sind das methodische Inventar und die darin entwickelten Begrifflichkeiten der Kulturhistoriker geworden: Diskurse, symbolische Repräsentationen, Visualisierungen, Vergegenwärtigung, kognitive Aneignung, Signifikation, Ritual, Inszenierung und Kulturtechniken sind nur einige Substrate beziehungsweise Spezifizierungen des Repräsentationsbegriffs.

Hinzu kommt, dass wir die vergangene, gegenwärtige und auch die zukünftige Wirklichkeit im Modus der Sprache repräsentieren. Das Objekt der historischen Analyse, vergangene Repräsentationen, ist damit gleichsam der Modus der eigenen, gegenwärtigen Sinnkonstitution oder, wie Ute Daniel es auf den Punkt bringt: »Diese Zirkularität des (geschichts-)wissenschaftlichen Arbeitens ist unhintergehbar.«[8] Historiker produzieren also Repräsentationen von Repräsentationen, die sich letztendlich aufgrund ihres rekursiven Charakters jeglicher Ontologisierung ihres Gegenstandes entziehen. Die Auseinandersetzung mit Repräsentation schließt somit im hohen Maße eine methodische Selbstreflexion des Historikers mit ein, die auch aufgrund der oben erwähnten Methoden- und Begriffsvielfalt notwendig ist und entsprechend offengelegt werden sollte. Ich gehe davon aus, dass die Produktion von Bedeutung verknüpft ist mit den sozialen Praktiken, in denen sie wirksam sind. Damit sind sie eingebettet in das komplexe Gefüge von Wissen und Macht, wie Michel Foucault

---

5   Ebd., S. 61.
6   Ute Daniel, Kompendium Kulturgeschichte. Theorien, Praxis, Schlüsselwörter, 3. Aufl., Frankfurt a. M. 2002; Oliver Marchart, Cultural Studies, Konstanz 2008; Silvia Serena Tschopp/Wolfgang E. J. Webber, Grundfragen der Kulturgeschichte, Darmstadt 2007.
7   Daniel, Kompendium, 2002, S. 7 ff.
8   Ebd., S. 17.

es beschrieben hat[9], oder aber sie überschreiten diese beiden Kategorien als Kunst, wobei auch Kunst im Rahmen anderer sozialer Praxisbereiche, wie zum Beispiel der Politik, eine bedeutsame Rolle spielen kann. Da Repräsentationen also eine Wirkung im Sozialen entfalten, ist es naheliegend, diese im Hinblick auf ihre Funktionen im Macht-Wissen-Gefüge zu analysieren.

Was hat es nun mit dem Arbeiterkörper auf sich, wenn dessen Repräsentationen in einem Macht-Wissen-Komplex situiert werden? Michel Foucault hat die Rolle der Körperregulierung (im Sinne einer Biopolitik) für den Kapitalismus klar benannt:

»Der Kapitalismus, […] hat zunächst einmal ein erstes Objekt vergesellschaftet: den Körper, in seiner Funktion als Produktiv- oder Arbeitskraft. Die Kontrolle der Gesellschaft über die Individuen wird nicht nur über das Bewusstsein oder durch die Ideologie, sondern ebenso im Körper und mit dem Körper vollzogen. Für die kapitalistische Gesellschaft war vor allem die Bio-Politik wichtig, das Biologische, das Somatische und das Körperliche.«[10]

Für eine Geschichte der Repräsentationen der Arbeit spielt die Problematisierung der (arbeitenden) Körper also eine besonders wichtige Rolle, und zwar nicht nur für die ersten Phasen der Industrialisierung, die noch erheblich auf produktive Körperkraft angewiesen waren, sondern auch in den folgenden, von mechanisierten Prozessen bestimmten Produktionsregimen, in denen die körperliche Arbeit immer mehr zurückgedrängt wurde und an Wert verlor. Zumal selbst die Globalisierungsprozesse seit dem ausgehenden 20. Jahrhundert geprägt sind von einer Vernetzung hoch technisierter Ökonomien mit Produktionsweisen, in denen die Nutzung der Körperkraft in allen möglichen Abstufungen bis hin zu Sklaverei ähnlichen Ausbeutungsverhältnissen weiterhin zentral ist. Die Entkörperlichung der Arbeit ist zumindest in globaler Perspektive ein Mythos.[11]

Im Folgenden werden die Repräsentationen des industriellen Arbeiterkörpers und ihre Funktionen in einem komplexen Macht-Wissens-Gefüge am Beispiel des Bergarbeiterkörpers im industriellen Steinkohlenbergbau an der Ruhr analysiert. Der Körper des Bergmanns wird positioniert in einem Netz ökonomischer, politischer

---

9   Insbesondere in seinen Arbeiten zur Macht: Michel Foucault, Überwachen und Strafen: Die Geburt des Gefängnisses, Frankfurt a. M. 1976; ders., Sexualität und Wahrheit, Bd. 1: Der Wille zum Wissen, Frankfurt a. M. 1983.
10 Ders., Die Geburt der Sozialmedizin, in: Daniel Defert/François Ewald (Hg.), Schriften in vier Bänden. Dits et Ecrits, Bd. 3: 1976–1979, Frankfurt a. M. 2003, S. 272-298; hier: S. 275.
11 Und selbst das Loblied entgrenzter, immaterieller und weitgehend intellektueller Arbeit, wie es Antonio Negri und Michael Hardt in ihrer viel beachteten Publikation zur globalisierten Arbeit anstimmen, entspringt wohl eher einem Wunschtraum, der die Realität heutiger Arbeitsbedingungen ignoriert: Michael Hardt/Antonio Negri, Empire. Die neue Weltordnung, Frankfurt a. M./New York 2002.

und medizinischer Praktiken und deren Repräsentationen, die ein biopolitisches Beziehungsgeflecht zwischen Machtprozessen, Wissenspraktiken und Subjektivierungsformen konstituieren.[12] Diese relationale Perspektive auf den Körper trägt dem Anspruch der Kulturgeschichte Rechnung, den Körper zu deontologisieren: »Körper sind für sich nicht bestimmbar, sondern erscheinen nur in Bezügen, die jeweils das begrenzen, was als Körper signifiziert werden kann, wo über den Verweis auf den Körper Bedeutungen etabliert werden.«[13] Eine Annäherung an dieses Geflecht wird vor allem vonseiten der medizinischen Praktiken und Repräsentationen her versucht, die wiederum eng institutionell mit der Krankenversicherung des Bergbaus, der Knappschaft, verknüpft sind. Hierfür werden in einem ersten Schritt medizinische Repräsentationen untersucht, die bisher in der Kulturgeschichte nur eine untergeordnete Rolle spielen, aber durchaus Aufmerksamkeit verdienen, wenn es um die Repräsentationen von Arbeit geht. Hier sind zum Beispiel medizinische Gutachten, Statistiken und Visualisierungen zu nennen. Die medizinischen Visualisierungen zeigen übrigens keine Arbeiterkörper im Sinne einer wie auch immer gearteten mimetischen Reproduktion des äußerlich sichtbaren Körpers, sie repräsentieren aber dennoch Konzepte von Industriearbeit und Arbeiterkörpern, die zumindest seit der Industrialisierung eng verbunden sind mit Industriearbeit als eine durch Sozialversicherungen zu regulierende Tätigkeit. Konzepte der Industriearbeit sind hier sowohl im Hinblick auf die Produktivität des Arbeiterkörpers als auch im Hinblick auf dessen gesundheitliche Fragilität angelegt. In diesem Kontrast entfaltet sich spätestens seit der Mitte des 19. Jahrhunderts eine Biopolitik der Industriearbeit, die den Arbeiterkörper als Objekt sozialpolitischer und medizinischer Interventionen ansieht. Eine Grundvoraussetzung hierfür ist die Verwissenschaftlichung des Menschen in der Moderne.[14]

Allerdings wäre es einseitig und verkürzend, nur diejenigen Repräsentationen des bergmännischen Arbeiterkörpers zu untersuchen, die sich im Rahmen medizinischer Praktiken herausbildeten. Neben diesen objektivierenden Repräsentationen der Medizin werden im zweiten Schritt auch die öffentlichkeitswirksamen, idealisierenden Repräsentationen des bergmännischen Arbeiterkörpers zumindest kursorisch Beachtung finden.

Auch wenn der Körper in den Kulturwissenschaften inzwischen ein etabliertes Forschungsfeld geworden ist, sind Studien zur Repräsentation des Arbeiterkörpers immer

---

12 Dazu detailliert Lars Bluma, Der Körper des Bergmanns in der Industrialisierung. Biopolitik im Ruhrkohlenbergbau 1890–1980, in: ders./Karsten Uhl (Hg.), Kontrollierte Arbeit – disziplinierte Körper? Zur Sozial- und Kulturgeschichte der Industriearbeit im 19. und 20. Jahrhundert, Bielefeld 2012, S. 35-72.
13 Birgit Müller, Körper werden. Dekonstruktion, Embodiment und Psychologie, in: Psychologie & Gesellschaftskritik [P&G], 25 (2001) 1, S. 9-36; hier: S. 20.
14 In vielfältigen Perspektiven dargelegt in Florence Vienne/Christina Brandt (Hg.), Wissensobjekt Mensch. Humanwissenschaftliche Praktiken im 20. Jahrhundert, Berlin 2008.

noch die Ausnahme.[15] Das hat sicherlich auch etwas damit zu tun, dass das gesamte Themenfeld der Industrialisierungsgeschichte in den Kulturwissenschaften unterrepräsentiert ist, zumal die Auseinandersetzung mit Industriearbeit, die ihre prägende Kraft für die Entwicklung und Etablierung der Sozialgeschichte in den 1960er- bis 1980er-Jahren entfaltete, in der Geschichtswissenschaft deutlich nachgelassen hat. Ob einzelne, aktuelle Veröffentlichungen zur Kultur- und Körpergeschichte der Industriearbeit hier eine Trendwende anzeigen, bleibt zum jetzigen Zeitpunkt noch ungewiss.[16]

2 Repräsentationen der Arbeit im Kontext der Verwissenschaftlichung des Menschen

Mit der Transformation der Knappschaften zu modernen Versicherungsinstitutionen seit der Mitte des 19. Jahrhunderts etablierten sich im Bergbau neue Formen und Praktiken des Wissens über den Menschen als arbeitendes Wesen. Die einsetzende Verwissenschaftlichung der bergmännischen Arbeit im Zeichen der Hygiene[17], und auch deren Ökonomisierung, hatte zunächst dessen Körper im Blick, der durch die Arbeitsbedingungen unter Tage ständig in Gefahr war und als kranker Körper Kosten für die Knappschaftsversicherung verursachte. Die Knappschaftsversicherungen an der Ruhr etablierten schon im ausgehenden 18. Jahrhundert ein Medizinalsystem für die Bergleute, welches zunächst aus Knappschaftsärzten bestand und mit dem beginnenden 20. Jahrhundert ergänzt wurde um Knappschaftskrankenhäuser und -erholungsheime, die teilweise bis heute noch bestehen.[18] Für die Kompensation und

---

15 Dazu zählt neben dem hier vorliegenden Band zum Beispiel Susanna Brogi/Carolin Freier/Ulf Freier-Otten/Katja Hartosch (Hg.), Repräsentationen von Arbeit. Transdisziplinäre Analysen und künstlerische Produktionen, Bielefeld 2013.
16 Wegweisend immer noch Philipp Sarasin/Jakob Tanner (Hg.), Physiologie und industrielle Gesellschaft. Studien zur Verwissenschaftlichung des Körpers im 19. und 20. Jahrhundert, Frankfurt a. M. 1998. An neueren Arbeiten sind zu nennen Timo Luks, Der Betrieb als Ort der Moderne. Zur Geschichte von Industriearbeit, Ordnungsdenken und Social Engineering im 20. Jahrhundert, Bielefeld 2010; Lars Bluma/Karsten Uhl (Hg.), Kontrollierte Arbeit – disziplinierte Körper? Zur Sozial- und Kulturgeschichte der Industriearbeit im 19. und 20. Jahrhundert, Bielefeld 2012; Judith Rainhorn/Lars Bluma (Hg.), European Review of History – Revue européenne d'histoire, 20 (2013) 2, Special Issue: History of the Workplace: Environment and Health at Stake; Judith Rainhorn (Hg.), Santé et travail à la mine, XIXe–XXIe siècle, Lille 2014, S. 35-57; Karsten Uhl, Humane Rationalisierung? Die Raumordnung der Fabrik im fordistischen Jahrhundert, Bielefeld 2014. Aus sozialhistorischer Perspektive auch Jürgen Kocka (Hg.), Work in a Modern Society. The German Historical Experience in Comparative Perspective, New York 2010.
17 Lars Bluma, Der Hakenwurm an der Ruhr: Umwelt, Körper und soziale Netzwerke im Bergbau des Kaiserreichs, in: Der Anschnitt. Zeitschrift für Kunst und Kultur im Bergbau, 61 (2009) 5-6, S. 314-329; ders., Die Hygiene des Bergmanns. Zur Biopolitik im Ruhrkohlenbergbau des Kaiserreichs, in: Blätter für Technikgeschichte, 73 (2011), S. 31-54.
18 Ders., Fürsorge und Kontrolle: Medizinhistorische Perspektiven der Knappschaftsgeschichte im Ruhrgebiet, in: Christoph Bartels (Hg.), ... höchst verpönte Selbst-Hülfe ... Sozialversicherung

Prävention von Unfällen war ab 1885 die Knappschafts-Berufsgenossenschaft zuständig, die in Bochum das erste Krankenhaus speziell für verunglückte Bergleute an der Ruhr gründete.[19]

Im Rahmen dieser sozialen Sicherungssysteme des Bergbaus etablierten sich spezifische objektivierende Repräsentationen des bergmännischen Arbeiterkörpers. Diese lassen sich jedoch nicht auf ausschließlich epistemische Signifizierungsprozesse reduzieren, sondern sie sind eingebettet in dem komplexen Akteursnetzwerk von Unternehmern, Arbeitern, staatlichen Akteuren sowie wissenschaftlichen/medizinischen Experten und deren ökonomischen, wissenschaftlichen und politischen Intentionen.[20] Sie sollten sichere Diagnosen gewährleisten, den Missbrauch der sozialen Sicherungssysteme durch Simulation verhindern, das Verhalten der Versicherten in Richtung einer »Sorge um sich selbst« lenken, die Leistungsfähigkeit von Arbeitnehmern überprüfen und alle relevanten Parameter für die biopolitische Planung und Steuerung in Statistiken transparent machen. Wissenschaftliche Repräsentationen des bergmännischen Körpers entfalteten also innerhalb der medizinischen und ökonomischen Rationalitäten des knappschaftlichen Versicherungssystems Wirkung, oder anders ausgedrückt, sie verweisen nicht auf eine ursprüngliche bzw. ahistorische Physiologie oder Biologie des Körpers, sondern sie sind als konstitutive Elemente einer spezifischen sozialen und damit historisch wandelbaren Praxis aufzufassen.

Die Anerkennung der Silikose als Berufskrankheit im Jahre 1929 geht auf die Etablierung der Röntgentechnik als Diagnosegerät zurück. Auch wenn Lungenerkrankungen im Bergbau schon seit dem Spätmittelalter dokumentiert sind, herrschte bei den Medizinern weder über die Herkunft (Ätiologie) noch über die Entstehungsweise (Pathogenese) Gewissheit.[21] Selbst bis zum Ende des 19. Jahrhunderts konnten keine eindeutigen Diagnosen gestellt werden. Ob eine Schwächung der Atmungsorgane eine bakteriologisch verursachte Lungentuberkulose, Bronchitis, Asthma oder eine Entzündung des Lungengewebes vorlag, konnte anhand der äußerlichen Symptome des Patienten selten geklärt werden. Mit der Röntgentechnik konnte jedoch seit der Jahrhundertwende ein Blick in den lebenden Körper geworfen werden, der ansonsten

---

    in Bergbau-, Seefahrt und Eisenbahnwesen, Bochum 2012, S. 201-280; Ulrich Lauf, Der Allgemeine Knappschaftsverein zu Bochum (1890–1923). Mythos und Wirklichkeit, Bochum 2009; Martin H. Geyer, Die Reichsknappschaft. Versicherungsreformen und Sozialpolitik im Bergbau 1900–1945, München 1987.

19 Josef Boyer, Unfallversicherung und Unternehmer im Bergbau. Die Knappschafts-Berufsgenossenschaft 1885–1945, München 1995.

20 Zur Komplexität von Wissenschaftsbildern im Hinblick auf ihre Produktion und Wirkung siehe Bernd Hüppauf/Peter Weingart (Hg.), Frosch und Frankenstein. Bilder als Medium der Popularisierung von Wissenschaft, Bielefeld 2009.

21 Elmar Menzel, Bergbau-Medizin einst und jetzt. Entwicklung des bergmännischen Gesundheitswesens unter Einschluß der Kranken- und Unfallversicherung, Berlin 1989, S. 163-179; Michael Martin, Arbeiterschutz und Arbeitsmedizin im Ruhrbergbau 1865–1914, Diss. Ruhr-Universität Bochum, Mikrofiche 2000, S. 458-476.

nur bei der inneren Leichenschau möglich war. Ab 1909 wurde die Röntgentechnik in der Arbeitsmedizin eingesetzt, die ersten Röntgenuntersuchungen bei Lungenerkrankungen im Steinkohlenbergbau an der Ruhr datieren auf das Jahr 1924.[22] Die Röntgenbilder als bildliche Repräsentationen des Arbeiterkörpers wurden zu diesem Zeitpunkt als Diagnosetechnik für Silikose von den Medizinern anerkannt und produzierten letztlich eine Objektivität und Diagnosesicherheit, die den strengen Standards der Berufsgenossenschaften entsprachen, auch wenn diese aus ökonomischen Gründen weiterhin zögerlich und abwehrend agierten. Jedoch, wie alle Repräsentationen, war auch diese technisch vermittelte Visualisierungspraxis alles andere als selbstevident.[23] Röntgenbilder mussten entziffert und interpretiert werden, um Bedeutung zu erhalten (☞ siehe Abb. 1, S. 30).

In dieser Hinsicht unterscheiden sich die objektivierenden Repräsentationen der Wissenschaft nicht von anderen Formen der Repräsentation und ihren Signifizierungsprozessen. Die vorgebliche Unvereinbarkeit der »zwei Kulturen«, hier die naturwissenschaftliche und dort die geisteswissenschaftliche Kultur, erweist sich in ihren Fundamentaloperationen des Produzierens, Kodierens und Entzifferns von Repräsentationen und deren Sinngebung schlichtweg als Mythos.

Die Röntgentechnik als Visualisierungsmaschine wurde seit der Aufnahme der Silikose in den Katalog der entschädigungspflichtigen Berufskrankheiten zu einer Schlüsseltechnologie der Bergbau-Berufsgenossenschaft, die eine entsprechende Infrastruktur aufbaute. Auch die schon erwähnten Knappschaftskrankenhäuser wurden obligatorisch mit Röntgenzimmern ausgestattet[24], und mit dem Silikose-Institut der Knappschafts-Berufsgenossenschaft, das 1929 gegründet wurde, entstand eine Forschungseinrichtung, deren Aufgabe unter anderem darin bestand, Röntgenbilder zu produzieren, zu interpretieren und für die medizinische Praxis des Bergbaus nutzbar zu machen.[25] Röntgenologische Reihen-, Anlege- und Nachuntersuchungen produzierten seit den 1930er-Jahren einen steten Fluss an Repräsentationen der bergmännischen Lunge, die nun nicht nur im Hinblick auf die Entschädigung von

---

22 Christian Schürmann, Die Regulierung der Silikose im Ruhrkohlenbergbau bis 1952. Staat, Unternehmen und die Gesundheit der Arbeiter, Wiesbaden 2011, S. 46 ff.
23 Zur Diskussion von wissenschaftlichen Bildern überblicksartig Lars Bluma/Sybilla Nikolow, Die Zirkulation der Bilder zwischen Wissenschaft und Öffentlichkeit. Ein historiographischer Essay, in: Bernd Hüppauf/Peter Weingart (Hg.), Bilder, 2009, S. 45-78. Zur Problematik der Interpretation von Röntgenbildern im Bergbau s. Michael Martin, Spuren der Arbeit. Zur Beweiskraft des Röntgenbildes bei der Anerkennung der Silikose als Berufskrankheit, in: Westfälische Forschungen, 64 (2014), S. 223-243.
24 Lars Bluma, Heterotope Orte: Raumhistorische Dimensionen des knappschaftlichen Krankenhauswesens im Ruhrgebiet, in: Christoph Bartels (Hg.), Berufliches Risiko und soziale Sicherheit, Bochum 2010, S. 67-98; hier: S. 76.
25 Norbert Ulitzka, Das Bergmannsheil als Forschungsstätte, in: ders. (Hg.), Die Bergbau-Berufsgenossenschaft 1885–2009. Eine Sammlung von Beiträgen zur Geschichte der gesetzlichen Unfallversicherung für den Bergbau in Deutschland, Bochum 2009, S. 239-258.

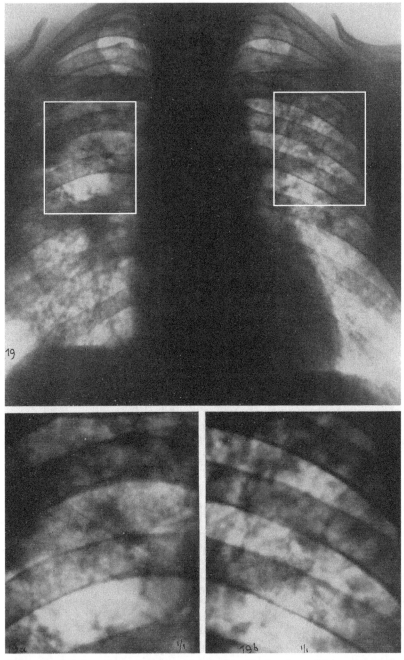

Abb. 1 Staubeinlagerungen mittleren bis schweren Grades eines 46 Jahre alten Bergmanns, in: Gustav Schulte, Karl Husten, Röntgenatlas der Staublungenerkrankungen der Ruhrbergleute, Leipzig 1936, S. 58.

silikoseerkrankten Bergarbeitern eine wichtige objektivierende und versicherungsrechtliche Funktion erfüllten, sondern durch eine regelmäßige Überwachung des Lungenzustandes überhaupt erst eine Präventivstrategie der Knappschafts-Berufsgenossenschaft ermöglichten. Bergarbeiter, deren Röntgenaufnahmen Anzeichen einer leichten Silikose zeigten, konnten nun frühzeitig, vor Ausbruch einer entschädigungspflichtigen schweren Silikose, von den staubgefährdeten Arbeitsplätzen abgezogen werden. Die Röntgenbilder dienten auch in anderer Hinsicht den Interessen der arbeitgeberdominierten Knappschafts-Berufsgenossenschaft. Schnell wurde die Möglichkeit des Röntgengerätes erkannt, Simulanten aufzudecken.[26] Konnten die subjektiv geäußerten Beschwerden des Bergmanns nicht durch Röntgenbefunde bestätigt werden, stand sehr schnell der Vorwurf der Simulation und damit letztendlich des Versicherungsbetrugs im Raume.

In der Praxis der Unfallversicherung konnte das Röntgenbild also auch als Kontrollinstrument gegenüber den Bergleuten genutzt werden und entfaltete somit eine disziplinierende Wirkung im Hinblick auf die Durchsetzung normativen Verhaltens.

Während die Röntgentechnik eine epistemologische und versicherungsrechtliche »Schließung« der Silikoseproblematik mithilfe von anerkannten und standardisierten Repräsentationen und deren Interpretationen hervorbrachte, gelang es im Falle des Augenzitterns der Bergleute trotz aller Bemühungen nicht, adäquate Repräsentationstechniken zu entwickeln. Das Augenzittern, eine unbewusste rollende Bewegung der Augen, wurde durch die schlechten Beleuchtungsverhältnisse hervorgerufen, die im Steinkohlenbergbau an der Ruhr anzutreffen waren.[27] Ähnlich wie bei den Lungenerkrankungen waren die Ursache der Krankheit und deren Wirkung hinsichtlich der Arbeitsfähigkeit der betroffenen Bergleute unbekannt. Die Diagnose eines Augenzitterns war jedoch nicht strittig, schließlich waren die nicht zu simulierenden Augenbewegungen offensichtlich. Aber ging mit diesen Symptomen auch eine Beeinträchtigung der Arbeitsfähigkeit einher? Diese war in der Rationalität von Kranken- und Unfallversicherung schließlich ausschlaggebend für die Krankschreibung. Die Knappschaftsärzte entschieden tatsächlich von Fall zu Fall, je nachdem welche Plausibilität sie den subjektiven Schilderungen der Beschwerden der Bergleute, wie z. B. Schwindel, Kopfschmerz und Sehprobleme, beimaßen.[28] Für die Knappschafts-Berufsgenossenschaft war jedoch relevant, dass ein eindeutiger, objektiv nachweisbarer Bezug zwischen dem sichtbaren Augenrollen und der Leistungsfähigkeit des Bergmanns gegeben war, der die subjektiven Einschätzungen der Bergleute bestäti-

---

26 Lars Bluma/Jochen Streb/Stefan Schulz, Prinzipal-Agenten-Probleme in der knappschaftlichen Krankenversicherung: Die Bekämpfung des »Simulantentums« durch Anreize und Kontrolle, in: Vierteljahrschrift für Sozial- und Wirtschaftsgeschichte [VSWG], 97 (2010) 3, S. 310-334.
27 Ilse Wild, Der Nystagmus der Bergleute. Eine Untersuchung der Berufskrankheit vom ersten Auftreten 1860 bis zu ihrem Erlöschen im europäischen Steinkohlebergbau, Bochum 1992.
28 Erich Zeiss, Das Augenzittern der Bergleute. Vergleichende Untertageuntersuchungen im Ruhrgebiet, in Ober- und Niederschlesien, Leipzig 1936, S. 76.

gen konnte. Solange dies nicht gegeben war, wurde vonseiten der Unfallversicherung jede Forderung nach Anerkennung des Augenzitterns als entschädigungspflichtige Berufskrankheit erfolgreich abgewehrt. Um den unsicheren wissenschaftlichen und versicherungsrechtlichen Status der Krankheit zu klären, entwickelten Augenärzte im Ruhrgebiet, wie z. B. Johannes Ohm, der sich schon vor dem Ersten Weltkrieg mit dieser Krankheit intensiv auseinandersetzte, neue Repräsentationstechniken zur Objektivierung des Leidens. Mithilfe von Hornhautmikroskopen, aber vor allem durch kinematografische Aufnahmen und durch »Abgreifen« der Augenbewegungen mittels an den Augen befestigter Hebelapparaturen, entstanden vermeintlich objektive Repräsentationen des Augenleidens.[29] Die Aufzeichnungen der von Ohm entwickelten Hebelapparate lieferten Kurvendiagramme, die Richtung, Ablauf, Zahl und Ausschlag der pathologischen Augenbewegungen sichtbar machten. Zudem konnten diese Kurven mathematischen Verfahren der harmonischen Analyse unterworfen werden, um auf eventuell vorhandene mathematische Muster zu stoßen.[30] Die wissenschaftliche Objektivität, die diesen Körperrepräsentationen von Arzt und Patient beigemessen wurde, ergab sich also aufgrund des technischen Charakters des Abtastverfahrens, der Darstellung als Kurvendiagramm und der möglichen mathematischen Weiterverarbeitung der gewonnenen Daten. All dies sollte die subjektiven Elemente ärztlicher Diagnose ausschließen. Die Uneindeutigkeit des auf sprachlichen Dialog basierenden Arzt-Patienten-Verhältnisses, mit allen Unsicherheiten der Signifizierung, sollte durch technisch-mathematische Repräsentationstechniken in Eindeutigkeit überführt werden. Die Hoffnungen von Ohm sollten sich allerdings nicht erfüllen. Die von ihm produzierten »objektiven Zeichen«, vorliegend als Kurvendiagramme und Daten, entzogen sich einer klaren Interpretation hinsichtlich des Zusammenhangs von pathologischer Augenbewegung und Arbeitsfähigkeit. Der Nystagmus der Bergleute wurde dementsprechend erst 1961 als Berufskrankheit anerkannt, zu einem Zeitpunkt, als diese wegen der inzwischen weit verbreiteten elektrischen Beleuchtung unter Tage schon seit Jahren nicht mehr im Ruhrkohlenbergbau diagnostiziert wurde. Zumindest im Rahmen der medizinisch-sozialen Praxis der Kranken- und Unfallversicherung scheiterten also die von Ohm entwickelten Repräsentationen des bergmännischen Körpers. Die Heftigkeit, mit der insbesondere die Knappschafts-Berufsgenossenschaft die Anerkennung des Augenzitterns als Berufskrankheit bekämpfte, zeigt, dass auch die Körperrepräsentationen der Wissenschaft keineswegs machtpolitische Auseinandersetzungen in den sozialen Sicherungssystemen durch ihre vermeintliche Objektivität neutralisierten.[31]Das strenge Objektivitätspostulat

---

29 Siehe insbes. Johannes Ohm, Das Augenzittern der Bergleute. Sein Krankheitsbild und seine Entstehung, dargestellt an mehr als 500 selbst beobachteten Fällen, Leipzig 1912; ders., Das Augenzittern als Gehirnstrahlung. Ein Atlas der Augenzitternkurven, Berlin/Wien 1925.
30 Ders., Nachlese auf dem Gebiete des Augenzitterns der Bergleute. Ein Beitrag zur Gehirnfunktion, Stuttgart 1954.
31 Boyer, Unfallversicherung, 1995, S. 220-254.

der Berufsgenossenschaften diente vielmehr jahrzehntelang einer Abwehr von Ansprüchen durch die versicherten Arbeiter, war mithin also ständiger Anlass von Konflikten, die jedoch aufgrund der Machtasymmetrie innerhalb der Unfallversicherung übermäßig oft zugunsten der Unternehmer gelöst wurden.

Die hier exemplarisch vorgestellten Visualisierungen durch Röntgenbilder und nystagmografische Kurvendiagramme verweisen auf mindestens drei Funktionen von Körperrepräsentationen im Rahmen des bergbaulichen Medizinalsystems: Sie sollten objektivierbare und versicherungsrelevante Diagnosen ermöglichen, Kosten für die Unfallversicherung (und damit für die Zechenunternehmen) durch Präventivstrategien senken und Versicherungsbetrug aufdecken. Der Arbeiterkörper erscheint dementsprechend in zweifacher Weise: als physiologisches Objekt von wissenschaftlichen Objektivierungspraktiken sowie als sozialer Körper eines sich entfaltenden industriellen Wohlfahrtsstaates. Die ausgewählten wissenschaftlichen Repräsentationen des bergmännischen Arbeiterkörpers bestätigen die von Foucault behauptete Vergesellschaftung des Körpers im Kapitalismus. Röntgenbilder und Aufzeichnungen des Augenzitterns dienten eben auch der Stabilisierung von Machtpositionen im Ruhrbergbau, oder anders ausgedrückt: Die vom medizinischen Expertensystem der Knappschafts-Berufsgenossenschaft produzierten Körperrepräsentationen zementierten das paternalistische Herrschaftsverhältnis im Ruhrbergbau.

Ein weiterer Ausdruck dieses »Verdatungsprozesses« ist der Aufstieg statistischer Repräsentationen des Körpers in den Medizinalstatistiken der Kranken- und Unfallversicherungen. Die Verwaltungsberichte des Allgemeinen Knappschaftsvereins zu Bochum spiegeln diese Form statistischer Rationalität wider, die das Krankheitsbild des Bergbaus in mehr als 150 Krankheitskategorien erfasste und diese mit zahlreichen sozialen und biologischen Kategorien wie Lohnklasse, Alter, Nationalität, Familienstand und so weiter in Bezug setzte.

Die Knappschaft an der Ruhr etablierte seit der Mitte des 19. Jahrhunderts gleichsam ein Verbundsystem aufeinander verweisender, objektivierender Körperrepräsentationen, die von fotografischen Visualisierungstechniken (Röntgenbilder) über Diagramme bis hin zu Statistiken und Medizinalberichten reichen. Ziel dieser Repräsentationen, die auch als Entzifferungs- und Verdatungstechniken des Körpers bezeichnet werden können, war die vollständige Transparenz des bergmännischen Körpers und damit die Utopie einer umfassenden rationalen Regulierung desselben als produktive Arbeitskraft.[32]

---

32 Zum Transparenztraum der Moderne siehe Manfred Schneider, Transparenztraum. Literatur, Politik, Medien und das Unmögliche, Berlin 2013.

3 Repräsentationen der Arbeit als idealisierte Körperbilder

In Ergänzung zu den bisher besprochenen objektivierenden Repräsentationen des Arbeiterkörpers sollen im Folgenden Repräsentationsformen in den Mittelpunkt rücken, die als idealisierende Darstellungen bezeichnet werden können. Diese verfolgen weder die Zielsetzung wissenschaftlicher Objektivierung und Verdatung, noch nehmen sie für sich in Anspruch, ein mimetisches und authentisches Bild der Realität zu liefern, wie zum Beispiel die dokumentarische Industriefotografie.[33] Allerdings stellen die künstlerischen Darstellungen der Arbeit als Arrangements von Symbolen, die eine syntagmatische Struktur aufweisen, willentlich oder unwillentlich eine Stellungnahme zu herrschenden Auffassungen von Arbeit dar, sie sind also auch als historische Quellen zu betrachten.[34] Klaus Türk hat in seinen Veröffentlichungen ein breites Spektrum an künstlerischen Repräsentationen der Arbeit entfaltet und interpretiert.[35] Sein Verdienst ist es, diese künstlerischen Repräsentationen als historische Quelle ernst zu nehmen. D. h. vor allem, dass diese nicht nach deren Einordnung in kunsthistorische Stile, Kunstrichtungen und Avantgardismen befragt werden, sondern inwiefern die Kunst als bildliche Konstruktion von gesellschaftlicher Wirklichkeit aufzufassen ist.[36]

Auch der Bergbau hat ein reichhaltiges Erbe an künstlerischen Ausdrucksformen hinterlassen, die jedoch keine eigenständige ästhetische Darstellungsweise entwickelt haben, sondern sich vor allem seit dem 19. Jahrhundert als ein spezielles Sujet innerhalb der jeweils herrschenden Kunststile entfalteten.[37] An dieser Stelle werden exemplarisch Skulpturen aus dem Ruhrgebiet, die Bergarbeiter darstellen, als künstlerische Repräsentationen ausgewählt. Bergarbeiterskulpturen lassen sich nach ihrer Funktion in zwei Kategorien einteilen. Zum einen kleinere, dekorative Darstellungen, die auch

---

33 Es würde den Rahmen dieser Veröffentlichung sprengen, der fotografischen Inszenierung des Bergarbeiterkörpers in der Industriefotografie nachzugehen, obwohl dies ein lohnenswertes Forschungsfeld wäre. Eine umfangreiche Sammlung von historischen Bildern befindet sich im Montanhistorischen Dokumentationszentrum des Deutschen Bergbau-Museums Bochum, siehe auch Evelyn Kroker/Gabriele Unverferht, Der Arbeitsplatz des Bergmanns in historischen Bildern und Dokumenten, 2. Aufl., Bochum 1991; dies., Der Arbeitsplatz des Bergmanns, Bd. 2: Der Weg zur Vollmechanisierung, Bochum 1986. Ebenso sei auf das Medium des Industriefilms hingewiesen, der hier nicht thematisiert werden kann; siehe auch Stefan Przigoda, Bergbaufilme. Inventar zur Überlieferung in Archiven, Museen und anderen Dokumentationsstellen in der Bundesrepublik Deutschland, Bochum 2005.
34 Klaus Türk, Bilder der Arbeit. Eine ikonografische Anthologie, Wiesbaden 2000, S. 10 f.
35 Ders., Bilder, 2000; ders., Mensch und Arbeit. 400 Jahre Geschichte der Arbeit in der bildenden Kunst, Bonn 2003.
36 Ders., Bilder, 2000, S. 11.
37 Zum Bergbau als Thema der Kunst in kunsthistorischer Perspektive siehe Rainer Slotta, Der Bergbau als Thema der Kunst im 19. und 20. Jahrhundert, in: Klaus Tenfelde/Toni Pierenkemper (Hg.), Geschichte des deutschen Bergbaus, Bd. 3: Motor der Industrialisierung. Deutsche Bergbaugeschichte im 19. und 20. Jahrhundert, Münster i. Westf. 2016, S. 533-556.

als Salonskulpturen bezeichnet werden, und die unterschiedlichen Gewerbe darstellend, vor allem als Präsente bei Arbeits- und Firmenjubiläen höheren Angestellten und der Firmenleitung überreicht wurden, um als bürgerliche Statusobjekte die soziale Stellung des Beschenkten anschaulich zu machen.[38] Wie auch in der Malerei sind die Darstellungen von Bergleuten ganz im jeweiligen Stil dieser kleinplastischen Industrieskulpturen gehalten. Die Sammlung des Gelsenkirchener Kunstsammlers Werner Bibl, die unlängst im LWL-Industriemuseum Henrichshütte Hattingen ausgestellt wurde[39], beinhaltet auch einen beeindruckenden Fundus an Bergarbeiterskulpturen vom 18. bis 20. Jahrhundert.[40] Zum anderen seien die repräsentativen Großskulpturen genannt, die entweder Bestandteil von Gebäudeensembles waren oder als Denkmäler fungierten. Sie sind also anders als die Kleinskulpturen, die die Wohnungen und Büros des Bürgertums zierten, in der Regel Bestandteil des öffentlichen Raumes, und damit stärker als politische Repräsentationen aufzufassen. Entsprechend dieser politischen Funktion werden die Großskulpturen von Bergarbeitern im Folgenden vorrangig betrachtet.

Die Eingangshalle des im Juni 1910 eingeweihten Verwaltungsgebäudes des Allgemeinen Knappschaftsvereins in Bochum, welches im monumentalen Stil des Historismus ausgeführt wurde, empfing den Besucher mit zwei lebensgroßen Bergmannsskulpturen von Arnold Frische.[41] (☛ siehe Abb. 2, S. 36)

Die Skulpturen verwiesen allerdings nicht auf die gefährliche Arbeit des Bergmanns, seine körperliche Verwundbarkeit oder gar auf die karitativen Leistungen der Knappschaft im Falle von Krankheit oder Invalidität, sondern sie zeigen zwei muskulöse, gesunde Bergmänner, die Grubenlampen und Gezähe als berufliche Insignien in den Händen halten. Der nackt dargestellte Oberkörper mit seiner detaillierten Ausarbeitung der Muskeln verweist eindeutig auf die produktive Kraft des bergmännischen Arbeiterkörpers. Die übrigens auch als kleinere Salonplastiken erhalten gebliebenen Skulpturen zeigen einen Idealkörper des Bergmanns, der allerdings so auch in Darstellungen anderer Gewerbezweige ästhetisch verherrlicht wurde. Die Knappschaft blieb dieser Tradition der idealisierenden Körperdarstellung treu. Kurz nach dem Wiederaufbau

---

38 Olge Dommer, Geschundener Mensch oder Held der Arbeit? Zur kleinplastischen Arbeiterdarstellung in der Sammlung Werner Bibl, in: Klaus Türk (Hg.), Arbeiterskulpturen, Bd. 2: Die Sammlung Werner Bibl, Essen 2011, S. 12-15; hier: S. 13.
39 Sonderausstellung »Arbeit zeigen. Plastiken und Fotografien 1850–1950«, LWL-Industriemuseum Henrichshütte Hattingen, 24.11.2013 bis 23.3.2014. Hinzuweisen ist hier auch auf die Sonderausstellung zum Werk Constantin Meunier, die schon 1970 im Deutschen Bergbau-Museum Bochum zahlreiche Bergarbeiterskulpturen des bekannten belgischen Künstlers zeigte. Deutsches Bergbau-Museum Bochum (Hg.), Ausstellung Constantin Meunier vom 17. Oktober 1970 bis 17. Januar 1971, Bochum 1970.
40 Türk (Hg.), Arbeiterskulpturen, 2011, S. 118-185.
41 Detailliert: Rainer Slotta, Skulpturen von Bergleuten im Auftrag der Knappschaft: Arnold Frische – Rudolf Belling – Erich Schmidtbochum, in: Michael Fessner/Christoph Bartels/Rainer Slotta (Hg.), Auf breiten Schultern. 750 Jahre Knappschaft, Bochum 2010, S. 39-50.

Abb. 2 Eingangshalle Hauptverwaltung Knappschaft, Bergmannskulpturen von Arnold Frische 1909/1910, in: Slotta, Skulpturen, in: Fessner, Bartels, Slotta (Hg.), 2010, S. 40.

des Knappschaftsgebäudes nach dem Zweiten Weltkrieg – das Gebäude brannte nach einem Bombenangriff am 4. November 1944 vollständig aus – wurden die beiden Bergmannsskulpturen durch zwei neue Großplastiken des Künstlers Erich Schmidtbochum ersetzt, der zwar im Vergleich zu Frische eine modernere Ausführung bevorzugte, aber dennoch konservativ in der Darstellung des Arbeiterkörpers blieb.[42] Immerhin erfolgte nun ein Hinweis auf die Funktion der Knappschaft als soziales Sicherungssystem der Bergleute: Schmidtbochum stellte sowohl einen jungen als auch einen alten Bergmann dar, was den generationenverbindenden Aspekt der knappschaftlichen Rentenversicherung symbolisiert. Aber selbst der »Alte Bergmann« zeigt keinerlei Hinweise auf die Gebrechlichkeit eines von jahrelanger, harter Arbeit zerschundenen Körpers. Beide Skulpturen zeigen vielmehr kraftstrotzende Bergarbeiter, und zwar auch hier wieder symbolisiert über die ästhetische Betonung der Oberkörpermuskulatur, die auch bei dem mit einem Hemd bekleideten »Alten Bergmann« deutlich ins Auge fällt. Diese Repräsentation von Stärke, körperlicher Unversehrtheit und auch Willen wird in einer weiteren Großplastik der Knappschaft, wenn auch stilistisch origineller als die Ausführungen von Frische und Schmidtbochum, durch Rudolf Belling aufgegriffen.[43] Der

---

42 Slotta, Skulpturen, in: Fessner/Bartels/ders. (Hg.), Knappschaft, 2011, S. 46-49.
43 Ebd., S. 42-45. Sowohl die Bergmannsskulptur von Belling als auch die beiden Großplastiken von Frische werden in der Dauerausstellung des Deutschen Bergbau-Museums Bochum gezeigt.

»Bergmann« von Belling, der 1930 für die Reichsknappschaft in Berlin angefertigt wurde, greift das Motiv des muskulösen Bergmanns auf, abstrahiert den Körper anlehnend an den Stil der Neuen Sachlichkeit aber wesentlich stärker, sodass geradezu der Eindruck eines »Körperpanzers« entsteht[44] (siehe Abb. 3).

Relativiert wird dieser »Körperpanzer« durch den in sich gekehrten, nach unten gelenkten Blick des dargestellten Bergmanns, der dadurch, wenn nicht als gebrochener, so doch als »melancholischer Held« erscheint. Auffällig an allen diesen Beispielen ist die Dissonanz zwischen Körperdarstellung und institutioneller Funktion der Knappschaft, in deren Zentrum der kranke und gebrechliche Körper stand. Stattdessen wurde ein gesunder, produktiver Bergmann zelebriert und das Idealbild (aus heutiger Perspektive eher Zerrbild) eines unverletzbaren, maskulinen Arbeiterkörpers in den öffentlichen Raum gestellt.

Diese idealisierenden Repräsentationen der Arbeit und des arbeitenden Körpers, die ästhetische und symbolische Negierung der gesundheitlichen Risiken im Bergbau und anderer Industriezweige veranschaulichen damit die hegemoniale Deutungsmacht der damaligen bürgerlichen Eliten, die letztendlich die öffentlichen Repräsentationen von Arbeit monopolisierten und Repräsentationen der Schattenseiten der Industriearbeit marginalisierten.[45] Krankheit, Invalidität und mangelnde körperliche Leistungsfähigkeit galten in einem auf Körperarbeit

Abb. 3 Großplastik »Bergmann« von Rudolf Belling 1930, Foto: Heinz-Werner Voß, Copyright: Montanhistorisches Dokumentationszentrum beim Deutschen Bergbau-Museum Bochum, 030000646600.

---

44 Ebd., S. 45.
45 Zu Repräsentation dieser »anderen Wirklichkeit« siehe Türk, Bilder, 2000, S. 202-219.

basierenden Produktionsregime als Makel, zumal diese das Idealbild des männlichen Industriearbeiters als »Alleinernährers« der Familie fundamental infrage stellte. Die Arbeiterskulpturen repräsentieren demnach auch eine produktionsorientierte Männlichkeitsvorstellung, die durchaus von den Industriearbeitern und Bergmännern geteilt wurde.[46] Die muskelbepackten Körperrepräsentationen passten sehr wohl in die Machokultur des Steinkohlenbergbaus an der Ruhr.[47] Damit sind die hier vorgestellten Großskulpturen auch Repräsentationen der damaligen Geschlechterverhältnisse, die über die Darstellung von Körperlichkeit vermittelt wurden. An diese Apotheose des arbeitenden Körpers konnten die nationalsozialistische Ideologie und deren Repräsentationsformen nahtlos anschließen. Der ausgesprochene Körperkult und Körperkitsch des deutschen Faschismus reproduzierte sich in der bildenden Kunst.[48] Der Unterschied zu den bisher genannten künstlerischen Repräsentationen des Arbeiterkörpers liegt in der engen symbolischen Verknüpfung von Arbeit und Krieg, die aber durchaus schon im Ersten Weltkrieg in der bildenden Kunst Ausdruck fand.[49]

Ernst Seger schuf in der Zeit des Nationalsozialismus zum Beispiel einen »Stehenden Bergmann mit Grubenlampe«, der einen Wehrmachtshelm trägt und ansonsten dem beschriebenen Idealtypus des Bergmanns (nackter, muskulöser Oberkörper) entspricht.[50] Die nationalsozialistische Propaganda verehrte den Bergmann als Helden an der Heimatfront. Den Repräsentationen des bergmännischen Arbeiterkörpers wurden nationalsozialistischer Arbeitsethos und Leistungsideologie eingeschrieben. Die seit dem Beginn des Zweiten Weltkriegs die Propaganda bestimmende Opfersemantik machte auch vor den Repräsentationen der Arbeit keinen Halt. Dies wird besonders in der gestalterischen Entwicklung der Denkmäler für verunglückte Bergleute deutlich, von denen es im Ruhrgebiet insgesamt ca. 90 gibt.[51] Insbesondere den durch Schlagwetterexplosionen verursachten Grubenunglücken, die zahlreiche Opfer unter den Bergleuten forderten, wurde im Ruhrgebiet durch öffentliche Denkmäler gedacht. Waren die ersten Denkmäler im 19. Jahrhundert überwiegend noch abstrakt als Obelisken mit Namensinschriften der verunglückten Bergleute ausgeführt, so

---

46 Bluma, Körper, in: ders./Uhl, 2012, S. 50 ff.
47 Zur Machokultur der Industriearbeiter siehe Steve Meyer/Rough Manhood: The Aggressive and Confrontational Shop Culture of U. S. Auto Workers during World War II, in: Journal of Social History [JSH], 36 (2002) 1, S. 125-147.
48 Zur nationalsozialistischen Körperideologie siehe Anson Rabinbach, The Aesthetics of Production in the Third Reich, London 1979; Chup Friemert, Produktionsästhetik im Faschismus. Das Amt »Schönheit der Arbeit« von 1933 bis 1939, München 1980; Daniel Wildmann, Begehrte Körper. Konstruktion und Inszenierung des »arischen Männerkörpers« im »Dritten Reich«, Würzburg 1998; Paula Diehl (Hg.), Körper im Nationalsozialismus. Bilder und Praxen, München 2006.
49 Stefan Goebel, »Kohle und Schwert«. Zur Konstruktion der Heimatfront in Kriegswahrzeichen des Ruhrgebiets im Ersten Weltkrieg, in: Westfälische Forschungen, 51 (2001), S. 257-281.
50 Türk, Arbeiterskulpturen, 2011, S. 162 f.
51 Rainer Slotta, Denkmäler für verunglückte Bergleute im Ruhrgebiet, in: Forum Geschichtskultur Ruhr, 2 (2013), S. 25-28.

zum Beispiel auch das älteste Denkmal für die verunglückten Bergleute der Zeche Neu-Iserlohn am 15. Januar 1868 in Bochum-Langendreer, entstanden seit der Jahrhundertwende monumentale figürliche Darstellungen. In ihnen hatte die Inszenierung von Trauer um die verunglückten Bergleute noch einen herausragenden Platz. Trauernde Kinder und Mütter gehören ebenso zur Formensprache der Denkmäler wie in sich versunkene Bergleute oder dahingesunkene Männer, die Leid und Trauer darstellen sollten.[52] Allen Denkmälern gemeinsam ist, dass sie keine Schuld zuweisen, sondern die Unglücke als schicksalhaft deuten, sodass die Verantwortlichkeit der Zechenunternehmen nicht repräsentiert wurde. Seit den 1930er-Jahren treten Repräsentationen der Trauer in den Hintergrund oder verschwinden. Ganz wie in den bürgerlichen Kleinplastiken herrscht nun ein martialisches Männer- und Körperbild vor, welches letztendlich die nationalsozialistische Arbeitsideologie überhöht. Die Bergmänner wurden als Helden der Arbeit und seit dem Zweiten Weltkrieg als Helden an der Heimatfront stilisiert. Den durch Unfälle ums Leben gekommenen Bergleuten gedachten die Nationalsozialisten als »Helden, die auf dem Felde der Arbeit fielen« und der Volksgemeinschaft ein notwendiges Opfer gebracht hatten.[53] Aus Repräsentationen der Trauer wurden Repräsentationen der nationalsozialistischen Volksgemeinschaft. Damit entsprachen die Denkmäler für die verunglückten Bergleute, die im Nationalsozialismus entstanden, der in allen Lebensbereichen feststellbaren »Nazifizierung des herkömmlichen symbolischen Diskurses.«[54] In sozialhistorischer Perspektive ebneten diese Körperskulpturen, ebenso wie ihre Vorgänger in der Weimarer Republik und im Kaiserreich, soziale Konflikte um den Arbeitsschutz symbolisch ein, nun jedoch im Rahmen der Utopie einer klassenlosen Volksgemeinschaft.[55]

4 Zusammenfassung

Der vorliegende Beitrag hat einen kleinen Ausschnitt von Repräsentationen des Arbeiterkörpers am Beispiel des Ruhrkohlenbergbaus analysiert. Der Schwerpunkt der Untersuchung lag in der historischen Einbettung von wissenschaftlichen (objektivierenden) und künstlerischen (idealisierenden) Repräsentationen des Arbeiterkörpers in deren Produktions- und Verwendungspraxis. Während sich in der medizinischen Praxis eine durch technische und statistische Verfahren produzierte Vermessung, Verdatung und Fragmentierung des Bergarbeiterkörpers im Rahmen

---

52 LWL-Industriemuseum (Hg.), Helden im Zeichen von Schlägel und Eisen. Denkmale für tödlich verunglückte und gefallene Bergleute im Ruhrgebiet, Essen 2010, S. 11.
53 Robert Ley, Zechenzeitung, 1935, zit. n. LWL-Industriemuseum, Helden, S. 11.
54 Maria Mitchell, Die Volksgemeinschaft im Dritten Reich: Konflikt, Konzession, Konsens, in: Norbert Finzsch/Hartmut Lehmann (Hg.), Zukunftsvisionen: Politische und soziale Utopien in Deutschland und den Vereinigten Staaten im 20. Jahrhundert, Krefeld 2001, S. 37-68; hier: S. 65.
55 LWL-Industriemuseum (Hg.), Helden, 2010, S. 13.

medizinischer Diagnose und den damit verknüpften sozialen Kontrollmechanismen etablierte, blieb es bei den öffentlichen figürlichen Darstellungen bei idealisierenden Repräsentationen, die die Einheit des Körpers wahrten und damit für den jeweiligen hegemonialen politischen Diskurs von Arbeit und Körper kompatibel blieben. Öffentliche und medizinisch-wissenschaftliche Repräsentationen bilden also in Form und Funktion zumindest für den untersuchten Zeitraum gegensätzliche Repräsentationsmodi. Inwiefern dieses Ergebnis auch für andere Formen der Repräsentationen von Arbeit in der Industrialisierung zutrifft und ob und wann sich dieser Gegensatz auflöst, ließe sich nur durch eine weitergehende systematische Analyse erschließen.

Sigrid Koch-Baumgarten

Gewerkschafts- und Medienframes im publizistischen Konflikt während des Streiks um Lohnfortzahlung im Krankheitsfall 1956/7

Die Bedeutung von Öffentlichkeit und Massenmedien für die Politikgestaltung findet seit dem *cultural turn* verstärkt Aufmerksamkeit in der Geschichtswissenschaft.[1] In der Politikwissenschaft wird bereits von einem regelrechten »Themenhype«[2] gesprochen. Die massenmediale Repräsentation von Tarifpolitik, Gewerkschaften und Arbeitskonflikten hat hingegen bislang nur sporadisch die Forschungsagenda erreicht.[3] Im folgenden Beitrag soll an einem historischen Einzelfall die Bedeutung der Massenmedien und der medial hergestellten Öffentlichkeit im Tarifkonflikt untersucht werden: am publizistischen Konflikt über den Streik zur Lohnfortzahlung im Krankheitsfall in der Metallindustrie Schleswig-Holsteins 1956/57, der zu den bedeutendsten Arbeitskämpfen in der Bundesrepublik zählt.

Der Beitrag geht dabei einem Bündel von Fragen nach: Wie präsentierte die IG Metall (IGM) ihre Anliegen in der breiten und gesamtgesellschaftlichen Öffentlichkeit? Konnte sie für ihre Deutungsangebote Medienresonanz finden und die Öffentlichkeit als Machtressource im Konflikt nutzen? Wie haben Journalisten die gewerkschaftlichen Deutungsangebote aufgegriffen, verändert und eigene Positionen eingebracht und sich als Akteure im Streik etabliert? Theoretisch handelt es sich um eine Frames-/Framing-Analyse, methodisch um eine qualitative Inhaltsanalyse der Streikartikel in der überregionalen bundesdeutschen Qualitätspresse.[4] Vor der empirischen histori-

---

1 Axel Schildt, Das Jahrhundert der Massenmedien. Ansichten zu einer künftigen Geschichte der Öffentlichkeit, in: Geschichte und Gesellschaft. Zeitschrift für Historische Sozialwissenschaft [GuG], 27 (2001) 2, S. 177-206.
2 Heribert Schatz, Regieren in der Mediengesellschaft. Zur Medialisierung von Politik und Verwaltung in der Bundesrepublik Deutschland, in: Werner Jann/Klaus König (Hg.): Regieren zu Beginn des 21. Jahrhundert, Tübingen 2008, S. 127-173; hier: S. 127.
3 Hans-Jürgen Arlt, Kommunikation, Öffentlichkeit, Öffentlichkeitsarbeit. PR von gestern, PR für morgen – Das Beispiel Gewerkschaft, Opladen/Wiesbaden 1998; Jürgen Prott, Öffentlichkeit und Gewerkschaften. Theoretische Ansätze und empirische Erkenntnisse, Münster i. Westf. 2003; Bernhard Wessels, Gewerkschaften in der Mediengesellschaft, in: Wolfgang Schröder/ders. (Hg.), Die Gewerkschaften in Politik und Gesellschaft der Bundesrepublik Deutschland. Ein Handbuch, Wiesbaden 2003, S. 322-41; Sigrid Koch-Baumgarten, Das Ende der Geheimdiplomatie? Zur Medialisierung der Tarifpolitik, in: dies./Lutz Mez (Hg.), Medien und Politik. Neue Machtkonstellationen in ausgewählten Politikfeldern, Frankfurt a. M. 2007, S. 143-60.
4 Der Artikel basiert auf einer kürzlich abgeschlossenen Forschungsarbeit: Sigrid Koch-Baumgarten, Medien im Tarifkonflikt. Akteurs- und Medienframes im Streik um die Lohnfortzahlung im Krankheitsfall 1956/57, Münster i. Westf. 2013.

schen Fallanalyse wird eingangs der Forschungsstand und die konzeptionellen Vorannahmen zur Bedeutung medial vermittelter Verbands- und Konfliktkommunikation herausgearbeitet und der eigene Untersuchungsansatz vorgestellt.

1 Einleitung: Gewerkschaften und Massenmedien – ein schwieriges Verhältnis?

Massenmedien und Gewerkschaften erscheinen als schwieriges, in nicht wissenschaftlicher Perspektive sogar unverträgliches Paar. In der gewerkschaftseigenen Wahrnehmung werden Journalisten zeitübergreifend und grenzüberschreitend schlimmstenfalls als »enemies front line troops« stigmatisiert[5]; auch gewerkschaftsnahe, linke Studien zeichnen das Bild einer »gewerkschaftsfeindlichen Berichterstattung in den Massenmedien«.[6] Zumindest wird die mediale Parteinahme für den Tarifkontrahenten vorausgesetzt; bestenfalls wird das journalistische Desinteresse an Gewerkschaften angenommen. Auch die einzige zeitgenössische (gewerkschaftsnahe) Studie stellte ein mediales Bias zugunsten der Arbeitgeber fest (mit einem Anteil an den Pressekommentaren von 47 Prozent im Vergleich zu 12 Prozent der Gewerkschaften). Unberücksichtigt blieb allerdings, dass ein bedeutender Teil der Medienberichterstattung (41 Prozent) »unentschieden« war, also ohne eindeutige Parteinahme.[7] Sozusagen als Kehrseite wird auch den gewerkschaftlichen Funktionsträgern bereits von zeitgenössischen Verantwortlichen für die gewerkschaftliche Öffentlichkeitsarbeit ein geringes Interesse an medialer Repräsentation bescheinigt: Es werde als »lästig« empfunden, sich gegenüber einer allgemeinen Öffentlichkeit legitimieren zu müssen und sich mit »Techniken und Praktiken« der »kommerziellen Public-Relations-Arbeit« zu profilieren und den Anschluss an gesamtgesellschaftliche Debatten zu suchen.[8] Spätere Forschungen haben diese frühe Selbstdiagnose bestätigt: Gewerkschaftlicher Politikvermittlung wird attes-

---

5 Paul Manning, Spinning for labour: trade unions and the new media environment, Ashgate 1998, S. 1, S. 9 f., S. 357.
6 Richard Sorg/Ulla Wittig-Goetz, Solidaritätsform Streikhochschule. Das Beispiel Frankfurt und Mainz/Wiesbaden, in: o. A., Arbeitskampf um Arbeitszeit. Perspektiven gewerkschaftlicher Zukunft in flexibler Arbeitswelt, Marburg 1985, S. 141-150; hier: S. 149 f.
7 H.-P. Riesche, Unsere Tarifbewegung im Spiegel der Presse, in: Der Gewerkschafter. Monatsschrift für die Funktionäre der IG Metall [DG], 11 (1963) 11, S. 422-24; hier: S. 422; Peter Märthesheimer, Publizistik und gewerkschaftliche Aktion. Das Bild der IG Metall in westdeutschen Zeitungen dargestellt an der Tarifauseinandersetzung 1961/62 in der Metallindustrie [= Dortmunder Beiträge zur Zeitungsforschung, 8. Bd.], Dortmund 1964; Werner Thönnessen, Zur Öffentlichkeitsarbeit der Gewerkschaften, in: Gewerkschaftliche Monatshefte [GMH], 16 (1965) 6, S. 321-8, hier: S. 328.
8 So bereits Thönnessen, Öffentlichkeitsarbeit, in: GMH 16 (1965) 6, S. 326-328; später ist sogar von einer »Weltbildkluft« die Rede: Jo Vulner, Das Verhältnis von Gewerkschaften und Medien – Wie unterhaltsam dürfen Gewerkschaften sein?, in: Die Mitbestimmung [DMb], 47 (2001) 1-2, S. 12-19.

tiert, bürokratischen und exekutiven Restriktionen unterworfen zu sein, sich modernen Kommunikationsinstrumenten zu verschließen, sich nicht auf die Massenmedien und deren Funktionslogiken und Selektionsregeln zu orientieren, was gerade in der Mediengesellschaft als unprofessionell und unmodern erscheint.[9]

Tatsächlich ist der empirisch fundierte wissenschaftliche Kenntnisstand über das aktuelle und historische Verhältnis von Gewerkschaften (und erst recht der Arbeitgeberverbände[10]) in Massenmedien und Öffentlichkeit gering. Noch immer lässt sich von einem tarifpolitischen Arkanbereich, geprägt von »Geheimdiplomatie« und »Geheimveranstaltungen«, sprechen.[11] Für die gewerkschaftliche Binnenkommunikation steht ein eigenes mediales und interpersonales Kommunikationsnetz zur Verfügung; neben verbandseigenen Medien sind Betriebsräte und betriebliche Vertrauensleute Politikvermittler zwischen Funktionsträgern, Mitgliedern und sozialer Gruppe.[12] Während heute erodierende Mitgliederbindungen und das »Aussterben des Stammkunden« die Reichweite dieser kommunikativen Netzwerke begrenzen[13], konnten sie in den 1950er-Jahren in stabilen gewerkschaftlichen Sozialmilieus noch einen Großteil der Arbeitnehmer erreichen.[14] Das Interesse der Massenmedien an einer Berichterstattung steigt – entsprechend der medialen Selektionskriterien (sogenannten Nachrichtenwerten wie Aktualität, Prominenz, Konflikt) – insbesondere im Streik, sodass sich mediale und öffentliche Diskurse in der tarifpolitischen Ausnahmesituation, Streik und Aussperrung, konzentrieren.[15] Diskurs wird hier in einem weiten Begriffsverständnis als Synonym verwendet für »(mehr oder weniger) öffentliche,

---

9 Prott, Öffentlichkeit, 2003, S. 197 f.; Hans-Jürgen Arlt/Otfried Jarren, Abwehrkünstler am Werk. Über die Kampagnenfähigkeit des DGB, in: Ulrike Röttger (Hg.), PR-Kampagnen. Über die Inszenierung von Öffentlichkeit, 2. überarb. Aufl., Wiesbaden 2002, S. 183-203; Arlt, Kommunikation, 1998, S. 201 f., 226 f., 252; Claus Noé, Gebändigter Klassenkampf: Tarifautonomie in der Bundesrepublik Deutschland: Der Konflikt zwischen Gesamtmetall und IG Metall vom Frühjahr 1963, Berlin 1970, S. 206.
10 Rudolph Speth, Grenzen der politischen Kommunikation von Unternehmerverbänden und Joachim Preusse/Sarah Zielmann, Gesellschaftlicher Wandel, Mediengesellschaft und Wirtschaft. Die Kommunikationsaktivitäten bundesweit agierender Interessenverbände der Wirtschaft, beide in: Wolfgang Schroeder/Bernhard Wessels (Hg.), Arbeitgeber- und Wirtschaftsverbände in Deutschland. Ein Handbuch, Wiesbaden 2010, S. 220-235 u. 298-313.
11 Arlt, Jarren, Abwehrkünstler, in: Röttger (Hg.), 2002, S. 190, 194; Koch-Baumgarten, Geheimdiplomatie, in: dies./Mez (Hg.), 2007, S. 154 f.
12 Koch-Baumgarten, Geheimdiplomatie, in: dies./Mez (Hg.), 2007, S. 152 f.; Prott, Öffentlichkeit, 2003, S. 184, Arlt, Kommunikation, 1998, S. 14.
13 Otfried Jarren/Dominik Lachenmeier/Adrian Steiner, Politische Interessenvermittlung im Wandel. Eine Einleitung, in: dies. (Hg.), Entgrenzte Demokratie. Herausforderungen für die politische Interessenvermittlung, Baden-Baden 2007, S. 7-18, hier: S. 10.
14 Koch-Baumgarten, Medien im Tarifkonflikt, 2013, S. 22, 53 f., 177, 192 f.
15 Koch-Baumgarten, Geheimdiplomatie, in: dies./Mez (Hg.), 2007, S. 155; Rolf Hackenbroch, Verbände und Massenmedien, Wiesbaden 1998, S. 54; zur Nachrichtenwerttheorie: Joachim F. Staab, Nachrichtenwert-Theorie. Formale Struktur und empirischer Gehalt, Freiburg i. Br./München 1990.

geplante und organisierte Diskussionsprozesse«, an denen verschiedene Akteure beteiligt sind und um »verbindliche Deutungen für soziale und politische Ereigniszusammenhänge« konkurrieren.[16]

Es ist also der Konfliktfall, der geeignet ist, die Konstruktion eines »politisch-kulturelle[n] Legitimationsumfeld[es]«[17] zu beobachten, das in demokratischen und Mediengesellschaften eine zentrale Kontextbedingung für die Tarifpolitik und ihre Akteure darstellt. Genau wie andere politische Institutionen sind auch die industriellen Beziehungen, ihre Regelungen, ihre Verfahren, Akteure und ihr Ordnungsrahmen legitimationsabhängig. Sie basieren auf gruppenspezifischen und gesamtgesellschaftlichen, sowohl kontroversen als auch konsensualen kollektiven Orientierungen, Einstellungen, Gefühlen, Normen und Verhaltensmustern. Diese werden im Konflikt in mehrfacher Hinsicht virulent (siehe unten), gleichzeitig neu konstituiert oder rekonstruiert. Bisher hat die Streik-, Gewerkschafts- und Arbeitsbeziehungsforschung diese Konfliktdimension und die Bedeutung der Legitimation durch Kommunikation kaum systematisch beachtet. Sie sind jedoch genauso wichtig zur Erklärung der Möglichkeitsräume der Tarifpolitik, wie die in wissenschaftlichen Untersuchungen privilegierten ökonomischen, rechtlichen und politischen Rahmenbedingungen auf der einen und die organisatorischen Machtpotenziale von Gewerkschaften und Arbeitgebern auf der anderen Seite.

Systematischer formuliert: Tarifpolitische Auseinandersetzungen haben eine kommunikative Doppelstruktur. Auf der einen Seite wird der Konflikt in nicht öffentlichen Institutionen der Verhandlungsdemokratie durch Repräsentanten der Verbände, in geregelten und rechtlich normierten Verfahren ausgetragen und in organisationsinternen Teilöffentlichkeiten der Tarifakteure kommuniziert. Auf der anderen Seite wird der Konflikt in der öffentlichen Arena geführt, wo die Konfliktakteure ihre tarifpolitischen Forderungen, ihre Organisationsziele gegenüber einer breiten Öffentlichkeit und gegenüber ihrer Anhängerschaft zu legitimieren und Unterstützung zu mobilisieren suchen. Diese öffentliche Arena wird in modernen westlichen Demokratien (vor der Entwicklung des Internets) weitestgehend von Massenmedien bestimmt, die öffentlichen Diskurse finden medial vermittelt statt. Deshalb kann die beschriebene öffentliche Konfliktdimension auch als »publizistischer Konflikt«[18] konzipiert werden, als eine Auseinandersetzung »zwischen mindestens zwei Kontrahenten, die mithilfe der Massenmedien vor Publikum ausgetragen werden.« Es sind kurze, besonders dichte, intensive und kontroverse Phasen der Berichterstattung, in

---

16 Reiner Keller/Andreas Hirseland/Werner Schneider/Willy Viehöver (Hg.), Zur Aktualität sozialwissenschaftlicher Diskursanalyse – Eine Einführung, in: dies. (Hg.): Handbuch sozialwissenschaftliche Diskursanalyse. Bd. 1: Theorien und Methoden, Opladen 2001, S. 7-29, hier: S. 22.
17 Oskar Negt, Gewerkschaften brauchen eine Gesellschaftsutopie, in: Frankfurter Rundschau [FR] v. 8.7.2003, S. 2.
18 Hans Mathias Kepplinger, Publizistische Konflikte und Skandale, Wiesbaden 2009, S. 7-9 (hierauf beziehen sich auch die folgenden Zitate im Text).

denen eine »Weichenstellung« für die Entwicklung der öffentlichen Meinung und in ihrem Gefolge für »das Verhalten von Menschen« erfolgt.

Medien- und kommunikationswissenschaftliche Untersuchungen haben die Bedeutung der Medienöffentlichkeit für politische Entscheidungsprozesse und einen systematischen Zusammenhang, eine »symbiotische« Verflechtung von Medienarena und institutionellen Politikarenen – also auch der tarifpolitischen – herausgearbeitet.[19] *Erstens* werden im medialen Diskurs Möglichkeitsräume für die Politikgestaltung abgesteckt. Hier entscheidet sich, welche Politikoptionen kurzfristig im Konflikt öffentlich legitimierbar sind oder mit dem Gegenwind medialer Problematisierung oder Skandalisierung zu rechnen haben. Von öffentlicher Zustimmung abhängige Akteure antizipieren die medial vermittelte öffentliche Meinung und beziehen drohendes mediales Störpotenzial in die Entscheidungsfindung in den nicht öffentlichen institutionellen Politikarenen ein und passen die Politikalternativen an.[20] Anders ausgedrückt: Der Handlungskorridor der Tarifakteure, der bereits durch ökonomische, rechtliche und politische Kontextbedingungen eingefriedet ist, wird zusätzlich durch die öffentliche Meinung begrenzt. Das gilt nicht nur kurzfristig in einem exemplarischen publizistischen Konflikt, in diesem erfolgen vielmehr langfristige Weichenstellungen für das Meinungsklima, für die Wahrnehmung eines Politikfeldes und die Legitimation seiner Akteure: bereits »short periods of [media] attention affected outcomes and government policies for decades«.[21]

Zweitens wird damit aus der medialen Unterstützung eine zentrale und nicht nur nachrangige »Machtprämie«[22] für (tarif-)politische Akteure im politischen Konflikt. Die klassischen Machtressourcen von Tarifverbänden, nämlich Konflikt- und Organisationsfähigkeit, werden ergänzt um die mediale »Resonanzfähigkeit«. Unter Ersteren wird mit Claus Offe die Fähigkeit verstanden, einen repräsentativen Anteil der sozialen Gruppe zu organisieren beziehungsweise eine für den Gegenspieler oder den Staat relevante Leistung (von Arbeitsleistung über Arbeitsplatz bis zur Politikim-

---

19 Im Überblick: Ulrich von Alemann, Parteien und Medien, in: Oscar W. Gabriel/Oskar Niedermayer/Richard Stöss (Hg.), Parteiendemokratie in Deutschland, 2., aktual. u. erw. Aufl., Bonn 2002, S. 467-83; Barbara Pfetsch/Frank Marcinkowski, Die Macht der Medien in der Demokratie – Zum Wandel von wissenschaftlichen Perspektiven, realweltlichen Konstellationen und subjektiven Perzeptionen, in: Edwin Czerwick (Hg.), Politische Kommunikation in der repräsentativen Demokratie der Bundesrepublik Deutschland. Festschrift für Ulrich Sarcinelli, Wiesbaden 2013, S. 133-148.
20 Unter vielen: Christiane Eilders, Fokussierung und Konsonanz im Mediensystem: Zu den Voraussetzungen politischer Medienwirkungen, in: dies., Friedrich Neidhardt/Barbara Pfetsch (Hg.), Die Stimme der Medien. Pressekommentare und politische Öffentlichkeit in der Bundesrepublik, Wiesbaden 2004, S. 196-226, hier: S. 222; Jürgen Weber, Interessengruppen im Politischen System der Bundesrepublik Deutschland, München 1976, S. 202 f.
21 Frank R. Baumgartner/Bryan D. Jones, Agendas and Instability in American Politics, Chicago 1993, S. 84; Kepplinger, Publizistische Konflikte, 2009, S. 7, 9.
22 Karl-Rudolf Korte/Michael Fröhlich, Politik und Regieren in Deutschland. Strukturen, Prozesse, Entscheidungen, 3. überarb. Aufl., Paderborn 2009, S. 21.

plementation) vorenthalten bzw. entziehen zu können.²³ Unter »Resonanzfähigkeit« ist die Befähigung politischer Akteure zu verstehen, massenmediale und öffentliche Unterstützung für die eigene Politik und Organisation einzuholen.²⁴ Sie beeinflusst die Mobilisierungs- und Allianzfähigkeit im Konflikt. Eine konsonante beziehungsweise kritische Medienberichterstattung kann eine »Schweigespirale«²⁵ bewirken, aus Isolationsfurcht werden abweichende Positionen nicht mehr geäußert, sie verschwinden aus dem öffentlichen Diskurs, beziehungsweise können selbst in der eigenen Anhängerschaft nicht mehr mobilisieren. Auch potenzielle Bündnispartner können in ihrem Konfliktengagement durch die mediale Abwertung einer Konfliktpartei und aus Furcht vor den machtpolitischen Folgen (eigene Delegitimierung, Verlust von Zustimmung bei der nächsten Wahl, in der eigenen Anhängerschaft) beeinflusst werden.

Drittens reproduzieren sich im Diskurs bzw. publizistischen Konflikt schließlich die Identitäten kollektiver Organisationen. Insofern kann auch hier ein negatives öffentliches Meinungsklima und medialer Gegenwind die Selbstvergewisserung herausfordern, zum Umbau von organisatorischen Situations-, Selbst- und Fremddeutungen und grundlegenden Verhaltensnormen und -mustern führen und so die Integrationsfähigkeit der Tarifakteure nachhaltig beeinflussen.²⁶

Im publizistischen Konflikt haben die Massenmedien eine Doppelrolle. Auf der einen Seite sind sie »Resonanzkörper« für alle Akteure, die sich im Konflikt zu Wort melden. Darunter sind Parteipolitiker, Regierungsvertreter, Parlamentsabgeordnete, Betriebsräte, Oppositionsgruppen und an erster Stelle natürlich die Tarifakteure selbst. Massenmedien sind das Forum für deren Situationsdeutungen, Forderungen, Begründungen, mit denen sie Anhänger zu mobilisieren, den Kontrahenten selbst und seine Forderungen zu delegitimieren, politische Allianzen zu schmieden suchen.²⁷ Auf der anderen Seite spiegeln Journalisten aber nicht nur Akteurspositionen, sie sind

---

23 Walther Müller-Jentsch, Soziologie der Industriellen Beziehungen. Eine Einführung, 2. überarb. u. erw. Aufl., Frankfurt a. M. 1997, S. 119 f., 123 f.; Weber, Interessengruppen, 1976, S. 213 ff.
24 Dieter Rucht, Das intermediäre System politischer Interessenvermittlung, in: Otfried Jarren/Dominik Lachenmeier/Adrian Steiner (Hg.), Entgrenzte Demokratie? Herausforderungen für die politische Interessenvermittlung, Baden-Baden, 2007 S. 28 f.; Ders., Öffentlichkeit als Mobilisierungsfaktor für soziale Bewegungen, in: Öffentlichkeit, öffentliche Meinung, soziale Bewegungen [Sonderheft Kölner Zeitschrift für Soziologie und Sozialpsychologie], hg. v. Friedhelm Neidhardt, Opladen 1994, S. 337-58.
25 Elisabeth Noelle-Neumann, Die Schweigespirale. Öffentliche Meinung – unsere soziale Haut, Frankfurt a. M./Wien/Berlin 1982.
26 Allgemein für soziale Bewegungen: William A. Gamson, Talking Politics, New York 1992, S. 84-109; Kathrin Fahlenbrach, Protestinszenierungen. Visuelle Kommunikation und kollektive Identitäten in Protestbewegungen, Wiesbaden 2002, passim; dies., Die Mobilisierung von Öffentlichkeit, Formen des politischen Protestes, in: Olaf Hoffjann/Roland Stahl (Hg.), Handbuch Verbandskommunikation, Wiesbaden 2010, S. 259-274, hier: S. 260 ff.
27 Bertram Scheufele, Frames – Framing – Framing-Effekte. Theoretische und methodische Grundlegung des Framing-Ansatzes sowie empirische Befunde zur Nachrichtenproduktion, Wiesbaden 2003, S. 85; Kepplinger, Publizistischer Konflikt, 2009, S. 15, 24 f.

selbst Mitgestalter und Debattanden. Ihre Möglichkeiten gehen von der Selektion von Akteuren, Ereignisse und der »Filterung« von Botschaften (etwa durch Auslassung, Verkürzung, Betonung) bis zur Bewertung und Kommentierung der Ereignisse, der Akteure, ihrer Forderungen und -positionen. In der Literatur ist umstritten, ob Journalisten vorrangig die Präferenzen und Deutungen der (tarif-)politischen Akteure ohne substanzielle Veränderungen wiedergeben, ob sie diese mit eigenen Stilmitteln »verstärken« oder eigene »thematic spins« entwickeln.[28]

2 Forschungsansatz: Frames und Framing im publizistischen Konflikt 1956/57

Die Selektionsleistungen und Bewertungen der Journalisten auf der einen Seite und die Versuche der Gewerkschaften, im publizistischen Konflikt präsent zu sein, eigene Positionen in den Massenmedien zu platzieren und in der Öffentlichkeit durchzusetzen, können mit dem Konzept der »*frames*« und des »*framing*« erfasst werden. In der viel zitierten und grundlegenden Definition Robert M. Entmans heißt es:

> »To frame is to select some aspects of a perceived reality and make them more salient in a communicating text, in such a way as to promote a particular problem definition, causal interpretation, moral evaluation, and/or treatment recommendation for the item described.«[29]

Es handelt sich also um die intentionalen Anstrengungen der Gewerkschaften in Konkurrenz mit allen anderen im publizistischen Konflikt auftretenden Akteuren, also primär den Arbeitgebern, aber auch den Repräsentanten von Parteien, von Opposition und Regierung, die eigenen tarifpolitischen Forderungen beziehungsweise Konfliktereignisse oder Folgen so darzulegen, dass sie von Journalisten aufgegriffen werden, eigene Anhänger mobilisieren, die des Gegners demobilisieren, die Unterstützung einer breiten Öffentlichkeit als Machtprämie und zum Offenhalten eigener Handlungsoptionen erhalten können. Dazu werden Frames entwickelt, übergreifende Deutungspakete, die den Forderungen oder berichteten Fakten Sinn und Relevanz verleihen, indem sie in übergreifende Kontexte eingeordnet, mit übergreifenden Diskursen, Masterframes (zur Wirtschaftspolitik oder sozialen Gerechtigkeit etwa), ver-

---

28 Unter anderem ebd., S. 24; Nayda Terkildsen/Frauke Schnell/Cristina Ling, Interest Groups, the Media, and Policy Debate Formation: An Analysis of Message Structure, Rethoric, and Source Cues, in: Philip Seib (Hg.), Political Communication, Vol. 1, London u. a. 2008, S. 430-447, hier: S. 430 f.; Wolfgang Schulz, Politische Kommunikation. Theoretische Ansätze und Ergebnisse empirischer Forschung, 2., vollst. überarb. u. erw. Aufl., Wiesbaden 2008, S. 309 f.
29 Robert M. Entman, Framing: Toward clarification of a fractured paradigm, in: Journal of Communication, 43 (1993) 4, S. 51-58, hier: S. 52.

netz sowie mit moralischen, politischen, ideologischen Orientierungen aufgeladen, mit Folgeneinschätzungen und Lösungsvorschlägen verknüpft werden. Frames sind

> »kollektive Deutungsmuster, in denen bestimmte Problemdefinitionen, Kausalzusammenhänge, Ansprüche, Begründungen und Wertorientierungen in einen mehr oder weniger konsistenten Zusammenhang gebracht werden, um Sachverhalte zu erklären, Kritik zu fundieren und Forderungen zu legitimieren«.[30]

Unterschieden werden nach Snow und Benford in der Forschung drei Frame-Varianten beziehungsweise -Bestandteile, nämlich »diagnostic frames« (Identifizierung eines politischen Problems und Zuschreibung von Verantwortung für dieses Problem), »prognostic frames« (Vorschlag einer politischen Lösung) und »motivational frames« (zur Mobilisierung politischer Unterstützung). Diese Elemente werden in einem Narrativ, einer Sinn gebenden Geschichte oder in Kernaussagen, in »Keywords«, einem »Label« oder »Motto« verdichtet.[31]

Frames bezeichnen weitaus mehr als eine sachlich-argumentative Politikbegründung oder politisch-ideologische Legitimationsstrategie. Sie haben einen rationalen Kern, der sich auf Forderungen, Ursachenanalyse und Verantwortungszuweisung bezieht. Sie haben zudem eine narrativ-expressive, symbolisch-rhetorische Seite, die ein unbegrenztes Reservoir an latenter Bedeutung aktiviert. Sie schlagen eine Brücke zu gemeinsamen Erfahrungsräumen der Adressaten, zu kollektiven Identitäten und unbewussten, latenten Orientierungen. Sie zielen damit auf die affektive Generierung von (intuitiver) Zustimmung (über die Adressierung konsensualer Werte, Gemeinschaft stiftender Mythen, die Erinnerung an positiv besetzte historische Begebenheiten) oder Ablehnung (über das Anknüpfen an Ressentiments, Vorurteile, Stereotype), und darauf gründenden Verhaltensmustern. So sollen kurzfristig im Konflikt Loyalität und Handlungsbereitschaft ausgelöst, längerfristig Orientierungen geprägt und Organisationsbindungen gesichert werden.[32]

Frames wirken beim Publikum nicht direkt; die Rezipienten verfügen über eigene Orientierungen, welche die Informationsaufnahme und -verarbeitung steuern. Diese

---

30 Friedhelm Neidhardt/Dieter Rucht, Auf dem Weg in die Bewegungsgesellschaft?, in: Soziale Welt, 44 (1993), S. 305-326, hier: S. 308; Entman, Framing, in: Journal of Communication, 43 (1993) 4, S. 51-53; Scheufele, Frames – Framing – Framing-Effekte, 2003, S. 85, 213; Lars Harden, Rahmen der Orientierung. Eine Längsschnittanalyse von Frames in der Philosophieberichterstattung deutscher Qualitätsmedien, Wiesbaden 2002, S. 54 f., 63-68, 88.
31 Robert M. Entman, Framing U. S. Coverage of International News: Contrasts in Narratives of the KAL and Iran Air Incidents, in: Political Communication, 41 (1991) 4, S. 6-27; ders., Framing, in: Journal of Communication, 43 (1993), S. 76, Neidhardt/Rucht, Bewegungsgesellschaft, in: Soziale Welt, 44 (1993), S. 308; Scheufele, Frames – Framing – Framing-Effekte, 2003, S. 85, 87.
32 Entman, International News, in: Political Communication, 41 (1991) 4, S. 71; Kepplinger, Publizistischer Konflikt, 2009, S. 17; Gamson, Talking Politics, 1992, S. 32 f.; Harden, Rahmen der Orientierung, 2002, S. 56, 68 f., 77 f.; Scheufele, Frames-Framing-Framing-Effekte, 2003, S. 86 ff.

sind gruppen- beziehungsweise milieuspezifisch und werden in der interpersonalen Kommunikation in der Gruppe, im sozialen Netzwerk im Konflikt in Streikversammlungen und -komitees, auf Demonstrationen und durch Flugblätter reproduziert. Aber Medienframes wirken indirekt, insbesondere dann, wenn die Massenmedien die Hauptinformationsquelle des Publikums sind und die Organisationsbindungen instabil sind. Denn die medialen Frames lenken erstens die Aufmerksamkeit des Publikums auf bestimmte Aspekte, Ereignisse und Akteure eines Themas, Ereignisses, Konfliktes. Und zweitens weisen sie den Botschaften und Interpretationen politischer Akteure Bedeutung zu (*Priming*-Effekt): Je mehr Beachtung eine Darstellung in den Medien erhält, umso mehr Wichtigkeit wird dieser vom Publikum zugesprochen. Insgesamt können in den Medien veröffentlichte Frames somit vorhandene Publikumsframes bestärken oder neue Interpretationsrahmen bereitstellen, die kurzfristig die Wahrnehmung des Publikums und damit sein Verhalten im Konflikt verändern und längerfristig einen Einstellungswandel begründen können. Außerdem können Interpretationsmuster in Leitmedien einen Spill-over-Effekt entfalten, indem Frames auf andere Medien und politische Akteure überspringen. So kann eine wirkungsmächtige öffentliche Meinung herausgebildet werden, die politische Möglichkeitsfenster öffnen oder schließen beziehungsweise Handlungsalternativen einschränken kann.[33]

Methodisch handelt es sich um eine induktive, vorrangig hermeneutische und qualitative Untersuchung. Frames werden über »sprechende Textteile«, Sinn verdichtende »Schlüsselreize« identifiziert, in Schlüsselworten, Schlagworten, Überschriften, Leitgedanken, mit Bedeutung, Emotionen aufgeladenen Metaphern und historischen Analogien. Sie geben sich also zu erkennen über Aufdringlichkeit der Aussage (salience), durch Wiederholung (repetition), herausragende Platzierung (priming), untermauernde Verknüpfungen, Attribute, Bilder, die Interpretationen nahelegen, andere ausschließen und Emotionen auslösen, die im kollektiven Gedächtnis einer Gruppe oder einer Gesellschaft mit bestimmten Erfahrungen, »Lektionen« verbunden werden.[34] Erschlossen werden die Frames ausschließlich in den Printmedien, in der Streikberichterstattung in der überregionalen Qualitätspresse der Bundesrepublik: *Frankfurter Allgemeine Zeitung (FAZ), Süddeutsche Zeitung (SZ), die WELT* und die *Frankfurter Rundschau (FR)*, das Wochenmagazin der *SPIEGEL* und die Wochenzeitung *DIE ZEIT*. Zur Erschließung der Gewerkschaftsframes wurde darüber hinaus die gewerkschaftseigene Verbandspresse einschließlich der im Konflikt herausgegebenen *Streiknachrichten (SN)* ausgewertet.

---

33 Ebd., S. 60-83, 97 ff.; Harden, Rahmen der Orientierung, 2002, S. 57-60; Urs Dahinden, Framing. Eine integrative Theorie der Massenkommunikation, Konstanz 2006, S. 82 ff.
34 Entman, Framing, in: Journal of Communication, 43 (1993) 4, 1991, S. 7; Harden, Rahmen der Orientierung, 2002, S. 71, 77.

3 Streik um Lohnfortzahlung im Krankheitsfall 1956/7 und die Kommunikationsstrategie der Tarifparteien

Der Arbeitskampf in der Metallindustrie Schleswig-Holsteins 1956/57 war einer der zentralen, politisierten und besonders hart geführten Streiks der Bundesrepublik. Er begann am 24. Oktober 1956 und dauerte 16 Wochen, in denen 2,23 Millionen Arbeitstage ausfielen, auf dem Höhepunkt 38 Betriebe mit 34.000 Beschäftigten bestreikt wurden. Geführt wurde er für einen »großen Strauß von Einzelforderungen«[35], darunter ein erweiterter Urlaubsanspruch, die Einführung von Urlaubsgeld und zwei sozialpolitische Gleichstellungen: Im Kern ging es um die Gleichstellung der Arbeiter im Krankheitsfall, denen erst nach einer »Karenzzeit« von drei Tagen Krankengeld in Höhe von 50 Prozent des Lohnes von den Krankenkassen gezahlt wurde, während die Angestellten eine Lohnfortzahlung durch den Arbeitgeber für die Dauer von sechs Wochen erhielten. Die anfangs geforderte Gleichstellung der Entlohnung von Frauen mit jener der Männer (Abschaffung der diskriminierenden Lohnabschläge für Arbeitnehmerinnen) wurde schnell fallen gelassen und anschließend geradezu exemplarisch dethematisiert.[36] Im Zentrum stand eine sozialpolitische Forderung, die erstmals der tarifpolitischen Regelungsmaterie zugeschlagen wurde. Der Konflikt wurde regional geführt, die IGM praktizierte einen Schwerpunkt- anstelle eines Flächenstreiks in hoch organisierten Metallbetrieben (wie den Werften) Schleswig-Holsteins. Die bundespolitische und exemplarische Bedeutung, der »Modellcharakter«[37] – war von vornherein allen Akteuren bewusst; der Arbeitgeberverband Gesamtmetall (GM) lehnte anfangs mit dem Verweis auf den Gesetzgeber die tarifpolitische Zuständigkeit für die Thematik ab.

Entsprechend hoch waren das öffentliche und das politische Interesse an der Auseinandersetzung sowie auch die Konfliktbereitschaft beider Tarifkontrahenten, deren Bundes- und nicht die zuständigen Bezirksverbände den Konflikt steuerten. Die Gerichte wurden schon zu Beginn des Streiks von beiden Parteien angerufen; die juristische Nachlese, eine Schadenersatzklage GMs gegen die IGM, dauerte noch bis 1964. Mehrfach intervenierten die Landes- und die Bundesregierung, zum Schluss sogar der Bundeskanzler Konrad Adenauer, mit öffentlichen Erklärungen und Vermittlungsversuchen. Unter erheblichem öffentlichen und politischen Druck fanden insgesamt drei Schlichtungsverfahren statt, zwei Schiedssprüche wurden per Urabstimmung

---

35 Michael Kittner, Arbeitskampf: Geschichte, Recht, Gegenwart, München 2005, S. 633-637, Zitat: S. 633; ferner Koch-Baumgarten, Medien im Tarifkonflikt, 2013, S. 49-64; Friedrich Stamp, Arbeiter in Bewegung. Die Geschichte der Metallgewerkschaften in Schleswig-Holstein, Malente 1997, S. 213, 219-222; Wilfried Kalk, 120 Jahre Metallarbeiterbewegung in Kiel. Die Geschichte der IG Metall-Verwaltungsstelle bis 1989, Kiel 1989, S. 149.
36 Koch-Baumgarten, Medien im Tarifkonflikt, 2013, S. 52, 96-113, 171-173.
37 So auch ein wichtiger Frame der Arbeitgeber, der von der IGM aufgegriffen wurde. Ebd., S. 54 f., 90 f., 109-120.

der Streikenden, davon einmal auch gegen die Empfehlung der IGM, abgelehnt. Im Ergebnis wurde ein *Einstieg* in die Lohnfortzahlung im Krankheitsfall für Arbeiter erreicht, die tariflichen Regelungen wurden im Sommer auch per Gesetz für alle Branchen festgeschrieben. Die von der IG Metall angestrebte vollständige Angleichung der Lohnfortzahlung von Angestellten und Arbeitern wurde allerdings erst 1969 von der Großen Koalition verwirklicht.[38]

Der Streik geriet schnell in eine Eskalationsspirale, als beide Tarifparteien keine Verhandlungen aufzunehmen bereit waren und sich hochgerüstet gegenüberstanden: Der Streiketat der IGM und die Streikloyalität ihrer Hochburgen waren gesichert[39]; angesichts einer anhaltenden Hochkonjunktur und einer vorausgeeilten Produktivitätssteigerung[40] war auch GM konfliktfähig, dem zudem ein auch vom BDA gespeister zentraler Sonderfonds zur Verfügung stand, um den Druck des Arbeitsausfalls auf schwächere Betriebe abfangen und deren vorzeitiges Ausscheren aus der verbandspolitischen Arbeitskampfstrategie zu verhindern.[41] In dieser Pattsituation wuchs dem publizistischen Konflikt große Bedeutung zu; beide Seiten bezogen von vornherein die Öffentlichkeit als strategischen Bezugspunkt in ihre Konfliktplanungen ein. Noch war die Öffentlichkeitsarbeit sowohl bei der IGM als auch bei GM erst in Anfängen institutionalisiert und professionalisiert, wenngleich deren Traditionen bis zur Wende zum 20. Jahrhundert zurückverfolgt werden können. GM richtete zu Streikbeginn eine vom BDA personell unterstützte Pressestelle ein. In der IGM steuerte eine 1954 beim Bundesvorstand eingerichtete Abteilung »Werbung, Presse, Film, Funk und Fernsehen«, unterstützt von einer intensiven Öffentlichkeitsarbeit vor Ort durch die Bezirks- und Streikleitung, die publizistische Tätigkeit, gab inhaltliche Vorgaben für die Argumentation im Arbeitskampf heraus, organisierte »Aufklärungskampagnen« in allen Verwaltungsstellen und Wochenendschulungen für Funktionäre. Es gehörte zu den kommunikationsstrategischen Zielen der IGM, die Massenmedien zu einer »positiven«, zumindest aber »neutralen« Stellung zum Streik zu bewegen. Vermerkt

---

38 Kittner, Streik, 2005, S. 634; Koch-Baumgarten, Medien im Tarifkonflikt, S. 50-63; ferner: Felicitas Merkel (Bearb.), Die Industriegewerkschaft Metall in den Jahren 1956 bis 1963. [Quellen zur Geschichte der deutschen Gewerkschaftsbewegung im 20. Jahrhundert, Bd. 9], hg. v. Klaus Schönhoven/Hermann Weber, Frankfurt a. M. 1999, S. IX-LIV, Dok. 1-10; IGM (Hg.), Dokumentation. Streik der Metaller Schleswig-Holstein 1956/57, Frankfurt a. M. 1978.
39 Es wurde eine überdurchschnittlich hohe finanzielle Streikunterstützung, teils bis zur normalen Lohnhöhe, gewährt. Theo Pirker, Die blinde Macht. Die Gewerkschaftsbewegung in der Bundesrepublik, 2 Bde., hier: Bd. 2: 1953-1960. Weg und Rolle der Gewerkschaften im neuen Kapitalismus, Berlin 1978, S. 215; Stamp, Arbeiter in Bewegung, 1997, S. 225 f.
40 Klaus Schönhoven, Einleitung, in: Walter Dörrich/ders. (Bearb.), Die Industriegewerkschaft Metall in der frühen Bundesrepublik [= Quellen zur Geschichte der Gewerkschaftsbewegung im 20. Jahrhundert, Bd. 10], hg. v. Klaus Schönhoven/Hermann Weber, Köln 1991, S. IX-LXIII, hier: S. LIV; Luitwin Mallmann, 100 Jahre Gesamtmetall: Perspektiven aus Tradition, Köln 1990, S. 290; Hans-Ulrich Wehler, Deutsche Gesellschaftsgeschichte, Bd. 5: Bundesrepublik und DDR 1949-1990, München 2008, S. 53.
41 *Der Spiegel* Nr. 46 v. 14.11.1956, S. 25.

wurde knapp: »Der Streik kann weder ohne noch gegen die öffentliche Meinung geführt werden.«[42] Wie in jedem publizistischen Konflikt waren die Anstrengungen der Öffentlichkeitsarbeit beider Tarifkontrahenten vorrangig auf die Mobilisierung beziehungsweise Demobilisierung der Arbeitnehmer, der Streikenden, gerichtet.

Beide Parteien griffen für die Binnen- und Außenkommunikation einerseits auf traditionelle Instrumente zurück und entwickelten andererseits innovative Ansätze. Zum Einsatz kamen große Zeitungsinserate, die damals als Königsweg verbandlicher Öffentlichkeitsarbeit galten, Plakate und Pressemitteilungen, die die regelmäßigen »Situationsberichte über die Streiklage« der Weimarer Republik fortsetzen. Aber auch eigene Pressekonferenzen wurden organisiert, im Streikgebiet durch die gewerkschaftliche Bezirks- und Streikleitung sogar »fast jede Woche«[43], Interviews führender Verbandsvertreter in Zeitungen und im Norddeutschen sowie Hessischen Rundfunk lanciert. Dazu nutzten die Arbeitgeber die Publikation pseudowissenschaftlicher Expertisen sowie das moderne Instrument der Inszenierung von Medienereignissen: darunter etwa die exemplarische Entlassung von Arbeitnehmern der Howaldtswerft; die Übergabe eines »Weißbuchs« über Streikvergehen in einem zurückliegenden Arbeitskampf an das Kieler Innenministerium oder die Durchführung einer Pseudourabstimmung in einem gewerkschaftlich schwach organisierten Betrieb, die das Ergebnis der Urabstimmung der IGM ins Gegenteil verkehrte: Aus 77,5 Prozent pro Streik wurden 77,5 Prozent für Weiterarbeit.[44] Gleichzeitig wurden Streikende direkt adressiert, durch Mitarbeiterbriefe, Flugblätter und durch Hausbesuche, um die Streikloyalität zu unterminieren. Dabei bedienten sich die Arbeitgeber weniger persuasiver als autoritärer Mittel; es ging weniger um Überzeugung oder Überredung, sondern um Drohung, Entmutigung und Einschüchterung. Die Kommunikationsstrategie der Arbeitgeber setzte von Beginn an darauf, den Streik in Schleswig-Holstein zu desavouieren, indem seine Legalität (Bruch der Friedenspflicht), seine ökonomische Rationalität (volkswirtschaftlich schädlich, nach vorherigen Reformen betriebswirtschaftlich nicht tragbar) und seine Legitimität (als exemplarischer politischer Konflikt, als gewerkschaftlicher Machtmissbrauch, im Systemkonflikt nicht zeitgemäß und in der Arbeiterschaft unpopulär) angegriffen wurden.[45]

Die IGM ihrerseits legte die größte Aufmerksamkeit auf die direkte Adressierung von Mitgliedern und Streikenden durch die Verbandspresse, durch eine eigens gegrün-

---

42 IGM (Hg.), Dokumentation. Streik der Metaller Schleswig-Holstein 1956/57, Frankfurt a. M. 1978, S. 141-146, Zitate: S. 144 f.; Merkel, Industriegewerkschaft Metall, 1999, S. XVII.; H. [P.] R[iesche], Der Streik in Schleswig-Holstein, in: Der Gewerkschafter. Monatsschrift für die Funktionäre der IG Metall [DG], 5 (1957), S. 13-17, hier: S. 14. Sofern nicht anders vermerkt, stützt sich darauf die folgende Darstellung für die Arbeitgeber: Mallmann, Gesamtmetall, 1990, S. 109, 387 ff., 293.
43 R[iesche], Streik, in: DG 5 (1957), S. 16.
44 Koch-Baumgarten, Medien im Tarifkonflikt, 2013, S. 55, 68.
45 Ausführlich ebd., S. 104-125.

dete Streikzeitung, die *Streiknachrichten (SN)*[46], durch das öffentliche Anprangern von Streikbrechern sowie durch anfangs regionale und später bundesweite Demonstrationen und Kundgebungen. Politainment war *die* Innovation der gewerkschaftlichen Binnenkommunikation: In großem Stil fanden (für Geschlechter spezialisierte) »Unterhaltungsveranstaltungen« statt, etwa Kabarett, Revuen, Musikfeste, Kinovorführungen sowie Kindernachmittage, »Kaffeekränzchen«, »Hausfrauennachmittage« und Modeschauen. In 16 Streikwochen fanden 49 Unterhaltungsveranstaltungen mit fast 40.000 Besuchern statt. Die Kinovorführungen wurden von 70.000 Menschen und die Hausfrauennachmittage von 18.000 Besucherinnen aufgesucht. Der Wirkung von *celebrities* für die Popularisierung der gewerkschaftlichen Forderungen wurde »ein größeres Gewicht als drei Versammlungen zusammen« beigemessen.[47] Die politischen Unterhaltungsformate wurden in der Presse als »Streik als Erholung«, als »Komfortstreik«, als »große Streikrevue«[48] skandalisiert.

4 Frames der IGM: Von den »berechtigten und erfüllbaren Forderungen« zum »entscheidenden Schritt auf dem Weg des sozialen Fortschritts«

Die IGM formulierte bereits in der Vorbereitungsphase des Konflikts einen Standardframe, der als »motivational frame« binnen-, aber kaum medienorientiert war: »erfüllbare und berechtigte Forderungen«.[49] In der Gewerkschaftsöffentlichkeit war die Formulierung »berechtigt« mit einem tief verwurzelten, emotional verankerten, kollektiven Traditionsbestand der Arbeiterbewegung verbunden. Forderungen oder Interessen erhalten ihre moralische Berechtigung dadurch, dass sie durch Vorleistungen erworben oder durch ein besonderes, eklatantes (»schreiendes«[50]) Unrecht legitimiert und damit selbstredend, nicht mehr zu hinterfragen sind. Das Framing der IGM bezog sich dabei zum einen auf die Vorleistungen der Arbeitnehmer, ihren Beitrag am wirtschaftlichen Wiederaufbau der Nachkriegsjahre (»aus Schutt und Asche«) und für das beginnende Wirtschaftswunder der neuen Bundesrepublik, die nun eine gerechte Gegenleistung, nämlich sozialen Fortschritt und soziale Gerechtigkeit, die Gleichstellung von Arbeitern und Angestellten und Urlaubsregelungen, erforderten.[51] Zum anderen wurde eine frühe, eher zum Kaiserreich und der Weimarer Republik als zur

---

46 Anlässlich des 20. Jahrestags des Arbeitskampfs im Nachdruck veröffentlicht: IGM (Hg.), Streiknachrichten des Metallarbeiterstreiks in Schleswig-Holstein vom 24. Oktober 1956 bis 14. Februar 1957, Frankfurt a. M. 1976.
47 IGM, Dokumentation, 1978, S. 142 f.; Stamp, Arbeiter in Bewegung, 1997, S. 223 f., 228 f.
48 *FAZ* v. 5.2.1957, S. 5; *Welt* Nr. 27 v. 1.2.1957, S. 1; *Spiegel* Nr. 3 v. 16.1.1957, S. 12.
49 Etwa *SN* v. 2.11.,6.11., 8.11., 9.11., 3.12. u. 10.12.1956, S. 2.
50 *Metall* v. 11.4.1956, S. 3.
51 Insgesamt mit Einzelnachweisen Koch-Baumgarten, Medien im Tarifkonflikt, 2013, S. 77-79.

neuen Bundesrepublik passende, später auch verblassende ökonomische »Elends«-Semantik beschworen. Als Unrecht wurde die »Not und Sorge im Arbeiterhaushalt«, »Leid, Not und Tränen«, der »unwürdige Zustand« der Sorge um den »nackten Lebensunterhalt«, wenigstens jedoch Armut und finanzielle Sorgen bei Krankheit herausgestellt. Zum Letzten schließlich wurde auf die noch junge bundesdeutsche Demokratie Bezug genommen, sowohl die Ungleichheit zwischen den Statusgruppen als auch der Zustand materieller Not wurden als Verstoß gegen »elementare Menschenrechte« und als Verletzung »demokratischer Grundrechte« identifiziert. So würden Arbeiter zu Bürgern beziehungsweise »Menschen 2. Klasse gemacht«.[52]

Das zweite Frameelement »erfüllbar« wurde erst zu Beginn des Arbeitskampfes als Gegenargument gegen die Behauptung von GM und Regierungsparteien herausgestellt, dass die Gewerkschaftsforderungen (insbesondere im »Armenhaus Schleswig-Holstein«) ökonomisch untragbar seien. Mit der Attributierung einer günstigen Konjunktur- und Auftragslage beziehungsweise der Unternehmensgewinne als riesig, prall, golden wurde die Arbeitgeberposition der zu hohen ökonomischen Kosten der Gewerkschaftsforderungen delegitimiert und mit der knappen Formel konfrontiert: »Sie können zahlen«.[53]

Im Gewerkschaftsverständnis wurde der Streik um die Lohnfortzahlung im Krankheitsfall also um ein legitimes Anliegen geführt, um »eine gute Sache«, eine »gerechte Sache«. Es handelte sich um einen »gerechten Kampf« für »sozialen Fortschritt«, die soziale Gleichstellung, für ein »menschenwürdiges Leben« und die Demokratie. Genau diese Aussage wurde im zweiten, dem Interimsframe der IGM auf dem Konflikthöhepunkt um den Jahreswechsel 1956/57, zugespitzt. Aus dem Tarifkonflikt sei ein »Testfall für den sozialen Fortschritt«, ein »Machtkampf« um den sozialen Fortschritt, ein »Modellfall Klassenkampf« geworden.[54] In dieser Charakterisierung verkehrte die IGM den Angriff und den Frame GMs ins Gegenteil, der den Streik als sozialpolitischen »Modellfall« desavouierte, in dem die Gewerkschaftsseite ihre Macht für die Durchsetzung eines politischen, volkswirtschaftlich unvertretbaren, im Kalten Krieg illegitimen und zudem systemtransformierenden Ziels missbrauche.[55] In der Lesart der IGM hingegen missbrauchte ein unnachgiebiges Arbeitgeberlager seine Macht für einen Klassenkampf von oben in einem Konflikt, der die Weichen stelle entweder für »stetigen Fortschritt« oder dauerhafte sozialpolitische »Stagnation«. Damit wurde dem Streik in Schleswig-Holstein »historische« Bedeutung zuerkannt. Von vornherein wurde er in die Tradition herausragender gewerkschaftlicher Kämpfe für den »sozialen Fortschritt«, teils aus der »heroischen« Gründerzeit der Bewegung teils aus der Weimarer Republik, gestellt.

---

52 *Metall* v. 11.4.1956, S. 3.
53 Koch-Baumgarten, Medien im Tarifkonflikt, 2013, S. 80 f.
54 Tab. 8 u. 9 in ebd., S. 90 f.; Zitate: *SN* Nr. 56 v. 17.1.1956, S. 1; *Metall* v. 16.1.1957, S. 1.
55 Koch-Baumgarten, Medien im Tarifkonflikt, 2013, S. 109-118.

Unrechtssemantik und die »Historisierung« erfüllten kommunikationsstrategisch mehrere Funktionen. Erstens dienten sie der Mobilisierung; sie riefen die eigene Anhängerschaft zu und hielten sie bei den Waffen: »The sine qua non for collective action is a sense of injustice, the conviction, that an event, action or situation is ›wrong‹ or ›illegitimate‹«.[56] Denn Ungerechtigkeit »focuses on the righteous anger, that puts fire in the belly and iron in the soul«.[57] Am historischen Beispiel wurde die »Kampf- und Opferbereitschaft« der Gewerkschaftsmitglieder und Arbeiter, ihre Loyalität, Siegeswille und Durchhaltevermögen aufgezeigt. Denn: »Jede soziale Errungenschaft muss ihnen [den Arbeitgebern, d. Verf.] abgekämpft werden.«[58] Auch in der publizierten Selbstwahrnehmung wurden die klassischen und stereotypen, einer männlichen Organisationskultur entlehnten Kampfestugenden hervorgehoben: der »Opfermut«, der unbeirrbare, unerschütterliche Wille, die mustergültige, eiserne Disziplin, die geschlossenen Reihen und Fäuste, »Kraft und Zuversicht«.

Zweitens wurde ein verwerflicher Dualismus von legitimen (der Gewerkschaften) und illegitimen Interessen (der Arbeitgeber) in einem als historisch anzusehenden Konflikt konstruiert. Skandalisiert wurde die Position der Arbeitgeber, die sich berechtigten Interessen der Arbeiter und erfüllbaren Forderungen ungerechtfertigt widersetzten. Der Vorwurf lautete, dass GM grundlegende, durch Vorleistungen der Arbeiter erworbene soziale Rechte zu verweigern, sozialen Fortschritt zu verhindern und menschenunwürdige Ausbeutungsverhältnisse festzuschreiben suche. So wurde die Verantwortung für den Streikkonflikt einseitig in der unnachgiebigen, kompromisslosen, autoritären, egoistisch-gewinnorientierten und klassenkämpferischen Haltung GMs gesehen.

Die Bewertung des Gegners im gewerkschaftlichen Framing lässt sich nur als klassenkämpferisches *negative campaigning* kennzeichnen. Aktiviert wurde das historische Feindbild des autoritären, antidemokratischen und konservativen Werft- und Schwerindustriellen. Herausgestellt wurden zum einen ein »Herr-im-Hause«-Standpunkt und »Kraftmeier-Manieren«, die mit Willkür, Schikanen, Drohungen und Unnachgiebigkeit gleichgesetzt wurden. Darüber hinaus wurden Fälschungen, Unwahrheiten, intentionale Irreführung und Fehlinformation unterstellt, die schlimmstenfalls mit historischen Analogien zum Nationalsozialismus untermauert wurden: »[F]aule Tricks«, »Hetze« und »Terror« veranschaulichten den Generalangriff: »auf Goebbels' Spuren wandelnd«.[59] Der Unterstützungsfonds der Arbeitgeber für die vom Streik betroffenen Betriebe 1956 wurde dem Kapitalfonds, der »Hitler zur Macht

---

56 John E. Kelly, Rethinking Industrial Relations: Mobilization, Collectivism, and Long Waves, London 1998, S. 27.
57 Gamson, Talking Politics, 1992, S. 32.
58 *SN* Nr. 5 u. 6 v. 30.10. u. 1.11.1956, S. 3, 4. Im Überblick: Koch-Baumgarten, Medien im Tarifkonflikt, 2013, S. 86 ff.
59 *SN* Nr. 25 v. 29.11.1956, S. 1, *Metall* v. 24.10. u. 7.11.1956, S. 2. Ausführlich: Koch-Baumgarten, Medien im Tarifkonflikt, 2013, S. 82 f. Gleichermaßen negativ, polemisierend und konfliktver-

verhalf«, gleichgestellt, als »Anschlag auf die Demokratie« gewertet.[60] Damit wurde ein Höchstmaß an moralischer und politischer Diskreditierung des Konfliktgegners intendiert und ein Widerstandsrecht reklamiert. Die moralische Abwertung erfolgte auch über den Appell an den Ehrenkodex einer unbewusst noch immer präsenten traditionellen Facharbeiter- oder Handwerkerkultur, wenn die Arbeitgeber schwerwiegender Untugenden, nämlich fehlender »Anstand«, Schamlosigkeit und Undank, bezichtigt wurden.[61]

Die negativen Zuschreibungen sollten mit affektiv besetzten Feindbildern tief sitzende Ressentiments, emotionale Abneigung und »Leidenschaften«, wie typisch für den Konfliktbeginn[62], mobilisieren, um Streikbereitschaft zu erzeugen und die Streikmoral zu erhalten. Im Interimsframe der IGM wurde zudem auf dem Höhepunkt des publizistischen Konflikts mit Hinweisen auf die Empörung, Erregung der Streikenden als Reaktion auf den Klassenkampf von oben, auf »Provokationen« und das »Spiel mit dem Feuer« der Konfliktgegner, mit der Beschwörung einer mystischen »unerhörten rätselhaften Kraft« der »Massenseele« in der Verbandspresse die Drohkulisse einer nicht mehr kontrollierbaren Konflikteskalation aufgebaut.[63]

Zu den Gegnern zählte die IGM längst nicht mehr nur die Arbeitgeber, sondern darüber hinaus die Bundes- und schleswig-holsteinische Landesregierung, die ihrerseits publizistisch sowohl den Machtmissbrauch der Tarifparteien, die Wirtschaftsschädlichkeit des Streiks (für den letztlich die Gemeinschaft die »Zeche« zu zahlen habe, so der Wirtschaftsminister Ludwig Erhard öffentlich am Ende des Streiks) anprangerten als auch offen mit einer staatlichen Zwangsschlichtung in der Presse drohten.[64] Auch die Medien wurden von der IGM als »Gegner« und nicht mehr als potenzieller und zu umwerbender Bündnispartner wahrgenommen. Die gewerkschaftliche Berichterstattung stilisierte die Massenmedien zunehmend als eine von den Arbeitgebern fremdgesteuerte, gewerkschaftsfeindliche und einseitig parteiische (willfährige, demagogische) Propagandamaschine. Vermutet wurde eine »gesteuerte Publizitätskampagne«, mit der »die Gewerkschaften in die Defensive gedrängt werden sollen« beziehungsweise mit der der IGM ein »größerer Prestigeverlust« beigebracht werden sollte.[65] In Anlehnung an ein dichotomes marxistisches Klassenmodell ging die IGM davon

---

schärfend war die Gegnerbewertung GMs, die das Terrormotiv eingeführt und vom »Terror der Streikleitung« gesprochen hatte. Ebd., S. 106.
60 *Metall* v. 24.10.1956, S. 2; *Metall* v. 7.11.1956, S. 2.
61 *SN* Nr. 52 v. 11.1.1957, S. 1; *SN* Nr. 23 v. 27.11.1956, S. 1. Auch Pirker, Die blinde Macht, 1978, S. 220 weist auf die Adressierung des männlichen »Ehrgefühls« hin.
62 Thönnessen, Öffentlichkeitsarbeit, in: GMH 16, 1965, S. 327.
63 *SN* Nr. 60 v. 23.1.1957, S. 3; *SN* Nr. 73 v. 8.2.1957, S. 2; Koch-Baumgarten, Medien im Tarifkonflikt, 2013, S. 90-93.
64 Ebd., S. 147-153.
65 Interview mit Herbert Sührig (IGM) in: *Spiegel* Nr. 7 v. 13.2.1957, S. 15-20; Merkel, Industriegewerkschaft Metall, 1999, Dok. 5: Sitzung Beirat IG Metall v. 12. u. 13.12.1956, S. 30-46, hier: S. 35, 46; ferner Koch-Baumgarten, Medien im Tarifkonflikt, 2013, Tab. 5 u. 8, S. 85 f., 90 ff.

aus, dass ein kapitalgesteuertes Dreigestirn Unternehmer-Regierung-Medien gegen die gesamte Gewerkschaftsbewegung im Konflikt stand und sich der Aufnahme von »unverzüglichen«, echten, »ehrlichen« Tarifverhandlungen ohne Staatsintervention versperrte, die das IGM-Framing als Lösungsweg aus dem Konflikt propagierte. Als Bündnispartner dafür wurden nur die internationale Gewerkschaftsbewegung, die soziale Gruppe, die Sozialdemokratie sowie eine diffuse sympathisierende »Bevölkerung« (im Unterschied zur medialen Öffentlichkeit) angesehen.[66]

Als besondere soziale Gruppe und potenzielle Bündnispartner von der IGM (sowie von GM) umworben wurden die Haus- und Ehefrauen der Streikenden. Befürchtet wurde, dass die Streikloyalität »auf dem Umweg über die Frauen« erschüttert werden könne, indem sie dem Druck der Arbeitgeber nachgaben und ihre Männer wieder zur Arbeit schickten. Die IGM formulierte knapp: Über den Streik und seine Forderungen werde »eigentlich am Kochtopf entschieden«.[67] Deshalb wurden besondere Unterhaltungsangebote für Frauen kreiert (siehe oben S. 53) und es wurde ein eigener *motivational frame* für sie geschaffen: Mit dem Motto »Der Streik für die Familie« lieferte die IGM den Hausfrauen einen unabhängigen Grund, den Streik ihrer Männer zu unterstützen. Betont wurde, dass der Arbeitskampf »in erster Linie« im Interesse der Frauen und ihrer Familien geführt werde. Denn die materielle Not im Krankheitsfall belaste besonders »die kleine Frau«, »Frau Ingrid« und die Kinder. Zudem wurden positive Wirkungen des Streiks auf das »Familienleben« betont: »Unser Vati ist seit Tagen gar nicht mehr müde«; »endlich kommen wir mal zu einem Familienleben.«[68]

Dazu wurden mit der »guten Kameradin« und der »unbeirrbaren Kollegin« die beiden klassischen gewerkschaftlichen Frauenbilder der Weimarer Republik aktiviert.[69] Ausgehend vom traditionellen dichotomen und hierarchischen Geschlechtermodell, das die Erwerbsarbeit als Aufgabe des männlichen und überlegenen Familienernährers und die private Hausarbeit als zugeordneten weiblichen Tätigkeitsraum festschrieb, wurde die gute Kameradin priorisiert, die dem Erwerbstätigen und »Streikenden« »fest« zur Seite steht, seinen Kampf und seine Ziele unterstützt: »Wir gehen mit ihnen den dunkelsten Pfad, wir sind Frau und Mutter und Kamerad«.[70] Die Erwerbstätige, in der Metallindustrie ohnehin eine kaum ins Gewicht fallende Minderheit, wurde als »Mitkämpferin« in die »große Gemeinschaft der Gewerkschafter einbezogen«, aller-

---

66 Ebd., S. 87 f., 91.
67 IGM, Dokumentation, 1978, S. 141; *SN* Nr. 10 v. 7.11.1956, S. 2; *SN* v. 6.12.1956, S. 3; *SN* Nr. 33 v. 11.12.1956, S. 3; *Metall* v. 5.12.1956, S. 6.
68 *Metall* v. 21.11.1956, S. 7. Ausführlich und mit Einzelnachweisen Koch-Baumgarten, Medien im Tarifkonflikt, 2013, Tab. 11-13, S. 97-103.
69 Sigrid Koch-Baumgarten: »Er war ein Mann nehmt alles nur in allem.« Geschlechterbilder in gewerkschaftlichen Nachrufen, in: Brigitte Kerchner/dies. (Hg.), Geschlechterbilder in den Gewerkschaften. Internationale Wissenschaftliche Korrespondenz zur Geschichte der Arbeiterbewegung, 34 (1998) 3-4, S. 316-42, hier: 329 f., 337 f.
70 B. Schönlank, zit. in: *SN* Nr. 24 v. 28.11.1956, S. 3.

dings wurde sie als weiche, beirrbare, schnell mutlose, also unsichere Streikkandidatin und als potenzielle Streikbrecherin adressiert. »Uns bekommen sie nicht weich«, lautete das in den IG Metall-Publikationen beschworene Motto.[71] Dennoch wurde den Mitstreiterinnen im Unterschied zu den Hausfrauen kein materielles Angebot gemacht. Im Gegenteil wurde das geschlechter- und sozialpolitische Skandalon der ungleichen Entlohnung von Frauen nur kurzfristig thematisiert: Die Abschaffung der Sonderabschläge von bis zu einem Drittel bei den Lohngruppen für Frauen in der Metallindustrie gehörte zum ursprünglichen Forderungskatalog der IGM, wurde dann jedoch so nachhaltig fallengelassen, dass sie im publizistischen Konflikt – und in den späteren Dokumentationen zum Streik – nicht mehr präsent war.[72]

Tatsächlich war das Framing der IGM im eigenen Lager erfolgreich. Es gab keine Einbrüche in der Streikfront, es gelang sogar, die Zustimmung zum Streik bei den Urabstimmungen erheblich zu steigern; die knappe Ausgangszahl von 77,5 Prozent Befürworter eines Arbeitskampfes im Oktober 1956 wurde bis zur Abstimmung über das erste Schlichtungsergebnis im Januar 1957 auf 97 Prozent gesteigert. Das war ein überaus großer Erfolg der Binnenkommunikation der IGM. Gestützt wurde er auch durch die Wirksamkeit des Politainments, die großzügige materielle Streikunterstützung, die den ökonomischen Druck von den Streikenden nahm, und durch eine autoritäre und offensiv-konfrontative Öffentlichkeitsarbeit GMs, die konflikteskalierend wirkte. Der gewerkschaftliche Mobilisierungserfolg war sogar so ausgeprägt, dass die IGM ihren abrupten Kurswechsel zur Demobilisierung der Streikenden nach der zweiten, der »Bonner« Schlichtung Ende Januar 1956, deren Ergebnis bereits eine nur sehr knappe Mehrheit in der Tarifkommission gefunden hatte, nicht mehr in der eigenen Klientel vermitteln konnte. Die gewerkschaftliche Lesart des Konfliktausgangs im Finalframe lautete, dass eine Bresche in die einheitliche Front von Unternehmern, Regierung und Medien geschlagen und durch die Macht der IGM ein »entscheidender Schritt« in Richtung Gleichberechtigung und sozialer Sicherheit durchgesetzt worden sei. Die Aufgabe eines Finalframes, das Konfliktergebnis zu legitimieren und die Rückkehr zur Normalität der Konfliktpartnerschaft vorzubereiten, konnte aber nicht erfüllt werden. 76,2 Prozent lehnten in der Urabstimmung den Kompromiss ab, sodass das notwendige Quorum für einen Streikabbruch nicht erreicht wurde. Und selbst nach weiteren Nachverhandlungen und einem neuen, von den Gewerkschaftsgremien befürworteten Kompromiss sprachen sich noch 61,3 Prozent in der dritten Urabstimmung für eine Fortsetzung des Arbeitskampfes aus. Der publizistische Konflikt hatte sich verselbstständigt, die IGM hatte am Ende des Streiks die Resonanzfähigkeit im eigenen Lager verloren.[73]

---

71 *Metall* v. 5.12.1956, S. 6.
72 *SN* Nr. 1 v. 25.10.1956, S. 2; *Metall* v. 12.9.1956, S. 6; Kittner, Arbeitskampf, 2005, S. 233.
73 Koch-Baumgarten, Medien im Tarifkonflikt, 2013, S. 62, 93-96.

5 Gewerkschafts- und Journalistenframes in der Presse

Die gewerkschaftliche Resonanzfähigkeit in den Massenmedien war von vornherein gering. Insgesamt fand der Streik große Beachtung in der überregionalen Presse – insbesondere in seiner Kulminationsphase. Der überwiegende Teil des Presseoutputs bestand in einer Berichterstattung über den Arbeitskampf und seine Hintergründe; Kommentare hatten einen Anteil von 14,3 Prozent, Dokumentationen, Expertisen von 7,9 Prozent. Beide Tarifakteure fanden gleichermaßen Erwähnung in den Printmedien, mit einem kleinen quantitativen Vorteil für die IGM (36,1 Prozent der Akteursnennungen gegenüber 33,3 Prozent GM). Starke Präsenz zeigte die Politik (30,6 Prozent). Vergleicht man allerdings die Präsenz der *Deutungsangebote* der Akteure, dann blieben die Interpretationsangebote der IGM mit einem Anteil von 16,2 Prozent an allen Akteursframes minoritär, erwähnt vor allem in der *FR* und der *WELT*, es dominierten die Deutungsrahmen GMs (46,3 Prozent) und der Politik (37,5 Prozent). Das galt in noch größerem Maße für den politischen Bündnispartner der IGM, für die sozialdemokratische Opposition, deren Interpretationen mit einem Anteil von 6,4 Prozent an allen Akteursframes geradezu marginalisiert, im publizistischen Konflikt praktisch unsichtbar waren, das Übergewicht der Exekutive (31,1 Prozent) war geradezu überwältigend.[74]

Inhaltlich war die Argumentation der IGM im medialen Diskurs nicht nur quantitativ unterrepräsentiert, sondern auch nur qualitativ verkürzt präsent. Die Frames als umfassende »Deutungspakete« mit einer vielgestaltigen Gesamtaussage (zu Ursachen, Lösungswegen, Gegnerbewertung und Begründungen) wurden in der journalistischen Wiedergabe zu wenigen Kernaussagen verkürzt, ihrer Narrative beraubt – übrigens bei beiden Tarifakteuren. Auf Gewerkschaftsseite wurde der zentrale Frame »berechtigte und erfüllbare Forderungen« seiner Sinn gebenden Botschaft beraubt, dass die Arbeitgeber gerechtfertigte Forderungen verweigerten, *obwohl sie ökonomisch tragfähig waren* und somit als eigentliche Konfliktverursacher anzusehen waren. Denn Bezug genommen wurde vorrangig auf die »berechtigten« Forderungen, auf die Legitimation der Gleichstellungsforderung mit dem Argument des sozialen Fortschritts und der sozialen Deklassierung. Das zweite Frameelement »erfüllbar« wurde im Mediendiskurs verdrängt, der wirtschaftliche Begründungskontext, nämlich die »materielle Not« der Arbeitnehmer auf der einen und die gute wirtschaftliche Konjunktur als Möglichkeitsraum für sozialpolitische Forderungen auf der anderen Seite, drangen nicht durch.[75]

Durch Auslassungen und Schwerpunktsetzung wurde also eine inhaltliche Gewichtsverschiebung im gewerkschaftlichen Framing erreicht. Dafür zeichnete einerseits das Defizit einer zu stark binnenorientierten Öffentlichkeitsarbeit der IGM verant-

---

74 Ebd., S. 126-133, 143-145.
75 Ebd., S. 136 f.

wortlich, die ihre Positionen gegenüber der Medienöffentlichkeit zu wenig plausibilisierte, anschlussfähig (selbstredend, nachvollziehbar) blieben sie im eigenen ideologischen Lager aber nicht darüber hinaus. Zum anderen aber handelte es sich um eine intentionale politische Intervention der Journalisten in den Konflikt, die jene inhaltlichen Begründungen vernachlässigten, die nicht der eigenen Position entsprachen und nicht mit den medialen Frames kompatibel waren. Es handelte sich allerdings nicht um eine einseitige Parteinahme für die Arbeitgeberposition. Denn auch deren Frames wurden verkürzt, die negative und polemische Gegnerbewertung beider Seiten wurde entschärft und auch kritisiert, die einseitige Verantwortungszuweisung auf den jeweiligen Konfliktgegner nicht unterstützt und auch der gegenseitige Vorwurf des »Machtmissbrauchs« beider Seiten dokumentiert.[76] Das ist ein eher überraschender Befund, dass weniger die Massenmedien in den 1950er-Jahren als vielmehr die Tarifakteure im publizistischen Konflikt skandalisierten, polemisch zuspitzten und emotionalisierten. Die Massenmedien schwächten den provokanten Tenor, die affektiv aufgeladenen Deutungen der Tarifkontrahenten in ihrer Berichterstattung ab.

Tatsächlich entstanden im Verlauf des publizistischen Konflikts eigene Medienframes. Inhaltlich dockten die Journalisten an wichtige Akteursframes an, deren Aussagen oder Teilaussagen allerdings stilistisch zugespitzt, verdichtet und neu gruppiert wurden. Die medialen Deutungsrahmen waren mehrheitlich streikkritisch; alle untersuchten Printmedien mit Ausnahme der *FR*, deren Interpretationen gewerkschaftsnah und damit häufig nicht im Medienkonsens standen, hoben den Streik delegitimierende Aussagen und Metaphern hervor. Im Zentrum stand die Ökonomie. Über die gesamte Dauer des Konflikts hoben alle Medien, auch die FR, die »ökonomischen Kosten« und die Gemeinwohlschädlichkeit des Arbeitskampfs hervor, dieses Framing machte ein gutes Viertel aller medialen Deutungsangebote aus.[77] Es knüpfte an gleichlautende Frames GMs (48 Prozent aller GM-Deutungsangebote) und der Landes- beziehungsweise Bundesregierung (43 Prozent aller exekutiven Frames) an, die ihrerseits die Wirtschaftsschädlichkeit des Streiks hervorhoben.[78] Diese Einstellung der Journalisten erklärt die (damit durchaus intentionale) Abspaltung des Teilelements »erfüllbare« Forderungen bei der Wiedergabe des zentralen Frames der IGM.

Die Journalisten gaben den Akteursdeutungen einen eigenen Spin. Insbesondere durch Zuspitzung kreierten sie eine Trias originärer Medienframes. Im Zentrum stand der Deutungsrahmen des »längsten und kostspieligsten Streiks«, des »Marathon-Streiks«, eine Metapher, die im November 1956 von der *Welt* und der *FR*[79] aufgebracht wurde, um danach einen Siegeszug in der gesamten Presse anzutreten. Mit einem Anteil von einem knappen Viertel aller Medienframes war er *der* konsonante

---

76 Ebd., S. 139-143.
77 Ebd., S. 160 ff.
78 Ebd., S. 140 f., 147, 162.
79 *Welt* v. 26.11.1956, S. 3; *Welt* v. 12.212.1956; *FR* v. 11.12.1956, S. 3.

Frame der Journalisten in der Kumulations- und Endphase des publizistischen Konflikts. Verbunden wurde die Kritik an der Dauer des Streiks (unerträglich, historisch der längste, unendlich, endlos) mit der von vornherein geäußerten Kritik an den ökonomischen Streikkosten, die im Bild des teuersten, kostspieligsten Arbeitskampfs verdichtet wurden. Implizit wurde damit auch der lange Atem beider Konfliktpartner kritisiert, die trotz der Kosten den Konflikt weiterführten. Beide Tarifparteien, zwei »Streithähne«, ihre Unnachgiebigkeit, Kompromisslosigkeit, ihre Zermürbungstaktik, ihre »versteifte«, »verschanzte«, unversöhnliche und »streitbare« Haltung, ihre »überlautstarken Posaunentöne« wurden angegriffen. Deshalb prägten Journalisten den Frame der »starren Fronten« und hoben den Streik als Macht- oder Prestigekampf *beider* Tarifparteien hervor.[80]

Bei den Akteursbewertungen allerdings erhielt die doppelte Kritik eine deutliche Schlagseite in Richtung IGM. Ihr »Musterkrieg« und Machtmissbrauch, ihre »überzogenen«, maßlosen Forderungen wurden häufiger kritisiert als die Position GMs.[81] Insbesondere wurde das gewerkschaftliche Politainment als »Komfortstreik« – anknüpfend an ein Bild GMs und mit dem Anteil eines guten Zehntels an allen Medienframes –, als Vergnügungsveranstaltung, genutzt von den Streikenden für Kabarett und Kino, fürs Kelleraufräumen und Kleingärtnern, skandalisiert (siehe oben).[82] Denn dadurch wurde die Streikfähigkeit der Gewerkschaften (und damit die Konfliktdauer, der Streikmarathon) erhöht. In der Konstruktion einer Dichotomie aus risikolosem Vergnügen der Streikenden auf der einen Seite und der materiellen Verluste an Steuern, Einkommen, Wirtschaftsaufträgen, Wachstum et cetera auf der anderen Seite, lag der stilistische Kniff des Medienframings zur Delegitimierung des Streiks und der Gewerkschaftshaltung. Unterstrichen wurde diese streikkritische Position durch ein drittes, wiederum konsensuales mediales Framing: der unkontrollierbare Streik, zugespitzt im Bild des »Zauberlehrlings« (knapp 9 Prozent aller Medienframes). Erneut knüpften die Journalisten an ein Bild GMs aus dem Frame »Entartung des Klassenkampfs« an, der die gewerkschaftliche »Kampfpropaganda« als unkalkulierbar wie die Folgen einer Atombombenzündung oder der Einnahme von »Rauschgift« charakterisiert und behauptet hatte, die IGM habe sich schließlich in der selbst ausgelegten Schlinge verfangen, als die zweite Urabstimmung den gefundenen Kompromiss der Tarifkontrahenten ablehnte.[83] Auch die Journalisten kritisierten, dass die Gewerkschaft (Streik-)Geister gerufen habe, die sie nicht wieder loswerden könne.

Die politischen Lösungsvorschläge der Journalisten für den Konflikt kreisen um die zentrale Intention der Beendung des kostenintensiven Arbeitskampfes. Mit

---

80 Koch-Baumgarten, Medien im Tarifkonflikt, 2013, Tab. 31 (S. 156 f.), Abb. 14 (S. 167).
81 Ebd., S. 166 f.
82 Ein Gegenbild wurde nur von der *FR* (11.12.1956, S. 3) aufgebaut, die das Politainment als »gewitzte« Streikpsychologie bewertete; Medienframes insgesamt: Koch-Baumgarten, Medien im Streikkonflikt, 2013, S. 155-173, hier: S. 162.
83 Ebd., S. 106, 122, 161 f.

Unterschieden im Detail wurde eine neutrale oder staatliche Vermittlung im Konflikt eingefordert beziehungsweise die Ansätze dazu begrüßt, um die Tarifparteien wieder an den Verhandlungstisch zurückzuzwingen. Selbst die gewerkschaftsnahe *FR* kommentierte, dass Schleswig-Holstein »seinen ›Nehru‹« suche.[84] Besonders viel Raum gaben die Printmedien dem von der Bundesregierung lancierten Vorschlag einer staatlichen Zwangsschlichtung und eines regulierenden Eingriffs in die Tarifautonomie nach dem Vorbild des US-amerikanischen Taft-Hartly-Gesetzes, das von der regierungsnahen *ZEIT* in den Diskurs eingebracht wurde. Dieses ermöglichte staatliche Reglementierungen, etwa die Verordnung einer »Abkühlungsphase«, also Streikaussetzung, in einem Arbeitskonflikt. Zum Zeitpunkt der »Bonner« Vermittlungsgespräche zwischen Regierungsvertretern und den Tarifparteien im Januar 1956 dominierte die »Zwangsschlichtung« den Mediendiskurs, der trotz einer inhaltlich eher kritischen Haltung der Journalisten priorisiert wurde. Insgesamt erreichte dieser Frame der Bundesregierung einen Anteil von fast 10,7 Prozent an allen im publizistischen Konflikt veröffentlichten Akteursframes[85], das war auf der Skala der am häufigsten erwähnten Frames der zweite Platz nach der Kritik an den wirtschaftlichen Kosten.

6 Fazit

Resonanzfähigkeit im publizistischen Konflikt erreichte damit vor allem die Bundesregierung, der es gelang, ihre Intervention in den Konflikt (»Bonner« Vermittlung) mit dem Aufbau der wirkungsvollen Drohkulisse einer staatlichen Zwangsschlichtung und eines gesetzlichen Eingriffs in die Tarifautonomie zu verbinden. Trotz vorsichtig geäußerter inhaltlicher Bedenken eines Teils der Presse konnte die Regierung anders als die Tarifparteien die Medien als »Machtprämie« nutzen. Dem zugrunde lag ein gemeinsamer Grundkonsens von Journalisten und konservativen Regierungsparteien, der die Arbeitgeber partiell einschloss, die IGM hingegen ausschloss. Dieser konservative Elitenkonsens bestand zum ersten in einer übergreifenden Priorisierung ökonomischer gegenüber sozialstaatlicher Rationalität. GM, Exekutive und Journalisten lehnten den Streik als wirtschaftsschädlich und kostenintensiv ab; Wirtschaftswachstum, Preis- und Währungsstabilität, Absicherung des beginnenden Wirtschaftswunders wurden eine weitaus höhere Bedeutung zugemessen als sozialer Gerechtigkeit und Ausbau des Sozialstaats.[86]

Hinzu kam zum Zweiten ein konservativer Antipluralismus mit einer antigewerkschaftlichen Stoßrichtung, der das Regierungs- und Medienframing beeinflusste. Das

---

84 Ebd., Tab. 32, 36, Abb. 15, S. 159, 168 f.; *FR* v. 11.12.1956, S. 3.
85 Koch-Baugarten, Medien im Tarifkonflikt, 2013, S. 181 f.
86 So auch bereits Noé, Gebändigter Klassenkampf, 1970, S. 206; Märthesheimer, Publizistik, 1964, S. 66, 72 f.

Bild des Marathonstreiks, der von mächtigen und »erhitzten« Verbänden ausgelöst, zum Machtkampf zugespitzt werde, in dem gesetzgeberische Kompetenzen usurpiert und hohe wirtschaftliche Kosten produziert werden, die der Allgemeinheit aufgebürdet werden, knüpfte nahtlos an den Metaframe des Verbändestaats an. Er war auch in den politikwissenschaftlichen Debatten ab Mitte der 1950er-Jahre präsent[87] und bestimmte den medialen Diskurs und nicht andere Akteursangebote, wie Sozialstaatsausbau, soziale Gerechtigkeit (IGM, SPD) oder Kalter Krieg und Antikommunismus (GM). Nur partiell integrierte er die Perspektive der Arbeitgeber, die den Verbändemit »Gewerkschaftsstaat« gleichsetzten. Partiell richtete er sich gegen den Machtmissbrauch beider Tarifparteien (die »starren Fronten«), sodass auch die Forderung nach einem »starken Staat« inbegriffen war. Deshalb wurde im medialen Diskurs sowohl eine staatliche Zwangsschlichtung als auch generell eine gesetzliche Einfriedung der Tarifautonomie plausibel.[88]

Ebenfalls vorpluralistisch und mit einem modernen Repräsentationsverständnis nicht kompatibel waren die starken Vorbehalte gegen gesellschaftliche und tarifpolitische Konflikte. Ein Marathonstreik galt als problematischer Extremfall, als Störfall im sozialen Frieden, dem ein unkalkulierbares Gewaltpotenzial innewohnte. Selbst die *FR* beschwor zur Konfliktlösung mit dem Inder Nehru eine internationale Symbolfigur der Gewaltfreiheit. So schloss das starke Sicherheitsbedürfnis der deutschen Nachkriegsgesellschaft[89] auch die soziale Sicherheit, den sozialen als inneren Frieden ein.

Diese konservativen Gravitationszentren des öffentlichen Diskurses boten insbesondere der IGM und der SPD kaum Anschlussmöglichkeiten für ihre Positionen, die im publizistischen Konflikt marginalisiert blieben. Darin lag der Hauptgrund für die geringe Medienresonanz der gewerkschaftlichen Frames. Gleichzeitig wurden diese von einer vor allem binnenorientierten Öffentlichkeitsarbeit weder für die Allgemeinheit noch für die Journalisten, die schnell dem Lager der Konfliktgegner zugeordnet wurden, plausibilisiert. Das Framing der IGM blieb einem Weimarer Traditionalismus und einer sozialistischen Distinktionsidentität verhaftet, die sich aus biografischen und programmatischen Kontinuitäten zu Weimar und sogar zur Gründerzeit der deutschen Gewerkschaftsbewegung im 19. Jahrhundert erklären lassen.[90] In der frühen Bundesrepublik war das sozialdemokratisch-gewerkschaftliche Lager vor Godesberg abgeschlossen und gesamtgesellschaftlich minoritär. Nur innerhalb dieses Lagers entfalteten die gewerkschaftlichen Frames Überzeugungskraft und Mobilisierungsfähigkeit; kommuniziert wurden sie vorrangig über verbandseigene Medien und die direkten gewerkschaftlichen Kontaktnetze in den Betrieben. Die streikkritische

---

87 Theodor Eschenburg, Herrschaft der Verbände, Stuttgart 1956.
88 Koch-Baumgarten, Medien im Tarifkonflikt, 2013, S. 115, 150, 168-171, 185.
89 Edgar Wolfrum, Die geglückte Demokratie. Geschichte der Bundesrepublik Deutschland von ihren Anfängen bis zur Gegenwart, Stuttgart 2006, S. 182 f.; Eckart Conze, Die Suche nach Sicherheit. Eine Geschichte der Bundesrepublik von 1949 bis in die Gegenwart, München 2009.
90 Schönhoven, Einleitung, 1991, S. XXIX f.

Medienberichterstattung wirkte nicht demobilisierend; das Gewerkschaftslager – und genauso auch jenes der Arbeitgeber – blieb im publizistischen Konflikt gegen Medieneinflüsse resistent.

Wirksamkeit entfaltete der publizistische Konflikt für die Tarif*verbände*, die tarifpolitischen Eliten, vor allem in der (institutionellen) Verhandlungsarena, und zwar überraschenderweise sehr unterschiedlich. Zu Beginn zeigten sich beide Kontrahenten wenig beeindruckt vom streikkritischen Tenor der Printmedien. Ihr Framing war in seinen Inhalten, vermittelten Werten sowie der Sprache und Metaphorik offensiv, klassenkämpferisch und vormodern. Im Gegensatz zu modernen, pragmatischen industriellen Verhandlungskulturen wurden – wie dargestellt – der Konfliktgegner, seine Interessen, Forderungen und ideologische Orientierung nicht respektiert, sondern delegitimiert, abgewertet und unversöhnlich bekämpft. Polemische Überzeichnungen, affektiv aufgeladene Wertungen, radikale historische Bezüge und die Verlängerung der Auseinandersetzung auf die zwischenmenschliche, persönliche Beziehungsebene unterstrichen die Bereitschaft beider Akteure, einen exemplarischen Konflikt durchzukämpfen. Der publizistische Konflikt wurde von GM und IGM (und der Landesregierung) befeuert und in eine Eskalationsspirale befördert, sodass anfangs eine Aufnahme von Verhandlungen behindert wurde. Die Schärfe der öffentlichen Auseinandersetzung und ein unprofessioneller Versuch des Ministerpräsidenten Schleswig-Holsteins, Kai-Uwe von Hassel, die Medien mit einer Fehlmeldung über eine Befriedung des Konflikts für seinen nicht autorisierten und autoritären Vermittlungsversuch im Streik zu instrumentalisieren, torpedierten eine potenzielle informelle Annäherung der Tarifparteien in der nicht öffentlichen Verhandlungsarena im Dezember 1956. Die öffentliche Konfrontation setzte die politische Verhandlungslogik außer Kraft, die zur Konfliktlösung ein Austarieren neuer Kompromisslinien, Signale an den Konfliktgegner in informellen Treffen nötig gehabt hätte. Als Reaktion suchten die Akteure die Verhandlungsarena vor den Auswirkungen der Medienarena zu schützen, indem »strengstes Stillschweigen« gegen strategisches *going public* vereinbart wurde.[91]

Der publizistische Konflikt entwickelte insofern ein Eigenleben im Streik. Zunehmend wurde neben dem politischen erheblicher öffentlicher Druck aufgebaut, Verhandlungen aufzunehmen und den »Marathonstreik« mit einem Kompromiss zu beenden. Damit wurde für die beiden, die »Kieler« und »Bonner«, Schlichtungsverfahren Ende 1956 und Anfang 1957 ein schmaler Handlungskorridor für die Tarifparteien abgesteckt, der eine Weiterführung oder erst recht eine (auch rechtlich hoch problematische) Ausweitung des Konflikts, eine weitere Machtdemonstration entweder der Gewerkschaften (Streikausweitung) oder der Arbeitgeber (Aussperrung) ausschloss. In der IGM wurde die Einfluss- gegenüber der Mitgliederlogik gestärkt, da sich die Verbandselite in der institutionellen Verhandlungsarena dem politischen

---

91 Koch-Baumgarten, Medien im Tarifkonflikt, 2013, S. 153 ff., 186 ff.

Druck unterstützt von der öffentlichen Meinung nicht entziehen konnte. Erzwungen wurde eine Kehrtwende der IG Metall, die einem Ergebnis im zweiten Schlichtungsverfahren zustimmte, das dann in der Teilöffentlichkeit der Metallarbeiter in Schleswig-Holstein keine notwendige Mehrheit fand. Noch ein zweites Mal wirkte in dieser Situation eine öffentliche Erklärung des Ministerpräsidenten Schleswig-Holsteins im NDR konfliktverstärkend, der mit einer Abwertung des Verhandlungsergebnisses das Legitimationsproblem der IGM erhöhte. Anschließend wendete sich der Druck der öffentlichen Meinung zur Beendung des Streiks gegen die Arbeitgeber: Wie vorher die IG Metall hatte nun Gesamtmetall keine andere Option mehr, als neue kleine Konzessionen zu machen und dadurch die Mehrheitsfähigkeit des neuen Verhandlungsergebnisses bei der letzten Urabstimmung zu sichern.[92]

---

92 Ebd.

Arne Hordt

Ein Konflikt um »Arbeit«?
Zur performativen Kraft politischer Sprache im britischen Bergarbeiterstreik 1984-85

1   Die Sprache(n) des Miners' Strike – Zur sprachlichen Performanz in einem epochemachenden Konflikt um Arbeit

An einem heißen Julitag im Jahr 1984 herrschte Aufruhr im britischen Unterhaus. Am letzten Tag vor den Parlamentsferien stand eine Generaldebatte über die Regierungspolitik an, traditionell die Gelegenheit für den Führer der »Opposition Ihrer Majestät«, die Regierung scharf anzugreifen. Seit dem März des Jahres wurden alle Aussprachen im Unterhaus von einem Thema dominiert, dem landesweiten Streik der britischen Bergarbeiter, der noch bis März 1985 andauern sollte. Dieser Miners' Strike entwickelte sich zu einem der größten und längsten Arbeitskonflikte der europäischen Nachkriegszeit. Premierministerin Margaret Thatcher bezeichnete die Bergarbeiter als »enemy within«[1] und die Bilder von Straßenschlachten zwischen verzweifelten Bergleuten und gut ausgerüsteter Bereitschaftspolizei prägen bis heute das kollektive Gedächtnis der britischen Gewerkschaftsbewegung.[2] Wie so oft gelang dem Oppositionsführer Neil Kinnock gegen Premierministerin Thatcher auch im heißen Streiksommer 1984 kein Punktgewinn in der Debatte. Die Regierungschefin wendete die Begriffe »Arbeit« und »Repräsentation« in Bezug zum Miners' Strike gegen die Labour Party und die Gewerkschaften, indem sie für sich reklamierte, als Einzige die wahren Interessen der »arbeitenden Bevölkerung« (engl. working people) zu repräsentieren:

> «The Labour party is the party which supports every strike, no matter what its pretext, no matter how damaging. But, above all, it is the Labour party's support for the striking miners against the working miners which totally destroys all credibility for its claim to represent the true interests of working people in this country. [...] He leads a party which has allied itself to the wreckers against the workers.«[3]

---

1   Speech to 1922 Committee (»the enemy within«), 19.7.1984, The Margaret Thatcher Foundation, http://margaretthatcher.org/document/105563, 7.3.2013; Julian Haviland, Thatcher Makes Falklands Link. Attack on »Enemy Within«, The Times v. 20.7.1984, zit. n.: http://margaretthatcher.org/document/105563, 7.3.2013.
2   Franz-Josef Brüggemeier, Geschichte Großbritanniens im 20. Jahrhundert, München 2010, S. 322-325.
3   Hansard's House of Commons Debates, 31.7.1984; Government Policy, Vol. 65, S. 233-317, hier S. 247 u. 252.

Dieser Blick auf die nationale Ebene der öffentlichen Diskussion über den Bergarbeiterstreik von 1984–85 zeigt, wie das Reden über Arbeit in diesem Konflikt politische Legitimität beeinflusste. Indem Thatcher behauptete, die Labour Party vertrete gar nicht die »wahren Interessen arbeitender Menschen«, attackierte sie das Fundament des politischen Repräsentationsanspruches der britischen »Partei der Arbeit«. Doch Thatcher griff nicht bloß auf einer argumentativen Ebene das Selbstverständnis der britischen Arbeiterbewegung an[4], ihr rhetorisches Talent zeigte sich vor allem darin, dass sie es verstand, auf einer grundlegenden, sprachlichen Ebene den Begriff »Arbeit« umzudefinieren und für ihre eigenen Zwecke zu nutzen.

Tatsächlich ging es in dem Streik nicht nur darum, wie die Folgen eines besonders zugespitzten industriellen Strukturwandels zu bewältigen seien, sondern um den Charakter der britischen Gesellschaft als Arbeitsgesellschaft.[5] In einem strukturgeschichtlichen Zugriff markiert der Streik eine Etappe in der Entwicklung Großbritanniens von einer korporatistisch organisierten Industriegesellschaft der Nachkriegszeit zu einer deregulierten, finanzmarktorientierten Dienstleistungsgesellschaft der Gegenwart.[6] Er wird – vor allem von linken, kritischen Historikern – wahlweise als »the battle for industrial Britain«[7] oder »the proletarian's last stand«[8] verstanden. Neuere Veröffentlichungen zum Miners' Strike zeigen jedoch, dass sich bestimmte Zusammenhänge zwischen jenem Ereignis und dem soeben skizzierten, übergreifenden sozialen, ökonomischen und politischen Wandel Großbritanniens im letzten Drittel des 20. Jahrhunderts besser verstehen lassen, wenn man den Konflikt nicht ausschließlich mit sozialgeschichtlichen Methoden, sondern im Sinne einer kulturhistorisch informierten Sozialgeschichte untersucht, welche die wandelbaren, subjektiven Deutungen der historischen Akteure zu erschließen vermag.[9] Deshalb sollen im Folgenden sprachliche und bildliche Repräsentationen von Arbeit im Bergarbei-

---

4 Kim Christian Priemel, Gewerkschaftsmacht? Britische und westdeutsche Gewerkschaften im Strukturwandel, in: Thomas Raithel/Thomas Schlemmer (Hg.), Die Rückkehr der Arbeitslosigkeit. Die Bundesrepublik Deutschland im europäischen Kontext 1973 bis 1989, München 2009, S. 107-120, hier: S. 110 f.
5 Chris Wrigley, British Trade Unions since 1933, Cambridge 2002, S. 28-39.
6 Hugh Pemberton, The Transformation of the Economy, in: Paul Addison/Harriet Jones (Hg.), A Companion to Contemporary Britain 1939–2000, Oxford 2005, S. 180-202, passim.
7 Vgl. den Titel der journalistischen Darstellung von: Francis Beckett/David Hencke, Marching to the Fault Line. The Miners' Strike and the Battle for Industrial Britain, London 2009.
8 Avner Offer, British Manual Workers. From Producers to Consumers, c. 1950–2000, Contemporary British History, 22 (2008), S. 537-571, hier: S. 544.
9 David Howell, Defiant Dominoes. Working Miners and the 1984–85 Strike, in: Ben Jackson/Robert Saunders (Hg.), Making Thatcher's Britain, Cambridge 2012, S. 148-164, passim; Jim Phillips, Collieries, Communities and the Miners' Strike in Scotland, 1984–85, Manchester/New York 2012, S. 1-17 u. 83-109; erste, »aktivistisch« geprägte Ansätze zu einer solchen Sichtweise gab es schon kurz nach dem Streik im Umfeld der History Workshop Bewegung. Raphael Samuel, Introduction, in: ders./Barbara Bloomfield/Guy Boanas (Hg.), The Enemy Within. Pit Villages and the Miners' Strike of 1984–85, London/New York 1986, S. 1-39.

terstreik als entscheidende Komponente der Selbst- und Fremdbilder von Gewerkschaftsfunktionären, streikenden Arbeitern und Streikgegnern analysiert werden.[10]

Repräsentationen der Arbeit im Miners' Strike von 1984-85 nicht als gegebene Voraussetzung für den, sondern vielmehr als Mittel in dem Konflikt zu betrachten, beruht auf den – inzwischen wohletablierten – methodischen Innovationen des *linguistic turn* und der *New Political History*.[11] Sprache wird als Zeichensystem aufgefasst, das die Wahrnehmung der Realität und die Aushandlung von politischer Macht strukturiert und strukturieren muss.[12] Gerade abstrakte Begriffe wie »Arbeit« beruhen selbst auf historisch kontingenten, sozialen Voraussetzungen, die nicht unmittelbar zugänglich sind, sondern nur kodiert vorliegen und daher dekodiert werden können.[13] Der Begriff »Arbeit« soll deshalb analog zur Behandlung des Klassenbegriffs durch den Pionier der New Political History, Gareth Stedman Jones, als »diskursive Realität« untersucht werden[14]: Wer rhetorisch erfolgreich, d. h. überzeugend, behaupten kann, eine richtige Vorstellung von Arbeit zu besitzen, beansprucht damit zugleich »die Arbeiter« politisch zu »r e p r ä s e n t i e r e n« und legitimiert einen eigenen Machtanspruch.[15] Umgekehrt gilt: Wer nachweisen kann, dass der Gegner weder (den Willen zur) Arbeit noch die »arbeitenden Menschen« (working people)

---

10 Repräsentation/repräsentieren hat freilich einen Doppelsinn: Es kann »für-etwas-Stehen« im Sinne eines Symbols bedeuten (Die Fahne repräsentiert das Streben der Arbeiterbewegung nach dem Wahlrecht), aber auch im Sinne politischer Stellvertretung (Der Betriebsrat »r e p r ä s e n t i e r t« die Arbeiter des Betriebs). Diese Doppeldeutigkeit soll hier nicht aufgelöst werden, denn der Miners' Strike bewirkte, dass beide Dimensionen der »Repräsentation von Arbeit« in eine Krise gerieten. Wenn im Folgenden die politische Stellvertretung im Gegensatz zur zeichenhaften Repräsentation gemeint ist, werden »R e p r ä s e n t a t i o n« und »r e p r ä s e n t i e r e n« in S p a t i e r u n g dargestellt.
11 Kerstin Brückweh/Martina Steber, Aufregende Zeiten. Ein Forschungsbericht zu Neuansätzen der britischen Zeitgeschichte des Politischen, Archiv für Sozialgeschichte [AfS], 50 (2010), S. 671-701, passim; Willibald Steinmetz, New Perspectives on the Study of Language and Power in the Short Twentieth Century, in: ders. (Hg.), Political Languages in the Age of Extremes, Oxford/New York 2011, S. 3-51, hier: S. 4 f., 35-38 u. 49-51; Christian Koller, Streikkultur. Performanzen und Diskurse des Arbeitskampfes im schweizerisch-österreichischen Vergleich, Münster i. Westf./Wien 2009, S. 24 f.
12 Angelika Linke, Politics as Linguistic Performance. Function and »Magic« of Communicative Practices, in: Steinmetz (Hg.), New Perspectives, 2011, S. 53-66, hier: S. 53 f.
13 Jürgen Kocka, Work as a Problem in European History, in: ders. (Hg.), Work in a Modern Society. The German Historical Experience in Comparative Perspective, New York/Oxford 2010, S. 1-15, hier: S. 2.
14 Gareth Stedman Jones, Introduction, in: ders. (Hg.), Languages of Class. Studies in English Working Class History 1832-1982, Cambridge/London 1983, S. 1-24, hier: S. 8: »Klasse wird mehr als diskursive, denn als ontologische Realität behandelt; das zentrale Anliegen besteht darin, das Sprechen über Klasse aus dem Wesen des Politischen, statt die Art der Politischen aus dem Wesen der Klasse zu erklären.«; s. a. Linke, Politics, 2011, S. 57-59.
15 Kocka, Work, in: ders. (Hg.), Work, 2010, S. 9; Stephan Schaede, Stellvertretung, V. Ethisch, in: Hans Dieter Betz/Don S. Browning/Bernd Janowski/Eberhard Jüngel (Hg.), Religion in Geschichte und Gegenwart. Handwörterbuch für Theologie und Religionswissenschaft, 4. Aufl.,

»repräsentiert«, bestreitet die Legitimität des gegnerischen Machtanspruchs. Die These lautet daher: Die Art und Weise, in der die verschiedenen Konfliktparteien die Arbeit im Steinkohlenbergbau sprachlich ausdrückten und somit repräsentierten, trug entscheidend zur Intensität des Konflikts bei; die scheinbar fundamentale Feindschaft zwischen den Parteien sollte nicht als gegebene Voraussetzung für den Streik gesehen werden, sondern vielmehr als dessen Folge.[16] Dieser Zusammenhang soll im Folgenden am Beispiel einer »idealtypischen« Bergbauregion, dem Nordosten Englands, untersucht werden.[17] Denn hier – auf einer intermediären Ebene zwischen Betrieb und Nation – erhielten die sprachliche Repräsentation der Arbeit im Bergarbeiterstreik entscheidende performative Impulse.

»The North East« bezeichnet in jüngerer Zeit die zwei Grafschaften Durham und Northumberland, den nördlichsten Teil der Grafschaft Yorkshire und die Metropolregion Tyne and Wear mit der Regionalmetropole Newcastle upon Tyne.[18] Die Region steht bereits seit dem 18. Jahrhundert in ganz Großbritannien symbolisch für den Abbau von Steinkohle[19]; dem deutschen Sprichwort »Eulen nach Athen tragen« entspricht im Englischen der Ausdruck »carrying coals to Newcastle«. Wie andere europäische Montanregionen, zum Beispiel das Ruhrgebiet oder Asturien, bleibt der Nordosten Englands bis heute von einer peripheren Lage zu politischen und wirtschaftlichen Machtzentren, einer unvollständigen Urbanisierung und einer von männlicher Industriearbeit geprägten Sozialkultur gekennzeichnet.[20] Für die Frage

---

Tübingen 2004, Sp. 1712 f.; Wolfgang Sofsky/Rainer Paris, Figurationen sozialer Macht. Autorität – Stellvertretung – Koalition, 2. Aufl., Frankfurt a. M. 1994, S. 158-167 u. 217-228.

16 Ich danke Klaus Weinhauer für die anregende Diskussion über den ursprünglichen Vortrag, die erheblich zur Zuspitzung dieser These für die schriftliche Fassung beigetragen hat.

17 Bill Lancaster, The North East. England's Most Distinctive Region?, in: ders./Diana Newton/Natasha Vall (Hg.), An Agenda for Regional History, Newcastle upon Tyne 2007, S. 23-41, passim.

18 A. W. Purdue, The History of the North East in the Modern Period. Themes, Concerns and Debates since the 1960s, Northern History, 52 (2005), S. 107-117, hier: S. 107-110; Adrian Green/A. J. Pollard, Conclusion. Finding North-East England, in: dies. (Hg.), Regional Identities in North East England, 1300–2000, Woodbridge 2007, S. 209-225, hier: S. 221-223. Auf Deutsch, die ältere, aber hochwertige Arbeit des Humangeografen Gerald Wood, Die Umstrukturierung Nordost-Englands. Wirtschaftlicher Wandel, Alltag und Politik in einer Altindustrieregion (Duisburger Geographische Arbeiten, 13), Dortmund 1994.

19 Joyce Ellis, The »Black Indies«. Economic Development of Newcastle, c. 1700–1840, in: Robert Colls/Bill Lancaster (Hg.), Newcastle upon Tyne. A Modern History, Chichester 2001, S. 1-26, passim.

20 René Leboutte, Space Construction as a Mental Process. Heavy Industrial Regions in Comparative Perspective. Mitteilungsblatt des Instituts für soziale Bewegungen, 29 (2008) ??, S. 99-112, hier: S. 105 f.; Klaus Tenfelde, Raumbildung als ökonomischer, sozialer und mentaler Prozess, Mitteilungsblatt des Instituts für soziale Bewegungen, 39 (2008), S. 5-20, hier: S. 9-11; Karl Rohe, Regionalkultur, regionale Identität und Regionalismus im Ruhrgebiet. Empirische Sachverhalte und theoretische Überlegungen, in: Wolfgang Lipp (Hg.), Industriegesellschaft und Regionalkultur. Untersuchungen für Europa, Köln/Berlin/Bonn/München 1984, S. 123-153, hier: S. 136-145.

nach den Repräsentationen der Arbeit ist diese regionale Dimension entscheidend, weil es sich dabei um eine zusätzliche, vermittelnde Ebene des Sprechens über Arbeit handelt. Ähnlich wie z. B. das Ruhrgebiet zeitweise, von den 1920er-Jahren bis in die frühen 1960er-Jahre, als Region nationaler, deutscher Arbeit definiert wurde[21], galt Durham, das oft stellvertretend für den ganzen Nordosten steht, vielen Beobachtern als besonders »britische« bzw. »englische« Region.[22] Mit den Selbst- und Fremdbildern von Arbeit wird also gerade in regionalen oder lokalen Kontexten immer Inklusion in, beziehungsweise Exklusion aus, größeren Gemeinschaften wie Klasse und Nation praktiziert.

2 Streiken für Arbeit? – Gewerkschaftliche Mobilisierung und Ambivalenzen der »R e p r ä s e n t a t i o n«

Während des Streiks standen im öffentlichen Diskurs drei verschiedene Bilder von Arbeit als konkurrierende Identifikationsangebote mit regionalem Bezug zur Verfügung. Manager und Gewerkschafter teilten zu Beginn des Streiks eine Vorstellung von der Tätigkeit der Bergleute als hoch qualifizierter und gefährlicher, körperlicher Schwerstarbeit mit dem Ziel eines möglichst hohen Ausstoßes (Output) von Steinkohle.[23] In erwartbarer Weise betonten Vertreter des Managements dabei tendenziell die Komponente der Produktivität, während die Arbeiter und ihre Vertreter zumeist die körperliche Härte der Arbeit und soziale Errungenschaften wie Sicherheit am Arbeitsplatz, Lohnfortzahlung im Krankheitsfall und bezahlten Urlaub hervorhoben. Die neoliberalen Meinungsmacher im Umfeld der späteren Premierministerin Thatcher hatten seit den 1970er-Jahren hingegen ein Bild von guter Arbeit als individueller Leistungsfähigkeit entworfen beziehungsweise reaktiviert. Damit rückte die »R e p r ä s e n t a t i o n« von Arbeitern in Form einer kollektiven Interessenvertretung

---

21 Karl Ditt, Die Entwicklung des Raumbewusstseins in Rheinland und Westfalen, im Ruhrgebiet und in Nordrhein-Westfalen während des 19. und 20. Jahrhunderts. Charakteristika und Konkurrenzen, in: ders./Klaus Tenfelde (Hg.), Das Ruhrgebiet in Rheinland und Westfalen. Koexistenz und Konkurrenz des Raumbewusstseins im 19. und 20. Jahrhundert, Paderborn 2007, S. 405-473, hier: S. 443-451. Zur sehr weitreichenden Vorgeschichte der »nationalen Arbeit«: Werner Conze, Arbeit, in: ders./Otto Brunner/Reinhart Koselleck, Geschichtliche Grundbegriffe. Historisches Lexikon zur politisch-sozialen Sprache in Deutschland [Bd. 1], Stuttgart 1972, S. 154-215, hier: S. 208-211.
22 Natasha Vall, Cultural Region North East England 1945–2000, Manchester/New York 2011, S. 50-63.
23 »Manager« meint auf Englisch alle Angestellten mit eigenem Verantwortungsbereich, vom Vorstand bis zum mittleren Verwaltungspersonal. Der Bedeutungswandel von Arbeit erfasst im Laufe des Streiks aber alle Ebenen von Managern, daher wird im Folgenden nicht begrifflich zwischen den Gruppen unterschieden.

in die Nähe eines politisch und moralisch verwerflichen, aufrührerischen Handelns.²⁴ Seit den frühen 1980er-Jahren entwickelten linke Gewerkschafter, Aktivisten aus den Neuen Sozialen Bewegungen und kritische Sozialwissenschaftler dagegen eine Auffassung von industrieller Schwerarbeit als eigensinniger Lebensform und Grundlage für erhaltenswerte soziale Gemeinschaften. Dieses Bild von Arbeit übt bis heute entscheidenden Einfluss auf die historische Wahrnehmung des Konflikts aus.²⁵ Umso dringlicher ist deshalb kritisch zu prüfen: Welche Bilder von Arbeit wurden im Streik von wem und zu welchen Zwecken gebraucht? Inwiefern, in welchem Umfang und warum setzten sich bestimmte Vorstellungen gegenüber anderen durch? Übernahmen beispielsweise die betroffenen Bergarbeiter die Vorstellung der »Neuen Linken« von Arbeit als einer sinn- und gemeinschaftsstiftenden Tätigkeit oder blieben bei ihnen eher ältere Auffassungen von körperlich harter Schwerstarbeit, technischem Geschick und materieller Produktivität dominant?²⁶

Wie stellte die »Repräsentantin« der Bergarbeiter, die National Union of Mineworkers (NUM), die Arbeit der Bergleute in dem von ihr begonnenen Streik dar? Die NUM streikte für den Erhalt der Zechen beziehungsweise »der Industrie« und die meisten ihrer Funktionäre vertraten dabei durchaus Vorstellungen von Produktivität im Sinne wirtschaftlicher Leistungsfähigkeit. Diese Ideen wurden vor allem als Bild harter Arbeit und handwerklichen Geschicks zu Argumenten im Streik. In einer Karikatur (☞ siehe Abb. 1) erreicht ein Bergarbeiter symbolisch das 1976 vereinbarte Produktionsziel von 200 Millionen Tonnen auf einem Hau-den-Lukas (engl. *high striker*). Die Zeichnung wurde in einem Flugblatt der NUM zur Krise der industriellen Beziehungen im Steinkohlebergbau (»Coal not Dole«) abgedruckt.²⁷ Auf diese Weise wollte die Gewerkschaft auf einer bildlichen Ebene an das Produktivitätsdenken ihrer Mitglieder appellieren. Das im Bild versteckte Wortspiel ergibt sich aus der Mehrdeutigkeit des Wortes *high striker*, es bedeutet »Hau-den-Lukas«, kann aber auch einen Arbeiter, der besonders viel erreicht, meinen, schließlich ist

---

24 Ben Jackson, An Ideology of Class. Neo-Liberalism and the Trade Unions, c. 1939–1979, in: Clare V. J. Griffiths/James J. Nott/William Whyte (Hg.), Classes, Cultures, and Politics. Essays on British History for Ross McKibbin, Oxford 2011, S. 263-281, hier: S. 277-281.
25 Phillips, Miners' Strike in Scotland, 2012, S. 4-6.
26 Diese Frage ist inspiriert von der zeithistorischen Revision des »Wertewandels in der Arbeitswelt«. Jörg Neuheiser, Vom bürgerlichen Arbeitsethos zum postmaterialistischen Arbeiten? Werteforschung, neue Arbeitssemantiken und betriebliche Praxis in den 1970er Jahren, in: Jörn Leonhard/Willibald Steinmetz (Hg.): Semantiken von Arbeit. Diachrone und vergleichende Perspektiven [Industrielle Welt. Schriftenreihe des Arbeitskreises für Moderne Sozialgeschichte, Bd. 91], Köln 2016, S. 319-346; ders./Andreas Rödder, Eine Geschichte vom Werteverfall? Die Deutschen und ihre Einstellungen zur Arbeit, in: Stiftung Haus der Geschichte der Bundesrepublik Deutschland (Hg.), Hauptsache Arbeit. Wandel der Arbeitswelt nach 1945, Bielefeld 2009, S. 31-37.
27 Dt. »Kohle statt Sozialhilfe«, »coal« ist im Englischen allerdings kein Ausdruck für Geld.

striker für sich genommen eine Bezeichnung für einen streikenden Arbeiter.²⁸ Ein möglicher Streik soll also dem Ziel hoher Produktivität dienen und helfen, den mit der Unternehmensleitung vereinbarten Ausstoß von 200 Millionen Tonnen Steinkohle pro Jahr zu erreichen. Diese paradoxe Forderung – »Streikt, damit wir mehr Kohle produzieren können!« – wurde in der zeitgenössischen Berichterstattung freilich stets von einer einfacher darzustellenden Auseinandersetzung zwischen Arthur Scargill und Thatcher überlagert.²⁹

Doch wie wurden die Bemühungen der Gewerkschaft, den Streik als eine Maßnahme zum Erhalt von Arbeitsplätzen im Interesse einer produktiven

Abb. 1 Millson, 200 Million Tonnes, NUM Coal Not Dole, no date given [March 1984?], p. 8, Durham County Record Office, D/Dor 6/8 Coal Industry Dispute 84-85, Item 05.³⁰

Industrie darzustellen, von den Arbeitern selbst aufgenommen? Leserbriefe von betroffenen Bergarbeitern im Nordosten zeigen, dass diese Repräsentationsstrategie ambivalente Folgen zeitigte. Zumindest bei einigen Arbeitern lag der Schluss näher, dass es eher im Interesse der Produktivität läge, ohne Streik weiterzuarbeiten, weil die gefährdeten Arbeitsplätze dann eher erhalten bleiben würden. Manche Bergarbeiter, die sich in besonderem Maße mit einem Ethos der Produktivität in »ihrer« Industrie identifizierten, bezogen deshalb Stellung gegen einen Streik und führten die Streikbereitschaft auf die schädigende Einstellung von radikalen »Heißspornen« (hotheads) in den eigenen Reihen zurück. Eine solche Position wird in dem folgenden Leserbrief im Northern Echo deutlich, dessen anonyme Verfasser sich selbst nur als »Four Miners, Easington Colliery« bezeichnen:

---

28 Dazu den Titel der Streikzeitung der NUM Durham Area, »The Durham Striker«, die von Dezember 1984 bis Juni 1985 unter diesem Titel erschien und erst danach als »The Durham Miner« weitergeführt wurde, The Durham Striker, Labour History Archive Manchester, MS84/Lab/1/3/1-7 und ebd. Martin Walker Papers, MS84/MW/6/1.

29 Phillips, Miners' Strike in Scotland, 2012, S. 2-4; als Quellenbeispiel: Donald MacIntyre/Michael Jones/Peter Wilsher, Strike. A Battle of Ideologies. Thatcher, Scargill and the Miners, London 1985.

30 Mit freundlicher Genehmigung durch das Durham County Record Office.

»The recent pit closure in Fife was caused by McGahey refusing permission to essential maintenance. Do not blame the NCB. What other union would deliberately destroy its workshops? [...] Unfortunately, we have to remain anonymous, as we have hotheads who want to strike. [...].«[31]

Diese Stellungnahme richtet sich mit dem Argument gegen die nationale Linie der Gewerkschaft, dass diese zur physischen Zerstörung der Arbeitsstätten führen würde und in Schottland tatsächlich schon dazu geführt habe. Die »Instandhaltung« der für den Betrieb eines Bergwerks nötigen technischen Vorrichtungen wie Förderanlagen, Bewetterung und Pumpen, sowie der im Steinkohlenbergbau stets durch Hebung und Senkung gefährdeten Strecken, spielte bei allen Kompetenz- und Machtkonflikten zwischen Arbeitern und Managern im britischen Bergbau eine große Rolle.[32] Denn mit den Wartungsmaßnahmen wird zwar nicht unmittelbar Kohle produziert, aber sie bilden die Voraussetzung dafür, dass dies passieren kann und dass dabei die Sicherheit der Bergleute gewahrt bleibt.[33] In Zeiten eines Streiks steigt die Bedeutung der »essential maintenance« noch einmal, da die technischen Einrichtungen nun weiter gepflegt und erneuert werden müssen, obwohl die Produktion stillsteht und auch die normalen Wartungsarbeiten vom Streik betroffen sind. Allerdings können die technischen Anlagen eines Bergwerks nicht einfach stillgelegt werden, ohne dass sie Schaden nehmen; ihr Stillstand führt nach kurzer Zeit – neben der Gefährdung der persönlichen Sicherheit der Bergleute – zur Zerstörung einzelner Förderabschnitte oder des ganzen Bergwerks und damit des Bergwerks als Arbeitsstätte. Indem sie in ihrem Leserbrief mit »maintenance« argumentierten, benutzten die anonymen »vier Bergarbeiter« aus Easington also ihr Selbstverständnis als handwerklich fähige, verantwortungsbewusste und – gegenüber den radikalen »hotheads« – politisch gemäßigte Facharbeiter, die vor allem an der Erhaltung ihres Arbeitsplatzes interessiert sind, um gegen den Streik Partei zu ergreifen.

---

31 »Four Miners«, Pit Strike Built on Bullying. Hear All Sides. To the Editor, The Northern Echo, 14.3.1984: Die Behauptung, dass man anonym bleiben »müsse«, ist ebenso Teil einer Inszenierungsstrategie, die aber gesondert untersucht werden müsste.
32 Bill Griffiths, Pitmatic. The Talk of the North East Coalfield, Newcastle upon Tyne 2007, S. 46 ff., 66-84.
33 Dazu allgemein: Günter Hegermann/Wolfhard Weber, Bergbautechnik nach 1945, in: Michael Farrenkopf/Michael Ganzelewski/Stefan Przigoda/Inga Schnepel/Rainer Slotta (Hg.), Glück auf! Ruhrgebiet. Der Steinkohlenbergbau nach 1945, Bochum 2009, S. 330-341, hier: S. 332; speziell für den Strebausbau: Karl-Richard Haarmann, Gebirgsdruck und Grubenausbau unter besonderer Berücksichtigung des Strebausbaus, in: Farrenkopf et al., Glück auf!, 2009, ebd., S. 351-362, passim. Signifikant ist in diesem Zusammenhang, dass »maintenance« in dem Standardwerk zum britischen Kohlebergbau im Kapitel zur Technik nicht vorkommt, dort geht es ausschließlich um Produktion im engeren Sinne: William Ashworth, The History of the British Coal Industry Vol. 5. 1946-1982: The Nationalized Industry, Oxford 1986, S. 61-118.

Doch kamen solche Positionierungen, die häufig mit einer Selbststilisierung als einfache, politisch moderate Arbeiter gegenüber »radikalen« Gewerkschaftsführern einhergingen, keineswegs einer Abkehr von der eigenen Gewerkschaft, der Arbeiterbewegung oder der Labour Party gleich. Vielmehr sprachen sich Leserbriefschreiber, die gegen den Streik eintraten, häufig auch für eine stärkere Einmischung in die Angelegenheiten von Gewerkschaft und Partei aus:

> »We of the NUM are cats-paws to satisfy the ego of Arthur and his Marxist staff […] It is time for the vast majority of moderate [union members, A. H.] and Labour voters to rise up against this man and other trade union leaders who wish to destroy the Labour Party and the ballot box. […] Durham Miner Easington Colliery«[34]

In diesem Leserbrief wird ein Gegensatz zwischen der Gruppe der Gewerkschaftsmitglieder (»We of the NUM«) und der Gewerkschaftsführung um Arthur Scargill konstruiert, indem der anonyme Verfasser sich selbst in die erste Gruppe einordnet und behauptet, dass die marxistische Führung der Gewerkschaft diese Gruppe bloß als »Bauernopfer« benutzen würde. Schließlich fordert er die schweigende Mehrheit dazu auf, sich gegen die radikalen Anführer zu erheben, um die Labour Party und die Gewerkschaft vor Schaden zu bewahren. Der anonyme Verfasser legt den Schwerpunkt seiner Argumentation aber nicht auf technische Details der Arbeit, sondern auf die politische Dimension der Beziehungen zwischen einer angeblich gemäßigten, aber ohnmächtigen Basis, und deren radikalen »R e p r ä s e n t a n t e n«. Ebenso wie den anonymen Verfassern des ersten Leserbriefes geht es ihm aber genauso um die *richtige* Darstellung der *echten*, d. h. demokratisch gesinnten, Arbeiter. Wobei beide Autoren sich keinesfalls gegen Mitbestimmung aussprechen, denn auch der erste Brief bezeugt eine eigentümliche – quasi aneignende – Sorge um die eigene Betriebsstätte. Für die meisten britischen Bergleute gehörte die Mitbestimmung in gewerkschaftlichen und betrieblichen Angelegenheiten untrennbar zu ihrer Arbeit; sie bildete zusammen mit den handwerklichen Fähigkeiten und dem produktiven Verantwortungsbewusstsein eine Eigenschaft ihres Selbstbildes als *echte* Arbeiter. Doch ist hier – wie beim Produktivitätsdenken – im Sinne der performativen Erschaffung von Konfliktpositionen auf die ambivalente Wirkung dieser Einstellung zu achten.

Nicht umsonst stehen in einer weiteren Karikatur (☛ siehe Abb. 2, S. 76) in dem bereits erwähnten Flugblatt betriebliche Angelegenheiten im Mittelpunkt. Auf einem schwarzen Brett sind bereits zwei Zettel mit den Aufschriften »Entlassungen« und »Zechenschließungen« angeheftet. Zuoberst heftet ein Arm, der in ein Nadelstreifensakko gehüllt ist und auf dem die Buchstaben NCB prangen, einen Zettel mit der Aufschrift »Änderungen der Schichtenzeiten« an. Vor dem schwarzen Brett steht ein grimmig

---

34 »Durham Miner«, Rise up against Scargill, Hear All Sides Extra, The Northern Echo, 14.4.1984.

Abb. 2 O. A., »Notices«, NUM Coal Not Dole, no date given [March 1984?], p. 2, Durham County Record Office, D/Dor 6/8 Coal Industry Dispute 84-85, Item 05[35]

dreinblickender Arbeiter, der am Arm eine Banderole mit der Aufschrift NUM trägt und die Hand erhebt, um dem Arm des National Coal Board Einhalt zu gebieten. Die drei Notizzettel ergeben von oben nach unten gelesen eine Abfolge von kleineren zu größeren Eingriffen in die gemeinsame Entscheidungsfindung von Unternehmensleitung und Gewerkschaft. Wenn man zulässt, dass die Manager eigenmächtig, an der Gewerkschaft vorbei, den Schichtplan ändern, werden darauf Entlassungen und Schließungen folgen. Deshalb muss schon der Versuch dazu mithilfe eines Streiks abgewehrt werden. Nur konnte das Beharren der Gewerkschaft auf »Demokratie am Arbeitsplatz«, das so in den Mittelpunkt der Argumentation rückte, eben auch gegen die Streiktaktik der NUM verwendet werden, wie die beiden Leserbriefe der anonymen Bergleute zeigen. Während die des ersten Briefes sich hauptsächlich mit dem Argument der Produktivität gegen einen Streik aussprechen, zielen die Autoren des späteren Briefes auf die Demokratie innerhalb der britischen Arbeiterbewegung ab. Die Argumentation der Streikgegner hat sich also innerhalb eines Monats von einer konkreten, betrieblichen auf eine allgemeine, politische Ebene verlagert.

Die demokratischen Prozeduren innerhalb der Gewerkschaften galten im offiziellen Diskurs britischer Funktionäre seit Beginn des 20. Jahrhunderts als wesentliche Merkmale einer freien, nationalen Gewerkschaftskultur und dienten in der Öffentlichkeit und im internen Diskurs der Arbeiterbewegung als Legitimation für den gesellschaftlichen Status der trade unions als autonome Korporationen.[36] Die betriebliche Mitbestimmung, die im Steinkohlebergbau besonders ausgeprägt war, wurde darüber hinaus als besondere Errungenschaft der Nachkriegszeit aufgefasst.[37] Demokratie und Mitbestimmung bildeten daher nicht historisch verfügbare Aspekte der industriellen Beziehungen, sondern für überzeugte Gewerkschafter waren sie Bestandteile der britischen Nachkriegsordnung. Vor allem ältere Funktionäre betonten stets die grundsätzliche Bedeutung des Verhandelns auf Augenhöhe im Staatsunternehmen

---

35 Mit freundlicher Genehmigung durch das Durham County Record Office.
36 Gustav Schmidt, »Industrial Relations« und »Industrial Democracy«, in: ders. (Hg.), »Industrial Relations« und »Industrial Democracy« in Großbritannien, Bochum 1984, S. 7–31, hier: S. 10 f.
37 Nina Fishman, Coal. Owned and Managed on Behalf of the People, in: Jim Fyrth (Hg.), Labour's High Noon. The Government and the Economy 1945–51, London 1993, S. 61–77, hier: S. 62–64.

NCB im Kontrast zu den industriellen Beziehungen in der Zeit privater Kohlegruben: »The welfare of the miners is much better looked after now too [sic]. At most times, we've had good consultation with the NCB, we've sat down man to man.«[38] »Welfare« verweist in diesem Zusammenhang auf »Wohlfahrt« im Sinne des Wohlfahrtsstaates[39], aber auch auf Gesundheitsfürsorge und kollektive durchgesetzte Sicherheitsvorkehrungen am Arbeitsplatz. Der Ausdruck »man to man« enthält die Bedeutung des Deutschen »auf Augenhöhe«, transportiert aber eine stärkere sozialmoralische Komponente: Nur Männer können Teil der unter Tage arbeitenden Gemeinschaft sein, die Arbeit unter Tage stellt zugleich die Männlichkeit der Arbeiter her und nur das Gespräch »auf Augenhöhe«, d. h. unter Anerkennung des Einspruchsrechts der Arbeitnehmervertretung, wird der eigenständigen, männlichen Subjektivität *echter* Arbeiter gerecht.[40]

Sprachliche Repräsentationen der Arbeit unterlagen im Bergarbeiterstreik von 1984–85 also schon innerhalb der Gewerkschaft NUM, insbesondere zwischen Gewerkschaftsfunktionären und Mitgliedern, heftigen Deutungskämpfen und zeitigten gerade in der Mobilisierungsphase des Streiks höchst ambivalente Wirkungen. Im kollektiven Gedächtnis blieben allerdings die widersprüchlichen Bilder von heldenhaft gescheiterten Streikenden haften, die eine proletarische Lebensform verteidigten. Sie entstanden aus Vorstellungen von der Arbeit im Bergbau, die von den Unterstützern des Streiks aus den Neuen Sozialen Bewegungen bzw. den konservativen Streikgegnern propagiert wurden. Der Bergarbeiterstreik bildet nicht zuletzt deshalb einen entscheidenden Wendepunkt für die Durchsetzung neuer Bilder von Arbeit im öffentlichen Diskurs Großbritanniens.

---

38 Kit Robinson, zit. n.: Bill Campbell, Imports prove closing pits was wrong, The Northern Echo, 12.1.1972. Kit Robinson war von 1970–1972 Generalsekretär der NUM Durham Area, seit 1958 als Schatzmeister freigestellt, hatte er bereits 1924 angefangen, als Bergmann zu arbeiten.
39 Margaret Wilkinson, Welfare State, in: John Cannon (Hg.), The Oxford Companion to British History, Oxford/New York 2002, S. 970 f.
40 Zur Herkunft der regionalen Geschlechterstereotype im nordostenglischen Bergbau: Hester Barron, The 1926 Miner's Lockout. Meanings of Community in the Durham Coalfield, Oxford/New York 2009, S. 138-164. Zum Verhältnis von Arbeit im Bergbau und Geschlechterrollen im Streikfall: Phillips, Miners' Strike in Scotland, 2012, S. 129-137.

3 Arbeit als lebensweltliche Sinnressource und individuelle moralische Eigenschaft – Alternativen und Entwicklungen im Streik

Die Darstellung des Bergarbeiterstreiks als heroisches Scheitern defensiv handelnder Bergarbeiter lässt sich auf ein seit den 1970er-Jahren vor allem im linken Milieu einsetzendes Interesse an schwerindustriellen Lebenswelten zurückführen.[41] Im Zuge der Kulturalisierung und Musealisierung der Montanregionen ist ein wenig verloren gegangen, dass diese Sichtweise auf Arbeit sehr jungen Datums ist. Bis weit in die zweite Hälfte des 20. Jahrhunderts hinein war etwa die Abschaffung schwerer körperlicher Arbeit, der »Maloche«, ein zentrales Ziel aller Arbeiterbewegungen.[42] Zugleich hingen im Nordosten Englands lebensweltliche Aspekte der Industriearbeit während der gesamten Nachkriegszeit materiell mit kommunaler Politik zusammen, die Aufgabe alter und die Schaffung neuer Wohnsiedlungen folgte der Schließung von älteren und dem Ausbau neuer Zechen (wie Easington).[43] Nach dem Ende des Streiks bildeten die Gemeinschaften (communities) in den Zechendörfern deshalb stets ein Hauptargument lokaler Politik, der Gewerkschaften und lokaler Aktionsgruppen in den Kohlerevieren für die Erhaltung von Zechen.[44] Die sprachliche Repräsentation der Bergarbeiterdörfer als bedrohte communities war also bereits vorher präsent, aber im Miners' Strike wurde sie bei den Betroffenen so dominant, dass sie in der Erinnerung an den Konflikt ursprünglich zentrale Aspekte wie Produktivität und Facharbeiterethos verdrängte.[45]

Auch die Führung der NUM begann bereits vor dem Beginn des Streiks, Elemente einer lebensweltlichen Argumentation zu gebrauchen, so betonten Gewerkschaftsfunktionäre zusehends die Rolle der Arbeit für die lokalen Gemeinschaften (communities) in den »Industriedörfern« (pit villages) bei den Zechen. Das Flugblatt

---

41 Strong Words Collective (Terry Austin u. a.), But the World Goes on the Same. Changing Times in Durham Pit Villages, Whitley Bay 1979; Lutz Niethammer, Einleitung des Herausgebers, in: ders. (Hg.), »Die Jahre weiß man nicht, wo man die heute hinsetzen soll«. Faschismuserfahrungen im Ruhrgebiet. Lebensgeschichte und Sozialkultur im Ruhrgebiet 1930 bis 1960, Bd. 1, Bonn/Berlin 1983, S. 7-29.

42 Wolfgang Hindrichs/Uwe Jürgenhake/Christian Kleinschmidt, Der lange Abschied vom Malocher. Sozialer Umbruch in der Stahlindustrie und die Rolle der Betriebsräte von 1960 bis in die neunziger Jahre, Essen 2000, S. 7-10.

43 Gary Pattison, Planning for Decline. The Category D Village Policy of County Durham, UK, Planning Perspectives, 19 (2004), S. 311-332; Douglas Pocock/Roger Norris, A History of County Durham, Chichester 1990, S. 74-84.

44 Jonathan Winterton/Ruth Winterton, Coal, Crisis and Conflict. The 1984–85 Miners' Strike in Yorkshire, Manchester/New York 1989, S. 248-256.

45 Allgemein zum Verhältnis lebensweltlicher und betrieblicher Faktoren in sozialen Konflikten: Klaus Weinhauer, Konflikte am Arbeitsplatz und im Quartier. Perspektiven einer sozialgeschichtlichen Erforschung von Arbeitskämpfen und Konsumentenprotesten im 20. Jahrhundert, AfS, 38 (1998), S. 337-356.

»Coal Not Dole« ist in dieser Hinsicht eine widersprüchliche Quelle, dort finden sich beide Argumentationsstränge, der produktivitätsorientierte und der lebensweltliche, nebeneinander. Auf der Rückseite des Faltblatts stechen Argumente, die sich auf Produktivität beziehen, heraus:

> »Pits must stay open to provide the coal we need. And they must remain publicly owned. Management must negotiate sensibly with the Union, not try to undermine and ignore it. Procedures are there to be followed. Workers who produce the wealth of the industry must be properly rewarded. […] Bonus must be consolidated into basic pay.«[46]

Auf der zweiten Seite des Flugblattes stehen dagegen – in viel größeren Schriftzeichen und mit dem Titel »Introduction« versehen – die neuen, gemeinschaftsbezogenen Argumente:

> »The future of our pits and towns is threatened today as never before. The Government and the NCB are determined that 70,000 jobs and 70 pits will go. With them will go our villages. […] They are trying to destroy the nationalised industry past generations fought for.«[47]

Ein Grund für die zweigleisige Argumentation der NUM bestand in der Ambivalenz der produktivitätsorientierten Begründung für den Streik: Sie konnte von den Gegnern allzu leicht gegen die Gewerkschaftsführung gewendet werden und war im gegebenen diskursiven Klima, worin die »Blockademacht« der Gewerkschaften einen festen Topos bildete[48], ohnehin schwierig zu vermitteln. Ebenso wichtig für den Strategiewechsel der Gewerkschaft war aber die Streiktaktik der lokalen Manager[49], die mithilfe ganz ähnlicher Bilder von Arbeit, wie sie die NUM und die Leserbriefe schreibenden Bergarbeiter verwendeten, die Stimmung gegen eine Arbeitsniederlegung zu beeinflussen suchten. So veröffentlichte der Area Industrial Relations Officer der NCB-Region Nordost, George Atkinson, zu Beginn des Streiks folgenden Apell im Northern Echo:

> »Management within the area are saddened by the current situation. They see an industry which after years of difficulty has reached a plateau of relative stability. Wages and conditions for miners are at least good, and some would say excellent.

---

46 Im Original je ein Absatz mit Aufzählungszeichen davor, NUM Coal Not Dole, no date given [March 1984 ?], Durham County Record Office, D/Dor 6/8 Coal Industry Dispute 84-85, Item 05, S. 10 (Rückseite).
47 Ebd., Umschlagrückseite ohne Nummer.
48 Priemel, Gewerkschaftsmacht, 2009, S. 110 f.
49 Wiederum im Sinne der mittleren Verwaltungsebene des NCB.

Certainly they are better than ever before. Why should all this be put in jeopardy [...] when there is absolutely no need for it? [...] As the pitman at the face often says: ›Let's get the belt started.‹ Then we can do some talking without losing wages and customers.«⁵⁰

Atkinson verknüpft also das gemeinsame Interesse an einer produktiven Industrie ganz zwanglos mit der pragmatischen, *ehrlichen* Einstellung des einfachen Arbeiters, der in seiner Darstellung vor allem daran interessiert ist, dass die Förderbänder rollen. Durch dieses Bild verband er die Gleichberechtigung in den industriellen Beziehungen und den gegenseitigen, männlichen Respekt zwischen Arbeitern und Managern (»do some talking«) geschickt mit Argumenten zu industrieller Produktivität, Arbeitsbedingungen und Entlohnung.

Die daraus resultierende Verwechselbarkeit von gewerkschaftlichen und unternehmerischen Positionen war unter den Bedingungen des Bergarbeiterstreiks jedoch weder effektiv noch vertretbar. Bereits zuvor hatten Vertreter des militanten Flügels der NUM, wie der im Folgenden zitierte lodge secretary von Easington, Alan Cummings, die lebensweltliche Argumentation daher zu einer unverhandelbaren Frage sozialer Identität erklärt:

»If miners allow MacGregor [Vorstandsvorsitzender des NCB, A. H.] to destroy the British coalfields and also destroy mining villages, and with it [sic] the very way of life for thousands of families, then they do not deserve to call themselves miners.«⁵¹

Der lodge secretary der Zeche Easington steigert das lebensweltliche Argument also zu einer unverhandelbaren Frage sozialer Identität.

Wo stehen nun die konservativen Versuche, Arbeit sprachlich zu repräsentieren, im Verhältnis zu den bisher untersuchten gewerkschaftlichen und unternehmerischen Leitbildern? Auf der nationalen Ebene des Konflikts trugen sie erheblich zum Bild eines überflüssigen Protests privilegierter und doch übermächtiger Arbeiter in der öffentlichen Wahrnehmung bei. Doch wie wirkten sie auf der regionalen Ebene? Sicherlich leiteten sich auch regionale Umdeutungsversuche von Arbeit aus der neoliberalen Wende der Konservativen Partei in den 1970er-Jahren ab⁵²; deren Grundlinien in Bezug zu Arbeit treten am klarsten in einem White Paper der Regierung von 1985 hervor:

---

50 George Atkinson, Strike fallacy, The Northern Echo, 16.4.1984.
51 Alan Cummings, Miners MUST Triumph, The Northern Echo, 11.4.1984.
52 Ewen Green, Ideologies of Conservatism. Conservative Political Ideas in the Twentieth Century, Oxford/New York 2002, S. 269-274.

»There is no basic lack of demand; the reason why we cannot use our full labour force is that we have not adapted well enough, particularly in our jobs market, to be able to exploit it. To put this right and create jobs, the people of Britain have to:
- show enterprise and a willingness to take risks
- respond and adapt continually to new ideas and changing circumstances [...].«[53]

Diese individualistische Sicht auf Arbeit war schon aus sozialkulturellen Gründen in einer schwerindustriell geprägten Region wie dem englischen Nordosten äußerst schlecht zu vermitteln. Schließlich hatten kollektive Großorganisationen wie Betriebe, Gewerkschaften oder kommunaler Wohnungsbau hier nicht nur die Arbeitswelt, sondern auch die individuelle Lebensgestaltung, Politikformen und eine ganze regionale Teilgesellschaft geformt. Besonders einzelne Aspekte von »Proletarität« (Mooser) hatten sich durch die Art des Strukturwandels im Nordosten und die Wirtschaftskrise der frühen 1980er-Jahre in Großbritannien sogar noch verstärkt.[54] Mit dem vom Staat gesteuerten, wirtschaftlichen Wandel seit dem Ende der 1950er-Jahre war die persönliche Lebensgestaltung der Bergleute im Nordosten unauflöslich an den Kontext staatlicher Strukturpolitik gekoppelt worden. Wirtschafts- und Raumplaner hatten gemeinsam mit dem Staatsunternehmen NCB festgelegt, dass der Kohleabbau unter Tage im Westen der Grafschaft, d. h. im flächenmäßig größten Teil des Gebietes, rückgebaut werden solle, und die »Zukunft« der Kohleförderung in automatisierten Großzechen an der Nordseeküste, in East Durham liege.[55] Während dieser Strukturwandel bis in die 1970er-Jahre, trotz aller Klagen über den wirtschaftlichen Niedergang des Landes (»kranker Mann Europas«)[56], einerseits durch ein substanzielles Wachstum[57] und andererseits durch eine überschießende Modernisierungsrhetorik abgefedert wurde[58], trafen die angekündigten Zechenschließungen in den 1980er-Jahren auf ein ganz anderes Umfeld: Leichtindustrie, Servicesektor und Werften konnten

---

53 Employment. The Challenge for the Nation, London 1985 (Cmnd 9474), S. 3-5, zit. n.: Alan Booth (Hg.), British Economic Development since 1945 [= Documents in Contemporary History], Manchester/New York 1995, S. 127. Erklärend sei hinzugefügt: »we cannot use our full labour force« ist ein Euphemismus für Massenarbeitslosigkeit.
54 Zur »Proletarität«: Josef Mooser, Abschied von der »Proletarität«, in: Werner Conze/M. Rainer Lepsius (Hg.), Sozialgeschichte der Bundesrepublik Deutschland. Beiträge zum Kontinuitätsproblem, Stuttgart 1983, S. 143-186.
55 The North East. A Programme for Regional Development, House of Commons Parliamentary Papers, 1963-64, Cmnd. 2206, London HMSO 1963; Pattison, Planning for Decline, 2004, passim.
56 Zum Problem dieser Niedergangsrhetorik: Jim Tomlinson, Economic »Decline« in Post-War Britain, in: Paul Addison/Harriet Jones (Hg.), A Companion to Contemporary Britain 1939-2000, Oxford 2005, S. 164-179.
57 Pemberton, Transformation, in: Addison/Jones (Hg.), Companion, 2005, S. 185-188.
58 Dieser Umstand ist in der Forschung bisher nur unzureichend reflektiert worden, zumeist wird »Modernisierung« nicht hinterfragt; für eine empirische Darlegung verweise ich auf mein laufendes Dissertationsprojekt.

in den 1980er-Jahren keine Ersatzarbeitsplätze zur Verfügung stellen.[59] Sowohl der materielle als auch der ideelle Kontext des »Strukturwandels« hatten sich damit fundamental verändert. Für die Bergleute hingen ihre wirtschaftliche Zukunft und die Aussichten, überhaupt in der Region beschäftigt zu sein, nun sogar stärker als zuvor von dem Erhalt der verbliebenen Zechen ab. Diese Zukunftsperspektive wurde von Streikbefürwortern wie Streikgegnern innerhalb der NUM in den gewohnten Bahnen des geplanten Strukturwandels und der Modernisierung der Arbeitsplätze unter Tage gesehen.

Spätestens mit dem White Paper von 1985 nahm die Regierung in London allerdings keine Rücksicht mehr auf solche Kontinuitäten der Regionalpolitik. Denn das Dokument stellt nicht bloß die Verantwortung der einzelnen Menschen für ihre Arbeit in den Vordergrund, es evoziert darüber hinaus ein ganz anderes Arbeitsethos und eine ganz andere Sicht auf wirtschaftlichen Wandel, als er in der Region North East vorherrschte und in den bisher untersuchten Quellen zutage tritt; die Äußerungen der Bergarbeiter gegen den Streik eingeschlossen. Die Schlagworte in dem Programmpapier von 1985 sind »jobs« und »employment«, »work« beziehungsweise »industry« kommen dort gar nicht vor, »labour« nur in der volkswirtschaftlichen Formulierung »labour force«, nicht als eigenständige oder eigenrechtliche soziale Macht wie in den Formulierungen »labour movement« oder »trade union«. Dieser Gegensatz zwischen Vorstellungen der Thatcher-Regierung und regionalen Auffassungen von Arbeit in einer Montanregion überrascht zwar für sich genommen nicht, verdeutlicht aber, dass Positionen innerhalb der Arbeiterschaft gegen den Streik eher nicht aus einer Übernahme antigewerkschaftlicher Haltungen herrührten, sondern vielmehr einem traditionell-sozialdemokratischen Facharbeiterethos entsprangen.[60]

Des Weiteren verlangt dieser Befund danach, konkrete rhetorische Strategien zur Vermittlung jenes neuen Bildes von Arbeit innerhalb der »altindustriellen« Region North East genauer in den Blick zu nehmen. Eine solche liegt in einem Zeitungsartikel des konservativen Abgeordneten für Darlington, Michael Fallon, vor. Er rief im Juni 1984, also auf dem Höhepunkt des Bergarbeiterstreiks, im Northern Echo zu einem Wandel des regionalen Arbeitsethos auf: »We want [...] men who don't hang about for grants, plead for protection but who can inspire and lead.«[61] Fallon konstruiert in dem Artikel einen Gegensatz zwischen zwei Typen von Menschen, solche, die sich an Abhängigkeit gewöhnt haben und solche, die aus eigenem Antrieb tätig werden. Diese Gegenüberstellung dient vor allem als Attacke auf die Labour Party und die Gewerkschaften, die sich als Repräsentanten der Region verstehen, ihr aber letzten Endes schaden. Die rhetorische Umkehrung ähnelte derjenigen, die Margaret That-

---

59 Wood, Umstrukturierung Nordost-Englands, 1994, S. 166-194.
60 Dazu die Forschungen von Jörg Neuheiser, Arbeitsethos, in: Leonhard/Steinmetz (Hg.), Semantiken von Arbeit, 2016, (Fn. 207).
61 Michael Fallon, The Keegan quality, The Northern Echo, 21.6.1984.

cher etwas später in der Unterhausdebatte zum Miners' Strike verwenden sollte; die angeblichen Vertreter der arbeitenden Menschen verhinderten in Wahrheit die Entstehung neuer Arbeitsplätze, weil sie kein unternehmerisches Ethos vertraten, sondern Abhängigkeit förderten.

Fallon illustriert seine Vorstellung von guter Arbeit dann genauer am Beispiel einer Schiffswerft, die nach ihrer Pleite von den Arbeitern als Kooperative weitergeführt wurde:

> »80 men [...] said ›we want to work.‹ Men who put in their own redundancy money and resolved to discard the archaic working practices that have bedeviled shipbuilding and ship repair. In the worker-owned yard at South Shields lies the future for the old state-owned industries: not just privatisation but giving back work to the workers themselves.«[62]

Gute Arbeit und gute Arbeiter zeichnen sich nach Fallon also vor allem durch einen Willen zur Arbeit aus. Indem er sagt, dass die Arbeit den Arbeitern »zurückgegeben« werden müsse, erhebt er außerdem die Behauptung, sie gehöre ihnen zum Zeitpunkt des Sprechens nicht, in den Stand einer Tatsache.

Fallon konnte sicherlich nicht verstehen, dass für die meisten Bergarbeiter kollektive Interessenvertretung, Mitsprache und Teilhabe im Staatsunternehmen NCB zu ihrem Arbeitsethos gehörten. Dennoch nimmt der Thatcher-Anhänger einige sprachliche Anpassungen eines klassisch-neoliberalen Verständnisses von Arbeit vor, die als Zeichen für bestimmte, regionale Sagbarkeitsregeln gelesen werden können. Er spricht bewusst nicht von »nationalised« (vergesellschaftet/verstaatlicht), sondern von »state-owned industries« (in Staatsbesitz) und stellt diesem Begriff die Formulierung »worker-owned«, also »im Besitz der Arbeiter«, gegenüber. Damit insinuiert Fallon eine rhetorische Nähe zur linken Forderung nach »workers' control«, die – ähnlich wie im Deutschen »Arbeiterkontrolle« – für sozialistische oder basisdemokratische Modelle der Unternehmensführung steht.[63] Selbstverständlich kommt es Fallon aber auch hier darauf an, dass ein Unternehmer sein Eigentum selbstverantwortlich einsetzen muss. Gute Arbeiter in diesem Sinne konnten aber *per definitionem* nur selbstständige Unternehmer sein, die nicht nach Subventionen oder Schutz vor Wettbewerb fragen und nicht streiken. Dennoch schafft er begriffliche Unklarheit und nähert sich sowohl mit der sprachlichen Form »worker-owned« als auch mit dem Inhalt seiner Darstellung an kollektive Ideen von Arbeit an, da die Arbeiter in seinem Beispiel gemeinsam beschließen, ihren Betrieb zu retten. Zugleich spricht Fallon – wahrscheinlich völlig unbewusst – die Geschlechterkomponente des regionalen Produktivitätsethos an, »Männer« sollen führen und inspirieren, so wie für Ge-

---

62 Ebd.
63 Schmidt, »Industrial Relations«, 1984, S. 7 ff.

werkschaftsfunktionäre Männer miteinander am Verhandlungstisch sitzen. Damit reproduziert Fallon trotz seiner unbestrittenen Feindschaft gegenüber den streikenden Bergarbeitern und der gesamten Gewerkschaftsbewegung zentrale Komponenten der sozialräumlichen Ordnung der Montanregion Nordostengland.

4 Repräsentationen »der Arbeit«? Zur Neubewertung des Bergarbeiterstreiks von 1984–85 im Lichte regionaler politischer Sprache(n)

Der Streit um die Restrukturierung der britischen Steinkohle in den 1980er-Jahren eskalierte unter anderem deshalb, weil in dem Konflikt unvereinbare Repräsentationen der Arbeit formuliert wurden. Sie verliehen den Gegensätzen zwischen den Gruppen in ungekannter Weise sprachlichen Ausdruck und schufen so eine Situation, in der eine Rückkehr zum *Status quo ante* für die Protagonisten nicht mehr ohne Gesichtsverlust möglich war. Im Sinne einer performativen Analyse bleibt freilich zentral, dass weder die Vorstellungen der Gewerkschafter und der »einfachen« Bergarbeiter, noch die Bilder ihrer Gegner oder der Unterstützer in der Neuen Linken einer »authentischen« Realität entsprachen oder vor dem Konflikt überhaupt in dieser Form existierten, wie sie im Rückblick als selbstverständlich gegeben erscheinen. Alle hier untersuchten Repräsentationen der Arbeit beruhten zwar auf hergebrachten Selbstbildern, aber diese veränderten sich unter den Bedingungen des Miners' Strike sehr rasch und auf nicht erwartbare Weise und differenzierten sich so zu inkompatiblen Selbst- und Fremdbeschreibungen aus. Alle hier untersuchten Protagonisten vertraten vor dem Streik eine Position, die sich mit dem Begriff »Produktivitätsdenken« umreißen lässt. Aber erst im Streik wurde klar, dass Arbeiter und Manager, neoliberale Politiker und Unterstützer des Streiks mit Produktivität ganz unterschiedliche Dinge meinten. Die sprachlichen Darstellungen von Arbeit verstärkten deshalb vorhandene Auffassungen über den eigenen Ort in lokalen, sozialmoralischen Milieus und wirkten sich so bis in das Konfliktverhalten von Einzelnen hinein aus. Sie gewährleisteten bei den Protagonisten überdies eine semantische Einbettung des Konflikts in handlungsleitende, politische und ökonomische Diskurse. In der Überlieferung, die größtenteils schon während des Ereignisses geprägt wurde, hat sich daraus dann der Eindruck eines Konflikts zwischen zwei von vorneherein gegebenen ideologischen Positionen entwickelt.[64]

Dieser Befund widerspricht der weitverbreiteten Darstellung, wonach der britische Bergarbeiterstreik von 1984–85 als Aufeinanderprallen von grundsätzlich unvereinbaren und bereits vorher geklärten Interessen und ideologischen Einstellungen zu verstehen ist. Repräsentationen der Arbeit erweisen sich im doppelten Sinne des

---

64 MacIntyre/Jones/Wilsher, Strike, 1985.

Wortes – als politische Stellvertretung von Arbeitnehmern und als sprachliche und bildliche Zeichen für Arbeit – als entscheidend für die Konstruktion von Gegensätzen zwischen den Konfliktparteien. Durch Sprache bildeten die Akteure auf allen Ebenen des Konflikts – vom nationalen Mediendiskurs bis zur einzelnen Zeche – im Sinne einer performativen Erschaffung von Realität eine wichtige Voraussetzung dafür, dass dieser Konflikt um »Arbeit« zu einer grundsätzlichen und unversöhnlichen Auseinandersetzung wurde. Aber die hier untersuchten Vorstellungen belegen für die gewerkschaftlich organisierten und streiktreuen Bergarbeiter keine militante Einstellung aufgrund radikaler politischer Überzeugungen. Die Frage nach den Repräsentationen der Arbeit korrigiert also das weitverbreitete Missverständnis, der Miners' Strike sei allein das Ergebnis einer antigewerkschaftlichen Politik Thatchers und einer ideologischen Radikalisierung innerhalb der Bergarbeitergewerkschaft NUM gewesen. Sie hilft aber auch den hohen, allgemeinen Wert einer performativen Betrachtung sprachlicher Äußerungen in sozialen Konflikten zu erkennen. Die Akteure, von der konservativen Premierministerin Thatcher bis hin zu den streikunwilligen, aber nichtsdestotrotz überzeugten Gewerkschaftern, wussten um die Ambivalenzen und Nuancen von »Arbeit«. Sie verstanden es, sich in diesem Feld von Bedeutungen zu positionieren und so Einfluss auf Repräsentationen von Arbeit und auf die politische Repräsentation von Arbeitern zu gewinnen. Dadurch veränderten sie letztlich auch die Konzepte, Ideen und Vorstellungen von Arbeit, die für den politischen Diskurs in der britischen Gesellschaft und ihren regionalen Teilgesellschaften zur Verfügung standen. Und so prägen sie bis heute unser Bild von ihrer Geschichte.

II
Verlust von geregelter Arbeit als Gewinn

Torsten Erdbrügger · Inga Probst

Arbeit(slosigkeit) als Schelmenerzählung bei Peter-Paul Zahl und Volker Braun

1 Schelme und Narren als Akteure vergangener und gegenwärtiger Arbeitswelten

Peter-Paul Zahl hat 1979 mit dem Einbrecherkollektiv der Kreuzberger Familie Hemmers in *Die Glücklichen* die Paradoxien der Arbeitswelt ebenso verlacht wie Volker Braun mit der Figur des Flick in *Machwerk oder das Schichtbuch des Flick von Lauchhammer* (2008). Beide Texte sind Abrechnungen mit Arbeitsgesellschaften in der Krise – »nach dem Boom«[1] beziehungsweise nach der Wiedervereinigung. Beide sind künstlerische Repräsentationen von Arbeit, die nach der Stabilität von Arbeit als gesellschaftlicher »Sinnmaschine«[2] fragen. Die beiden Romane können damit auch als Belege einer Konjunktur der Arbeitsthematik in der Literatur (und in der Literaturwissenschaft) gelten, die auf gesellschaftliche Krisen mit leichter Verzögerung reagieren. Sie fungieren, so unsere These, als Seismografen von und als kritische Kommentare zu Krisen der Arbeit im Modus des Schelmenromans. Zahls *Die Glücklichen*, der als das bekannteste und in der literaturwissenschaftlichen Forschung am breitesten rezipierte Werk des ansonsten inzwischen fast vergessenen anarchistischen Schriftstellers gelten darf, fokussiert im Angesicht bundesdeutscher Krisen, nicht nur des Arbeitsmarktes, sondern auch der politischen Herrschaft im »Deutschen Herbst«, ein utopisches Alternativmodell zur bestehenden Gesellschaftsordnung, in dem der Bezug auf Arbeit nur einen unter vielen möglichen Gestaltungsmomenten des Rückzugs darstellt. Volker Brauns *Machwerk* indes ist einer der wenigen literarischen Gegenwartstexte, die sich explizit mit den Folgen der Postindustrialisierung in Ostdeutschland auseinandersetzen.[3] Er thematisiert anders als das Gros gegenwärtiger literarischer Verarbeitungen von Arbeitslosigkeit und sozialer Prekarisierung diese

---

1 Anselm Doering-Manteuffel/Lutz Raphael, Nach dem Boom. Perspektiven auf die Zeitgeschichte seit 1970, Göttingen 2010.
2 Jörn Ahrens, »Bekommt ein Junge vielleicht jeden Tag einen Zaun zu streichen?«: Krise und Konjunktur der Arbeit in der Gegenwart, in: Limbus. Australisches Jahrbuch für germanistische Literatur- und Kulturwissenschaft, 2 (2009), Narrative der Arbeit – Narratives of Work, S. 71-85, hier: S. 74. Ahrens spricht weiterhin von Arbeit als dem »soziale[n] Apriori« der Moderne; ebd.
3 Zu diesem Themenkomplex inzwischen auch: Inga Probst, Vakante Landschaft. Postindustrielle Geopoetik bei Kerstin Hensel, Wolfgang Hilbig und Volker Braun, Würzburg 2017.

nicht als Introspektion oder Sozialkritik, sondern in Form einer beißenden Satire mit einer schillernd bösen Schelmenfigur im Zentrum.

Darin liegen die jeweilige Sonderstellung und das verbindende Element beider Texte gleichermaßen: Sie antworten der gesellschaftlichen Problemlage nicht mit affirmativem Bedauern, sondern mit subversiven Zerrbildern. In der verlachenden wiewohl ernst zu nehmenden Außenseiterposition erweist sich ihr diagnostisches, Realitäten zur Kenntlichkeit entstellendes Potenzial.

Der Schelm verkörpert eine literarische Figur, die seit der Neuzeit durch die Literaturgeschichte mäandert. Als ihr Beginn gilt der 1554 anonym erschienene *Lazarillo de Tormes*. Das Erzählmuster wurde im Laufe der folgenden Jahrhunderte in der Weltliteratur weiterentwickelt. Für die beiden hier zur Diskussion stehenden Texte kann zwar nicht mehr per se von einer Zugehörigkeit zur Gattung gesprochen werden, wichtige und strukturbildende Elemente des Schelmenromans werden indes tradiert und transformiert.

Als kleinster gemeinsamer Nenner der Forschung zum Schelmenroman mag folgender Merkmalkatalog gelten[4]: In den Bereich der Erzähltechnik gehören die Vielfalt der Schauplätze und das dadurch bedingte Erzählen der Geschichte in einer episodischen Reihung.

Beides wird durch eine Erzählhaltung in der (pseudo)autobiografischen[5] ersten Person zusammengehalten, die zugleich Authentizität suggeriert, diese aber höchst unzuverlässig unterläuft. Als traditionelles Motiv schelmischer Erzählungen erweist sich eine problematische Kindheit in oftmals ärmlichen Verhältnissen. Hinzuzufügen wäre diesem Definitionskatalog – vor allem bezüglich moderner Schelmenfiguren – ein vordergründig beschränkter, geradezu infantiler Horizont des (Anti-)Helden[6] sowie seine Gabe und Bereitschaft zur permanenten Verwandlung und Re-Definition seines Ichs und seiner Stellung in der Gesellschaft.[7]

---

4   Norbert Schöll, Der pikarische Held. Wiederaufleben einer literarischen Tradition seit 1945, in: Thomas Koebner (Hg.), Tendenzen der deutschen Literatur seit 1945, Stuttgart 1971, S. 302-321. Einen ähnlichen Merkmalkatalog entwirft der noch weitaus häufiger zitierte spanische Komparatist Claudio Guillén in den 1960er-Jahren. Ein maßgeblicher Unterschied besteht darin, dass Guillén dem Schelm explizit ein Reflexionsvermögen zuerkennt. Claudio Guillén, Zur Frage der Begriffsbestimmung des Pikaresken, aus dem Englischen von Ruth Krawschak, in: Helmut Heidenreich (Hg.), Pikarische Welt. Schriften zum europäischen Schelmenroman, Darmstadt 1969, S. 375-396, hier: S. 385.
5   Auch Matthias Bauer, Der Schelmenroman, Stuttgart/Weimar 1994, S. 1.
6   Hans Gerd Rötzer erklärt diesen Modus der inszenierten Naivität für den frühen Schelmenroman extrafiktional als eine Umgehung der Zensur: »Die wichtigste und zugleich beste Absicherung gegen die inquisitoriale Zensur war die literarische Fiktion eines naiven Ich-Erzählers.« Hans Gerd Rötzer, Picaro – Landstörtzer – Simplicissimus. Studien zum niederen Roman in Spanien und Deutschland, Darmstadt 1972, S. 5.
7   Eine pointierte Kurzdefinition der Gattung liefert auch Jürgen Jacobs, Der deutsche Schelmenroman. Eine Einführung, München/Zürich 1983, S. 36.

Die in der Forschung am wirkmächtigsten vertretene These lautet, der Schelmenroman trete vornehmlich in Zeiten des gesellschaftlichen Umbruchs in Erscheinung: »Es gehört zu den thematischen und strukturellen Eigenarten des Schelmenromans, daß sein sozialer Hintergrund von einer krisenhaft-antagonistischen, einer sich im ökonomischen, gesellschaftlichen und ideologischen Umbruch befindlichen Welt gebildet wird.«[8] Das gilt schon für die Protagonisten des frühen spanischen Schelmenromans, die sich als »pauperisierte Handwerker oder Krämer« vom neuen Bürgertum der »großen Händler, Bankiers, Verleger und Manufakturisten« bedroht sehen.[9] So entstehen »groteske Karikaturen der zeitgenössischen Wirklichkeit«[10], bei denen die kritische Position des Schelms zur Welt im Prozess des Lesens entsteht, denn »[v]ersteckte Kritik, die sich niemals unmittelbar und verbal kundtut, ist auf die Dauer wirksamer. Sie provoziert den Leser zu einem eigenen Urteil.«[11] Die unzuverlässige Erzählerrede[12] macht es in der Fiktion der fingierten Autobiografie unmöglich, zwischen innerfiktionaler Lüge und Wahrheit zu unterscheiden, was Matthias Bauer als »vertrackte[…]«[13] Ausgangslage bezeichnet, denn der Schelmenroman zeichne »sich dadurch aus, daß die verkehrte Welt der Gauner und Vertrauensschwindler […] von einer Figur beschrieben wird, die selbst im Verdacht steht, ein Gauner und Vertrauensschwindler zu sein«[14]. Der Schelmenroman antwortet, könnte man zuspitzen, also der gesellschaftlichen Krise, die ihn provoziert, mit einer selbst schon krisenhaften Erzähltechnik. Angesichts der Komplexität gesellschaftlicher, ökonomischer und politischer Faktoren von Krisenerscheinungen bietet die Schelmenerzählung, so ließe sich pointieren, eine Krisenbewältigung im Modus der Komplexitätsreduktion an.

Mit Bezug auf die Frage nach Repräsentationsweisen von Arbeit in der Literatur erscheint das schelmische Narrativ also prädestiniert, komplexe Sachverhalte zwar

---

8   Ulf-Heiner Marckwort, Der deutsche Schelmenroman der Gegenwart. Betrachtungen zur sozialistischen Rezeption pikaresker Topoi und Motive, Köln 1984, S. 46. Auch Hans-Volker Gretschels Bestimmung des Schelmenromans als »literarische Unterströmung«, die in Krisenzeiten an die Oberfläche trete: Hans-Volker Gretschel, Die Figur des Schelms im deutschen Roman nach 1945, Frankfurt a. M./Bern 1993, S. 10 sowie Klaus Hermsdorf, Thomas Manns Schelme. Figuren und Strukturen des Komischen, Berlin (Ost) 1968, S. 10 und Mirjam Gebauer, Wendekrisen. Der Pikaro im deutschen Roman der 1990er Jahre, Trier 2006.
9   So die marxistische Analyse der gesellschaftlich-ökonomischen Umbruchsituation im Spanien des 16. Jahrhunderts bei Marckwort, Schelmenroman, 1984, S. 46. Ähnlich Thomas Hermsdorf, Manns Schelme, 1968, S. 9: »Die unvergesslichen Schelmengestalten der Neuzeit entstanden […] auf dem Boden entwickelter und widerspruchsvoller Klassenverhältnisse, und sie erhielten umso größerer Lebendigkeit und Sprengkraft, je unmittelbarer eine Koinzidenz zwischen der ästhetischen Struktur einer Schelmenkollision und der Struktur eines sozialen Zustandes sich herstellte. Der Schelm ist nicht mehr Werkzeug der Götter, sondern der Gesellschaft.«
10 Bauer, Schelmenroman, 1994, S. 5.
11 Rötzer, Picaro, 1972, S. 6.
12 Bauer, Schelmenroman, 1994, S. 1.
13 Ebd.
14 Ebd.

verkürzt, aber pointiert auszudrücken. Der Schelm muss, wie Elke Sturm-Trigonakis impliziert[15], arbeiten, um den episodenhaften vertikalen Gang durch die Gesellschaftsschichten zu initiieren.[16] Wir folgen dieser These, präzisieren sie aber vor dem Hintergrund, dass Arbeit mit Beginn der Neuzeit – und damit zeitgleich mit der Geburt des Schelmenromans – einem massiven Definitionswandel unterworfen war. Die Entstehung des Schelmenromans fällt mit der Etablierung von Arbeit als Sinnressource zusammen. Hannah Arendt schreibt dazu, die Neuzeit habe »im 17. Jahrhundert damit begonnen, theoretisch die Arbeit zu verherrlichen, und sie hat zu Beginn unseres Jahrhunderts damit geendet, die Gesellschaft im Ganzen in eine Arbeitsgesellschaft zu verwandeln.«[17]

Wenn mit der Neuzeit eine »Glorifizierung der Arbeit als Quelle aller Werte«[18] einsetzt und der Schelmenroman eine verlachende Verhandlung gesellschaftlicher Diskurse leistet, so ist es plausibel anzunehmen, dass der arbeitende Schelm direkt auf diese Glorifizierung der Arbeit im Diskurs rekurriert. Dies geschieht bei Zahl mit Bezug auf den Arbeitsdiskurs der Bundesrepublik, bei Braun auf den noch im wiedervereinigten Ostdeutschland nachhallenden Arbeitsdiskurs der DDR. Die Bundesrepublik und die DDR gründen ihr Wohlstandsversprechen gleichermaßen auf Arbeit, die als »Recht auf Arbeit« nicht nur Eingang in die Verfassung der DDR[19], sondern auch in einige westdeutsche Landesverfassungen[20] gefunden hat. Das Sinnstiftungssystem Arbeit manifestiert sich in beiden Staaten durch den gesellschaftspolitischen Leitdiskurs und das Versprechen beziehungsweise die Garantie der Vollbeschäftigung. Insofern ist es evident, dass schelmische Auseinandersetzungen mit Arbeit an jenen historischen Wendepunkten ansetzen, an denen die Vollbeschäftigungsnarrative wegbrechen.

---

15 Elke Sturm-Trigonakis, Pikareskes Arbeiten? Hari Kunzrus *Transmission* (2004) und Aravind Adigas *The White Tiger* (2008) als Narrative von globalisiertem »In-decent Work«, in: Torsten Erdbrügger/Ilse Nagelschmidt/Inga Probst (Hg.), Omnia vincit labor? Narrative der Arbeit – Arbeitskulturen in medialer Reflexion, Berlin 2013, S. 339-356, hier: S. 339.
16 Diese Bewegung in zwei Dimensionen definiert etwa Bauer, Schelmenroman, 1994, S. 12 – »Auf seiner Lebensreise bewegt sich der Pikaro [...] auf der horizontalen Linie durch den Raum und auf der vertikalen durch die Gesellschaft« - in Anschluss an die gleichlautende Definition bei Guillén, Begriffsbestimmung, in: Heidenreich (Hg.), 1969, S. 386.
17 Hannah Arendt, Vita activa oder Vom tätigen Leben [¹1958], 12. Aufl., München 2013, S. 12.
18 Arendt, Vita activa, 2013, S. 103.
19 Artikel 24 (1). Wobei im zweiten Absatz das Recht auf mit der Pflicht zur Arbeit verknüpft wird: »Das Recht auf Arbeit und die Pflicht zur Arbeit bilden eine Einheit.« Artikel 24 (2), revidierte Fassung vom 7. Oktober 1974, zit. n. www.documentarchiv.de/ddr/verfddr.html, eingesehen am 7.4.2014.
20 Bayern (Art. 166), Bremen (Art. 8), Hessen (Art. 28) und Nordrhein-Westfalen (Art. 24) haben ein Recht auf Arbeit verfassungsmäßig festgeschrieben.

2 Protagonisten und Antipoden der Industriearbeit

Die Glücklichen aus Peter-Paul Zahls Schelmenroman[21] sind die Mitglieder der Einbrecherfamilie Hemmers. Sie leben im Kreuzberg der 1970er-Jahre und arbeiten im »Familienbetrieb«[22], indem sie Westberliner Politiker und Drogenbarone bestehlen und wie nebenbei den Filz aus Politik und Bauwirtschaft aufdecken. Der Text ist damit in einem zeithistorisch mehrfach codierten Umfeld situiert. Zunächst sind die westdeutschen 1970er-Jahre mit Hartmut Kaelble als »one of the pivotal decades of the twentieth century«[23] zu klassifizieren, insofern hier gesellschaftliche und politische Umbrüche einsetzen, die die Arbeitsgesellschaft nachdrücklich und bis in die Gegenwart hinein verändert haben. Zu diagnostizieren ist mit dem Ölschock von 1973, dem Niedergang der produzierenden Industrie und der Ausweitung des tertiären Sektors eine schrittweise Verabschiedung vom Modell des keynesianischen Wohlfahrtskapitalismus[24], das Ende der Vollbeschäftigung und eine allgemeine Krise des Arbeitsmarktes.

Die spezifische Rahmung der Romanhandlung bildet die insulare Situation Berlins im Allgemeinen und des Kreuzberger Milieus mit seiner Mischung aus alteingesessenen Berlinern, westdeutschen Studenten, subkultureller Szene und Migranten im Besonderen.

»Du wirst uns nicht an das gewöhnen können, was ihr bescheuerter Weise *ehrliche Arbeit* nennt.« (G, 80; Herv. i. Orig.). Für die pikareske[25] Arbeitsverweigerung, die sich Familie Hemmers auf Grundlage ihrer einbrecherischen Tätigkeit als Lohnarbeitsverweigerung leistet, bilden die ideologischen Grabenkämpfe innerhalb der linksalternativen (Sub-)Kulturen Westberlins den mentalitätsgeschichtlichen Rahmen. Mit einer Goethe-Umschrift ließe sich für Zahls Text diesbezüglich fragen: »Nun sag, wie hast du's mit der Arbeit? Du bist ein herzlich guter Mann, allein ich glaub, du hältst nicht viel davon.«

---

21 Korrekt wäre, für diesen Roman von pikaresken Momenten zu sprechen, insofern bestimmte Muster des klassischen Schelmenromans von Zahl nicht übernommen werden.

22 Peter-Paul Zahl, Die Glücklichen, Schelmenroman [¹1979], München 2001, S. 12 (im Folgenden: G).

23 Hartmut Kaelble, The 1970s: What Turning Point?, in: Andreas Wirsching (Hg.), The 1970s and 1980s as a Turning Point in European History? With Contributions from Göran Therborn, Geoff Eley, Hartmut Kaelble, Philippe Chassaigne and Andreas Wirsching, in: Journal of Modern European History, 9 (2011) 1, S. 8-26, hier: S. 19.

24 Winfried Süß, Umbau am »Modell Deutschland«. Sozialer Wandel, ökonomische Krise und wohlfahrtsstaatliche Reformpolitik »nach dem Boom«, in: Journal of Modern European History, 9 (2011) 2, European Responses to the Crisis of the 1970s and 1980s, S. 215-239, hier: S. 220.

25 Schelm und Pikaro (gelegentlich auch spanisch mit c geschrieben) werden samt zugehörigen Adjektiven in der deutschsprachigen literaturwissenschaftlichen Forschung synonymisch verwendet und haben ihren literarischen Ursprung in der novela picaresca des 16. Jahrhunderts.

Für die Auseinandersetzung Zahls mit dem Themenkomplex Arbeit lassen sich zwei diskursive Strategien bestimmen: eine Aufwertung der selbstständigen handwerklichen Arbeit und eine Abwertung lohnabhängiger (Industrie-)Arbeit. Ihr Beruf ermöglicht Zahls Protagonisten mit relativ geringem Aufwand die Sicherung ihres Lebensunterhalts. So wird insbesondere die forcierte Sanierung Kreuzbergs zum Schreckgespenst, weil der Wegfall billigen Wohnraums, ein für Kreuzberg zentrales Thema der 1970er- und 1980er-Jahre, unweigerlich eine Extensivierung der Arbeit nach sich zöge: »Und ihr müßt öfter arbeiten gehen. Hier zahlen wir hundertachtzig Mark im Monat für drei Zimmer, Küche und Diele. Und im Märkischen Viertel?« (G, 19). Zahl thematisiert hier die Arbeitsverweigerung in dem »gewachsenen« Zusammenhang von Arbeiten und Wohnen – ein wichtiges Thema des Romans aufgrund der Bedrohung der gewachsenen Bau- und Sozialstruktur Kreuzbergs durch den in den 1970er-Jahren von kommunaler Baupolitik forcierten Abriss großer Teile der als unprofitabel geltenden Kreuzberger (und weiterer innenstadtnaher) Altbausubstanz und die geplante Umwandlung des Stadtteils.[26]

Der Beruf der Kreuzberger Panzerknacker ist zwar als einträglich eingeführt, (vgl. G, 155) bleibt aber nicht einer letztlich kriminellen Logik verhaftet, sondern wird als ebenso verantwortungsbewusste wie taktil-sinnliche Arbeit legitimiert. Mutter Hemmers hält als Patronin die Familienbande zusammen und das illegale Handwerk der Sozialrebellen[27] moralisch integer. Nachdem ihr jüngster Sohn eine Prostituierte bestiehlt, weist sie ihn äußerst handgreiflich zurecht und besteht auf der Klassensolidarität aller Arbeiter. Ihre Maxime lautet: »Bestehle nie jemanden, der von seiner Arbeitskraft lebt, und sei es eine Hure.« (G, 36) Indem sie nur jene bestehlen, die ihr Geld mit juristisch und moralisch selbst schon zweifelhaften Geschäften »verdienen«, dechiffrieren sie Wertschöpfung als Wertschröpfung.

Die ideologische Rechtfertigung ihrer klandestinen Tätigkeiten finden die Schelme gleichermaßen in Werken von Marx wie von Proudhon, dessen Formel »Eigentum ist Diebstahl«[28] sie produktiv wenden: »[A]ls Dieb bestehle ich den Dieb.« (G, 78) Ihr Handwerk wird ihnen damit zu einer antizipierenden Realisierung der Marx'schen Sozialutopie, denn »der Einbrecher nimmt eine bestimmte Form freier und selbstbestimmter Arbeit vorweg der gute Einbrecher verbindet Hand- und Kopfarbeit

---

26 Historisch-kulturwissenschaftlich Andreas Suttner, »Beton brennt«. Hausbesetzer und Selbstverwaltung im Berlin, Wien und Zürich der 80er, Wien/Berlin/Münster i. Westf. 2011, S. 110-137, hier: S. 111.
27 Zum Begriff des Sozialrebellen die Darstellung bei Eric Hobsbawm, Die Banditen. Räuber als Sozialrebellen, aus dem Englischen von Rudolf Weys u. Andreas Wirthensohn, München 2007. Auf strukturale Analogien der Figur des Sozialrebellen mit der Figur des Schelms hingewiesen hat Stefan Anders, Ein Bandit, der Böses dabei denkt? Die Gattung Schelmenroman, kurzgeschlossen mit Hobsbawms »Sozialrebellen«, in: Kritische Ausgabe. Zeitschrift für Germanistik und Literatur, 16 (2008), S. 15-21.
28 Proudhon und Zahl beziehen sich beide explizit nicht auf Privateigentum, sondern auf den Besitz der Produktionsmittel.

schweißtreibende Tätigkeit mit List Lust Mut Organisationstalent er disponiert nicht über fremder Leute Arbeit, sondern assoziiert sich mit Freunden zu gemeinsamem fröhlichen Treiben.«[29] (G, 79) Die Arbeit der Einbrecher ist also nicht als bloßer Müßiggang zu missverstehen, sondern ist nicht entfremdete wiewohl »harte Arbeit« (G, 7, 77). Anhand der Ausbildung von Jörg Hemmers' Freundin Ilona räumt der Text jedes Missverständnis aus: Einbrechen ist ein Beruf, der die Einübung handwerklicher Fähigkeiten erfordert. Davon zeugt nicht nur die detaillierte Schilderung des Einstudierens (klein)krimineller Kernkompetenzen wie Portemonnaiediebstahl, Öffnen eines verschlossenen PKWs und Ausbildung in psychologischer Taktik, sondern auch die empathische Schilderung der handwerklichen Präzision, mit der Jörgs älterer Bruder Niko sich der Öffnung eines Geldschranks widmet, »wie eine elektrische Schreibmaschine [...] regelmäßig, ruhig und sicher.« (G, 10)

Die Ausbildung ist streng und die Arbeit zünftisch organisiert, was das traditionale Sozialgefüge des Handwerks, seine Kombination hierarchischer und arbeitsteiliger Strukturen[30] tradiert. Die »altmodischen Handwerkervorstellungen«, die »alten Regeln der Handwerkerzunft« (G, 13) werden in Anbetracht einer Zeitenwende zur Industrialisierung des Handwerks[31] von einer nostalgischen Aura (vgl. G, 156) umgeben. Das wiederholt einerseits die Marx'sche Idealisierung des Handwerks, auf die unter anderem Richard Sennett hingewiesen hat.[32] Andererseits wendet Zahl jegliche Idealisierung dadurch ins Absurde, dass es sich beim sozialrebellischen Einbruch der Hemmers um ein »Handwerk« handelt, das nicht produziert, sondern Mehrwert entwendet und an das Kapital gebunden bleibt: »Gibt es keinen mehr, der Mehrwert rafft oder über fremde Arbeit disponiert, gibt es keine Einbrecher mehr« (G, 81). So entsteht ein komplexes Bild der Aufwertung der inkriminierten Tätigkeit, in dem progressive Kapitalismuskritik sich mit regressivem Standes- und Zunftdenken verbindet und sich gegen potenzielle Kritik von links wie von rechts immunisiert.

Die schon für die frühen Schelmenromane stilprägende negative Initiation des Schelms, sein in der Forschung als *desengaño* (Enttäuschung) beschriebener Eintritt

---

29 Die charakteristische, aber nicht durchgängig angewandte Missachtung der Zeichensetzung, markiert hier nicht nur den Sprachfluss der Figurenrede, sondern auch einen distinkten antiautoritären Gestus, der sich gegen jegliches (auch sprachliches) Establishment auflehnt.
30 Richard Sennett beschreibt die Werkstatt als Ort, an dem Erfahrung die Stellung des Einzelnen legitimiert, der aber nicht ohne die Zusammenarbeit aller Beteiligter auskommt: »In der Werkstatt wird die Ungleichheit der Fähigkeiten und Erfahrung zu einer Angelegenheit zwischenmenschlicher Beziehungen. Die erfolgreiche Werkstatt schafft legitime Autorität aus Fleisch und Blut, nicht über Rechte und Pflichten, die auf dem Papier stehen.« Richard Sennett, Handwerk, aus dem Amerikanischen von Michael Bischoff, 2. Aufl., Berlin 2010, S. 79.
31 »Kriminalität wurde vom simplen Handwerk zur Industrie« (G, 296).
32 Sennett, Handwerk, 2010, S. 42 und zur Diskussion der Herleitung des Marx'schen Arbeitsbegriffes aus dem herstellenden Handeln des Handwerks Jan Müller, Ist Arbeit eine Metapher? Und wie arbeiten wir mit ihr?, in: Felix Heidenreich/Jean-Claude Monod/Angela Oster (Hg.), Arbeit neu denken. Repenser le travail, Berlin 2009, S. 24-46, hier: S. 32.

in die Gesellschaft, steht nicht, wie traditionell üblich, am Beginn der schelmischen Geschichte. Dieses Erlebnis ist der Versuch, lohnabhängige, ungelernte Fabrikarbeit zu leisten. Im Roman ist der Gang in die Fabrik gleichzeitig ein Enttäuschungs- und ein Erweckungserlebnis der Helden. In jedem Fall ist es eine nachholende Erfahrung zu den endlosen Diskussionen, die Jörg und Ilona mit den Bewohnern der Wohngemeinschaften führen, in die es sie im Romanverlauf auf der Suche nach neuen (und günstigen) Lebens- und Wohnformen verschlägt. Dreh- und Angelpunkt der Diskussionen ist der Versuch der Mitkommunarden, die Kluft zwischen studentischem Milieu und Fabrikarbeitern zu überwinden, die zuallererst dem intellektuellen Hochmut der linken Theoretiker und ihren Adepten angelastet wird, die »eine Sprache [sprechen], die einem die Schuhe auszieht. Nichts für hiesige Proleten.« (G, 137) Die negative Initiation von Jörg und Ilona beginnt als Diktatur des Arbeitszeitregimes, das – entgegen der selbstbestimmten Arbeit des Einsteigediebes – zuallererst als lustfeindlich empfunden wird. Gemeint ist damit primär die Unterwerfung der Libido unter den Arbeitszwang des Schichtsystems. Der morgendliche Wecker erscheint folgerichtig als »die Stimme der Hölle« (G, 85), die »die schönste und tiefste Traumphase« (G, 85) zerreißt – ein Triebaufschub, den die lustvollen Helden als degenerierenden zwischenmenschlichen Entfremdungseffekt identifizieren. Die Fabrikdisziplin, die gefängnismetaphorisch mit Bildern von hohen, stacheldraht- und glasscherbenbewehrten Backsteinmauern, Schlagbaum und Werkschutz skizziert wird, ist charakterisiert durch im Wortsinn »entmenschlichende« Techniken, die Menschen zu Apparaten machen, die nicht denken, sondern funktionieren müssen und streng überwacht werden.

Mit statistischen Zahlen zur Frauenarbeit (die zu 67 % Akkordarbeit darstellt) (vgl. G, 93) und zur Stellung von »Fremdarbeiter[n], die wir zynischer Weise Gäste nennen« (G, 94) angefüttert, steigen Jörg und Ilona schneller aus der Fabrikarbeit aus, als sie jemals bei einem »Klienten« eingestiegen sind. Der Exkurs hat indes ihre moralische Position der Verweigerung gefestigt. Erst vor dem Hintergrund der dem Handwerk kontrastiv gegenübergestellten Fabrikarbeit wird die Emphase für das ganzheitliche Arbeiten im Sozialverbund der Familie als Gegenbild zur zerschnittenen Fließbandarbeit verständlich. Diese leitet Zahls Text gleichsam aus und verbindet noch einmal die zentralen Themen des Romans zu einer Kritik an der Maschinisierung. Mit der Rede vom »Fließband, das durch die Herzen und Hirne und Hände der Arbeiterinnen und Arbeiter führt, sie zerstört, sie auseinanderschneidet« (G, 489), korrespondiert die schon zu Beginn des Textes als Schreckgespenst aufziehende Drohung durch ein Programm »sozialen« Wohnbaus, das die 1925 erstmals vorgestellte Idee der Le Corbusier'schen, auf Serialität und Ökonomie zugeschnittenen »Wohnmaschine«[33] wörtlich nimmt und die Fabrik damit bis in die Privatsphäre verlängert:

---

33 Noch immer Thilo Hilpert, Die funktionelle Stadt. Le Corbusiers Stadtvisionen. Bedingungen – Motive – Hintergründe, Braunschweig 1978, bes. S. 126 ff.

»Die kapitalistische [und nicht nur die; d. Verf.] Architektur zerschlug die alten Städte, schnitt sie auseinander, schmiß sie in Zementmischer, warf die Mischer an, ließ sie Kuben auskotzen« (G, 489). Das Recht auf Stadt und das Recht auf Arbeitslosigkeit kulminieren im anarchistischen Traum des Schelms, der sich aufgrund seiner eigenen Arbeit ermächtigt, in Stellvertretung der »hiesigen Proleten« zu sprechen.

3 Ein Don Quijote der Arbeit

Der schelmische Prolet, der im Mittelpunkt von Volker Brauns *Machwerk* steht, ist eine Don-Quijote-Figur.[34] Wie sein spanisches Vorbild, der Ritter von der traurigen Gestalt, der sich nicht mit der Tatsache abfindet, dass die Epoche der Ritter vergangen ist, will Brauns Figur nicht akzeptieren, dass er im stillgelegten Tagebau keine Arbeit mehr findet. Als Folge dessen macht sich der vorzeitig in den Ruhestand geschickte Havarieexperte auf die Suche nach Arbeit. In der heimatlichen Lausitz findet sie die Hauptfigur Flick jedoch nur in Form von Ein-Euro-Jobs, innerhalb der EU allein im Billiglohnsektor – oder illegal, was ihn jedoch nicht kümmert, denn allein um des Arbeitens willen macht Flick alles.

Machwerk ist etwa fünfzehn bis zwanzig Jahre nach der Wiedervereinigung in der ostdeutschen Provinz angesiedelt und malt Landschaften, die zwar einer aufwendigen Renaturierung unterzogen wurden und ein Nachleben als Naherholungsgebiet führen. Primär definieren sie sich aber durch einen Deindustrialisierungsprozess, da 1990 mit der Wirtschafts- und Währungsunion die industrielle Produktion in der DDR zum Erliegen kam. So brachte der Systemwechsel, wie Werner Abelshauser betont, insgesamt kein »zweites Wirtschaftswunder«[35], sondern nach Andreas Rödder einen »Modernisierungsschock«[36], von dem sich zahlreiche ostdeutsche Regionen bis

---

34 Obwohl Don Quijote schelmische Züge aufweist, ist Miguel de Cervantes' Roman (1615) eine Parodie auf die im ausgehenden Mittelalter beliebten Ritterromane. Christoph Strosetzki, Miguel de Cervantes. Epoche – Werk – Wirkung, München 1991 sowie Bauer, Schelmenroman, 1994, S. 19-23.

35 Werner Abelshauser, Deutsche Wirtschaftsgeschichte. Von 1945 bis zur Gegenwart [¹2004], München 2011, S. 443.

36 Dieser resultiert Rödder zufolge aus der »überkommene[n] Beschäftigungsstruktur der DDR: Ihr Schwergewicht lag nämlich in ebenjenen Bereichen, die in den westlichen Industriegesellschaften durch die Tertiarisierung […] seit Jahrzehnten unter Druck geraten und wo in hohem Maße Arbeitsplätze abgebaut worden waren. Das Beitrittsgebiet musste also mit einem Schlag den Generaltrend des in der DDR verschleppten volkswirtschaftlichen Strukturwandels der Nachkriegszeit nachholen«. Andreas Rödder, Deutschland einig Vaterland. Die Geschichte der Wiedervereinigung, München 2009, S. 279 ff., S. 309.

heute nicht erholt haben und dessen Folgen eine andauernde hohe Arbeitslosigkeit, Rückbau der Sozial- und Infrastruktur sowie Abwanderung sind.[37]

Als »Arbeiter von der traurigen Gestalt« ist Flick tragikomischer Protagonist prekärer Arbeits- und Lebenssituationen, die seit den 1990er-Jahren in der Bundesrepublik immer mehr zum Normalfall geworden sind.[38] *Machwerk* hat Alleinstellungsstatus innerhalb der deutschsprachigen Gegenwartsliteratur, weil hier nicht nur die spezifisch postsozialistische und postindustrielle Situation der ostdeutschen Bundesländer zum literarischen Gegenstand erhoben wird, sondern die Literarisierung des »abgehängten Ostens« nicht als Milieustudie, sondern als schelmisches Narrativ präsentiert wird. Da dem Schelm als geradezu pathologisch unzuverlässigem Erzähler nur mit Skepsis zu begegnen ist, wäre es zu kurz gegriffen, *Machwerk* eindimensional als Geschichte eines »Wendeverlierers« zu lesen: Der Text ist nur die jüngste Bearbeitung eines, wenn nicht *des* Kardinalthemas Brauns, der Auseinandersetzung mit der Gesellschaft als *Arbeits*gesellschaft.

Im Gestus des Fortschrittsimperativs der DDR-Aufbaujahre[39] stellt der Autor bereits in seinem 1959 verfassten Text *Der Schlamm* (erster Teil von *Das ungezwungene Leben Kasts*)[40] den Arbeiter als Hauptakteur des aufzubauenden Sozialismus in den Fokus. Diese Zentrierung behält Braun zwar bei, schickt seine Figuren jedoch zunehmend in Konflikt zu den bestehenden Verhältnissen. Die Bejahung des technischen Fortschritts weicht einer zunehmend ambivalenten Haltung gegenüber der sozialistischen Industriegesellschaft. Angesichts der massiven Umweltverschmutzung, verbunden mit der extensiven Ausweitung der Braunkohleförderung[41], wird diese von einer umfassenden literarischen Zivilisations- und Ökologiekritik flankiert, die

---

37 Der Strukturwandel trifft den Osten gleichsam stärker als den Westen, denn Ostdeutschland musste »einen doppelten Entwicklungssprung tun, und dies von einem besonders ungünstigen Ausgangspunkt aus.« Rödder, Deutschland einig Vaterland, 2009, S. 309.
38 Dazu Isabell Lorey, Die Regierung der Prekären, Wien 2012, S. 13.
39 Was 1952 auf der 2. Parteikonferenz der SED als planmäßiger »Aufbau des Sozialismus« beschlossen wurde und nicht nur den allgemeinen wirtschaftlichen Wiederaufbau bezeichnete, sondern diesen Aufbau ideologisch als Übernahme des sowjetischen Staatsmodells artikulierte, wurde für die literarische Produktion funktionalisiert. Dort etablierten sich eine Aufbau- und Produktionsliteratur sowie die sogenannten Betriebsromane. Wenngleich Wolfgang Emmerich konstatiert, dass diese »auf die Steigerung der Arbeitsproduktivität hin orientiert [...] über Schematismus, Schönfärberei [...] nicht hinauskamen«, liefern sie doch detaillierte Eindrücke des (Arbeits-)Alltags der Anfangsjahre der DDR. Ab Mitte der 1950er-Jahre setzte sich trotz der Institutionalisierung des Produktions- und Aufbaunarrativs im Bitterfelder Weg (1959) zunehmend eine von einer jungen Generation getragene Literatur durch, die sich immer mehr vom Schematismus zu emanzipieren wusste. Wolfgang Emmerich, Kleine Literaturgeschichte der DDR [¹1996], Berlin 2005, S. 125, S. 138-145; Hermann Weber, Die DDR 1945–1990, München 2006, S. 28-45.
40 Volker Braun, Das ungezwungene Leben Kasts, Berlin 1972.
41 Die DDR gehörte zu den bedeutendsten Braunkohleproduzenten der Welt, fuhr den Export seit Mitte der 1960er-Jahre aber stark zurück, um den eigenen Energiebedarf zu decken. Mitte der 1980er-Jahre erreichte die Braunkohleförderung, in der über 100.000 Beschäftigte arbeiteten, ihren Höhepunkt. Abelshauser, Deutsche Wirtschaftsgeschichte, 2011, S. 423.

sich am Gedicht *Die Industrie* (1970) oder dem Prosatext *Bodenloser Satz* (1988) ablesen lässt.[42]

Die Figur des Flick aus *Machwerk* ist damit in eine Reihe mit all den anderen Protagonisten und »Helden der Arbeit« zu stellen, die Brauns Werk bevölkern. Leiden die einen an der harten körperlichen Arbeit oder den Widersprüchen der DDR-Arbeitsrealität[43], wird ihnen mit Flick ein (Anti-)Held des 21. Jahrhunderts an die Seite gestellt, der sich durch den Entzug von Arbeit definiert: »Er hatte sein ganzes Leben mit Arbeit zugebracht, sie war sein *oberstes Lebensbedürfnis* und wurde, jetzt, da sie ihm entzogen wurde, eine wahre Sucht und Besessenheit«[44]. Sucht und Besessenheit weisen darauf hin, dass Flick nicht mit Resignation auf den Verlust seines Lebensinhalts reagiert, sondern sich mit sturem Eifer in einen Kampf um sein persönliches »Recht auf Arbeit« stürzt, mit dem er seine Arbeit zurückerobern will.

Mit diesem Kampf macht sich Flick zum Außenseiter. Das liegt auch an seinem äußeren Erscheinungsbild. Er ist mit den entsprechenden Accessoires, die auf seine ruhmreiche Arbeitsvita verweisen, ausstaffiert, »seinem Helm, seinen Orden und der roten zerknitterten Nelke« (M, 55), und weigert sich prinzipiell, seine Arbeitsuniform endgültig abzulegen. Flick wird damit zum Relikt einer offensichtlich untergegangenen Welt und zum Außenseiter in einer ebenfalls zum Nichtstun verurteilten Umgebung, die ihre Inaktivität indes nicht als Problem wahrnimmt und in Flicks Augen eine »öde [...] Parodie auf den Arbeitstag« (M, 17) mimt. Doch die eigentliche Parodie – als Verzerrung und Verspottung der arbeitslosen Gegenwart – vollführt Flick selbst. Wenn er im saloppen Ton die Beraterin in der Arbeitsagentur mit »Was liegt an – Wo brennts denn?« (M, 19 f.) auffordert – »als sei sie es, die man beraten müsse« (M, 22) –, ihm den nächsten Arbeitseinsatz zuzuteilen, wenn er von eben diesen Mitarbeiterinnen zu Handlangerarbeiten abkommandiert wird und sich, im Anblick eines Presslufthammers, nicht nur dieses Werkzeug, sondern seine Arbeit von den »richtig Beschäftigten« (M, 38) Bauarbeitern kurzerhand stiehlt, dann tut er dies nicht nur, um wieder einmal kräftig zuzupacken. Er gibt damit selbstbewusst zu verstehen, »dass er sein Lebensrecht wahrnahm und sein Bedürfnis befriedigte«. (M, 39)

Arbeit ist für Flick, das wird spätestens an dieser Stelle deutlich, pure Bedürfnisbefriedigung, der er instinktiv nachkommt. In diesem Modus weigert er sich, die Realität, wie sie sich ihm offenbart, zu reflektieren, sodass er sich unverständig, den Befriedigungstrieb dabei sukzessive steigernd, blind in die nächsten Arbeitsabenteuer wirft. Festzustellen ist, dass sich Flick vom klassischen Schelm unterscheidet, indem er sich der Bereitschaft zur permanenten Re-Definition seines Ichs und seiner Stellung

---

42 Katrin Bothe, Die imaginierte Natur des Sozialismus. Eine Biografie des Schreibens und der Texte Volker Brauns 1959–1974, Würzburg 1997, S. 221–242.
43 Dies., Die imaginierte Natur, 1997, S. 78–87.
44 Volker Braun, Machwerk oder Das Schichtbuch des Flick von Lauchhammer, Frankfurt a. M. 2008, S. 15 (Herv. i. Orig.; im Folgenden: M).

in der Gesellschaft sperrt: Flick kann und will sich nicht redefinieren, wie es die postfordistische Arbeitsgesellschaft mit ihrem in Permanenz gesetzten Flexibilisierungsimperativ verlangt, er bleibt seiner Vorstellung der Arbeitswelt und seiner Position darin fest verhaftet.

Diese Position ist auf das Selbstverständnis der DDR als Arbeitsgesellschaft[45] zurückzuführen, von der sich Flick nicht abwendet, sondern ganz im Gegenteil über das Ende des Sozialismus hinaus die Amalgamierung von Arbeit und Identität wörtlich nimmt. So wirkt er wie die Personifizierung der Idee, die Arbeit sei der »Ort der Entfaltung der Persönlichkeit«[46] schlechthin und ahnt nur leise, dass diese Entfaltungsmöglichkeiten längst unter anderen ideologischen Vorzeichen stehen: Existierte Arbeitslosigkeit als »in der DDR [...] offiziell unbekannte[s] Phänomen«[47] deshalb auch nur außerhalb seiner Vorstellungswelt, ist sie nun zur Realität geworden, der er sich verwehrt.

Was von Flicks Arbeitsheldentaten deshalb bleibt, sind die Erinnerungen an seine Vergangenheit und ein verabschiedetes Industriezeitalter, das er nur noch im Museum bestaunen kann. Diese Orte vergangener Arbeit haben für Flick eine solche Anziehungskraft, dass er sich beim Anblick von Adolph von Menzels *Eisenwalzwerk* (1872) sogleich selbst im Gemälde wiederzuerkennen scheint: »er stand gebannt, die Augen schirmend, an der düsteren feuerleuchtenden Halle. [...] Rechts blickte ein bärtiger Mann aufmerksam in die Maschine, der ihm (Flick) ähnlich sah« (M, 49). Flick damit jedoch stellvertretend mit dem Arbeiter (der DDR) der (n)ostalgischen Erinnerung zu überantworten[48], ginge glatt an der Intention Brauns vorbei: Wie alle Taten Flicks ist auch sein Verhältnis zum untergegangenen Staat ambivalent. So denkt er in einem selten klaren Moment, in dem er stolz einen demotivierten Trupp von Ein-Euro-Jobbern zur Arbeit animiert hat, über sich und die Kollegen: »Das war nun komisch, dass sie gerade jetzt die Arbeit erfanden; als es ein Recht auf sie gab, hatten sie sich nicht drum gerissen.« (M, 28)

Machwerk thematisiert das Verständnis von Arbeit als allgemeinem Sinnproduzenten, als Vergesellschaftungs- und Disziplinierungsmoment und stellt angesichts der literarisch verarbeiteten Situation der Abwesenheit von Arbeit die mit Ralf Dahrendorf zu formulierende Frage: »wie bestimmt sich eigentlich die soziale Identität

---

45 Martin Kohli, Die DDR als Arbeitsgesellschaft? Arbeit, Lebenslauf und soziale Differenzierung, in: Hartmut Kaelble/Jürgen Kocka/Hartmut Zwahr (Hg.), Sozialgeschichte der DDR, Stuttgart 1994, S. 31-61.
46 Kohli, DDR als Arbeitsgesellschaft, in: Kaelble/Kocka/Zwahr (Hg.), 1994, S. 42.
47 Rödder, Deutschland einig Vaterland, 2009, S. 310.
48 Dass der Arbeiter zur memoriablen Vergangenheit geworden ist, suggerieren die *Erinnerungsorte der DDR*, die ihm ein Kapitel widmen. Wolfgang Engler, Der Arbeiter, in: Martin Sabrow (Hg.), Erinnerungsorte der DDR, München 2009, S. 172-182.

von Menschen, wenn sie sich nicht mehr durch ihren Beruf beschreiben können?«[49] Diese Frage wird in *Machwerk* nicht eindeutig beantwortet, sondern behält ihr Fragezeichen, allein, weil der Text die Ebene der Mehrdeutigkeit nicht verlässt. So ist mit Blick auf Flick festzustellen, dass er einerseits versucht, angesichts des Arbeitsverlustes seine soziale Identität mit allen Mitteln zu erhalten, diese andererseits jedoch gerade dort verliert, wo er sie zu retten versucht. Denn kann er arbeiten, geht er so sehr in dieser Tätigkeit auf, dass er darüber jegliche moralischen Überlegungen aufgibt. Nur, um wieder einmal den Tagebaubagger zu führen, ist es Flick – »weil, man fand keinen andern für den Einsatz« (M, 124) –, der das letzte bewohnte Grundstück des sorbischen Dorfes Horno rigoros planiert. Seinem Mitleid, »das ihm den Hals verschnürte« gegensteuernd, denn er hat ja einen Arbeitseinsatz zu machen, »lenkte er das Gerät gegen das Grundstück« und macht den Weg frei für die Braunkohleförderung. (M, 124) Jörn Ahrens stellt fest, die Arbeit könne nicht »den Menschen erschöpfen – körperlich oder geistig –, sondern nicht zu arbeiten erschöpft ihn. Schließlich geht es nicht mehr darum, welche Attraktion eine spezifische Arbeit besitzt, sondern dass Arbeit an sich einen Wert besitzt, den es in jedem Fall zu entfalten und zu akkumulieren gilt.«[50] Flick fungiert als Folie für diese Selbstaufgabe in der Arbeit nur um des Arbeitens willen – nicht eine Tätigkeit, sondern die Arbeit an sich gilt es, an sich zu reißen, und das um jeden Preis.

4 Repräsentationen der Arbeit zwischen Subversion und Überidentifikation

Familie Hemmers, das hat die Episode von Jörg und Ilona in der Fabrik erwiesen, denkt nicht daran, sich dem Diktat der gesellschaftlichen Anerkennung durch Arbeit zu unterwerfen. Hierin lässt sich ein doppelter Unterschied zwischen Zahls Helden und den Antihelden von Braun ausmachen: *Erstens* betrifft dies die Stellung des Schelms zur Gesellschaft. Während sich Zahls Protagonisten in einer ideologischen Distanz zur Gesellschaft einrichten, um ein zumindest einigermaßen richtiges Leben im falschen zu führen, ist Flick der gesellschaftlichen Teilhabe durch Arbeit verhaftet. Beide Arten, sich zur Gesellschaft zu verhalten, lassen sich auf das Narrativ des Schelmenromans zurückführen:

> »Der Schelm steht [...] vor einer fatalen Alternative. Da die Gesellschaft die soziale Akzeptanz eines Menschen von seiner moralischen Integrität abhängig macht, schließt sie den Pikaro für gewöhnlich aus dem Kreis ihrer angesehenen Mitglie-

---

49 Ralf Dahrendorf, Wenn der Arbeitsgesellschaft die Arbeit ausgeht [¹1982], in: Rainer Barbey (Hg.), Recht auf Arbeitslosigkeit?, Essen 2012, S. 104-110, hier: S. 107.
50 Ahrens, Krise und Konjunktur, in: Limbus, 2 (2009), S. 74.

der und von der Teilhabe an den Gemeinschaftsgütern aus. Da der Pikaro ohne eine gewisse Teilhabe an diesen Gütern jedoch nicht überleben kann, muß er seine mangelnde Integration überspielen und eine Zugehörigkeit zur Gesellschaft vortäuschen.«[51]

Insofern die Teilhabe an der Gesellschaft im 20. Jahrhundert über die Inwertsetzung von Arbeit verläuft, spitzt sich dieses Muster mit der Erosion der Möglichkeiten zur Partizipation an diesem gesellschaftlichen Wert weiter zu. Damit ist, *zweitens*, die historische Differenz zwischen der Arbeitsmarktsituation der späten Westberliner 1970er-Jahre und der mittleren bis späten ostdeutschen ersten Dekade des neuen Jahrtausends benannt. Zahls Helden können ihre heroische Arbeitsverweigerung als gegengesellschaftliche Strategie der Dissidenz ideologisch überhöhen, weil (noch) Arbeit – auch für ungelernte ArbeiterInnen – vorhanden ist, auch wenn sich eine massenhafte Arbeitslosigkeit bereits abzeichnet. Wo Arbeitslosigkeit als Bedrohungsszenario aufscheint, wird, so Zahls literarische Diagnose, Klassensolidarität unterminiert: »Aber heute? Heute, da findest du an jeder Straßenecke fünf, die *jede* Arbeit annehmen und ausführen, wenn sie mal wieder keinen Job haben.« (G, 85) Angesichts der Krise der Arbeit beginnt, weil knappe Ressourcen umso mehr Begehrlichkeiten hervorrufen, eine Sanktifizierung der Arbeit als absoluter Wert. Jan Kruse bringt dieses dialektische Verhältnis auf den Punkt, wenn er für die Gegenwart, aber ausgehend von den Strukturbrüchen der 1970er-Jahre, eine Retotalisierung des Prinzips Arbeit behauptet. Es

> »zeigt sich, dass, je geringer die ökonomische Bedeutung von Arbeit in unserer Gesellschaft ist, desto fester die Arbeit uns in sozialstruktureller Hinsicht in der Hand hat: Es ist erstaunlich, dass die gesamte semantische Struktur unserer Gesellschaft auf das Prinzip Arbeit ausgerichtet ist, dass sich Arbeit als ein gesellschaftliches Prinzip *retotalisiert* hat und überhaupt nicht mehr in Frage gestellt wird.«[52]

Zahls Schelme subvertieren dieses Prinzip, ohne sich einer einfachen Verweigerung hinzugeben. Zwar verweigern sie sowohl die Lohnarbeit als auch die Anerkennung des gesellschaftlichen Wertes von Arbeit – d. h. indes nicht, dass sie sich reflexartig jeder Arbeit widersetzen. Neben der geschilderten ganzheitlichen Erwerbsarbeit des Einsteigediebes sind es zwei weitere Formen der Arbeit, die im antiautoritären Gestus ausgeübt werden: Die eine betrifft eine Aufwertung der Reproduktions-, die zweite

---

51 Bauer, Schelmenroman, 1994, S. 11.
52 Jan Kruse, Kritik der disziplinierenden Simulation. Ein soziologisches Fragment über »postmoderne« Arbeitsgesellschaften, in: parapluie. Elektronische Zeitschrift für Kulturen – Künste – Literaturen, 27 (2011), S. 2 (Herv. i. Orig.), http://parapluie.de/archiv/arbeit/simulation, eingesehen am 7.4.2014.

eine subversive Art der Informationsarbeit. Reproduktionsarbeit meint im Kollektiv der Schelme und ihrer Mitkommunarden die arbeitsteilige Übernahme von Haus- und Beziehungsarbeit, die als nicht entfremdete, subjektivierte Arbeit aufgewertet wird. Über die Wertigkeit dieser Form der Arbeit muss zwischen den anarchistischen Lohnarbeitsverweigerern und ihren werktätigen WG-Mitbewohnern ein Konsens allerdings erst ausgehandelt werden. Während die Fraktion der Arbeiter den Verweigerern Untätigkeit, Faulheit und Narzissmus vorwirft, kontern jene, ihre Kontrahenten würden mit ihrem Trieb- und Bedürfnisaufschub lediglich die »christlich-autoritäre [...], kapitalistisch-patriarchalische [...] Gesellschaftsordnung« (G, 358 f.) prolongieren. Dies insbesondere, weil sie der protestantischen Arbeitsethik und ihrem Pflichtgefühl verhaftet seien – »Im Marxisten ist ein Pfaff versteckt, und der will missionieren und ans Band schicken.« (G, 81) – und dabei dem Modell der männlichen Vollerwerbsbiografie nachhingen und blind seien für die geleistete Hausarbeit: »Kochen wir etwa nicht, putzen wir nicht, kaufen wir nicht ein, sind dir die Fenster zu dreckig?« (G, 356)

Die eigentliche Subversion des Arbeitsethos findet jedoch in der von der anarchistischen Fraktion der Kommune gegründeten »Partei gegen die Arbeit« und ihrer Zeitschrift »Der glückliche Arbeitslose« statt, die als Typoskript dem Roman eingefügt ist. Als Stilimitat linksalternativer und -autonomer Zeitschriften, an denen Peter-Paul Zahl als Drucker beteiligt war, wird hier »Arbeitslosigkeit für alle!?« (G, 200) eingefordert. Während die (fingierte) Zeitschrift aufgrund ihrer typografischen Gestaltung, dem für subkulturelle Zeitschriften charakteristischen Einsatz verschiedener Schrifttypen in Kombination mit handschriftlich eingefügten Korrekturen sowie der fehlenden Paginierung dieser Romanseiten, die Authentizität des Materials behauptet, treibt sie das polyphone Vexierspiel des Textes, in dem markierte und unmarkierte, bearbeitete und unbearbeitete Intertexte und Zitatcollagen mit Autor-, Erzähler- und Figurenrede alternieren und bis zur Unkenntlichkeit vermischt werden, auf die Spitze. Das Changieren zwischen unterschiedlichen Aussage- und Fiktionalitätsebenen aber immunisiert sämtliche Passagen des Textes gegen eine einfache, an die Autorposition gerichtete Kritik und flieht in das Stimmengewirr subkultureller Diskurse.

In diesem Sinne dient das in der Zeitschrift leitmotivisch verhandelte »Berufsverbot« infolge des Radikalenerlasses von 1972 dazu, die polarisierenden Arbeitsdiskurse innerhalb der linken Szene zu unterlaufen und – natürlich rein fiktiv – Scheitern als Chance der »qualifizierten Disqualifizierten«[53] zu begreifen. Dem Roman ist es darum bestellt, die inneren Paradoxien einer auf Arbeit gründenden Gesellschaftsordnung, der allmählich die Arbeit ausgeht, und eine Kritik der Arbeit zu pointieren, die sich nicht von der Teilhabe an der gesellschaftlichen Wertschätzung befreien kann. In

---

53 So die treffende Bezeichnung Christoph Schlingensiefs in Chance 2000 – Partei der letzten Chance/Wahlkampfzirkus '98/Wahlkampftournee/Wahldebakel http://www.schlingensief.com/projekt.php?id=t014, eingesehen am 7.4.2014.

diesem Sinne ist die satirisch überspitzte Forderung »Berufsverbot für alle!« (G, 202) Ausdruck einer schelmisch simplifizierenden Gesellschaftsanalyse. In diesem Appell wird ein emanzipativer Gestus sichtbar, der sich von der gesellschaftlichen Bindung befreit und dem Rückzug in selbstbestimmte Arbeit huldigt.

Flicks eigenständig organisierte Arbeitsbeschaffungsmaßnahmen führen nicht nur das Einklagen des Rechts auf Arbeit vor dem Hintergrund eines historischen Höchststands der Arbeitslosenquote in Deutschland[54] ad absurdum, sondern verdeutlichen auch, dass seine reale Umwelt und Lebenssituation ab einem gewissen Punkt nicht mehr zu ihm durchdringen. Denn im Verlauf der Handlung setzt sich sukzessive ein Realitätsverlust durch, der am Ende – mit deutlicher Parallele zum Don Quijote – vollständig in eine irreale Vorstellungswelt übergeht, in der Wunschtraum (die glorreiche Vergangenheit) und Wahnvorstellung (die Pervertierung der Arbeit) miteinander verknüpft werden. Das Arbeitssubjekt Flick wird dabei in dem Moment zum schelmischen Abweichler, als er seine Arbeit und damit seinen unverrückbaren Platz in der Gesellschaft verloren hat.[55] Diesen Verlust kompensiert er, indem er den Arbeitsalltag nicht im Rahmen von behördlichen Maßnahmen simuliert, sondern um jeden Preis weiterarbeitet. Diese bis ins Groteske übertriebene Aneignung des Arbeitsideals reintegriert Flick gerade nicht gesellschaftlich, sondern marginalisiert ihn einmal mehr. Damit täuscht Flick die Zugehörigkeit zur Gesellschaft nicht vor, wie Bauer es dem klassischen Schelm zuschreibt, sondern strebt sie an: Flick ist ein »Arbeits-Narr«, der die Arbeit und ihre Ideologien überaffirmiert und damit über das gesellschaftlich reglementierte Maß an Arbeitsverehrung hinausschießt. Dieser Realitätsverlust erreicht seine Klimax, als Flick sich in Arbeitswelten begibt, die sich durch Zwang und Ausbeutung bis zum Tod auszeichnen. Damit dringt er tief in die schwer belastete Geschichte der Arbeit ein.

Die Hypertrophierung der Arbeit als (Selbst-)»Befreiung« konfrontiert Flick schließlich mit der menschenverachtenden Pervertierung dieser Vorstellung. Um des Arbeitens willen beginnt er, sei es im Traum, sei es in einer Wahnvorstellung, die Arbeit in einem Rüstungsbetrieb: »Er sah mit Kennerblick: Granatenrohlinge,

---

54 Die Arbeitslosenquote erreicht im Jahr 2005 ihren Höchststand mit 13 % Arbeitslosigkeit in der Gesamtbevölkerung. In Ostdeutschland ist der Prozentsatz signifikant höher und erreicht im selben Jahr einen Spitzenwert von 20,6 %. In den kommenden Jahren sinkt er wieder und befindet sich 2008 mit 14,7 % sogar noch knapp unter dem Niveau von 1995. Melanie Both, Die Entwicklung der Arbeitslosigkeit in Deutschland, 30.3.2010, in: Bundeszentrale für politische Bildung: Dossier: Lange Wege der Deutschen Einheit, http://www.bpb.de/geschichte/deutsche-einheit/lange-wege-der-deutschen-einheit/47242/arbeitslosigkeit, eingesehen am 7.4.2014.
55 Denn, wie Sophie Krempl pointiert, ist gesellschaftliche Teilhabe nicht ohne Arbeit zu haben: »In einer Gesellschaft, die (sich) als Arbeitsgesellschaft definiert (ist), ist gesellschaftliche Sinnhaftigkeit abhängig von den jeweiligen Gestaltungs- oder Erscheinungsformen von Arbeit; solange der Einzelne arbeitet, erweist er sich als vollwertiges Mitglied der Arbeitsgesellschaft und ist darin Träger und Initiator sozialen Sinns.« Sophie Thérèse Krempl, Paradoxien der Arbeit oder: Sinn und Zweck des Subjekts im Kapitalismus, Bielefeld 2011, S. 12.

Wurfgranaten [...]. Er war in seinem Element« (M, 80 f.). Unmerklich begibt sich Flick damit auf eine Zeitreise, die nicht nur in die nationalsozialistische Vergangenheit führt, sondern zugleich eine Reise in die Untiefen der deutschen Arbeitsgeschichte ist: »Als er schon glaubte, auf der untersten Sohle zu sein, fiel er noch tiefer in die Geschichte. Die Unterwelt tat sich auf.« (M, 80 f.) Nun befindet sich Flick im freien Fall. In den Unterwelten der Arbeit angekommen, wird er selbst zum Akteur der Vernichtungsmaschinerie durch Arbeit und zum Handlanger seines Namens- und Brotgebers Friedrich Flick, in dessen Rüstungsbetrieben im Zweiten Weltkrieg die Hälfte der Beschäftigten ZwangsarbeiterInnen und KZ-Inhaftierte waren.[56]

Brauns simpel gestrickte Figur jedoch ignoriert, wer dort beschäftigt ist und wiederholt damit deutsche Geschichte – als Farce: Wenn es nur Arbeit gibt, fragt er nicht, woher sie stammt, sondern legt wie gewohnt Hand an: »Er wusste, wozu er gebeten war; er heizte die Hölle, er hielt sie in Gang.« (M, 81) Wie Stephan Krause betont, ist dies der Augenblick, in dem die »dunkle Kehrseite der Flick-Figur«[57] erscheint, denn »an diesem Ort kreuzen sich der Arbeitsfetischismus des Flick und das historische Extrem kapitalistischer Verwertungslogik«[58]. Dieses Inferno markiert den doppelten Boden von Brauns Schelmenstück. Wenn Flick die Hölle in Gang hält, und um diese Verfehlung »wusste«, fallen an dieser Romanstelle schelmische Naivität, Wahnvorstellung und Erkenntnis in eins – ohne dass Flick, der nach diesem phantasmagorischen Exkurs seine Arbeitssuche munter fortführt, eine geläuterte Figur wäre.

Bezeichnenderweise erkennt er erst nach dem Eintritt in die Fabrik im Rückblick, welche »ironische Dichtung« (M, 81) den Übergang in diese diabolische Arbeitswelt markiert: Die Aufschrift »ARBEIT MACHT FREI.« (M, 81) Mit dem Hinweis auf die »ironische« (nicht: zynische) Dichtung macht Flick – in der Vorführung seiner eigenen Beschränktheit – auf die Ironie der Geschichte im doppelten Sinn des Wortes aufmerksam: die Kontinuität eines Glaubens an die befreiende Kraft von Arbeit in der Pervertierung des Nationalsozialismus, in der staatlichen Indienstnahme der DDR und noch im neoliberalen Kapitalismus der Jahrtausendwende.

Die Affirmation der Arbeit kann, eben weil sie Flick »in [...] Abgründe führt« (M, 77), als eine Kippfigur beschrieben werden, die den verborgenen und verdrängten Subtext des Glaubens an die identitätsstiftende Funktion der Arbeit in dem Moment offenlegt, wo sie ins Maßlose übersteigert und zur Überidentifikation wird. Darin liegt – so die Quintessenz von *Machwerk* – seine immanente Kritik begründet.

---

56 Johannes Bär/Axel Drecoll, Rüstungsproduktion, Konzernumbau und Zwangsarbeit (1939–1945), in: Johannes Bär/Axel Drecoll/Bernhard Gotto/Kim C. Priemel/Harald Wixforth (Hg.), Der Flick-Konzern im Dritten Reich, München 2008, S. 471-558. Ferner wurden in den Lauchhammerwerken, auf die Braun hier anspielt, allein 1944 1.000 KZ-Häftlinge eingesetzt, ebd., S. 530.
57 Stephan Krause, Orte der Arbeit. Volker Brauns *Schichtbuch* und *Die hellen Haufen*, in: Erdbrügger/Nagelschmidt/Probst (Hg.), Omnia vincit labor?, 2013, S. 51-68, hier: S. 62.
58 Krause, Orte der Arbeit, in: Erdbrügger/Nagelschmidt/Probst (Hg.), 2013, S. 63.

Flick macht sich und seinen Drang zur Arbeit lächerlich, weil er mit seiner Überanpassungsleistung weit über das Ziel hinausschießt. Damit pervertiert er jegliche Identifikation mit Arbeit – und verspielt seine aktive gesellschaftliche Teilhabe. Denn Flicks Überaffirmation arbeitskraftunternehmerischer Selbsttechnologien fungiert letztlich als Narrenspiegel, in dem die hypertrophe diskursive Arbeitsverherrlichung der Gegenwart mit ihrem historisch belasteten Wiedergänger kurzgeschlossen wird.

5 Zusammenfassung

Die Untersuchung der schelmischen Narrative von Peter-Paul Zahl und Volker Braun hat maßgebliche Unterschiede in der Repräsentation von Arbeit ergeben. Der gesellschaftliche Stellenwert von Arbeit steht in der Arbeitslosengeschichte Flicks geradezu monothematisch im Mittelpunkt der Handlung, während in Zahls Text der Arbeitsdiskurs nur einen von vielen thematischen Kristallisationspunkten bildet. Die Unterschiede beider Texte sind dennoch eher im Bereich der Erzählstrategien als der Themenwahl zu verorten. Am markantesten betrifft dies die Erzählhaltung. Gilt für den traditionellen Schelmenroman die pseudoautobiografische Erzählform in der ersten Person, weichen beide Texte von diesem Muster ab – *Die Glücklichen* indes deutlicher als *Machwerk*. Während Letzterer zwar durchgängig personal erzählt wird, bleibt der Erzähler der Figur und seiner Perspektive verhaftet.

Zahls Roman hingegen ist im besten Sinne polyphon. Jörg Hemmers erzählt weite Teile seiner Geschichte selbst, wird dann von einem auktorialen, d. h. nicht in die Geschichte involvierten, gleichwohl allwissenden Erzähler, von fremder Figurenrede und selbst vom »allwissende[n] Autor [!]« (G, 54) abgelöst, der jedoch keine Redehoheit im geschwätzigen Durcheinander der hitzigen Familien- und WG-Diskussionen behaupten kann, stattdessen von seinen Figuren der chauvinistischen Rede überführt und körperlich attackiert wird: »Da langt seine Romanfigur aus dem Manuskript und scheuert ihm eine.« (G, 59) Mit dieser Grenzverletzung reklamiert das Romanpersonal Zahls eine Selbstständigkeit des Denkens und Autonomie des Handelns für sich, die Flick als Getriebener eines inneren Arbeitszwanges nicht erlangt. Aufgrund der nicht nur unzuverlässigen, sondern beschränkten (Erzähl-)Perspektive Flicks zwingt Braun die moralische Beurteilung von Flicks Aktionismus dem Leser auf.[59]

Beide Schelme unterscheiden sich im Grad ihrer Reflektiertheit. Während Zahls Helden die Verhältnisse zum Tanzen bringen und verlachen, wird Brauns Antiheld durch seine lächerliche Überaffirmation gesellschaftlicher Diskursmuster selbst zur Witzfigur. Während die Hemmers ihre gesellschaftliche Normüberschreitung und ihre kriminelle Energie ideologisch absichern, tappt Flick, in der Meinung, nur dem

---

59 Der Leser wird damit in die Position eines Richters versetzt. Dazu Anders, Bandit, 2008, S. 15-21, hier: S. 16.

Konsens zu entsprechen, in jede moralische Falle, die sich ihm bietet und wird im Gang der Handlung zum diabolischen Schelm. Beides, die ausgestellte Naivität und das diskursive Reflexionsvermögen erscheinen als Strategien der Immunisierung gegen eine simplifizierende Kritik der Amoralität des schelmischen Tuns. Bezogen auf die Verhandlung von Arbeit lässt sich eine deutliche Nähe Brauns zu den spanischen Vorbildern feststellen. Ulf-Heiner Marckwort macht auf die Verhandlung von Arbeit im Schelmenroman aufmerksam und charakterisiert (ohne dabei auf Zahls Text Bezug zu nehmen): »Chronischem Arbeitsmangel der frühen Pikaros entspricht chronische Arbeitsunlust der zeitgenössischen Schelme«[60]. Und während sich die frühen Schelme und Flick mit ihnen aufgrund ihrer Arbeitslosigkeit zur Überschreitung moralischer wie juristischer Gesetze gezwungen sehen, ist die Überschreitung dieser Grenze des Legitimen für moderne (wie Zahls) Schelme ein distinguiertes Spiel, in dem »das Ausnutzen dieser Möglichkeiten, nämlich Gesetze, Moral, Sitten etc. zu unterlaufen, zu handhaben oder zu manipulieren, [...] Freiheit, unternehmerische Initiative genannt«[61] wird. In diesem Sinne wird anhand der analysierten Schelmenromane deutlich: Die subversive, spielerische Verweigerung der Schelme der 1970er-Jahre ist trotz leichter Erschütterungen des Arbeitsmarktes ein Luxus der Arbeitsgesellschaft. Unter den Bedingungen der massiv gestiegenen Arbeitslosigkeit, und angesichts der Haltlosigkeit nach dem Zusammenbruch des ideologischen Überbaus ist dieses spielerische Verlachen der Arbeitsgesellschaft in den Nullerjahren offensichtlich kaum mehr möglich. Die Arbeit wird zur ebenso knappen wie begehrenswerten Ressource, der Arbeitskampf ist nicht mehr fröhlich, sondern erbittert.

---

60 Marckwort, Schelmenroman, 1984, S. 38.
61 Ebd., S. 39.

Cora Rok

Motivationsmeetings, Casual Fridays und Eigenevaluationen – (Selbst-)Entfremdung in literarischen Arbeitsrepräsentationen der italienischen und deutschen Gegenwartsliteratur

Arbeit wird neu erzählt. Italienische und deutsche AutorInnen reagieren auf den Paradigmenwechsel im Arbeitsdiskurs, der durch die Transformation der Industrie- zur Wissensgesellschaft sowie den Wechsel von der *Old* zur *New Economy* in den 1990er-Jahren eingeleitet worden war und der sich nicht nur durch den Anstieg immaterieller Arbeit im digitalisierten Dienstleistungssektor, sondern vor allem durch den Strukturwandel in Unternehmenskulturen und die Veränderung im Selbstverständnis der Arbeitssubjekte auszeichnet.[1] Nicht nur steht im Zentrum literarischer Kritik das Scheitern von Managern, Anwälten, höheren und niederen Angestellten[2], die als eigenverantwortliche »Ich-Unternehmer« dazu verpflichtet sind, mit ihrem »Humankapital« zu wirtschaften. Auch der Einstieg in die Berufswelt (von Akademikern) als Praktikant oder Niedriglöhner, allgemein prekäre, befristete und flexible Beschäftigungsverhältnisse sowie die Abwesenheit oder der Verlust von Arbeit gehören zu den Themen der Gegenwartsliteratur.[3] Dabei lässt sich gar eine Herausbildung neuer

---

1   Jan Verwoert (Hg.), Die Ich-Ressource. Zur Kultur der Selbst-Verwertung, München 2003; Alexander Meschnig/Mathias Stuhr (Hg.), Arbeit als Lebensstil, Frankfurt a. M. 2003.
2   Meine Recherchen beziehen sich auf den italienischen und deutschsprachigen Raum. Massimo Lolli, Il lunedì arriva sempre di domenica pomeriggio, Milano 2009; Andrea Bajani, Cordiali Saluti, Torino 2005; Federico Baccomo, Studio Illegale, Venezia 2009; Walter Siti, Resistere non serve a niente, Milano 2012; Thomas Melle, Sickster, Berlin 2011; Thomas von Steinaecker, Das Jahr in dem ich aufhörte mir Sorgen zu machen und anfing zu träumen, Frankfurt a. M. 2012; Rainer Merkel, Das Jahr der Wunder, Frankfurt a. M. 2001; Rainald Goetz/Johann Holtrop, Berlin 2012; Ernst Wilhelm Händler, Wenn wir sterben, Frankfurt a. M. 2003; Philipp Schönthaler, Das Schiff das singend zieht auf seiner Bahn, Berlin 2013.
3   Ascanio Celestini, Lotta di Classe, Torino 2009; Antonio Incorvaia/Alessandro Rimassa, Generazione 1000 Euro, Milano 2006; Raffaella R. Ferré, Santa precaria, Viterbo 2008; Francesco Dezio, Nicola Rubino è entrato in fabbrica, Milano 2004; Edoardo Nesi, Storia della mia gente, Milano 2011; Florian Illichmann-Rajchl, Der weite Weg zum Wasserspender, Wien 2012; Jakob Hein, Herr Jensen steigt aus, München 2006; Annette Pehnt, Mobbing, München 2007; Joachim Zelter, Schule der Arbeitslosen, Tübingen 2006.

Genres wie des »Praktikanten«-[4] oder »Callcenter-Romans«[5] beobachten, in denen Autoren ihre eigenen prekären Erfahrungen reflektieren. Greifen die Arbeitnehmer nicht selbst zur Feder, werden ihre Arbeitsbiografien von Schriftstellern in Form von literarisierten Interviews festgehalten, wodurch sie als soziale Gruppe erfahrbar gemacht werden.[6] In Folge hat auch das wissenschaftliche Interesse an diesen neuen künstlerischen Repräsentationen von Arbeitswelten zugenommen, was eine Vielzahl auch interdisziplinär angelegter Analysen deutschsprachiger wie auch italienischer Romane mit Arbeitsbezug bestätigen.[7] Auffallend ist jedoch, dass eine entscheidende Analysekategorie unzureichend oder gar nicht in den wissenschaftlichen Untersuchungen Anwendung findet; es handelt sich um die *Entfremdung*. Dieser Beitrag möchte den Begriff der Entfremdung, der derzeit von Vertretern *Kritischer Theorie* aktualisiert wird[8], auch für die gegenwärtige Literaturwissenschaft nutzbar machen.

---

4   Markus Henrik, Copy Man, Frankfurt a. M. 2009; Boris Fust, Zwölf Stunden sind kein Tag, München 2008.
5   Michela Murgia, Il mondo deve sapere, Milano 2006; Sebastian Thiel, Call Center. Wer dranbleibt, hat verloren, Berlin 2012.
6   Aldo Nove, Mi chiamo Roberta, ho quarant'anni, guadagno 250 euro al mese, Torino 2006; (veränd. Neuaufl.) versione 2.0, Massa 2011; Concita de Gregorio, Io vi maledico, Torino 2013; Kathrin Röggla, Wir schlafen nicht, Frankfurt a. M. 2004.
7   Dagmar Kift/Hanneliese Palm (Hg.), Arbeit – Kultur – Identität. Zur Transformation von Arbeitslandschaften in der Literatur, Essen 2007; Franz-Josef Deiters/Axel Fliethmann/Birgit Lang/Alison Lewis/Christiane Weller (Hg.), Narrative der Arbeit – Narratives of Work, Limbus. Australisches Jahrbuch für germanistische Literatur, Freiburg i. Br./Berlin/Wien/Rombach 2009; Claudia Lillge/Gisela Ecker (Hg.), Kulturen der Arbeit, München 2011; Susanna Brogi/Carolin Freier/Ulf Freier-Otten/Katja Hartosch (Hg.), Repräsentationen von Arbeit. Transdisziplinäre Analysen und künstlerische Produktionen, Bielefeld 2013; Torsten Erdbrügger/Ilse Nagelschmidt/Inga Probst (Hg.), Omnia vincit labor? Narrative der Arbeit – Arbeitskulturen in medialer Reflexion, Berlin 2013; Iuditha Balint/Sebastian Zilles (Hg.), Literarische Ökonomik, München 2014. Weitere einschlägige Publikationen sind Letteratura e azienda. Rappresentazioni letterarie dell'economia e del lavoro nell'Italia degli anni 2000, Nanterre 2010; Paolo Chirumbolo (Hg.), Letteratura e lavoro. Conversazioni critiche, Soveria Mannelli 2013; Christine Bähr, Der flexible Mensch auf der Bühne. Sozialdramatik und Zeitdiagnose im Theater der Jahrtausendwende, Bielefeld 2012; Susanne Heimburger, Kapitalistischer Geist und literarische Kritik. Arbeitswelten in deutschsprachigen Gegenwartstexten, München 2010; Christian Kremer, Milieu und Performativität, Marburg 2008. Chirumbolo z. B. lässt 14 Fragen poetischer und politischer Art von verschiedenen zeitgenössischen italienischen Autoren, die das Thema Arbeit in ihren Romanen behandeln, beantworten. Bähr, Kremer und Heimburger widmen sich dem Verhältnis von Literatur, bzw. Theater und real- und finanzwirtschaftlichen Fragestellungen.
8   Rahel Jaeggi, aus der Schule Axel Honneths kommend, unternimmt in ihrer überarbeiteten Dissertation »Entfremdung. Zur Aktualität eines sozialphilosophischen Problems« (Frankfurt a. M. 2005) eine phänomenologische Beschreibung des Entfremdungsbegriffs unter der Analyse ideeller Leitideen wie Freiheit und Autonomie, während Hartmut Rosa in »Beschleunigung und Entfremdung« (Frankfurt a. M. 2013), aber auch in anderen Schriften (wie z. B. in der Gemeinschaftsarbeit mit Klaus Dörre und Stephan Lessenich »Soziologie – Kapitalismus – Kritik«, Frankfurt a. M. 2009), gesellschaftsanalytisch vorgeht und Kritik am gegenwärtigen kapitalistischen Wirtschafts- und Beschleunigungsregime übt.

1 Der Begriff der Entfremdung

Aufgeladen und opak zugleich erscheint der Terminus nicht nur angesichts seiner mannigfaltigen Nuancierungen und Verwendungen in unterschiedlichen Disziplinen, sondern aufgrund der Annahme, es gebe einen Zustand des »Nicht-entfremdet-Seins«, von dem sich der Mensch, individuell oder im Kollektiv, entfernt hat. Die Diagnose der Entfremdung des Menschen von der *Natur* oder von *sich selbst*, von der *Gesellschaft*, seinem *sozialen* oder *kulturellen Milieu*, der *eigenen Hände Arbeit* oder gar von *Gott*, setzt diese selbst verschuldete oder strukturbedingte Distanzierung oder Spaltung gleich mit dem Verlust eines ursprünglichen Einheits- oder Zusammengehörigkeitsgefühls, das als Idealzustand angesehen wird. Dabei ist es nicht verwunderlich, dass der entstehende Dualismus nach einer essenzialistischen Wesensbestimmung des Menschen sowie einer normativen Grundlage und axiologischen Bewertung verlangt, deren Postulierung Kritiker von Entfremdungstheorien in Erwartung paternalistischer Bevormundung aufschreien lässt. Um die Entfremdung herum entfaltet sich die Möglichkeit einer (Kultur-)Kritik, die Prinzipien eines »guten Lebens« gegen jene entfremdeter Daseinsformen aufzustellen bemüht ist und damit Raum für weitere Diskurse um »Eigentlichkeit«, »Authentizität«, »Freiheit« und »Autonomie« eröffnet.

Wiewohl der Begriff heutzutage lediglich noch im Alltagsjargon Anwendung findet, um zwischenmenschliches Auseinanderleben, Generationenkonflikte oder die Folgen von Migrationserfahrungen zu umschreiben, wurde das Phänomen der Entfremdung von Augustinus, Blaise Pascal oder Martin Luther ursprünglich in einem theologischen Rahmen theoretisiert, bevor Jean-Jacques Rousseau den Begriff im 18. Jahrhundert sozialphilosophisch im Zusammenhang mit einer Anthropologie und Staatslehre entwickelte. Rousseau erkennt in seinem 1755 erschienenen *Discours sur l'inégalité* die Ursache der Entfremdung in der Konstitution der Gesellschaft; zu einem Konformismus gezwungen, lebt der zivilisierte Mensch im Gegensatz zum »Wilden« des »Naturzustands« stets »außer sich«, nur »in der Meinung der Anderen«[9], wodurch er seine ursprüngliche Freiheit und Authentizität einbüßt. Eine Möglichkeit der Aufhebung der Entfremdung sieht Rousseau durch die selbstbestimmte Einwilligung der Individuen in einen *Contrat social*.

Georg Wilhelm Friedrich Hegel versteht in seiner 1807 erschienenen *Phänomenologie des Geistes* die Entfremdung in einen dialektischen Prozess mit dem Prinzip der Aneignung verstrickt, die zusammen erst die Voraussetzungen zur Selbsterkenntnis bilden. Darüber hinaus ersetzt Hegel das »Rousseau'sche Begehren nach Authentizität« durch das »Konzept einer Selbstverwirklichung«, die sich »als Identifikation mit

---

9   Jean-Jacques Rousseau, Abhandlung über den Ursprung und die Grundlagen der Ungleichheit der Menschen, in: ders., Sozialphilosophische und politische Schriften, München 1981, S. 123.

den Institutionen des sittlichen Lebens erst realisiert«.[10] Entfremdungserscheinungen überwindet der Einzelne nur, indem er seine Lebenswirklichkeit als eine durch ihn selbst »entäußerte« begreift und sich ihrer wieder »bemächtigt«.[11]

Für Karl Marx dagegen sind die bestehenden Verhältnisse gar nicht erst »aneignungswürdig«. Entfremdung versteht er demnach nicht als die notwendige und zu überwindende Stufe eines Aneignungsprozesses, sondern vielmehr als »Effekt« bestehender bürgerlich-kapitalistischer Verhältnisse. Die im 19. Jahrhundert voranschreitende Industrialisierung verschärft die Fragmentierung und Spezifizierung in der Arbeitsteilung, wodurch die Verwirklichung des individuellen und produktiven Potenzials des Arbeiters verhindert wird. Den Begriff von Hegel und Ludwig Feuerbach aufgreifend und modifizierend, beschreibt Marx in den *Ökonomisch-philosophische[n] Manuskripte[n]* von 1844 die Selbstentfremdung des Menschen als Folge der in kapitalistischen Systemen entstehenden Distanz zwischen Mensch und Produkt, mit dem sich der Arbeiter nicht identifizieren kann, das ihm nach der Herstellung nicht gehört und sich damit auch seiner Kontrolle entzieht. Handlungsohnmacht und Sinnverlust sind nach dieser Lesart Folgen von Ausbeutung, Unterdrückung und Fremdbestimmung. Da die »Arbeit dem Arbeiter äußerlich ist, d. h. nicht zu seinem Wesen gehört«, kommt es dazu,

> »daß er sich daher in seiner Arbeit nicht bejaht, sondern verneint, nicht wohl, sondern unglücklich fühlt, keine freie physische und geistige Energie entwickelt, sondern seine Physis abkasteit und seinen Geist ruiniert. Der Arbeiter fühlt sich daher erst außer der Arbeit bei sich und in der Arbeit außer sich. Zu Hause ist er, wenn er nicht arbeitet, und wenn er arbeitet, ist er nicht zu Haus. Seine Arbeit ist daher nicht freiwillig, sondern gezwungen, *Zwangsarbeit*. Sie ist daher nicht die Befriedigung eines Bedürfnisses, sondern sie ist nur ein *Mittel*, um Bedürfnisse außer ihr zu befriedigen.«[12]

Der Mensch sollte vielmehr die Freiheit besitzen, nach Belieben verschiedene Anlagen ausbilden zu können ohne gezwungen zu werden, sich festzulegen und einzuschränken; diese Möglichkeit zur Selbstverwirklichung sieht der frühe Marx durch den Kommunismus gewährleistet.

Hannah Arendt stimmt mit Marx zwar darin überein, dass »Entfremdung [...] nicht primär Entfremdung von Natur, sondern von menschlichen Möglichkeiten der Tätigkeit (des Arbeitens bzw. des Handelns)«[13] bedeute, in ihrem Werk *Vita activa*,

---

10 Rahel Jaeggi, Entfremdung. Zur Aktualität eines sozialphilosophischen Problems, Frankfurt a. M. 2005, S. 25 f.
11 Vgl. G. W. F. Hegel, Phänomenologie des Geistes, Hamburg 1988, S. 323.
12 Karl Marx, Ökonomisch-philosophische Manuskripte, MEW Bd. 40, Berlin 1968, S. 514.
13 Rahel Jaeggi, Welt und Person. Zum anthropologischen Hintergrund der Gesellschaftskritik Hannah Arendts, Berlin 1997, S. 103.

1958 unter dem Titel *The Human Condition* erschienen, erkennt sie allerdings das Hauptproblem nicht in der Entfremdung des Menschen von sich, sondern in seiner »Weltentfremdung« als Konsequenz der »Zusammenschrumpfung des Erdraumes und der Aufhebung von Entfernung«[14].

Einen ähnlichen Ansatz verfolgt auch Hartmut Rosa in *Beschleunigung und Entfremdung* von 2011, wenn er von einer Entfremdung von *Raum* und *Zeit* durch die Beschleunigung der Kommunikation, des Reise- und Umzugsverhaltens sowie der Austauschrate von Gebrauchsgegenständen etc. spricht, durch die es dem Menschen erschwert werde, tiefe, nachhaltige Beziehungen zu seiner Lebenswelt aufzubauen, weshalb diese ihm als fremd und indifferent gegenübertrete.[15]

Nachdem postmoderne und poststrukturalistische Theorien den modernen Subjektbegriff dekonstruiert und die Einheitlichkeit des Individuums und dessen autonome Handlungsverantwortlichkeit infrage gestellt hatten, aktualisieren Vertreter der zeitgenössischen kritischen Gesellschaftstheorie wie Rahel Jaeggi oder Hartmut Rosa den Entfremdungsdiskurs nun mit antiessenzialistischen und antinaturalistischen Ansätzen, die einen Subjektbegriff mit »fluidem« Kern, ein sich kontinuierlich im Lernprozess befindliches Subjekt voraussetzen.[16]

Jaeggi, die den Begriff Entfremdung sozialphilosophisch rekonstruiert und in seinen mannigfaltigen Manifestationen (Machtlosigkeit, Verselbstständigung eigener Handlungen, Rollenverhalten, Authentizitätsverlust, innere Entzweiung, Indifferenz etc.) durchdekliniert, formuliert treffend: Entfremdung herrscht da, wo eine »Beziehung der Beziehungslosigkeit«[17] vorliegt. Wird eine produktive Aneignung der Lebensumstände verhindert, somit der Prozess der Identitätsbildung gestört, erfährt sich das Subjekt als fremdbestimmt und machtlos. Konformes Verhalten ersetzt kritisches Hinterfragen und aus aktiver Aneignung wird passives Übernehmen. Dabei verhindern internalisierte Normen eine aus dem Inneren entspringende (Lebens- und Handlungs-)Motivation, wodurch eine Erlebnis- und Gefühlsfähigkeit nicht mehr stimuliert werden kann. Wie »aus der Rolle gefallen«, betrachtet man sich selbst wie »von außen«, sieht sich Handgriffe ausüben, Handlungen ausführen, Worte aussprechen, Überzeugungen verteidigen, die anscheinend nicht zu einem gehören, da man ja »*eigentlich*« ganz anders ist. In Anlehnung an Isaiah Berlin versteht Jaeggi Entfremdung als »besondere Form des Freiheitsverlusts« im Sinne einer Behinderung der »positiven Freiheit«, die nicht nur »die Abwesenheit von äußerem Zwang«, sondern »die Verwirklichung von wertvollen Zielen« miteinschließt.[18] So schlussfolgert sie: »Um mich *selbst* verwirklichen zu können, muss ich meine Zwecke selbst setzen kön-

---

14 Hannah Arendt, Vita activa oder Vom tätigen Leben, München 2010, S. 321.
15 Hartmut Rosa, Beschleunigung und Entfremdung, Frankfurt a. M. 2013, S. 122-143.
16 Rahel Jaeggi, Kritik von Lebensformen, Berlin 2014, S. 14.
17 Jaeggi, Entfremdung, 2005, S. 19.
18 Ebd., S. 53.

nen. Andererseits muss es in Vollzügen von Selbstverwirklichung um eine bestimmte Art von Zwecken gehen: um diejenigen, die wir *um ihrer selbst willen* verfolgen.«[19]

Führt Rosa ebenfalls ein »gestörtes Weltverhältnis« auf die fehlende »Resonanz«- und Aneignungsfähigkeit des Individuums zurück, unterscheidet er sich von Jaeggi dadurch, dass »diese darauf beharrt, dass nichtentfremdete Beziehungen oder Handlungen ›selbstbestimmt‹ sein müssen«, sie »also den unbedingten Autonomieanspruch aufrechterhält.«[20] Nach Rosa werden allerdings autonome Bestrebungen durch die Beschleunigungsdynamiken vereitelt.

Die hier aufgeführten Theorien zeigen einen Wandel in der Begriffsgeschichte der (Selbst- und Welt-)Entfremdung an. Dabei lassen sich einige Konstanten in der Umschreibung des Phänomens und seiner Begleiterscheinungen – »Verlust der Autonomie«, »Fremdbestimmung«, »Handlungsohnmacht«, »verhinderte Selbstverwirklichung«, »Sinnverlust«, »Indifferenz«, »Ausbeutung« – bestimmen, die sich nicht nur auf problematische Arbeitsbedingungen, sondern auch individuelle Krisensituationen beziehen lassen. Wie auch der Versuch einer begrifflichen Bestimmung der Entfremdungskategorie in einen Theorienpluralismus führt, so spiegelt sich ebenso differenziert die Entfremdungsthematik in der Literatur, beispielsweise in Form von romantischem »Weltschmerz«, existenzialistischen Seinszuständen wie »Ekel«, »Langeweile«, »Angst« oder in lyrischem »Ich-Verlust« angesichts Kriegs- und Grenzerfahrungen. Reagieren Dystopien und Science-Fiction-Literatur mit ihren in die Zukunft extrapolierten Gesellschaftsvisionen auf die zunehmende Weltentfremdung durch eine Technisierung der Lebenswelt, ist es die Arbeiter- und Angestelltenliteratur, die die (Selbst-)Entfremdung in der Darstellung konkreter Arbeitssituationen, Produktionsabläufe und bürokratischer Prozesse ihrer jeweiligen Epoche thematisiert.[21]

Die Analyse exemplarischer Texte der gegenwärtigen Literaturlandschaft, ein autobiografischer Callcenterbericht (Murgia), eine Satire über neue Managementformen (Bajani) und ein Entwicklungsroman (von Steinaecker) über eine Versicherungsangestellte in Zeiten der Selbstoptimierung, soll nun Aufschluss über die literarische Reflexion gegenwärtiger Arbeitswelten geben. Dabei öffnen die Fiktionen auch den Blick für reale Entfremdungsprozesse.

---

19 Ebd., S. 244.
20 Hartmut Rosa, Kritik der Zeitverhältnisse. Beschleunigung und Entfremdung als Schlüsselbegriffe einer erneuerten Sozialkritik, in: Rahel Jaeggi/Tilo Wesche (Hg.), Was ist Kritik?, Frankfurt a. M. 2009, S. 23-54, S. 38.
21 Cora Rok, Wi(e)der die Entfremdung? Arbeit und Leben in der Gegenwartsliteratur, in: Eva Holling/Matthias Naumann/Frank Schlöffel (Hg.), Figuren des Sozialen, 06 (2014), S. 30-144. Die folgende Untersuchung habe ich an anderen Stellen erweitert bzw. komprimiert: Cora Rok, Arbeit in der Gegenwartsliteratur – Neue Formen der Entfremdung?, in: Gegenblende, 01 (2014), unter: http://gegenblende.dgb.de/-/gOH (9.12.2017); Cora Rok, Ritorno alla realtà? Das Simulakrum »Callcenter« bei Michela Murgia und Paolo Virzì, in: Romanische Studien, H. 8 (bevorstehend).

2 Michela Murgias *Il mondo deve sapere* (2006) – Supervision und Motivation

Angesichts der drohenden Arbeitslosigkeit und in Ermangelung von Alternativen nimmt die studierte Theologin Michela Murgia eine Tätigkeit als Telefonistin in der Firma *Kirby* auf, die multifunktionale Staubsauger per Anruf vertreibt. Ihre Erfahrungen verarbeitet sie in einem Blog, der so erfolgreich ist, dass er 2006 als »Callcenter-Roman« mit dem aufklärerischen Titel *Il mondo deve sapere* publiziert wird. Auf 130 Seiten wird der Leser Zeuge einer Enthüllung der perfiden Tricks und Techniken, einerseits des Unternehmens, das seine Mitarbeiterinnen zu Effizienz und Ehrgeiz antreibt, und andererseits der Telefonistinnen, die wiederum die Angerufenen in eine Verkaufsfalle zu verstricken trachten. Doch wird nicht sogleich am Telefon verkauft; die Telefonistinnen, allesamt Frauen, sind nur dazu angehalten, den ersten Kontakt zu den Hausfrauen herzustellen, um einen Termin zu vereinbaren, an dem das Gerät von den *Sharks*, den männlichen Verkäufern, vorgeführt und eine kostenlose Gratisreinigung eines Möbelstücks vorgenommen wird. Eine Überwachungskamera am Arbeitscomputer jeder Telefonistin ermöglicht dabei Abhörmaßnahmen, die der Qualitätssicherung der Verhandlungsgespräche dienen:

> »Wir werden die Stars ihrer persönlichen Reality-Show sein. George Orwell war ein Optimist. Wenn wir quatschen, werden sie es wissen. Wenn wir uns den Finger in die Nase stecken, wird das keine aufreizende, intime Geste mehr sein. […] Wir werden nicht einmal, wie in diesen Genrefilmen, ein statisches Foto mit uns im Büro davorstellen können, das uns im Moment höchster Produktivität zeigt: Das Kameraauge überträgt auch Ton. Nicht die kleinste Schwäche dürfen wir uns mehr leisten, nicht die kleinste Ablenkung, nicht das kleinste Versagen. […] Willkommen bei Big Brother.«[22]

Es scheint zunächst paradox, dass eine Kamera in Unternehmen Anwendung findet, in denen ohnehin nicht nach Anwesenheit, sondern nur nach »Erfolg« erbrachter Leistungen entlohnt wird. Indem durch die Überwachungsmaßnahme Gemütlichkeit und Intimität und damit auch eine individuelle Herangehensweise an die Arbeitsaufgabe gehemmt wird, soll gleichzeitig Effizienz und Konzentration gefördert werden.

Paolo Virzì, der Murgias Bericht 2008 filmisch adaptierte, inszenierte nicht nur die Kameraobservierung, er entwarf eine Inneneinrichtung des Großraumbüros der Callcenterfirma aus Einzeltischen mit gläsernen Trennwänden, die kreisförmig um die Supervisorin in der Mitte angelegt sind.[23]

---

22 Michela Murgia, Il mondo deve sapere, Milano 2010, S. 58 (alle Übersetzungen durch die Autorin; C. R.).
23 Paolo Virzì, Tutta la vita davanti, Medusa Film 2008.

Abschnitt II | Verlust von geregelter Arbeit als Gewinn

Abb. 1 So spaßig kann Arbeit im Callcenter sein: Die Telefonistinnen bei ihrem morgendlichen Motivationssong, die Supervisorin in der Mitte hat den Rundumblick. Bildausschnitt aus: Paolo Virzìs Murgia-Adaption Tutta la vita davanti (2008) © 2008 Medusa Film S.p.A. Motorino Amaranto S.r.l.

Abb. 2 Protagonistin Marta (Murgias Alter Ego) hinter der gläsernen Trennwand – der Spiegel soll eigentlich an das Dauerlächeln erinnern. Bildausschnitt aus: Paolo Virzìs Murgia-Adaption Tutta la vita davanti (2008) © 2008 Medusa Film S.p.A. Motorino Amaranto S.r.l.

Die Anordnung erinnert an Jeremy Benthams architektonisches Modell zur Konstruktion von Gefängnissen, dem ringförmigen Panopticon, das die Überwachung vieler durch einen, d. h. der Zelleninsassen durch den Aufseher im Turm gewährleistet.

Michel Foucault entwickelt in *Überwachen und Strafen* die These von der Transformation der Souveränitäts- zur Disziplinarmacht im 18. Jahrhundert und exemplifiziert ihre Manifestation in der panoptischen Architektur sogenannter »Einschließungsmilieus« wie Krankenhäusern, Schulen, Gefängnissen, Kasernen oder Fabriken, die eine Modifikation der geistigen und auch körperlichen Haltung durch eine totale Überwachung begünstigen.[24] Er resümiert:

Abb. 3 Gefängnisanlage nach dem panoptischen Modell Jeremy Benthams. Inside one of the prison buildings at Presidio Modelo (Cuba) © I, Friman (CC)

> »Derjenige, welcher der Sichtbarkeit unterworfen ist und dies weiß, übernimmt die Zwangsmittel der Macht und spielt sie gegen sich selber aus; er internalisiert das Machtverhältnis, in welchem er gleichzeitig beide Rollen spielt; er wird zum Prinzip seiner eigenen Unterwerfung.«[25]

Indem die Arbeitssubjekte die ökonomischen Zielsetzungen des Unternehmens verinnerlichen, disziplinieren sie sich schließlich selbst.

Die Callcenterfirma bei Murgia zeigt indessen nicht nur Interesse für das Verhalten während einer Arbeitsschicht, auch das Privatleben der Angestellten soll möglichst offengelegt werden, da ein Profil erstellt und die Informationen als Hebel für Motivationen und emotionale Erpressung genutzt werden können. Von den Telefonistinnen wird geradezu erwartet, dass sie bei ihrer Einstellung auch die Kontaktdaten ihrer Freunde und Verwandten preisgeben, um damit die Datenbank zu füttern. Auch wird den Telefonistinnen nahegelegt, selbst einen Staubsauger zu erwerben, um bei den Telefonaten ihre Überzeugungskraft und Authentizität durch Selbsterfahrung zu steigern.

Selbstmanagement steht am Ende der Machtverschiebung von repressiv-disziplinierenden zu stimulierenden Techniken. In Erfüllung dieser individualisierenden

---

24 Michel Foucault, Überwachen und Strafen. Die Geburt des Gefängnisses, Frankfurt a. M. 1975, S. 256 f. Anzumerken ist, dass sich Foucault als postmoderner Diskurstheoretiker dem Konzept der Entfremdung wie auch dem Marxismus ablehnend gegenüber verhält.
25 Foucault, Überwachen, 1975, S. 260.

und subjektkonstituierenden Methoden wird unter anderem an die Emotionalität der Frauen appelliert. Die Supervisorin, die als Scharnier zwischen Chefetage und Angestellten fungiert, gibt vor, durch eine Wette mit dem Chef ihren Job für die Mädchen aufs Spiel gesetzt zu haben, da sie versprach zu kündigen, sollten die Telefonistinnen die Zielmarke »zweihundert Termine pro Monat« (Mondo, 14) nicht erreichen. Interpretiert der Großteil der Telefonistinnen diese Geste als rührenden Vertrauensbeweis in ihre Kompetenzen, versteht sie Murgia als Versuch der künstlichen Erzeugung von Betroffenheit, indem die Telefonistinnen in die Position gedrängt werden, persönlich für den Ruf ihrer Vorgesetzten oder gar ihre mögliche Entlassung verantwortlich zu sein. Wo Entfremdung als »Beziehung der Beziehungslosigkeit« aufgehoben werden soll, bieten sich neue Beziehungen zur *Corporate Identity* an.

Eine ähnliche Funktion erfüllen Motivationsplakate und Rekordmarken, die die Bürowände der Firma pflastern und durch deren Erreichen sich die Telefonistinnen Geldprämien oder Reisen sichern (vgl. Mondo, 19). Um den Konkurrenzkampf anzustacheln, werden die Kolleginnen in einem rituellen Vergleich ihrer Leistungen gegeneinander ausgespielt und beispielhaft als »Gewinnerinnen« oder als »Verräterinnen des Firmenziels« vorgeführt (Mondo, 71). So wie in den »Motivationsmeetings« mit Werbespots für die zu gewinnenden Reisen Bedürfnisse eingeflüstert werden, so sollen an den Bürowänden angebrachte Fotografien mit suggestiver Untertitelung Anreize setzen und Motivation wecken. Doch nicht nur mit Prämien oder durch die Steigerung des Selbstwertgefühls wird Leistung entlohnt, auf der Firmenhomepage wird damit geworben, dass die Arbeit als Telefonistin bei Kirby zur Persönlichkeitsentwicklung beitrage, indem »wichtige Kompetenzen im Bereich interpersonelle Beziehungen, Motivation, Organisations- und Führungsfähigkeiten« (Mondo, 70) erworben werden könnten.

Obwohl Murgia in ihrem Nachwort beteuert, ihr Bericht lasse sich nicht als Aufdeckungsreportage lesen, da sie sich aus »ökonomischer Notwehr« hat anstellen lassen, wird man doch an den Investigativjournalismus eines Günter Wallraff, der mit seinen Industriereportagen auf Missstände aufmerksam machte, erinnert.[26] Die studierte und scharfzüngige Murgia stilisiert sich dabei gar zu Anfang als Prophetin, die unter der dumpfen Herde der Telefonistinnen als Einzige die Methoden des Führungsstils zur Leistungssteigerung zu durchschauen weiß. Den Wunsch, die Kolleginnen zu einem Exodus aus der Knechtschaft zu führen, verwirklicht Murgia allerdings nicht. Sie

---

26 Auch Anne Webers »Gold im Mund« (Frankfurt a. M. 2005) ließe sich in diesem Atemzug nennen: Als Angestellte in einem Personalbüro verfasst sie ihr Pamphlet (»Liebe Vögel«) auf den sinnlosen Tätigkeitsbereich, bei dem die Dinge selbst, die Bleistiftanspitzer und Kopierer, ein Eigenleben zu entwickeln scheinen, während das eigene Leben immer mehr verdinglicht wird. Jahre später lässt sie sich noch einmal in ein Großraumbüro versetzen, diesmal aber nicht als Angestellte, sondern als Schriftstellerin, die sich in ähnlichem Arbeitsumfeld nun mit einer ganz anderen Aufgabe betraut. Das, was sich vormals als entfremdend ausgewirkt hat, gereicht nun zur Inspiration der schon a priori als »Fremde« und »Indifferente« in das Büro Eingeschleusten.

kündigt und hinterlässt den Blog als Dokument eines Verblendungszusammenhangs, in dem sich ihre fügsamen Kolleginnen verstricken, und der Handlungsohnmacht, die nur durch das Schreiben kanalisiert wird.

Entschuldigt sich Murgia in ihrem Nachwort noch für den humorvollen und ironischen Umgang mit dem ernsten und hochaktuellen Thema prekärer Arbeitsbedingungen, der ihrem Buch Kritik einbrachte (vgl. Mondo, 132), wächst mit zunehmender Resonanz in der Öffentlichkeit ihr politisches Bewusstsein. 2013 versucht sich Murgia in der Realpolitik und tritt in ihrer Heimat Sardinien als Kandidatin bei der Regionalwahl an.[27]

3 Andrea Bajanis Cordiali Saluti (2005) – Stimulation und Work-Life-Balance

Während Telefonistin Murgia tiefe Einblicke in die Unternehmenskultur eines Callcenters gewährt, berichtet Andrea Bajanis namenloser Icherzähler in *Cordiali Saluti* (2005) von seiner Tätigkeit als »Kündigungsbriefeschreiber« in einer Firma, deren Personalleiter eine permanente Restrukturierungswut plagt und darum stets um neue Optimierungsmaßnahmen bemüht ist. So führt er beispielsweise den *Casual Friday* ein, an dem alle ihren individuellen Kleidungsstil tragen und auch einen ungezwungenen Umgang pflegen sollen:

»Das ist eine wichtige Innovation zur Wertschätzung der Menschen, sagt er. An anderen Tagen steht man auf, schaut, welcher Tag heute ist, es ist nicht Freitag, dann muss man sich die Krawatte umlegen oder das Kostüm und die hohen Absätze tragen, da geht es um Professionalität, nicht darum, sich im Spiegel zu betrachten und sich auszusuchen, was für ein Mensch man heute sein möchte.«[28]

Anlässlich des fast feierlichen Tages gibt sich der Personalleiter als »Giancarlo« zu erkennen und spornt seine »amici«, die mit der ungewohnten Freiheit nicht richtig umzugehen wissen, dazu an, ihr unverstelltes Ich unverblümt zu zeigen und sich nicht hinter Formalitäten und Höflichkeiten zu verstecken. Dabei erntet er auch gleich erste flapsige Sprüche, auf die er aber mit Begeisterung reagiert:

---

27 Zwei kritische Beiträge zu der Politisierung der Autorin und ihrem unsystematischen Parteiprogramm sowie Parallelen zum Komiker Beppe Grillo und Unternehmer Renato Soru, die ihre mediale Sichtbarkeit als Trittbrett in die italienische Politik nutzen, stammen von Vito Biolchini. http://www.vitobiolchini.it/2013/06/02/il-mondo-deve-sapere-michela-murgia-si-vuole-candidare-alle-prossime-elezioni-regionali-si-ma-con-chi-e-per-fare-cosa/ und http://www.vitobiolchini.it/2013/06/30/michela-murgia-indipendentista-a-cucu-un-po-soru-e-un-po-grillo-e-tanta-ambiguita-per-una-candidatura-decisa-da-tempo/(15.10.2014).
28 Andrea Bajani, Cordiali Saluti, Torino 2005, S. 62.

> »Ihr müsst mich duzen, denn dieser Tag ist den Menschen gewidmet, auf dass jeder sehen kann, dass wir wirklich alle Freunde sind, auch wenn wir uns an den anderen Tagen siezen. Ruft mich beim Namen, nennt mich Giancarlo. He, Giancarlo, sagt ein als Sheriff verkleideter Angestellter. Na, antwortet er, was gibt's, mein Lieber? Und jener sagt Gianca, wenn du deinen Arsch vom Sitz bewegst und für ein paar Minuten ins Sekretariat kommst, machst du mich glücklich. So gefällt mir das, jubelt der Personalleiter. Informalität und Freundschaft auf Kommando.« (Saluti, 63)

Die von Bajani ad absurdum geführte Forderung, das enge Korsett der Professionalität zu lockern und flache Hierarchien einzuführen, um Individualisierung am Arbeitsplatz zu ermöglichen, gehörte einst zu den Kampfansagen gegen die Entfremdung, und ist längst erfüllt worden. So hat, wie die Soziologen Luc Boltanski und Ève Chiapello konstatieren, seit Ende der 1960er-Jahre eine Absorption der sogenannten *Sozialkritik* und *Künstlerkritik* durch den Kapitalismus stattgefunden. Während Erstere die soziale Ungleichheit und Verarmung anprangerte, forderte Letztere die Aufhebung der Unterdrückung von Autonomie, Kreativität und authentischer Selbstverwirklichung durch die fordistische Arbeitsteilung.[29] Da Künstler und Intellektuelle (und die Bohème) in ihrer Lebensführung zwischen *Freizeit* und *Arbeit* nicht unterschieden, bedeutete dies für die neu entstehende Arbeitsmentalität eine Verschränkung zweier Sphären, deren Trennung in der Hochzeit der Industrialisierung als Errungenschaft gelten konnte, indem fremdbestimmte Arbeit nicht entfremdeter Freizeit gegenüberstand. Was für Freischaffende Raum zur Selbstbestimmung im Sinne selbst gesteckter Ziele und individueller Methoden zur Erreichung dieser Ziele bedeutet, stellt sich jedoch für den Angestellten, der zum kreativ schöpferischen Wissensarbeiter mutiert ist, als eine Verlängerung des fremdbestimmten Arbeitsraumes dar. Christoph Bartmann, Direktor des Goethe-Instituts New York, resümiert in seinem 2012 erschienenen Buch *Leben im Büro. Die schöne neue Welt der Angestellten*:

> »Wir dürfen, so viel steht fest, mehr ›Mensch‹, mehr ›wir selbst‹ sein als unter den alten Bedingungen. Damit ist zugleich die Sphäre verschwunden, in der wir, entlassen aus der Fabrik- und Bürowelt, ›endlich Mensch‹, endlich wir selbst sein konnten. Weil uns das Büro gestattet, Mensch zu sein, hören wir auch in unserer Freizeit nicht auf, im Büro zu sein. Das Gegenwartsbüro ist ein Pyrrhussieg der Freiheit.«[30]

Haben Imperien der *New Economy* wie *Microsoft* oder *Apple* auf ihrem Gelände Kindertagesstätten, Grünflächen und Bereiche zur Erholung und Aktivität installiert, so

---

29 Luc Boltanski/Ève Chiapello, Der neue Geist des Kapitalismus, Konstanz 2003, S. 80 f.
30 Christoph Bartmann, Leben im Büro. Die schöne neue Welt der Angestellten, München 2012, S. 280 f.

lässt auch der Personalleiter in Bajanis Roman einen Tennisplatz an das Firmengelände anlegen. Dass die Gehälter dabei erst einmal gedrosselt werden, erscheint für ihn fast als logische Konsequenz; wenn Lohnarbeit mit Entfremdung gleichgesetzt wird, so müssten sich großzügige Freizeitangebote am Arbeitsplatz menschenfreundlicher und zugleich stimulierender auswirken:

> »Dadurch [sagt er] sind seine Angestellten etwas glücklicher, da sie sich wie Menschen fühlen, wenn sie am Netz hin- und herlaufen, ein Gehalt bedeutet ja Entfremdung, Tennis aber ist die wahre Metapher des Lebens.« (Saluti, 33)

Immaterielle Arbeit wird immateriell entlohnt. Der Gefahr der Entfremdung wird vorgebeugt, wo spielerische Kreativität, das Recht auf Individualität sowie die *Work-Life-Balance* direkt am Arbeitsplatz gefördert werden und der Mensch »als Mensch« wertgeschätzt wird – ironischerweise selbst dann, wenn er ein Kündigungsschreiben erhält, das die zu erwartende Arbeitslosigkeit als glückliches, beneidenswertes Los oder als *»challenge«* erscheinen lässt:

> »Nur ohne Arbeit, so wiederhole ich es mir jedes Jahr, wenn ich zurück ins Arbeitsleben kehre, können sich Menschen dessen, was sie umgibt, gewahr werden. [...] ich musste daran denken, wie es meine Firma, unsere Firma, leider nicht mehr schafft, das eigene Personal wertzuschätzen. Sie brauchen Raum, Sparacqua, Sie brauchen Felder, auf denen Sie sich austoben können. [...] Zu unserer Strafe müssen wir auf Ihre hervorstechende Kreativität und ihr hochrangiges Profil verzichten. [...] Glauben Sie mir, Sparacqua, ich beneide Sie. Ich beneide die Zukunft, die sich vor Ihnen auftut. Ich beneide Sie um die Möglichkeit, den Jogginganzug aus dem Schrank holen, sich die Turnschuhe anziehen zu können und die einfachen Dinge des Lebens wiederentdecken zu können. [...] Mit freundlichen Grüßen«. (Saluti, 20 ff.)

Der Personalleiter hält darüber hinaus noch eine andere Optimierungsstrategie für die Firma parat, die sich dann doch wieder von der Idee der durch den Arbeitsplatz geförderten *Work-Life-Balance* und Persönlichkeitsentfaltung entfernt: *Office Hotelling* heißt das Konzept und meint »täglichen Bürowechsel«: »Kein sentimentaler Sklavendienst an eurem Büro, keine emotionale Gewöhnung an Räume. Wie soll das gehen? wird gefragt./Durch täglichen Bürowechsel.« (Saluti, 43) Während Firmen tatsächlich auf das Hotelling-Prinzip rekurrieren, um Raum zu gewinnen, da Mitarbeiter aufgrund der Virtualisierung des Tätigkeitsbereichs auf einen festen Arbeitsplatz verzichten können und mit ihrem Laptop »unterwegs« sind, kehrt der Personalleiter diese Maßnahme um und interpretiert die Leittugenden des New Managements, Flexibilität und Mobilität, als »processo di purificazione« (Saluti, 42), als Reinigungsprozess; indem die aktive Aneignung des Arbeitsraumes verhindert wird, soll durch dessen Sterilität und Unpersönlichkeit ähnlich wie bei Murgias Kameraobservierung ablenkungsfreies Arbeiten gewährleistet werden.

Durch den Nebenstrang der Handlung wird indessen das rational durchorganisierte Arbeitsumfeld des Icherzählers mit dem zerrütteten Privatleben des zu Beginn des Romans gefeuerten und daraufhin rasch erkrankten Direktors und der Welt seiner anarchischen Kleinkinder kontrastiert. Diese fügen sich nicht nach Effizienzgesichtspunkten und repräsentieren somit eine andere Form von Freiheit, die nicht im Dienste der Rekreation steht und an Rousseaus Naturzustand erinnert. Da der Exdirektor im Krankenhaus liegt, wird der Icherzähler, der sich für dessen Entlassung und die bei ihm diagnostizierte Krankheit verantwortlich fühlt, zum Ersatzvater; im Büro nennt man ihn den »Killer« und fürchtet seine Funktion als »Rausschmeißer«, zu Hause wird er von den Kindern »ramarro«, Eidechse, genannt und zu einem »Primitiven-Abendessen«, »una cena di primitivi«, überredet, bei dem man nackt um den Tisch sitzt und alle Gesetze der Vernunft außer Kraft gesetzt sind (Saluti, 18, 28 u. 38). Nach dem Tod des Direktors eignet sich der Icherzähler die Versorgerrolle gänzlich an und entschließt, bei der Firma zu kündigen, die ihn »la stima, la fiducia, l'orgoglio, la nostalgia, la malinconia, l'impotenza, il discpiacere« (Saluti, 96), also Wertschätzung, Vertrauen, Stolz, Nostalgie, Melancholie, Ohnmacht und Bedauern, in seinen Kündigungsbriefen nur haben vorheucheln lassen, während er nun für diese Gefühle tatsächlich empfänglich geworden zu sein scheint.

4 Thomas von Steinaeckers *Das Jahr, in dem ich aufhörte, mir Sorgen zu machen, und anfing zu träumen* (2012) – Ich-AG, Selbstkontrolle und Selbstverlust

Thomas von Steinaeckers Protagonistin erfährt einen ähnlichen Gesinnungswandel wie Bajanis Icherzähler erst, nachdem sie sich als »Unternehmerin ihrer Selbst« fast »niedergewirtschaftet« hat.

Renate Meißner ist Anfang 40 und strebt eine steile Karriere als stellvertretende Abteilungsleiterin in einem Münchner Versicherungskonzern an. »Ich brauche Wettkampf als Motivation«, gesteht Frau Meißner, die »effizienter« arbeitet, »wenn nicht nur eine Prämie auf dem Spiel« steht.[31] Sie ermahnt sich mit groben Schimpfworten zur Leistungssteigerung (»Manchmal half mir das beim Fokussieren«) (Jahr, 19) und erstellt sich allabendlich »Performance-Eigenevaluationen«, die es ihr erlauben, sich »hinsichtlich Orientierung bzgl. der Abläufe«, »hinsichtlich der eigentlichen Tätigkeit, d. h. Leichenbeseitigung, Neupolicierung, Akquise etc.«, »hinsichtlich der eigenen Darstellung, d. h. von Renate Meißner, d. h. mir selbst, d. h. Kommunikation

---

31 Thomas von Steinaecker, Das Jahr, in dem ich aufhörte, mir Sorgen zu machen, und anfing zu träumen, 2012, S. 29.

meiner Position gegenüber Kollegen bei Wahrung eines emotional angemessenen Verhältnisses«, und »hinsichtlich Abwehr von in diesem Rahmen Nebensächlichem, aber Nichtsteuerbarem, d. h. z. B. Erinnerungen« (Jahr, 42) selbst zu kontrollieren. Das »Nichtsteuerbare« allerdings, wie sie in der Grafik ihrer Eigenevaluation vermerkt, das Moment des Zufälligen, Unkontrollierbaren ist dabei der größte Störfaktor. Dazu gehören vor allem Gefühle, die durch Erinnerungen heraufbeschworen werden; Erinnerungen an die erniedrigende Beziehung zu ihrem damaligen Chef, dem Familienvater Walter, und offene Fragen zu dem mysteriösen Verschwinden der Großmutter. Renate Meißner entwickelt deshalb ein emotionales Selbstregulierungsprogramm und erstellt »Kausaldiagramme«, »ein in dem Seminar »Lebenslogik« gelerntes, probates Instrument, um über komplexe Verläufe in der eigenen Biografie, die auf den ersten Blick wirr scheinen, Klarheit zu erlangen« (Jahr, 80). Wirtschaftsvokabular durchdringt Renates Privatangelegenheiten: Sie zieht »Bilanzen«, indem in der »Spanne zwischen dem Zubettgehen und dem Warten auf den Schlaf« auf dem Blackberry die Schnappschüsse des Partyabends durchschaut werden (Jahr, 63). Darüber hinaus begegnet Frau Meißner den Menschen ihrer Umgebung, also insbesondere ihren Arbeitskollegen, mit taxierender Distanz, nicht nur um sie einzuschätzen, »Prognosen zu erstellen« und sich dementsprechend verhalten zu können, sondern auch, um ihren »Wert« in einer versicherungstechnischen Statistik zu bemessen (Jahr, 15). »Beziehungen haben ihren Preis. Man bekommt aber auch etwas zurück.« (Jahr, 136) Unter diesem Motto reguliert Frau Meißner auch den Kontakt zu ihren Brüdern, mit denen sie »wechselseitige[] Informationsstände […] aktualisier[t].« (Jahr, 136)

Frau Meißner verlässt sich nicht auf Intuition, sondern auf Statistiken, auch Körper und Geist werden als berechenbare Größen behandelt, die es zu formen und maximal auszunutzen gilt: So habe sie im »Seminar mit dem Titel ›Hunger nutzen‹« gelernt, »den Kleinen Hunger als Chance zu begreifen. Wir können immer, wir können mehr. […] Der entscheidende Schritt ist, nicht den Hunger und die Arbeit zu trennen, sondern zu vereinen.« (Jahr, 24) Das wichtigste aber sei, »funktionstüchtig zu bleiben« (Jahr, 58). Der Gedanke, dass eine Überwachungskamera sie auf einem Monitor erscheinen lässt, löst – im Gegensatz zu Murgias Empörung – die gewünschte Modifizierung des Geistes aus und verwandelt Renates »angestrengte Miene in eine entspannte« (Jahr, 71).

Stellt sich bei Frau Meißner trotz Einnahme eines beruhigenden Antidepressivums ein »Flattern im Brustbereich« (Jahr, 10) ein, und löst sie sich »100 % souverän lächelnd« von der »schwitzig-feucht gewordenen Oberfläche« der Empfangstheke, die ihr zuvor »Halt gegeben« hatte (Jahr, 11), verweist dies auf eine Kluft zwischen gewünschtem und zur Schau gestelltem professionellen Selbstbild und tatsächlicher Befindlichkeit. Im dem Moment, in dem sie ihre Selbstbeherrschung verliert – sie rutscht zu Hause auf dem Parkett aus – treten all jene unterdrückten Emotionen an die Oberfläche, die sich in einem »Schütteln des Körpers vor Schluchzen«, das ihr »immer besonders fremd« vorkommt, artikulieren (Jahr, 64). Professionelle Contenance ist für Renate ein Schutzschild, der sie davor bewahrt, Schwäche zu zeigen und sie sich überhaupt einzugestehen.

Leben bedeutet für von Steinaeckers Protagonistin die Verpflichtung zur permanenten Selbstüberholung und Optimierung, ihre Ansprüche treiben sie dabei allerdings an ihre psychischen Grenzen. Die Bürden des »unternehmerischen Selbst« – eine Bezeichnung, die von Ulrich Bröckling zur Beschreibung eines selbst steuernden Sozialtypus einführt wurde[32] – schildert Hartmut Rosa in seinem Essay zur Beschleunigung und Entfremdung. Gerade im Autonomieversprechen lauere die Gefahr des Burnouts und des Sinn- und Selbstverlusts. Trotz selbst auferlegter Aufgaben erfahren sich die eigenverantwortlichen Subjekte als Dauerversager und fürchten, Aufgaben nicht bewältigen zu können und dadurch abgehängt zu werden, wodurch Gefühle der Fernsteuerung und Ohnmacht entstehen.[33]

Renate Meißners Selbstmanagement ist zwar der Hebel zur Veränderung, doch als Etappen zur Selbstverwirklichung lassen sich die selbst auferlegten Hürden nicht verstehen. Um auf den bereits von Jaeggi angeführten Ansatz zurückzukommen, wäre nur da von Selbstverwirklichung die Rede, »wo man in seinem Leben Dinge um ihrer selbst willen tut, oder präziser: wo man sein Leben (im Ganzen) ausrichtet an Zielen, die man um ihrer selbst willen verfolgt.«[34] Zwar lasse sich, so Jaeggi weiter, zweckrationales Handeln nie ganz vermeiden, aber um nicht in einen »teleologischen Zirkel« zu geraten, also stets Ziele, die wieder nur selbst Mittel zu einem weiteren Zweck sind, zu stecken, müsse man ein »nichtinstrumentelles Verhältnis zu den eignen Tätigkeiten« aufbauen können.[35]

Häufig sehnt sich Renate Meißner nach dem »Frühling« (Jahr, 27), Metapher für den Neubeginn, danach, sich »vergessen« zu können, ihr zielgerichtetes Leben, das doch kein lohnenswertes Ziel zu haben scheint, aufzugeben. Als sie letzten Endes entgegen allen Erwartungen ihrer Vorgesetzten kündigt, erfährt sie ein Gefühl, das sie »schon sehr, sehr lange nicht mehr erlebt hatte«, »Glück« (Jahr, 386). Zum ersten Mal »war vollkommen unklar, was ich nun tun sollte, was man tat« (Jahr, 386). Heideggers *man*, in dem sich das unkritische Übernehmen von Konventionen spiegelt, hat für diese neue Situation keine vorgefertigten Handlungsoptionen anzubieten. Der Titel des Romans erschließt sich auf den letzten zwei Seiten; die arbeitslose Renate fängt an zu träumen. Sie »gestattet sich«, sich »in der nahen Zukunft zu sehen«, in der sie, ihre Welt- und damit Selbstentfremdung durch eine veränderte Wahrnehmungshaltung, durch Zeit und Muße, aufhebt; eine Zukunft, in der sie »auf der Wiese ohne einen bestimmten Grund sitzt«, nicht »auf die Kalorien« achtet, dafür auf den Geschmack

---

32 Ulrich Bröckling, Das unternehmerische Selbst. Soziologie einer Subjektivierungsform, Berlin 2007.
33 Rosa, Kritik, in: Jaeggi (Hg.), 2009, S. 43.
34 Jaeggi, Entfremdung, 2005, S. 246.
35 Ebd.

von Fleisch und Kartoffeln; sie träumt von der Erfahrung bedingungsloser Liebe und von »Sinn« (Jahr, 388). Ob ihr diese Erfüllung vergönnt sein wird, bleibt ungewiss. Am Ende sitzt sie mit »geschlossenen Augen« im winterlichen Dickicht eines Waldes und »glaubt«, den »Frühling vor der Tür« stehen zu sehen (Jahr, 389).

5 Fazit

Die angeführten Literaturbeispiele illustrieren nicht nur verschiedene Varianten zeitgenössischer Arbeitswelten, sondern verweisen auch auf die unterschiedlichen Bewusstseinszustände der Arbeitssubjekte, die durch die neuen Unternehmenskulturen geprägt und (mit)konstituiert werden.

Eine Aktualisierung des Entfremdungsbegriffs, wie sie Rosa und Jaeggi vornehmen, erfordert seine Loslösung von der frühindustriellen Ausbeutung in Fabriken, die sich vornehmlich auf Länder der Dritten Welt verschoben hat, und die Anwendung auf gegenwärtige Unternehmenskulturen. Um nicht in normativ aufgeladene Argumentationsmuster zu verfallen[36], darf Entfremdung dabei nicht als eine kollektive, sondern muss vielmehr als eine individuelle, situationsgebundene Erfahrung betrachtet werden. Wurde eingangs mit Jaeggi die Entfremdung als »Beziehung der Beziehungslosigkeit« definiert und mit Erfahrungen der »Fremdbestimmung« und »Ausbeutung«, des »Autonomie«- und »Sinnverlusts« sowie der »Indifferenz« verknüpft, lassen sich die in den Romanen geschilderten subjektformenden und -konstituierenden Führungstechniken hinsichtlich ihrer Beförderung von Entfremdungserscheinungen überprüfen.

Ausschlaggebend für die Entfremdungssymptome der autofiktionalen Erzählerfigur bei Murgia ist mangelnde Identifikationsfähigkeit mit der als erniedrigend empfundenen Tätigkeit. Dabei erinnert die Callcentertelefonistin an den Fließbandarbeiter, der ebenfalls mit einer stupiden, automatisierten Teilaufgabe betraut ist, einen geringen Handlungsspielraum besitzt, schlecht bezahlt wird und in seinem Tätigkeitsfeld sein Potenzial nicht zur Verwirklichung bringen kann. Da die Tele-

---

36 Damit wird auch vermieden, Regeln für das »richtige« Leben aufzustellen. In einem Interview mit den beiden Entfremdungstheoretikern zeigt sich, dass Jaeggi Rosas Verteufelung des entfremdenden Zeitregimes nicht zustimmen kann; während Rosa die Beschleunigung und Flexibilisierung als Zumutung empfindet, begrüßt Jaeggi die von anderen als Hektik empfundene Abwechslung und Getriebenheit und sieht sich persönlich auch keinen Optimierungszwängen ausgesetzt. Dass es schwierig ist, normative Grundsätze zum Zeitempfinden und der Bewältigung von Aufgaben sowie der Stressresistenz aufzustellen, beweist also auch eine Uneinigkeit bei den beiden führenden Entfremdungsforschern in der Ergründung ihrer Ursachen. Dennoch versuchen beide aus der Individualismusfalle hinauszutreten, um Systemkritik wieder möglich zu machen. »›Wir stehen alle unter Optimierungszwang‹. Die Philosophin Rahel Jaeggi und der Soziologe Hartmut Rosa über Kontrollverlust im Zeitalter der Beschleunigung, das menschliche Maß und Auswege aus dem Steigerungswahn«, in: SPIEGEL WISSEN, 1 (2013), S. 18-24.

fonistinnen aber nur nach Erfolg entlohnt werden, gilt das Motto: Wer nicht schnell genug telefoniert, wer nicht seine Überredungskünste zu optimieren versteht, der ist selbst schuld daran, wenn der Stundenlohn ungenügend ausfällt. Der Geist des eigenverantwortlichen, unternehmerischen Selbst wandelt nicht nur auf den Chefetagen, sondern fordert auch gerade seinen Tribut von Geringverdienern in niederen, befristeten Anstellungen. Aus Fremd- wird Selbstausbeutung.

Mittels einer zynisch-sarkastischen Erzähltechnik kündigt Murgia den disziplinarischen Methoden sowie manipulierenden Motivationstechniken, die die Arbeitskraft zu erschließen suchen, den Kampf an. Durch den Kanal des Schreibens gewinnt sie gleichsam die Möglichkeit zur Selbstbestimmung zurück.

Bajanis fiktionales Unternehmensmodell mag auf den ersten Blick einige Quellen der Entfremdungserscheinungen abgebaut zu haben, aber die Tücken des Systems, die satirisch überzeichnet werden, sind unverkennbar. Werden Individualität und Freiheit gefördert und der Angestellte auch in seiner Privatpersönlichkeit vom Arbeitsplatz vereinnahmt, muss dieser gleichzeitig mit Gehaltskürzungen und Kündigungen rechnen und ist Opfer des Gefühls der Unsicherheit, das flexible Unternehmensstrukturen erzeugen.

Zwar wird der Druck disziplinarischer Zwänge, wie in Murgias Orwell'schem Szenario durch die Kamera repräsentiert, bei Bajani durch die räumliche Öffnung in eine freiheitliche Sphäre abgebaut. Diese aber ist janusköpfig und lässt sich vielmehr als eine Verlängerung des Arbeitsraumes verstehen. Gilles Deleuze, der Foucaults Konzept der Disziplinarmacht für die unmittelbare Gegenwart aktualisiert und den Begriff der *Kontrollgesellschaft* prägt, verweist auf die Verschiebung der Machtausübung von der Disziplinierung und Überwachung hin zu subtileren »Kontrollformen mit freiheitlichem Aussehen«[37]. Nicht mehr ein Vorgesetzter unternimmt die Sozialdisziplinierung, sondern die Kollegen. Bröckling verwendet daher den Begriff des »demokratischen Panoptismus«[38], um eben diese neuen Formen der Observierung und Kontrolle aller durch alle zu bezeichnen. Wird bei Paolo Virzìs filmischer Murgia-Adaption der technisch avanciertere, verkleinerte Bentham'sche Turm in Form der tonübertragenden Kamera durch die gläsernen Bürotrennwände ersetzt, wodurch alle Telefonistinnen Einsicht in das Arbeitsverhalten ihrer Kolleginnen erhalten, kann gleichermaßen auch Bajanis Tennisplatz als Chiffre des Exerzierplatzes alter Einschließungsmilieus gewertet werden.

Renate Meißner schließlich hat das Leistungs- und Effizienzprinzip verinnerlicht und führt ihre Selbstdisziplinierungs- und Optimierungstechniken mit tragi-

---

37 Gilles Deleuze, Postskriptum über die Kontrollgesellschaften, in: Christoph Menke/Juliane Rebentisch (Hg.), Kreation und Depression. Freiheit im gegenwärtigen Kapitalismus, Berlin 2010, S. 11-17.
38 Ulrich Bröckling, Totale Mobilmachung. Menschenführung im Qualitäts- und Selbstmanagement, in: ders./Thomas Lemke/Susanne Krasmann (Hg.), Gouvernementalität der Gegenwart. Studien zur Ökonomisierung des Sozialen, Frankfurt a. M. 2002, S. 131-167, S. 152.

scher Ernsthaftigkeit durch. Sie spielt »die Zwangsmittel der Macht gegen sich selbst« aus; ökonomisches Wettbewerbs-, Leistungs- und Effizienzdenken hat sich auf alle Lebensbereiche ausgedehnt. Es scheint allerdings, als wäre die »Beziehung der Beziehungslosigkeit« bei Renate gerade durch Konformität und den Glauben an die zu erreichenden Ziele aufgehoben. Dabei bleibt Renate unfähig, sich, über ihre krampfhaft angeeignete Rolle einer professionell »funktionierenden« Versicherungsfachfrau hinaus, handelnd und fühlend mit ihrer Lebenswelt in Beziehung zu setzen. Kann sie ihr Leben nur unter versicherungstechnischen Gesichtspunkten auf »Mängel« und »Werte« hin betrachten, bleiben ihr andere Wahrnehmungshorizonte fremd.

Für alle Protagonisten stellt letzten Endes die Kündigung die einzige Möglichkeit dar, um ihr gestörtes Selbstverhältnis zu kurieren. Damit scheinen sie ihre Arbeitsbedingungen für die Entfremdungserscheinungen, unter denen sie leiden, verantwortlich zu machen. Die Kündigung als einziger Ausweg allerdings – hier lohnt sich auch der Blick auf den Schluss einiger anderer oben angeführter Arbeitsnarrative, in denen die Helden entweder den Dienst quittieren oder in der Psychiatrie landen – verweist auch auf eine Haltung der Literatur, die sich außer Stande sieht, positive Ziele, alternative Lebens- und Arbeitsmodelle als Utopien einer an Leistung, Beschleunigung, Rationalität und Optimierung orientierten Arbeitsgesellschaft entgegen zu stellen. Renate Meißners tragische Gestalt erinnert daran, wie wirtschaftliche Imperative sich zu Denkmustern verfestigen können, aus denen herauszutreten es nahezu unmöglich scheint. Mit der neu gewonnenen Freizeit konfrontiert, beginnt sie, die Verwirklichung ihrer Träume durch strategische Pläne wiederum in berechenbare Strukturen zu pressen und verkennt dabei, dass das »Glück« weder als zu erledigende Aufgabe auf einer To-do-Liste noch als Zielwert eines Businessplans gefasst werden kann.

III

Arbeit im Museum

Olaf Schmidt-Rutsch

Zwischen Musealisierung und Dokumentation: Das LWL-Industriemuseum Henrichshütte in Hattingen

»Als wir im Februar 1987 unterrichtet wurden, dass die Hochöfen stillgelegt werden sollten, hatte ich das Gefühl, dass da ein Teil von mir stillgelegt wird.«[1] So erinnerte sich der Hochofenarbeiter August Kuhnert an die Zeit der Stilllegung der Henrichshütte in Hattingen. Als am 19. Dezember 1987 der letzte Abstich an Hochofen 3 erfolgte, endete die 134-jährige Geschichte der Roheisenerzeugung im Ruhrtal.[2] In den folgenden Jahren folgten die übrigen Betriebe: Ebenfalls 1987 wurde das Walzwerk stillgelegt, 1993 erfolgte die Schließung von Stahlwerk und Stahlgießerei, 2004 stellte schließlich die Schmiede als letzter Feuerbetrieb ihre Arbeit ein – genau 150 Jahre nach der Gründung der Hütte. So wurde endgültig Realität, was WAZ-Redakteur Lutz Heuken schon beim letzten Hochofenabstich bemerkte: »Hattingens stählernes Herz war tot.«[3]

Begonnen hatte alles im Jahr 1854. Graf Henrich zu Stolberg-Wernigerode, der im Harz mehrere Hüttenwerke besaß, schickte Arbeiter und Ingenieure an die Ruhr, um dort ein modernes Hochofenwerk auf Koksbasis zu gründen. Steinkohle und (vermeintlich) hochwertige Erze vor Ort sowie die schiffbare Ruhr stellten wesentliche Standortfaktoren dar, die den Adeligen bewogen, sein Geld zu investieren. Das ambitionierte Projekt entwickelte sich jedoch nur mäßig zufriedenstellend. Nach dem Tod Henrichs, der die erste Eisenschmelze in Hattingen nicht mehr erleben sollte, trennte sich die gräfliche Familie bald von ihrem westfälischen Unternehmen. Nach mehreren Eigentümerwechseln stellte das Jahr 1904 einen Wendepunkt in der Entwicklung des Hüttenwerks dar. Die Kasseler Lokomotivfabrik Henschel & Sohn erwarb die Henrichshütte und startete ein umfassendes Modernisierungsprogramm, das den

---

1   August Kuhnert, Man ist selbständiger geworden, in: Otto König/Robert Laube/Egon Stratmann (Hg.), Das Ende der Stahlzeit. Die Stilllegung der Henrichshütte Hattingen, Essen 1997, S. 76-79, hier: S. 78.
2   Zur Geschichte der Henrichshütte siehe Ruhrstahl AG (Hg.), Ein Jahrhundert Henrichshütte Hattingen, 1854–1954, Darmstadt 1954; Robert Laube (Hg.), Die Henrichshütte. Eine grüne Geschichte, 2. Aufl., Essen 2001; Manfred Rasch, Zur Geschichte der Ruhrstahl-Gruppe und ihrer Werke, in: Andreas Zilt (Bearb.), Findbuch zu den Beständen der Ruhrstahl-Gruppe, Duisburg 1998, S. 3-72; Olaf Schmidt-Rutsch, Stahlzeit im Ruhrtal: Eine kurze Geschichte der Henrichshütte, in: ders. (Hg.), Meine Hütte. Die Henrichshütte Hattingen im Wandel vom Industriestandort zum Industriemuseum, Essen 2013, S. 8-16.
3   Lutz Heuken, Der letzte Abstich – der Kampf geht weiter, in: König/Laube/Stratmann (Hg.), Stahlzeit, 1997, S. 82-85, hier: S. 82.

guten Ruf als Produzent von Spezialstahl, Blechen und großen Guss- und Schmiedestücken begründete. Als integriertes Hüttenwerk vereinte die Henrichshütte alle Produktionsschritte von der Roheisenschmelze bis zum fertig bearbeiteten Produkt, in Hattingen entstanden Teile für den Großmaschinenbau und Lokomotiven, schließlich auch Spezialstähle für Rüstung, Raumfahrt und Nukleartechnik. Die hohe Spezialisierung sicherte über Jahrzehnte die Existenz des Werks, das »zeitweilig die Geschicke Hattingens geradezu monopolistisch geprägt«[4] hat. Diese Prägung konnte sich über Jahrzehnte ausformen, weil es gelang, die Hütte durch die Konzentration auf Qualitätsprodukte und große Werkstücke innerhalb der Konzernstrukturen von *Ruhrstahl* und, ab 1963, *Rheinstahl* konkurrenzfähig zu halten, obwohl die Enge des durch die Ruhr begrenzten Werksgeländes ebenso als negativer Standortfaktor gewertet werden konnte wie die mangelhaften Verkehrsanbindungen. Spätestens mit dem Übergang auf die *Thyssen Stahl AG* 1974 geriet die Henrichshütte auch unter konzerninternen Konkurrenzdruck, der vor dem Hintergrund der Konzentrationsprozesse in der westdeutschen Stahlindustrie im Laufe der 1980er-Jahre immer spürbarer wurde. Trotz dieser offensichtlichen Prozesse und der strukturellen Defizite stellte das Bekanntwerden der Stilllegungspläne für die Henrichshütte im Februar 1987 für die Menschen Hattingens eine traumatische Erfahrung dar. Die Entscheidung, die beiden Hochöfen, das Walzwerk[5] und Teile des Stahlwerks zu schließen, bedeutete den Abbau von 2.900 der noch auf der Hütte vorhandenen 4.700 Stellen – also des weitaus größten Teils der im Hattinger Werk vorhandenen Arbeits- und Ausbildungsplätze und wurde entsprechend in weiten Kreisen der Bevölkerung nicht nur als existenzielle Bedrohung der individuellen Lebensplanung, sondern des gesamten Gemeinwesens verstanden. Das Bekanntwerden der Stilllegungsbeschlüsse einte die Bewohner nicht nur im »Dorf des Widerstands« oder der Menschenkette rund um das Werksgelände.[6] Die Solidarität war während des Hüttenkampfes allgegenwärtig und blieb nicht nur auf Hattingen beschränkt. Die Henrichshütte war im tief greifenden Strukturierungsprozess der westdeutschen Eisen- und Stahlindustrie der 1980er-Jahre nur ein Brennpunkt – Duisburg-Rheinhausen ein anderer, begleitet von entsprechendem bundesweitem Medieninteresse (☞ siehe Abb. 1).

---

4   Thomas Parent, Die Henrichshütte in Hattingen. Ein neuer Standort des Westfälischen Industriemuseums, in: TKD – Technische Kulturdenkmale, 20 (1990), S. 20-23, hier: S. 20.
5   Hierbei handelte es sich um die 4,2-m-Grobblechstraße, die Mittelblechstraße war bereits 1984 stillgelegt worden.
6   Neben König/Laube/Stratmann (Hg.), Stahlzeit, 1997, siehe neuerdings Otto König, Band der Solidarität. Widerstand, Alternative Konzepte, Perspektiven. Die IG Metall Verwaltungsstelle Gevelsberg-Hattingen 1945–2010, Hamburg 2012, S. 180-248; Andrea Hubert, Heldenhaft? Der Kampf um die Arbeitsplätze der Henrichshütte Hattingen, in: LWL-Industriemuseum (Hg.), Helden. Von der Sehnsucht nach dem Besonderen, Essen 2010, S. 306-323.

Abb. 1 »Das Revier muss leben!« Der Kampf gegen die Stilllegung der Henrichshütte fand breiten Rückhalt in der Bevölkerung. (Manfred Vollmer/LWL-Industriemuseum).

1 Vom Hüttenwerk zum Museum

Im Zuge der fortlaufenden Stilllegung der Hütte stellte sich die Frage nach der weiteren Nutzung des unmittelbar an der Ruhr gelegenen Werksgeländes. Neben der Ansiedlung von neuen Unternehmen – ein vorrangiges Ziel zur Schaffung neuer Arbeitsplätze[7] – und der Entwicklung des ehemaligen Geländes zu einem Gewerbe- und Landschaftspark sollte auch an die Geschichte der Hütte erinnert werden. Während der 1959 gebaute Hochofen 2 demontiert und nach China verschifft wurde, sollte der ältere Hochofen 3 mit der zugehörigen Bunkeranlage und der benachbarten Gebläsehalle erhalten werden. Am 15. September 1989 beschloss der Landschaftsverband Westfalen-Lippe (LWL), den Hochofenbereich als achten Standort in sein Industriemuseum aufzunehmen. In Nordrhein-Westfalen unter anderem für landschaftliche Kulturpflege und Denkmalschutz zuständig, war der LWL als Kommunalverband seit den 1960er-Jahren mit den Folgen der Kohlenkrise und des einsetzenden Strukturwandels im Ruhrgebiet konfrontiert. Die Unterschutzstellung der Maschinenhalle der Zeche Zollern II/IV in Dortmund markierte 1969 nicht nur einen wesentlichen Schritt für die Erhaltung industrieller Denkmäler, sondern bildete auch den Ausgangspunkt einer Entwicklung, an deren Ende 1979 die Gründung des Westfälischen Industriemuseums stand.[8]

> »Es macht den authentischen Ort des Geschehens zum Ort der Präsentation, die Geschichte des Objekts zum Thema, die Geschichte seiner Menschen zum Erkenntnis leitenden Forschungsinteresse. Damit erhält die originale Substanz Sinn und Funktion, Leben und Dauerhaftigkeit. Kein Industriedenkmal ist in der Lage, alle Aspekte der Industriegeschichte zu repräsentieren; daher ist dieses Museum dezentral angelegt, spürt an verschiedenen Orten den jeweils verschiedenen historischen Aspekten nach, macht die sehr unterschiedlichen Potenzen eines jeden Standorts in unterschiedlicher Weise nutzbar.«[9]

Das Konzept des dezentralen Museums mit der »Grundidee, Technik, Produktion und Arbeitswelt des Industriezeitalters, ebenso wie Privatleben und Freizeitkultur aller sozialen Schichten der Industriegesellschaft […] am originalen Standort zu erhal-

---

7   Dieter Liebig, Zehn Jahre danach, in: König/Laube/Stratmann (Hg.), Stahlzeit, 1997, S. 106-112.
8   Landschaftsverband Westfalen-Lippe (Hg.), Ein westfälisches Industriemuseum, Münster i. Westf. 1979; Thomas Parent, Rettung vor Abbruch und frühe Umnutzung. Zur Geschichte der Maschinenhalle der Zeche Zollern II/IV zwischen 1969 und 1979, in: ders. (Hg.), Von der Schönheit der Eisenkonstruktion. Studien zur »Musterzeche« Zollern II/IV, Essen 2013, S. 241-278, hier: 258-261.
9   Helmut Bönnighausen, 25 Jahre Westfälisches Industriemuseum, in: Manfred Rasch/Dietmar Bleidick (Hg.), Technikgeschichte im Ruhrgebiet – Technikgeschichte für das Ruhrgebiet, Essen 2004, S. 128-132, hier: S. 131.

ten und [...] darzustellen«[10], erwies sich in den nächsten Jahren als richtungsweisend und regte in Folge mehrere weitere Museumsgründungen an. Mit den ursprünglich sieben Standorten[11] wurden die Branchen Bergbau, Textilindustrie, Ziegel- und Glasherstellung sowie Binnenschifffahrt abgedeckt – ein Standort zur Eisen- und Stahlindustrie fehlte jedoch.

Zur Zeit der Übernahme der Henrichshütte waren weder das spätere UNESCO-Weltkulturerbe Völklinger Hütte im Saarland noch die Eisenhütte in Meiderich, der heutige Landschaftspark Duisburg-Nord, in ihrem Bestand dauerhaft gesichert und zugänglich. Die dauerhafte Erhaltung des Industriedenkmals und dessen museale Nutzung mussten mit einer inhaltlichen Erschließung und Vermittlung einhergehen: Kein Denkmal erklärt sich selbst und der Hochofen als großtechnisches Aggregat stellte nicht nur aus restauratorischer, sondern auch aus musealer Perspektive eine Herausforderung dar. Obwohl auf Erfahrungen der sieben bereits bestehenden Standorte zurückgegriffen werden konnte, ergaben sich in Hattingen besondere Schwierigkeiten, die im Wesentlichen auch darauf zurückzuführen waren, dass die traumatischen Erlebnisse der Stilllegung erst wenige Jahre zurücklagen. Bereits 1988 hatte sich der Verein »neues Alter« um den Gewerkschafter, Bundestagsabgeordneten und ehemaligen Bürgermeister von Welper, Willi Michels, gegründet. Unter dem Eindruck der Hüttenstilllegung begann sich diese Initiative, die zu einem wesentlichen Teil aus ehemaligen Hüttenarbeitern bestand, mit der Geschichte der Henrichshütte auseinanderzusetzen: »Mitglieder des Vereins waren der Auffassung, dass es sinnvoll wäre, die 140-jährige Geschichte der Hütte und ihres Umfelds in einem Buch festzuhalten, damit die Leistungen und das Bewusstsein der Arbeiterschaft nicht in Vergessenheit geraten.«[12] Es entstand eine an der Arbeiter- und Gewerkschaftsgeschichte orientierte Darstellung, die zu wesentlichen Teilen auf Interviews mit Gewährspersonen über die Arbeit auf der Hütte basierte und ein anschauliches und lebendiges Bild davon zeichnete, was die Arbeit im integrierten Hüttenwerk über Jahrzehnte geprägt hatte. Bei dieser wichtigen Erkundung der eigenen Geschichte auf Grundlage der zu dieser Zeit weit verbreiteten lokalen Geschichtsarbeit spielte das Industriemuseum, Denkmal »einer abgeschlossenen Entwicklung«[13], kaum eine Rolle – wohl auch, weil sich die entsprechenden Netzwerke erst entwickeln mussten und vielleicht auch der not-

---

10 Helmuth Albrecht, Nordrhein-Westfalens Industriekultur im Kontext, in: Land Nordrhein-Westfalen/Landschaftsverband (LVB) Westfalen-Lippe/LVB Rheinland/Regionalverband (RVB) Ruhr/Stadt Dortmund/Stadt Essen (Hg.), Industriekultur 2020. Positionen und Visionen für Nordrhein-Westfalen, Essen 2014, S. 31-47, hier: S. 36.
11 Ursprünglich die Zechen Nachtigall in Witten, Hannover in Bochum und Zollern in Dortmund, das Textilmuseum Bocholt, die Ziegelei Sylbach in Lage, die Glashütte Gernheim in Petershagen sowie das alte Schiffshebewerk Henrichenburg in Waltrop.
12 neues alter e. V. (Hg.), »Der Ofen ist aus!« Stahlarbeiter erzählen ihre Geschichte, Iserlohn 1995, S. 6.
13 Ebd., S. 173.

wendige »Stallgeruch« fehlte. Einen wichtigen Schritt in diese Richtung machte das Museum mit dem Buch »Das Ende der Stahlzeit«.[14] Zehn Jahre nach dem »Hüttenkampf« wurden Beteiligte und Betroffene aufgefordert, rückblickend ihre Sicht auf die Geschehnisse zu formulieren. Die Bitte um eine im doppelten Sinne des Wortes »einseitige« Bilanz wurde von vielen Beteiligten positiv beantwortet und so spannte sich der Bogen von Walter Scheel, 1987 neutraler Mann im Aufsichtsrat der Thyssen Stahl AG, über den damaligen Vorstandsvorsitzenden von Thyssen Stahl, Heinz Kriwet, bis zu den Vertretern von IG Metall und Betriebsrat, von Johannes Rau bis zum ehemaligen Hochöfner August Kuhnert, der zu diesem Zeitpunkt bereits begonnen hatte, Gruppen durch das im Aufbau befindliche Industriemuseum zu führen. Drei Jahre vor der Eröffnung stellte die Publikation eine wichtige Standortbestimmung dar.

Mit den ersten Veranstaltungen und dem Angebot regelmäßiger Führungen über das den Nichtwerksangehörigen bislang verschlossene Gelände kehrten die ersten Hüttenwerker auf das Museumsgelände zurück, führten Besucher und halfen mit, die Arbeitsabläufe am Hochofen zu erklären. Hier wurden die Grundlagen für den biografischen Ansatz gelegt:

>»Dem ›Mythos Industriekultur‹ setzen wir die ›Entzauberung‹, das Erklären statt Verklären entgegen. Die Grundlage der Aktivitäten bildete das Erinnerungsarchiv aus dem mittels eines ›Biografischen Ansatzes‹, Arbeiter selbst Arbeitsplatz und Arbeit erläutern sollen. Die Weitläufigkeit des Geländes erlaubt die konkrete Verortung und die Konzentration auf ein Thema und möglichst einen angesprochenen Sinn (Hören, Sehen, Riechen, Fühlen …) pro Ausstellungseinheit.«[15]

Dieser nahm bei Aufnahme des kontinuierlichen Museumsbetriebs im Herbst 2000 auf dem »Weg des Eisens« konkrete Gestalt an: Auf dem Weg des Materials von der Anlieferung des Erzes bis zum Roheisenabstich standen nicht die Vermittlung von Dimensionen und Leistungszahlen des Hochofens im Vordergrund, sondern die tägliche Arbeit, dokumentiert durch die Erzählungen der Menschen, die hier noch vor wenigen Jahren beschäftigt waren:

>»Gerade diese sehr persönliche und subjektive Sicht der Dinge macht Hochofen 3 zu etwas Besonderem. Durch die Menschen, die mit ihm gelebt und gearbeitet haben, und die Geschichten, die sie darüber erzählen, unterscheidet er sich

---

14 König/Laube/Stratmann (Hg.), Stahlzeit, 1997.
15 Robert Laube, Vom Schrott zum Forum. Eine Hüttenbiografie, in: Schmidt-Rutsch (Hg.), Hütte, 2013, S. 23-37, hier: S. 32.

von anderen Hochöfen. Technik und Arbeitsabläufe sind an allen Öfen ähnlich. Es sind die Menschen, die ihn zum Hattinger Hochofen machen.«[16]

Die Reaktion der Gäste auf diesen biografischen Ansatz war in hohem Maße positiv. Das anonyme technische Großaggregat bekam gleichsam ein individuelles Gesicht. Andreas Rossmann beschrieb in der FAZ als ein positives Alleinstellungsmerkmal der Erschließung des Hüttenwerks »die konkreten Arbeitssituationen, die sich hier fast mit Händen greifen lassen.«[17]

Die gleichzeitige Eröffnung des für Kinder konzipierten »Wegs der Ratte« sowie des die Ökologie der Hüttenbrache in den Fokus nehmenden »Grünen Wegs« zeigte zugleich die Methodenvielfalt, mit der der kalte Hochofen museal erschlossen worden war. Ute Senger, die auf der Henrichshütte zur technischen Zeichnerin ausgebildet wurde und heute Vorsitzende des Fördervereins ist, erinnerte sich:

»Als das LWL-Industriemuseum rund um Hochofen 3 seine Pforten öffnete, ging es mir wie vielen. Skeptisch und neugierig zugleich besuchte ich ›unsere Hütte‹ und hatte ein merkwürdiges Gefühl. Hier wurde nicht nur die Technik erklärt, hier wurde auch der Menschen gedacht, die dieses Werk aufgebaut und am Leben erhalten haben. Damit war auch ein Stück meiner eigenen Lebensgeschichte museumsreif geworden.«[18]

Es ist Aufgabe des Museums, derartige Gefühle der Menschen, für die das heutige Denkmal einst Arbeitsplatz war, wahr und ernst zu nehmen (☞ siehe Abb. 2, S. 138).

2 Feuerarbeit zwischen Mythos und Alltag

Ein Hochofenabstich übt auf den Betrachter eine besondere Faszination aus. Die Arbeit mit feuerflüssigem Roheisen bewegte Besucher eines produzierenden Werks und Künstler gleichermaßen. Ob im »Reich der Cyklopen«[19] oder in den »Regions of Vulcan«[20] – im Kopf entstehen wirkmächtige Bilder, die die populäre Vorstellung

---

16 Ina Minner/Ralf Molkenthin, Ein Denkmal lernt das Sprechen. Lebensgeschichtliche Interviews zu Hochofen 3 der Henrichshütte Hattingen, in: industrie-kultur, 2 (2000), S. 32-33, hier: S. 33.
17 Andreas Rossmann, Schrottplatz mit Aussicht, in: FAZ v. 2.9.2000; abgedr. i.: ders.: Der Rauch verbindet die Städte nicht mehr. Ruhrgebiet: Orte, Bauten, Szenen, Köln 2012, S. 200-209, hier: S. 207.
18 Schmidt-Rutsch, Hütte, 2013, S. 6.
19 Amand von Schweiger-Lerchenfeld, Im Reiche der Cyclopen. Eine populäre Darstellung der Stahl- und Eisentechnik, Wien 1900 (Neudr. Düsseldorf 1986).
20 LVR Rheinland (Hg.), Feuerländer – Regions of Vulcan. Malerei um Kohle und Stahl, Münster i. Westf. 2010.

Abschnitt III | Arbeit im Museum

Abb. 2 Vergangene Arbeitswelten: Ofenabstich im Siemens-Martin-Stahlwerk (Manfred Saltmann/LWL-Industriemuseum).

von Hüttenarbeit bis zum heutigen Tage nachhaltig prägen. Tatsächlich erscheint der Abstich, das Öffnen des Ofens, als Ausnahmezustand. So schrieb der Journalist Heinrich Hauser 1930:

> »Wenn der Abstich vorbereitet ist, dann läutet die Glocke am Hochofen [...]. Wir gehen gemeinsam gegen das Stichloch vor, geduckt wie eine Sturmpatrouille. Unter den vorgewölbten Rohren des Wassermantels, der den Ofen umgibt, rinnen unaufhörlich heiße Bäche, spritzendes Wasser, das am glühenden Boden verzischt. [...] Wenn wir die Stange durch den Lehm getrieben haben, dann kommt der spannende Augenblick, wo das Eisen zu laufen beginnt. Wenn es gut geht, dann beginnt ein kleiner weißer Bach unter der Eisenstange hindurchzurinnen, und seine Flut wächst langsam. Wenn es nicht gut geht, ereignet sich eine Explosion, der harte Lehm zerspringt, und mit ganzer Gewalt stürzt das Eisen in Tropfen springend über die Gießhalle.«[21]

Hans Georg Prager schilderte 20 Jahre später dieselbe Situation. Das Abstichloch wurde mittlerweile nicht mehr mit Hammer und Stange aufgebrochen, sondern mit der Sauerstofflanze aufgebrannt, doch die Faszination der Feuerarbeit hatte Bestand:

> »Mit Sauerstoff, den der Arbeiter durch das Rohr zuführte, brannte er die Abstichöffnung weiter auf. Ballernd und spuckend muckte es in dem Schlund. Der Ofen ›kotzte‹. Noch ein Stück – jetzt musste es doch ... Eine wilde Kaskade von Funken und Glut sprühte über den Mann, der das vorn weggebrannte Rohr zurückriss und seitwärts Deckung suchte. Die weißglühende, sengende Roheisenflut wälzte sich in langen Wellen in die ausgemauerte Rinne.«[22]

Angesichts dieser eindrücklichen Schilderungen und starken Bilder stellte sich besonders in der Abstichhalle als dem authentischen Ort dieser Arbeit konkret die Frage nach musealem Umgang, Vermittlung und Inszenierung. Hierbei bot sich kurz nach der Stilllegung die günstige Gelegenheit, die Kommentierung und Musealisierung des Denkmals nicht ausschließlich auf technischen, technikgeschichtlichen oder publizistischen Berichten über die Hochofenarbeit zu gründen, sondern auf den individuellen und subjektiven Erinnerungen der Beschäftigten. Tatsächlich vermittelt sich hier die Schilderung der alltäglichen Arbeit am Abstichloch vielfach weitaus unmittelbarer, undramatischer und nüchterner. Ernst Schäfer, von 1969 bis 1988 Betriebsrat für den Hochofenbetrieb, verwies beispielsweise auf die alltäglichen Belastungen der Arbeit und ihre Folgen:

---

21 Heinrich Hauser, Schwarzes Revier, Berlin 1930, S. 114-115.
22 Hans Georg Prager, Abstich 11 Uhr. Männer zwischen Glut und Eisen. Das Buch vom Hüttenwerk, Stuttgart 1954, S. 10-11.

»Wenn der Abstich läuft, kommen so 1.400 Grad raus. Dann stehen die Kumpels mit ihren Anzügen an der Rinne. Müssen aufpassen, dass die Schlacke ordentlich durch das Schlackenloch abläuft. Und dann hatten wir solch eine Kälte [...], nachts 17 Grad, die offene Halle bei uns, vorne verbrennst du dir das Fell und hinten hast du einen Eisklumpen hängen. Das Ergebnis ist, dass die ja krank wurden. Selbst wenn sie nicht die Grippe kriegten, die Muskelverhärtungen führten dazu, dass das gesamte Skelett sich veränderte. Das heißt also, dass die Rückenschmerzen zunahmen und so weiter.«[23]

Hartmut Truschel, der seit 1965 in der benachbarten Gebläsehalle arbeitete, erzählte: »Am Hochofen war ich ganz selten. [...] Man hatte auch irgendwie Manschetten davor, vor dem blöden Ding, wenn der Abstich dann mal lief. Und oft kamen da Brocken raus, die lagen bei uns in der Halle. Deswegen ist man da gar nicht so rübergegangen.«[24] Derartige Aussagen entzaubern zumindest zum Teil den Mythos der Feuerarbeit und verweisen gleichzeitig auf die Stärken des »biografischen Ansatzes«. Tatsächlich öffnete sich den Museumsmachern bald ein Kosmos unterschiedlicher subjektiver Perspektiven und Eindrücke, Erfahrungen und Geschichten, die in ihrer Gesamtheit nicht nur das Leben und Arbeiten im Schatten der Hochöfen zu illustrieren in der Lage sind, sondern in weiten Teilen darüber hinausgehen, indem sie letztlich einen wesentlichen Beitrag zur Sozial-, Wirtschafts- und Technikgeschichte der Hüttenindustrie liefern.

Tatsächlich erwies sich der Ansatz als so tragfähig und erfolgreich, dass bald nicht nur Arbeitskreise für Stahlwerk, Walzwerk, Schmiedebetriebe und Werksverkehr gegründet wurden, die ihre Nachhaltigkeit nicht unbedingt unmittelbar im Rahmen von Ausstellungen entwickelten – zumal hier die authentischen Arbeitsplätze nicht Bestandteil des Denkmals und seiner musealen Präsentation und Kommentierung waren – aber das Interviewarchiv wesentlich erweiterten. Zurzeit befinden sich in diesem Archiv ungefähr 275 Einzelinterviews, die verzeichnet, als Tondokumente langzeitarchiviert und zum Großteil verschriftlicht sind. Sie decken in unterschiedlicher Dichte die wesentlichen Betriebe des Hüttenwerks ab, berühren aber auch Themenfelder wie die Zwangsarbeit auf der Henrichshütte während des Zweiten Weltkriegs[25] oder das werksärztliche Gesundheitswesen. Eine über die Transkription hinausgehende inhaltliche Erschließung und Verschlagwortung, etwa im Rahmen digitaler Rechercheplattformen, soll gewährleisten, dass die Bestände zukünftig auch unter veränderten Fragestellungen immer wieder neu erschlossen werden können.

Ein Problem bleibt: Der Ofen ist kalt. »Feuer und Lärm, Dampf und Gestank«, so stellt Andreas Rossmann zutreffend fest, »aber sind nur noch im Abglanz von

---

23 Archiv LWL-IM 3270.45/0104: Ernst Schäfer, 11.2.1998, Z. 1356-1365.
24 Archiv LWL-IM 3270.45/0129: Hartmut Truschel, 6.9.1998, Z. 31-37.
25 Anja Kuhn/Thomas Weiß, Zwangsarbeit in Hattingen, Essen 2003.

Video- und Audioinstallationen zu erfahren.«[26] Man möchte ergänzen: Erfahren ja – erleben nein. Eine museal-inszenatorische Annäherung an die Atmosphäre eines Hochofenabstichs konnte aus restauratorischen und sicherheitstechnischen Gründen trotz »bemühen […] aller museumstechnisch denkbaren Krücken«[27] kaum gelingen. Der Wunsch, den Gästen des Industriemuseums bei ihrem Besuch zumindest einen Eindruck von der Faszination feuerflüssigen Metalls zu vermitteln, war, so schien es, nicht zu realisieren. Die Lösung kam aus den Kreisen des 1990 ins Leben gerufenen Fördervereins. In ehrenamtlichem Engagement betreiben ehemalige Gießer der Henrichshütte seit 1997 mit großem Erfolg eine Schaugießerei mit regelmäßigen Vorführungen – und plötzlich stimmte alles, wenn auch in kleinerem Maße. In der Atmosphäre des Schaubetriebs, Geruch, Staub, Hitze, teilt sich die Faszination der Arbeit mit glühendem Metall den Besuchern unmittelbar mit – und die ehemaligen Gießer der Henrichshütte vermitteln in direktem Kontakt mit den Besuchern eine ganze Menge von dem, was ihre Arbeit ausmachte, als die Hütte für Werkstücke mit 400 Tonnen Abgussgewicht bekannt war. Die Einrichtung der Schaugießerei ist jedoch nur ein Beispiel für die breite Unterstützung des Museums durch den Förderverein: Ehemalige Stahlwerker und Walzwerker haben ihre Arbeitsplätze, die schon lange abgerissen sind, als Modelle im Maßstab 1:100 für die zukünftige Dauerausstellung nachgebaut – eine Aufgabe, die neben handwerklichem Geschick auch Erinnerungsarbeit an die eigene Arbeitsbiografie umfasst. Darüber hinaus unterstützt der Förderverein das Museum durch die Erarbeitung von speziellen Führungsangeboten und Mithilfe bei der Konzeption von Ausstellungseinheiten. Die Ehemaligentreffen werden durch den Verein nicht nur betreut, sondern fortlaufend Interviewpartner gewonnen. Die in Eigenregie durchgeführten Interviews decken auch Bereiche ab, die bislang nicht im Fokus der Museumsarbeit standen, und stellen somit eine wichtige Bereicherung des Erinnerungsarchivs der Henrichshütte dar.

3 Strukturwandel – auch museal?

Der »lange Abschied vom Malocher«[28] ist über 25 Jahre nach dem letzten Roheisenabstich am Hochofen 3 längst auch im musealen Alltag des LWL-Industriemuseums Realität geworden. Die mit dem ihm einhergehenden gesellschaftlichen Veränderungen spiegeln sich nicht zuletzt auch in den Vorkenntnissen und Erwartungshaltungen der Museumsgäste wider: Selbst in einer lange fast ausschließlich von der Henrichs-

---

26 Rossmann, Rauch, in: ders. (Hg.) 2012, S. 200-209, hier: S. 206.
27 Laube, Schrott, in: Schmidt-Rutsch, Hütte, 2013, S. 23-37, hier: S. 32.
28 Wolfgang Hinrichs/Uwe Jürgenhake/Christian Kleinschmidt, Der lange Abschied vom Malocher. Sozialer Umbruch in der Stahlindustrie und die Rolle der Betriebsräte von 1960 bis in die neunziger Jahre, Essen 2000.

Abschnitt III | Arbeit im Museum

Abb. 3 In der Schaugießerei des Fördervereins (Annette Hudemann/Martin Holtappels/LWL-Industriemuseum).

hütte geprägten Stadt wie Hattingen fehlen heute dem Großteil der Einwohner persönliche Verbindungen mit der Schwerindustrie. Die Erinnerung an die Arbeitswelt der Großväter und Großmütter schwindet – und selbst bei den Vätern und Müttern sind 30 Jahre individueller Arbeitsbiografie nach dem Ende der Hütte eine lange Zeit. In der Konsequenz muss das Museum Henrichshütte für jede nachfolgende Generation neu erschlossen und attraktiv gestaltet werden. Museumspädagogische Angebote sind hier ebenso wichtig wie die Öffnung für andere Aktivitäten. Die Arbeit des LWL-Industriemuseums Henrichshütte wirkt hier durchaus nachhaltig. Der Museumsleiter Robert Laube, seit Beginn dabei, formuliert es so:

> »Unser Ziel ist, dass [...] das LWL-Industriemuseum [...] eine ›feste Adresse‹ in der Biografie der Menschen unserer Region wird. Heute ist es tatsächlich eher Forum als Museum. Ständig begegnen mir Menschen mit den Worten ›Industriemuseum? Da war ich als Kind schon, Rattenweg und Schaugießerei, das war toll.‹ Und mitunter geht's dann weiter: ›Mein Abi-Ball war in der Gebläsehalle. Dort habe ich bei einer Party auch meinen Mann kennen gelernt. Geheiratet haben wir deshalb auch in der Übergabestation.‹«[29]

---

29 Laube, Schrott, in: Schmidt-Rutsch (Hg.), Hütte, 2013, S. 23-37, hier: S. 37.

Die Positionierung als Veranstaltungs- und Erlebnisort macht das LWL-Industriemuseum zu einem wichtigen Bestandteil des kulturellen Lebens der Region und sorgt nicht zuletzt für eine hohe Akzeptanz bei der Bevölkerung.[30] Gerade vor diesem Hintergrund ist die weitere museale Erschließung und Vermittlung von besonderer Bedeutung, verhindert sie letztlich doch, dass der Hochofen zur bloßen Kulisse generiert, dessen Eventcharakter die Bedeutung als Denkmal und authentischem Ort schwerindustrieller Arbeit überlagert, überdeckt oder gar verdrängt. Ist es über den »biografischen Ansatz« gelungen, dem Hochofen durch die Kombination mit individueller Arbeitserfahrung und Erläuterung der Arbeitsplätze gleichsam gestalterisch Struktur und »Gesicht« zu geben, so gilt es zukünftig zu verhindern, dass sich der mit dem »biografischen Ansatz« eingeschlagene Weg als Einbahnstraße in Richtung einer Romantisierung und Folklorisierung der Arbeit entpuppt. Eine Reduktion des Hüttenarbeiters auf Silbermantel und Helm oder gar Schlapphut und Holzpantinen mag zwar die Schaulust zukünftiger Gäste bedienen, genügt aber kaum dem Bildungsauftrag eines modernen Museums. Der Reiz liegt im Spannungsverhältnis, das zwischen dem authentischen Ort und dem Ausstellungskonzept unausweichlich entsteht. So entfalteten die 2013 in der Gebläsehalle, dem künftigen Dauerausstellungsort, gezeigten Arbeiterskulpturen der Sammlung Werner Bibl vor den Großaggregaten der Hüttentechnik eine besondere Wirkung, bei der die teils heroisierenden Arbeiterdarstellungen im reizvollen Kontrast zur Industriearchitektur standen.[31] Ein Jahr zuvor wurden im Freigelände Fotografien des Fotografen Hans Ahlborn gezeigt, der bis in die 1960er-Jahre das äußere Erscheinungsbild und die Konzernkommunikation der Ruhrstahl AG nachhaltig geprägt hatte. Auch hier führten die Bezüge zum Denkmalbestand zu interessanten Wechselwirkungen. Die Möglichkeiten, die das ehemalige Hüttenwerk hier bietet, sind vielfältig und wollen entdeckt werden. Tatsächlich begreift sich das Industriemuseum nicht als Ort statischer und starrer Geschichtspräsentation, sondern als Versuchsfeld auf der Grundlage denkmalpflegerischer Konzepte:

> »Museale Konzepte und ihre Darstellungsmethoden können und müssen sich ändern und fortentwickeln; die Denkmäler aber und Aggregate, Geschichten und Fertigkeiten, die vor der Vernichtung und dem Vergessen bewahrt werden, erlauben es auch künftigen Generationen, ihre Fragen an das Industriedenkmal zu stellen und neue Antworten zu suchen.«[32]

Entsprechend wichtig ist es besonders angesichts schwindender Berührungspunkte mit schwerindustrieller Arbeit, bei der Vermittlungsarbeit immer wieder neue Fragen

---

30 2014 besuchten 93.000 Besucher das LWL-Industriemuseum Henrichshütte, http://www.lwl.org/pressemitteilungen/mitteilung.php?urlID=35025 eingesehen am 10.3.2015.
31 Klaus Türk, Arbeiterskulpturen, Bd. 2: Die Sammlung Werner Bibl, Essen 2011.
32 Bönnighausen, Industriemuseum, in: Rasch/Bleidick (Hg.), Technikgeschichte, 2004, S. 131-132.

an das Denkmal zu stellen und die Aussagen der Dauer- und Sonderausstellungen auf ihre gesellschaftliche Relevanz fortlaufend zu überprüfen: »Das LWL-Industriemuseum versteht sich dabei als Forum für die aktuellen Debatten über die Zukunft der Arbeitsgesellschaft. Wir möchten [...] zur Diskussion und zum Weiterdenken anregen«[33], definiert der Direktor des LWL-Industriemuseums Dirk Zache aktuell die Ansprüche des Landesmuseums für Industriekultur. Dieser Ansatz bedeutet auch, dass die museale Repräsentation von Arbeit nicht ausschließlich vergangenheitsbezogen sein darf. Vielmehr ist es die Verknüpfung historischer Themen mit aktuellen Bezügen, die hier zukunftsweisend ist.[34]

Die Geschichte der Henrichshütte bietet hierfür eine Vielzahl von Beispielen. So wurde 1872 ein modernes Bessemerstahlwerk gebaut, dessen bauliche Überreste heute noch auf dem Museumsgelände erhalten sind.[35] Das Bessemer-Verfahren als erstes Verfahren zur Erzeugung von Massenstahl prägte die Hüttenarbeit nachhaltig, in dem es die Stahlproduktion vervielfachte, gleichzeitig durch die Verdrängung der handwerklich geprägten Puddelstahlerzeugung das Arbeitsfeld der Hüttenarbeiter veränderte und tief in die betriebsorganisatorischen und hierarchischen Strukturen der industriellen Stahlerzeugung eingriff. Der hoch qualifizierte Puddler wurde bald ebenso wenig gebraucht wie sein Kollege im Siemens-Martin-Stahlwerk einhundert Jahre später unter den Vorzeichen des beginnenden Computerzeitalters und automatisierter Prozesssteuerung. Dass das Bessemerstahlwerk schon nach einem Jahr stillgelegt und die Stahlproduktion an einen anderen Standort verlagert wurde, ist eine weitere Anekdote der Werksgeschichte, die zu aktuellen Vergleichen anregen mag. Den noch vorhandenen Stumpf des 1989 nach China verkauften Hochofens 2 als »Denkmal« für die Veränderung von Arbeit und Arbeitsorten in einer globalisierten Weltwirtschaft zu befragen, ist in diesem Kontext ebenfalls durchaus nicht ohne Reiz.

Derartige Beispiele dürfen jedoch ebenso wie die Perspektive auf den »Hüttenkampf« 1987 bei der musealen Präsentation nicht dazu führen, dass die Entwicklung der Eisen- und Stahlindustrie von den Museumsgästen als abgeschlossener historischer Prozess betrachtet wird und die Hüttenarbeiter in die Liste untergegangener Berufe »von Abdecker bis Zokelmacher«[36] eingeordnet werden. In Hattingen reicht der Blick ins benachbarte Südwestfalen, um zu erkennen, dass abseits der schwerindus-

---

33 Dirk Zache, in: LWL-Industriemuseum (Hg.), Wanderarbeit. Mensch – Mobilität – Migration, Historische und moderne Arbeitswelten, Essen 2013, S. 7.
34 Siehe etwa folgende als Wanderausstellungen konzipierte Ausstellungen: LWL-Industriemuseum (Hg.), Gute Arbeit. Von Wünschen und Wirklichkeiten, Dortmund 2011 sowie: Wanderarbeit. Mensch – Mobilität – Migration. Historische und moderne Arbeitswelten, Essen 2013 sowie, mit konkretem Bezug auf die Rüstungsgeschichte der Henrichshütte: Sonja Meßling (Hg.), Stahl und Moral: Die Henrichshütte im Krieg 1914–1945, Essen 2014.
35 Olaf Schmidt-Rutsch, Das Bessemerstahlwerk der Henrichshütte – Neue Erkenntnisse zu einem alten Gebäude, in: Forum Geschichtskultur Ruhr, 2 (2013), S. 35-37.
36 Rudi Palla, Das Lexikon der untergegangenen Berufe, Frankfurt a. M. 1998.

triellen Giganten eine lebendige metallverarbeitende Industrie existiert, die durchaus eigene Ansprüche an Museen und industriegeschichtlich orientierte Initiativen formuliert. Ein Beispiel hierfür ist der Verein WasserEisenLand, der die Verbindung zwischen industrieller Geschichte und Gegenwart einer Region im Sinne des Mottos »Zukunft braucht Herkunft« auch mit Unterstützung der regionalen Wirtschaft aktiv betreibt. Derartige Partnerschaften können durchaus auch als Herausforderung für die museale Arbeit in Hattingen verstanden werden. Die Forderung, besonders Jugendliche mit technischen und naturwissenschaftlichen Erfahrungsfeldern in Berührung zu bringen, ist in zahlreichen MINT-Bildungsprojekten längst schulische Realität. Sie materialisiert sich gemeinhin in Bildungsmessen und Science Centern, ist aber auch nicht so weit entfernt von den museumspädagogischen Konzepten des Industriemuseums:

> »Ob Produktionsschritte, Arbeitsbedingungen oder Alltagsleben – das museale Themenspektrum des [...] Industriemuseums ist eng an die herausragenden Industriedenkmale geknüpft. Sie bieten jungen Museumsgästen – als begehbare Exponate – Realitätsnähe und eine Vielzahl sinnlicher Erfahrungen mit der vergangenen Arbeitswelt. Sie bieten aber auch einen hohen Unterhaltungs- und Freizeitwert. [...] Das gleiche gilt für das Prinzip ›Technik in Funktion‹. Fast alle Standorte [...] präsentieren laufende Maschinen und Produktion im kleinen Maßstab. [...] Auf diese Weise werden vergangene Arbeit und ihre Arbeitsbedingungen sinnlich erfahrbar gemacht. [...] Doch bei aller Faszination, die Industriedenkmale, historische Technik und Objekte ausstrahlen, darf es nicht beim Staunen bleiben. Wichtiger ist es, die Neugier der Museumsgäste, ihre Lust am Experimentieren zu wecken.«[37]

In diesem Kontext erscheint der Ansatz, neben den historischen Überlieferungen stärker aktuelle Entwicklungen in Betracht zu ziehen, naheliegend. Er erweitert die Perspektiven eines lebendigen und zeitgemäßen Museums und entspricht dem Grundgedanken eines gesellschaftlichen Forums. Wenn einerseits ein didaktisches Modell aus der Lehrlingsausbildung der 1950er-Jahre zweifellos ein wichtiges Exponat ist, kann andererseits der Blick auf die aktuelle Ausbildungspraxis moderner Unternehmen durchaus gewinnbringend sein.[38] Dieser Gedanke führt aber ein Defizit vor Augen, das nicht unwesentlich auch in der Gründungsgeschichte des Industriemuseums

---

37 Anja Kuhn, Bildung mit Spaß?! Museumspädagogik im Westfälischen Industriemuseum, in: Westfälisches Industriemuseum (Hg.), Schätze der Arbeit. 25 Jahre Westfälisches Industriemuseum, Essen 2004, S. 34-45, hier: S. 38 und 45.
38 Karin Dahm-Zeppenfeld/Wolfgang Köbernik, »Heute Lehrling, morgen Fachmann«. Berufliche Aus- und Weiterbildung auf der Henrichshütte Hattingen, Hattingen 1996.

unter den Einflüssen einer demokratischen Geschichtsschreibung »von unten«[39] begründet sein mag und sich in Hattingen durchaus auch bei genauerer Analyse in der Zusammensetzung des Hattinger Interviewarchivs spiegelt. Hier sind die Arbeiterbiografien deutlich in der Überzahl, Interviews von Angestellten und Ingenieuren sowie vom Management fehlen weitgehend. So bleibt das Bild der Hüttenarbeit letztlich unvollständig: Technische und unternehmerische Entscheidungen und ihre Auswirkungen nicht nur auf die Entwicklung des Hüttenwerks, sondern auch auf dessen Arbeitssituationen sind noch nicht abgedeckt, das Wechselspiel zwischen Ursache und Wirkung schemenhaft. Doch gerade hier bietet eine Ausweitung der Perspektiven auch die Ansätze für eine zukünftige Auseinandersetzung mit Geschichte und Zukunft der Arbeit. Ein Hochofen wird nicht nur alle zwei Stunden abgestochen – er wird geplant und modernisiert, sein Betrieb bei gleichzeitiger Produktionssteigerung rationalisiert. Die Arbeit des Hochöfners verändert sich nicht von ungefähr, sondern ist ein Ergebnis von Planungen, die sich auf den Ebenen der Betriebs- und Konzernleitungen materialisieren und ihrerseits in ein System übergeordneter Faktoren wie Konkurrenzdruck, Wettbewerbsfähigkeit und Weiterentwicklung technischer Prozesse eingebunden sind, die weit über den Fokus des einzelnen Werkes hinausgehen.[40] Es sind jedoch auch und gerade diese Vorgänge, die es zu untersuchen gilt, wenn man Themenfelder wie Innovation oder Globalisierung museal erschließen will. Auf diese Weise können und sollen Repräsentationen von Arbeit im Museum nicht die ausschließliche Vermittlung eines konkreten, authentischen, mehr oder weniger als historisch empfundenen Arbeitsplatzes beschränkt sein, sondern gegenwartsbezogen und zukunftsorientiert übergreifende Fragen nach den Menschen und ihren Arbeitssituationen entwickeln und so zur gesellschaftlichen Diskussion beitragen. Das LWL-Industriemuseum Henrichshütte bietet ausreichend Anknüpfungspunkte und Material, sich dieser Aufgabe zu stellen.

---

39 Etwa Lutz Niethammer (Hg.), »Die Menschen machen ihre Geschichte nicht aus freien Stücken, aber sie machen sie selbst«. Einladung zu einer Geschichte des Volkes in NRW, Berlin 1984.
40 Siehe hierzu die Erinnerungen des ehemaligen Hattinger Hochofenchefs: LWL-Industriemuseum (Hg.), Klaus Haverkamp, Kopf hoch, …, Blick nach vorn! Erinnerungen eines Hüttenmannes, Essen 2013.

Sabine Kritter

Bilder der Arbeit im Museum – kulturhistorische Museen und die Imaginationskrise der Arbeit

Angesichts des globalen ökonomischen Strukturwandels und der damit einhergehenden Veränderungen von Arbeits- und Lebensverhältnissen gewinnt die Auseinandersetzung mit dem Thema Arbeit in den letzten Jahren nicht nur in öffentlichen Debatten und in der wissenschaftlichen Forschung, sondern auch im Bereich der Kulturproduktion wieder stärker an Bedeutung. Dies zeigt sich auch im Museum, in dem das Thema Arbeit und Arbeitswelt vermehrt zum expliziten Gegenstand von Ausstellungen wird. Welche Bilder von Arbeit kulturhistorische Museen gegenwärtig zeichnen, möchte ich in diesem Aufsatz skizzieren.[1]

Als »Ort[e] der Repräsentation«[2] sind Museen, die den Faktor Arbeit präsentieren, wichtige Akteure im Diskurs um die Geschichte und Gegenwart von Arbeit. Über die bloße Vergegenwärtigung und Darstellung von etwas Abwesendem hinaus sind sie immer Teil eines Prozesses von »making things mean«[3], indem sie auswählen und deuten, was sichtbar gemacht oder ausgeschlossen wird. Um die »Macht des Zu-Sehen-Gebens«[4] geht es hier umso mehr, als Museen »autorisierten Versionen der Vergangenheit Gestalt« geben und »in institutionalisierter Form ein offizielles Erinnern« verankern[5], das als Wirklichkeit und Authentizität wahrgenommen wird. Museen sind damit sowohl aktiv an der Konstruktion gesellschaftlicher Verhältnisse beteiligt, als auch gesellschaftlich bestimmt.[6] Mit Sharon Macdonald können sie als Orte begriffen werden, an denen »some of the most contested and thorny cultural and epistemological questions of the late twentieth century were fought out«.[7]

---

1 Die Ausführungen basieren auf Ausstellungsanalysen im Rahmen eines Promotionsprojekts an der Ruhr-Universität Bochum, das untersucht, wie kulturhistorische Museen in ehemaligen Industrieregionen in Großbritannien, Deutschland und den USA historische und gegenwärtige Arbeitswelten darstellen.
2 Anke te Heesen, Theorien des Museums zur Einführung, Hamburg 2012, S. 165.
3 Stuart Hall, The rediscovery of ideology: Return of the repressed in Media Studies, in: Tony Bennett/James Curran/Michael Gurevitch/Janet Wollacott (Hg.), Culture, Society and the Media, London/New York 1983, S. 56-90, hier: S. 64.
4 Eva Sturm in Zusammenarbeit mit gangart, Zur Frage der Repräsentation in Partizipations-Projekten, in: http://eipcp.net/transversal/0102/sturm/de (eingesehen am 21.4.2014).
5 Joachim Baur, Musealisierung der Migration. Einwanderungsmuseen und die Inszenierung der multikulturellen Nation, Bielefeld 2009, S. 33.
6 Sharon Macdonald, Introduction, in: dies./Gordon Fyfe (Hg.), Theorizing Museums. Representing identity and diversity in a changing world, Oxford 1996, S. 1-20.
7 Sharon Macdonald/Gordon Fyfe, Expanding Museum Studies. An Introduction, in: dies. (Hg.), A Companion to Museum Studies, Oxford 2006, S. 1-12, hier: S. 4.

Diese politische Rolle des Museums verstärkt sich noch, weil es Museen weltweit zunehmend als ihre explizite Aufgabe ansehen, zu einer Orientierung in der Gegenwart und in der Zukunft beitragen zu wollen.[8] Dabei erfreuen sich Museen weltweit einer erhöhten Aufmerksamkeit und Beliebtheit. Stetig wachsende Besuchszahlen, zahlreiche Neugründungen, die Vielzahl von Ausstellungen, ihre breite Rezeption in der Öffentlichkeit und nicht zuletzt die zunehmende wissenschaftliche Beschäftigung mit Museen zeugen davon.[9]

Welches Verständnis von – historischer und aktueller – Arbeit kulturhistorische Museen derzeit (re-)produzieren und welchen Gegenwartsbezug sie dadurch herstellen, möchte ich im Folgenden skizzieren. Die These, der ich dabei nachgehen will, ist, dass es Museen bislang kaum gelingt, Bilder der Arbeit jenseits standardisierter Industriearbeit zu entwerfen. Dadurch werden sie der »Vielgestaltigkeit des Arbeitens«[10] nicht gerecht und zeichnen ein Verständnis der gegenwärtigen Gesellschaft, indem die zentrale Rolle, die Arbeit für die Vergesellschaftung spielt, weitgehend ausgeblendet wird.

Diese These möchte ich an zwei Museen diskutieren: am Industriemuseum Chemnitz und am Ruhr Museum in Essen. Mit Chemnitz und Essen befinden sich beide Museen in ehemaligen industriellen Kernregionen Deutschlands, die in den letzten Jahrzehnten einen tief greifenden Prozess des Strukturwandels durchlaufen haben. Beide Museen nehmen die Industrialisierung, die die Regionen maßgeblich prägt, zum Ausgangspunkt ihrer Erzählungen. Darüber hinaus haben beide Museen einen regionalgeschichtlichen Zugang, weisen innovative Ausstellungskonzepte auf und verzichten – anders als viele klassische Industriemuseen – auf rekonstruktive Inszenierungskonzepte und damit den Versuch, Geschichte direkt abzubilden. Außerdem erzählen sowohl das Chemnitzer als auch das Essener Museum Geschichte(n) bis in die Gegenwart und entwerfen damit direkt und nicht nur vermittelt über die Geschichte ein Bild der heutigen Gesellschaft. Besonders reizvoll an beiden Museen ist nicht zuletzt, dass sie aktuelle Diskussionen um die Neubewertung von Arbeit bewusst reflektieren und sie in ihre kuratorische Praxis einbeziehen. Da die Chemnitzer Ausstellung bereits 2003 und damit sieben Jahre vor der im Ruhr Museum eröffnet wurde, zeigen sich angesichts der veränderten Entstehungskontexte und wissen-

---

8 Siehe zum Trend von Museen in Richtung Gegenwartsorientierung u. a. Ulrich Borsdorf/Heinrich Theodor Grütter/Jörn Rüsen, Einleitung, in: dies. (Hg.), Die Aneignung der Vergangenheit. Musealisierung und Geschichte, Bielefeld 2004, S. 7-11, hier: S. 10; Kenneth Hudson, Attempts to define »Museum«, in: David Boswell/Jessica Evans (Hg.), Representing the Nation: A Reader. Histories, heritage and museums, London/New York 2007, S. 371-379; te Heesen, Theorien, 2012; Jack Kirby, Icons and impacts: current approaches to making history of industry in museums, in: Social History in Museums, Vol. 32 (2008), S. 61-68.
9 Insbesondere Rosmarie Beier-de Haan, Erinnerte Geschichte – Inszenierte Geschichte. Ausstellungen und Museen in der Zweiten Moderne, Frankfurt a. M. 2005, S. 11 f.
10 Claus Offe, »Arbeitsgesellschaft«: Strukturprobleme und Zukunftsperspektiven, Frankfurt a. M./New York 1984, S. 20.

schaftlichen Annahmen allerdings auch unterschiedliche Verfahren und Konzepte, Arbeit darzustellen.[11]

Ich möchte im Folgenden umreißen, zu welchem Verständnis von Arbeit sich die Ausstellungsarrangements einzelner Ausstellungssequenzen zusammenfügen. Dabei greife ich exemplarisch einzelne Abteilungen heraus, deren Objekte und Objektensembles, Text-Bild-Relationen, Raumarrangements, Ausstellungsarchitektur, Modi der Inszenierung sowie Inhalte der Texttafeln analysiert werden.

1   Das Industriemuseum Chemnitz: Produkte statt Arbeit

Das Industriemuseum Chemnitz wurde im Jahr 2003 in einer entkernten ehemaligen Gießereihalle eröffnet und widmet sich der gesamten sächsischen Industriegeschichte. Es wurde 2005 mit dem Europäischen Museumspreis ausgezeichnet. Das Museum will »Industrialisierung als einen von Menschen veranlassten Prozess«[12] begreifbar machen und ist demzufolge entlang von am Prozess der Industrialisierung beteiligten Personengruppen gegliedert. Als thematische Abteilungen mit unterschiedlicher farblicher Gestaltung werden präsentiert: Unternehmer, Familien, Arbeiter, Sachsen, Kreative, Karl-Marx-Städter, Europäer und Konsumenten. Alle Abteilungen sind wiederum in weitere Personengruppen unterteilt, die durch Markierungen auf dem Boden gekennzeichnet werden. Die einzelnen Abteilungen bilden in sich abgeschlossene thematische Einheiten, die zwar gegenüber den jeweils benachbarten Abteilungen durchlässig sind, aber nicht aufeinander aufbauen. Sie sind u-förmig um die Hauptachse in der Mitte der Ausstellungshalle herum angeordnet, in der das Thema Konsum/Konsumenten präsentiert wird und auf die als roter Faden »alles hinausläuft«[13]. Indem kein eindeutiger Rundgang vorgegeben ist, verzichtet das Museum auf eine klare zusammenhängende Erzählung.

Die Ausstellungseinheit, die sich am explizitesten mit dem Thema Arbeit beschäftigt, ist die Abteilung »Arbeiter«[14], die in die Sequenzen Fabrikarbeiter, Angestellte, flexible Arbeitskräfte und Erwerbslose gegliedert ist (☞ siehe Abb. 1, S. 150). Beim Betreten der Abteilung vom Mittelgang der Ausstellung aus wird die Aufmerksam-

---

11   Da die vorliegenden Ausführungen bereits 2014 – und damit über ein Jahr vor der Eröffnung der neu gestalteten Dauerausstellung im Industriemuseum Chemnitz – abgeschlossen wurden, beziehen sie sich ausschließlich auf die ehemalige Chemnitzer Präsentation in ihrer Version des Jahres 2014.
12   Jörg Feldkamp, Zweckverband Sächsisches Industriemuseum (Hg.), Industriemuseum Chemnitz. Augenblicke zwischen GESTERN und MORGEN, Katalog zur Ausstellung, Chemnitz 2003, S. 15.
13   Ebd.
14   Zwar wird auch in der Abteilung »Karl-Marx-Städter« das Thema Arbeit dargestellt. Da jedoch der spezifische DDR-Kontext, der in dieser Abteilung berücksichtigt werden muss, keinen Vergleichspunkt mit dem Ruhr Museum bietet, wird sie hier nicht einbezogen.

Abschnitt III | Arbeit im Museum

Abb. 1 Industriemuseum Chemnitz: Die Abteilung »Arbeiter« mit Porträtfries im Hintergrund.

keit zunächst auf die Maschinen einer Schlosserwerkstatt gelenkt. Diese Werkstatt ist neben weiteren Maschinen platziert, die einzeln für sich im Raum stehend präsentiert werden. Zusammen mit einer Spindreihe, einer Waschbeckenreihe und einem Gießereischutzanzug bilden sie die Sequenz »Fabrikarbeiter«. Neben der Fabrikarbeit werden in historischer Perspektive vor allem die Tätigkeiten der Angestellten thematisiert. Schreib- und Buchungsmaschinen, eine automatische Telefonvermittlungsanlage und Kleinobjekte wie Stempel und Locher stehen für die Arbeit in der Verwaltung und im Dienstleistungsbereich. Auf der Textebene wird hier explizit auch auf geschlechtliche Arbeitsteilung hingewiesen. Es heißt dort: »Mit der zunehmenden Arbeitsteilung und Verwaltung seit Ende des 19. Jahrhunderts eröffneten sich für Frauen neue Berufsmöglichkeiten in den Kontoren und Büros großer Firmen, in Versicherungen, Banken und im Handel.« Neben Fabrikarbeit und Angestellten wird auch das Thema Heimarbeit als historischer Aspekt von Arbeit aufgegriffen. Es ist jedoch nicht der Abteilung »Arbeiter«, sondern der Abteilung »Familie« zugeordnet, die unmittelbar neben den »Arbeitern« angeordnet ist. Zentrales Objekt ist eine über sechs Meter lange Handstickmaschine, neben der verschiedene weitere Großexponate wie eine Einfädelmaschine und ein Arbeitstisch zur Herstellung von Zigarren im Raum platziert sind.

Die Auswahl der historischen Arbeitsgeräte präsentiert auf der visuellen Ebene ein breites Spektrum von Tätigkeiten als Arbeit, das deutlich über Industriearbeit hinausgeht. Dennoch bleibt das Thema Arbeit nach dem Durchschreiten dieser historischen Ausstellungssequenz weitgehend unbestimmt. Das mag vor allem daher rühren, dass kaum etwas über die präsentierten Objekte zu erfahren ist. So bleiben als Eindruck zunächst die großen Maschinen zentral. Auf der verbalen Ebene setzt das Museum vor allem auf die durch Mitarbeiter des Museums vorgeführten Maschinen. Doch ist durch Vorführungen lediglich ein Eindruck vom Funktionieren der Maschine gegeben, jedoch keine historische Einordnung derselben. Auf Objekterläuterungen wird dagegen auf der ersten Rezeptionsebene, d. h. auf im Raum sichtbaren Texttafeln, fast gänzlich verzichtet. In einem Computerterminal können Besucherinnen und Besucher zwar erläuternde Exponatkommentare, einordnende Hintergrundtexte und zum Teil auch kurze Filme abrufen. Der Terminal und die Objekte korrelieren räumlich jedoch nicht, zudem müssen sich Besucherinnen und Besucher erst durch mehrere Ebenen klicken, bis sie die entsprechenden Informationen finden.[15] Zudem werden die Objekte meist isoliert präsentiert, ohne sie mit anderen Exponaten wie Fotos, Dokumenten oder Zeichnungen in einen interpretierenden Zusammenhang zu stellen.[16] Genauso wenig wie die Ausstellung das Objekt als Spur in die Vergangenheit nutzt, so tut sie es mit dem Gebäude, das weniger als Zeugnis denn als neutrale Hülle fungiert. Auf das Bruchstückhafte der Geschichte abzuzielen, wie es die Ausstellung mit ihrem Verzicht auf klare Erzählstränge tut, kann zwar in bestimmten Fällen durchaus zur eigenständigen Aneignung und Deutung herausfordern. Da die aus ihrem Entstehungs- und Funktionszusammenhang gerissenen Objekte jedoch nicht allein sprechen, bedarf es – wie Gottfried Korff konstatiert – »der Erläuterung durch Re-Kontextualisierung und Re-Dimensionierung«[17]. Denn »Dinge erreichen ihre Geladenheit oft erst durch den Text, der sie beschreibt.«[18] Gerade eine nennenswerte historische Kontextualisierung fehlt in der thematischen Strukturierung der Ausstellung fast vollständig. Es ist dadurch als Besucherin kaum möglich, sich das Präsentierte »in sinnliche Erkenntnis umzusetzen«[19]. Was allein sichtbar ist, ist die Maschine und das Arbeitswerkzeug. Historische Arbeitsprozesse und Arbeitsbedingungen bleiben abwesend. Ausgelassen werden ebenfalls die Arbeitsverhältnisse, d. h. Fragen des Lohns und der Existenzsicherung, des Konflikts um Arbeit, der Hierar-

---

15 Katja Röckner hält mit Verweis auf eine unveröffentlichte Auswertung des Museums fest, dass nur etwa die Hälfte der Besucherinnen und Besucher die Terminals überhaupt nutzen. Siehe Katja Röckner, Ausgestellte Arbeit. Industriemuseen und ihr Umgang mit dem wirtschaftlichen Strukturwandel, Stuttgart 2009, S. 161.
16 Im Ausstellungskatalog werden solche kontextualisierenden Fotos und Zeichnungen dagegen durchaus neben den Fotos der Exponate abgedruckt.
17 Gottfried Korff, Bildwelt Ausstellung. Die Darstellung von Geschichte im Museum, in: Ulrich Borsdorf/Heinrich Theodor Grütter (Hg.), Orte der Erinnerung. Denkmal, Gedenkstätte, Museum, Frankfurt a. M./New York 1999, S. 319-335, hier: S. 331.
18 Werner Hanak-Lettner, Die Ausstellung als Drama. Wie das Museum aus dem Theater entstand, Bielefeld 2011, S. 28.
19 Korff, Ausstellung, 1999, S. 331.

chie und auch der Arbeitsformen, die für die jeweiligen Personengruppen spezifisch waren. Indem die Ausstellung letztlich keine historische Einordnung der Objekte vornimmt, wird kaum Reflexion über die Vergangenheit angeregt, die Chancen zu einer eigenständigen Verbindung von Geschichte und Gegenwart böte.

Wie setzt das Chemnitzer Museum nun andererseits seine Idee um, in der Ausstellung auch »Fragen nach der Arbeit von morgen«[20] zuzulassen? Der Gegenwart und Zukunft wendet sich das Museum in keiner eigenständigen Abteilung zu, greift Aspekte der Gegenwart aber in verschiedenen Abteilungen auf. Zentrales Thema, das anhand von zahlreichen Produkten und Konsumgütern aus Sachsen präsentiert wird, ist die gegenwärtige Exportstärke Sachsens. Waren es in der Vergangenheit die Maschinen, die präsentiert werden, so gestaltet sich die Gegenwart vor allem produktorientiert. So werden dort, wo aktuelle Berufsgruppen wie Gestalter oder Vermarkter als gliedernde Personengruppe fungieren, lediglich die von ihnen erzeugten Konsumgüter – Werbeplakate, Geschirr oder Ähnliches – gezeigt. Darüber hinaus werden in anderen Abteilungen ein Elektrofahrrad, Haushaltsgeräte und ein Fitnessgerät ausgestellt. Ein Verweis auf den Herstellungs- und Produktionsprozess dieser Produkte und damit die in ihnen verkörperte Arbeit fehlt hier gänzlich. Offensichtlich sieht sich das Museum im Hinblick auf die Gegenwart vor allem in seiner Funktion, »›Marketingplattform‹ für die Partner aus der Wirtschaft«[21] zu sein. Etwas anders verhält es sich nur bei der Abteilung »Europäer«, die deutlich kleiner als die anderen Abteilungen am Ende der Halle präsentiert wird. Hier werden neben zahlreichen Konsumprodukten auch große Maschinen wie eine Roboterschweißanlage ausgestellt, die zum Teil noch bis vor einigen Jahren in Betrieb waren. Es ist jedoch nicht überraschend, dass auch hier als Erläuterung lediglich deren Funktionieren und technische Daten skizziert werden.

Insbesondere in der Abteilung »Arbeiter« werden jedoch auch Fragen gegenwärtiger Arbeit aufgegriffen. Hier trägt eine unscheinbare kleine Sektion den Titel »Flexibilisierte Arbeitskräfte«. Flexibilisierung wird anhand eines »Oskars für den Mittelstand« thematisiert, mit dem 1998 die Arbeiterinnen und Arbeiter der Union Werkmaschinen GmbH in Chemnitz ausgezeichnet wurden. Die Belegschaft hatte die Firma zwei Jahre zuvor gekauft, um ihre Schließung zu verhindern. Flexibilisierung im Zuge des Strukturwandels wird hier jedoch nicht als Prozess der Verunsicherung, der Angst, des Risikos und des sozialen Abstiegs verhandelt, wie etwa bei dem im Ausstellungskatalog zitierten Richard Sennett[22], sondern ausschließlich als »Erfolgsstory«. Denn, so die Objekterläuterung, es »retteten 100 Mitarbeiterinnen und Mitarbeiter ihren Betrieb vor dem Konkurs«. Viel präsenter als die flexibilisierten

---

20 Feldkamp, Industriemuseum, 2003, S. 16.
21 Ebd.
22 Richard Sennett, Der flexible Mensch. Die Kultur des neuen Kapitalismus, Berlin 1998, ausführlich zit. in: Feldkamp, Industriemuseum, 2003, S. 21.

Arbeitskräfte ist im Raum jedoch die Sektion der »Erwerbslosen«, die sich ebenfalls mit der Gegenwart auseinandersetzt. Das Thema wird unmittelbar gegenüber der historischen Fabrikarbeit – und damit als ihr aktuelles Gegenstück – im Raum inszeniert. Der Blick wird auf eine riesige Protesttafel der IG Metall von 1993 gelenkt, neben der sich Protesttransparente und eine Vitrine mit Meldekarten sowie Wartemarkenautomat des Arbeitsamtes befinden.[23]

Als zentraler Raumeindruck bleibt damit die Gegenüberstellung von Fabrikarbeit in der Vergangenheit und Erwerbslosigkeit in der Gegenwart. Im Computerterminal wird diese Interpretation der Gegenwart auch im Text formuliert:

»Und heute? Gibt es den klassischen Arbeiter noch? Wohin bewegt sich eine Gesellschaft, der scheinbar die Arbeit ausgeht? Welche Beschäftigungsverhältnisse bringt die Zukunft? Die Ausstellung zeigt schlaglichtartig den Wandel der Arbeit und fragt nach den Perspektiven am Ende der Arbeitsgesellschaft.«[24]

Explizit wird hier auch das der Gegenwartspräsentation zugrunde gelegte Narrativ angesprochen: die These vom Ende der Arbeitsgesellschaft, die zur Zeit der Entwicklung der Chemnitzer Ausstellung eine breite wissenschaftliche und öffentliche Wirkung erzielte. Mit Bezug auf einflussreiche Vertreter wie Ulrich Beck wird im Ausstellungskatalog die »Erosion der Erwerbsarbeit« und der »Abschied von der klassischen Erwerbsarbeit«[25] konstatiert. Diese Deutung wird im Raum noch dadurch verstärkt, dass die Besucherinnen und Besucher beim Gang durch das Museum immer wieder die »Konsumentenpassage« durchlaufen, in der wie in Schaufenstern unzählige Produkte und Konsumgüter präsentiert werden, deren Produktion weder hier noch in einer anderen thematischen Abteilung aufgegriffen wird. Bewusst im Zentrum der Ausstellung als Hauptachse platziert kann sie als Sinnbild der Konsumgesellschaft gelten, die in der Interpretation des Museums die Arbeitsgesellschaft abgelöst hat.

Angesichts dieses angenommenen Verschwindens der Arbeit zeigt sich bei den Ausstellungsmachern eine große Hilflosigkeit, gegenwärtige Arbeit überhaupt noch darstellen oder sichtbar machen zu können. Sie formulieren im Katalog:

»In der Tat verschwinden nicht nur die Arbeiter, auch die Arbeitsprozesse werden zunehmend unanschaubarer. Gehen etwa den Industriemuseen, wollen sie den Fortschritt begleiten, die Bilder aus? War die im Wesentlichen auf mechanische Prinzipien aufbauende Produktion bis vor zwanzig Jahren noch darstellbar und

---

23 Auffällig ist hierbei zudem, dass beide in der Gegenwart angesprochenen Phänomene – Erwerbslosigkeit und flexibilisierte Arbeitskräfte – in der Vergangenheit völlig ausgespart bleiben und damit noch einmal die Distanz zur Geschichte unterstrichen wird.
24 Internetseite des Industriemuseums Chemnitz: http://web.saechsisches-industriemuseum.com/chemnitz/dauerausstellung/zu-den-themen/arbeiter.html (eingesehen am 18.4.2014).
25 Feldkamp, Industriemuseum, 2003, S. 203.

vermittelbar, so ist es heute mit herkömmlichen Mitteln in vielen Bereichen nahezu aussichtslos, die Produktionsvorgänge sichtbar zu machen«[26].

Eine konzeptionelle Strategie, auf dieses Dilemma zu antworten, ist in der Ausstellung ein Fries aus dutzenden von Großporträts, der sich auf einer Höhe von einigen Metern einmal um die gesamte Ausstellungshalle zieht. Dieser Porträtfries zeigt Menschen unterschiedlichen Geschlechts, Alters, ethnischer Herkunft, Menschen in Arbeits-, Freizeit- oder unbestimmbarer Kleidung sowie Menschen aus unterschiedlichen Epochen. Erst im Computerterminal sind nach mehreren Klicks Hinweise auf die abgebildeten Menschen zu lesen, die – gegliedert nach den die Ausstellung strukturierenden Personengruppen – kurze Auskunft über ihren Beruf und ihr Verständnis von Arbeit geben. Die konkrete Arbeit der Personen wird jedoch ausgespart, auch wenn der Fries im Katalog als »kognitive Landkarte des Arbeitsbegriffs«[27] charakterisiert wird. Die porträtierten Menschen wirken dadurch wie »Schein-Individuen«[28], die weder als Personen ernst genommen, noch als Akteure vorgestellt werden, die durch ihre Arbeit eine Verbindung zwischen den ausgestellten Maschinen und Produkten sowie ihrer sozialen Umwelt herstellen.

Insgesamt wird am Industriemuseum Chemnitz deutlich, dass die ausgestellten Produkte nur als Konsumgegenstände präsentiert und nicht auf ihren Produktionsprozess hin befragt werden. Durch die Trennung der Arbeitswerkzeuge von den Arbeitsprodukten wird der sie verbindende Arbeitsprozess ausgeblendet und die Arbeit zum Verschwinden gebracht. Diese Interpretation vom Verschwinden der Arbeit in der Gegenwart verstärkt sich noch, da auch explizit auf die These vom Ende der Arbeitsgesellschaft Bezug genommen wird.

2 Das Ruhr Museum in Essen: Standardisierte Industriearbeit als Schablone

Etwas anders verhält es sich beim Ruhr Museum in Essen. Dieses ist in der für das Museum zum Teil erheblich umgebauten ehemaligen Kohlenwäsche der Zeche Zollverein untergebracht und wurde zum Jahr der Kulturhauptstadt RUHR.2010 eröffnet. Es wird international breit rezipiert.[29] Es begreift sich in Anlehnung an Gottfried Korff

---

26 Ebd., S. 11.
27 Ebd., S. 21.
28 Diesen Begriff verwendet Joachim Baur treffend für die museale Präsentation von Fotos von Immigranten, die »nicht tatsächlich Individuen, sondern Exemplare eines bestimmten Typs, Repräsentanten« sind. Baur, Migration, 2009, S. 152.
29 Zur Rezeption in den USA u. a. Kerstin Barndt, Layers of Time: Industrial Ruins and Exhibitionary Temporalities, PMLA 125.1 (2010), S. 134-141; zur Rezeption in Indien: Dhiraj Kumar Nite, Ruhr Mining Museum: An Institution of the Post-industrial Society, in: Economical Political

Abb. 2 Der Auftakt des Ruhr Museums: Der Mythos Ruhrgebiet in der Abteilung »Gegenwart«.

als »Regionalmuseum neuen Typs«[30] und will »zeigen, was, wo und wie das Ruhrgebiet in Vergangenheit und Gegenwart war und ist und einen orientierenden Blick in seine Zukunft erlauben.«[31] Außergewöhnlich ist, dass das Museum sowohl strukturell, als auch ästhetisch sehr unterschiedliche Präsentationsformen wählt. Auch wenn die Ausstellung mit den drei großen Abteilungen »Gegenwart«, »Gedächtnis« und »Geschichte« zeitliche Zuordnungen vornimmt, ergibt sie in ihrer Gesamtheit doch keine klar chronologische Erzählung. Der Museumsrundgang beginnt mit einem Ausstellungsteil zur Gegenwart. Ihm folgt der Ausstellungsteil »Gedächtnis«, in dem die vormoderne Epoche präsentiert wird. Im dritten und letzten Teil – der »Geschichte« – wird chronologisch die Geschichte der Industrialisierung bis in die Gegenwart dargestellt. Hier beschäftigt sich eine Ausstellungssequenz explizit auch mit der Arbeitswelt.

Im Ruhr Museum werden die Besucherinnen und Besucher am Anfang des Ausstellungsrundgangs mit der Gegenwart konfrontiert, bevor sie später in einer Rück-

---

Weekly v. 2.1.2014, http://www.epw.in/web-exclusives/ruhr-mining-museum-institution-post-industrial-society.html (eingesehen am 6.1.2014).
30 Ulrich Borsdorf/Heinrich Theodor Grütter (Hg.), Ruhr Museum – Natur. Kultur. Geschichte. Katalog zur Ausstellung, Essen 2010, S. 24.
31 Ebd.

schau die Entwicklung hin zu dieser Gegenwart durchschreiten. Auffällig ist zunächst der starke atmosphärische Eindruck des ersten Raums, dessen Schauplatz eine ehemalige Maschinenbühne zur Sortierung des Gesteins und der Kohle ist. Anders als in anderen Abteilungen des Museums wurde hier nur ein Teil der Ausstellungsfläche von den Maschinen freigeräumt, sodass viele zum Teil riesige Stahleinbauten noch existieren und im Raum sehr präsent sind. Inhaltlich wird in diesem Ausstellungsteil anhand einer Fülle von *Phänomen* ein Panorama der Gegenwart entworfen, das Bildern vom *Mythos* Ruhrgebiet gegenübergestellt wird. Als *Mythos* werden Großfotos von Arbeitern in Arbeitskleidung, vom Leben im Schatten des Förderturms und von glühenden Hochöfen an die Wand projiziert, die nach kurzem Aufscheinen verwischen (☞ siehe Abb. 2, S. 155). Dauerhaft sichtbar sind dagegen Hunderte von Fotos der Gegenwart, die auf weißen erleuchteten Wandtafeln präsentiert werden, die sich wie Bänder um die Maschinenteile schlängeln.

Bewusst werden bei diesen *Phänomenen* alltagsnahe Themen gewählt, die zum Teil stark mit Klischees spielen und eher assoziativ angeordnet sind. Sie reichen von Industriearchitektur, Kulturen und Ruhrschnellweg über Untertagewelt und Strukturwandel bis hin zu Sprache, Fußball, Sakralbauten und Trinkhallen. Präsentiert werden vor allem die Auswirkungen des Niedergangs der Traditionsindustrien und der mit ihnen verbundenen Sozialmilieus.

Aspekte, die den Themenkomplex Arbeit direkt betreffen, werden in zwei der 21 *Phänomene* angesprochen – beim Thema Untertagewelt, das etwas am Rand des Raums untergebracht ist und beim Thema Strukturwandel (☞ siehe Abb. 3), in dem neben Fotos von Universitäten, Logistikzentren und Fabrikanlagen, die heute für den Dienstleistungsbereich genutzt werden, auch einige berufliche Tätigkeiten gezeigt werden: arbeitende Menschen im Büro, im Labor, im Callcenter, aber auch im Stahlwerk, im Bereich Logistik und der Baustelle. Meist sind sie einzeln abgebildet, in einem sauberen, geordneten Ambiente. Manche Fabriken sind menschenleer. Dreck findet sich nur auf dem Bau. Mehrmals wird in den Ausstellungstexten erwähnt, dass sich die Menschen in der Um- oder Ausbildung befinden.

Dem Strukturwandel zugeordnet findet sich gegenüber eine Vitrine mit Exponaten, darunter ein Solarmodul, eine Felge für einen Smart, eine Reihe von Spezialchemikalien und eine Heizungspumpe. Präsentiert werden die Objekte ähnlich wie im Industriemuseum Chemnitz als Produkte ohne Verweis auf ihren Herstellungs- und Produktionsprozess. Eine Texttafel gibt Auskunft, dass das Ruhrgebiet »ein mächtiges Industriegebiet geblieben« ist. In mehreren Objektlegenden werden Superlative wie »eine der größten Solaranlagen der Welt«, »Weltmarktführer in der Herstellung von ...« und Ähnliches verwendet. Damit wird der Produktion ähnlich wie im Chemnitzer Museum eine große Bedeutung zugeschrieben und vor allem die Leistung der Region betont. Der Ort, an dem die Objekte präsentiert werden, ist zwischen Teilen einer alten Stahlmaschine allerdings so wenig prominent, dass sie kaum Aufmerksamkeit auf sich ziehen und die Bedeutung neuer Industriezweige dadurch peripher erscheint.

Abb. 3 Ruhr Museum: Die *Phänomene* der Gegenwart (Strukturwandel).

Insgesamt konzentriert sich die Kernerzählung im Ausstellungsteil zur Gegenwart allerdings vor allem auf den Themenkomplex »Kultur« und auf die sich verändernden Lebensformen der Menschen: »Vom Arbeitsplatz zum Denkmal, von der Industrie zur Kultur« heißt es in einem Ausstellungstext, der als zentrale Aussage des gesamten Ausstellungsteils interpretiert werden könnte. Anhand zahlreicher Facetten von Kultur wird eine neue Identität des Ruhrgebiets gezeichnet, in deren Selbstbild Arbeit keine Rolle spielt. Auch die im Bereich der Kultur getätigte Arbeit bleibt unsichtbar. Dadurch werden nicht der Wandel der Arbeitswelt und die vielfältigen, zum Teil neuen Formen von Arbeit deutlich gemacht, sondern Arbeit verliert auch im Ruhr Museum ihre Relevanz für den Einzelnen und das gesellschaftliche Zusammenleben fast vollständig. Für die Vergangenheit – das werde ich im Folgenden zeigen – wird ihr diese Bedeutung im Ruhr Museum noch zugeschrieben. Diese Deutung wird durch die atmosphärische Wirkung der massiven Industrierelikte noch unterstrichen. Als Rahmen der Erzählung machen die großen, rostigen, nutzlos gewordenen Maschinen die These bildlich, dass die Arbeitsgesellschaft an ihr Ende gekommen ist.

Welches Bild von historischer Arbeit das Ruhr Museum dagegen zeichnet, möchte ich an der Ausstellungssequenz »Arbeitswelt und Arbeiterbewegung« im Ausstellungsbereich »Geschichte« deutlich machen, der chronologisch aufgebaut ist. In den zeitlichen Abschnitten werden jeweils mehrere thematische Schwerpunkte prä-

Abb. 4 Ruhr Museum: Die Ausstellungssequenz »Arbeitswelt und Arbeiterbewegung« im Ausstellungsbereich »Geschichte«.

sentiert. Ein solcher Schwerpunkt ist das Thema »Arbeitswelt und Arbeiterbewegung«, das sich im zeitlichen Abschnitt »Hochindustrialisierung 1870–1914« befindet (☛ siehe Abb. 4). Während die Ebene der Gegenwart im Ruhr Museum noch von Tageslicht erhellt wird, steigen die Besucherinnen und Besucher zum Ausstellungsteil »Geschichte« hinab in eine neue Zeitschicht und einen Raum, der künstlich beleuchtet ist.[32] Anders als im Teil zur Gegenwart ist das historische Gebäude hier hinter den modernen musealen Einbauten kaum wahrnehmbar – und das, obwohl in diesem Ausstellungsteil explizit die Geschichte der Industrialisierung erzählt wird.

Auffällig ist an dieser Ausstellungssequenz zunächst, welche *Tätigkeiten* dargestellt werden: Die zahlreichen Originalobjekte sind sämtlich Arbeitswerkzeuge, Material und Dokumente, die dem Bereich der Schwerindustrie – d. h. Bergbau und Stahlproduktion – zuzuordnen sind: Grubenlampen, Roheisenstücke und Stahlrohre zum Abstützen der Stollen. Zentral in der Mitte des Ensembles wird der Arbeitsplatz eines Fördermaschinisten an einer Dampffördanlage präsentiert, der ebenfalls der Schwerindustrie angehört und um den herum sich zahlreiche Werkzeuge gruppieren.

---

32 Wenn die Verdunkelung auch einen konservatorischen Zweck zum Schutz der originalen Exponate erfüllt, ist die Lichtführung doch auch als Gestaltungselement zu begreifen.

Auch auf der textlichen Ebene wird von »schwerindustrieller Arbeitswelt« gesprochen. Nicht industrielle Arbeit, Tätigkeiten im Dienstleistungsbereich, in der Verwaltung, Heimarbeit, Handwerk oder Reproduktionsarbeit finden sich dagegen nur im Bereich Frauenarbeit. Auf diese Weise wird hier ein Bild von Arbeit konstruiert, das Arbeit als männliche Tätigkeit lohnabhängiger Arbeitskräfte in betrieblichen Zusammenhängen zeigt; ein Bild, das selbst historisch nur auf eine Minderheit zugetroffen haben dürfte.[33] Ergänzt, aber deutlich davon abgesetzt, wird dieses Bild um das Thema Frauenarbeit. Frauenarbeit ist eine eigene kleine Themeninsel, in der sowohl Reproduktions- als auch Erwerbsarbeit von Frauen gezeigt wird. Frauenarbeit wird auf der Textebene als »Mitarbeit« beschrieben, ohne die – so die Texttafel – »die Bewältigung des Alltags und der Rhythmus der industriellen Produktion nicht möglich gewesen wäre«. Durch die Präsentation von Waschbrettern unmittelbar neben den Arbeitswerkzeugen aus der Industrie wird die Reproduktionsarbeit zwar visuell auf eine Ebene mit der Industriearbeit gestellt und bricht damit die textliche Beschränkung auf »Mitarbeit«. Geschlechtsspezifische Aspekte bleiben jedoch thematisch von der Haupterzählung abgegrenzt, statt auf die Vergeschlechtlichung dieser Form der Arbeitsteilung zu verweisen.[34]

Auch die *Arbeitsformen*, die präsentiert werden, orientieren sich vor allem an standardisierten Beschäftigungsverhältnissen. Eine Markenkontrolltafel mit Hunderten von Haken und eine Stempeluhr für 150 Personen stehen bildlich für den Großbetrieb mit Massenarbeitern. Obwohl gerade informelle, prekäre, unsichere Arbeit ein Massenphänomen im 19. Jahrhundert darstellte, finden sich diese Aspekte von Arbeit kaum. Auffällig ist hier vor allem, dass die Text- und Bildebenen stark auseinanderfallen. Zwar werden im zentralen Text Wechselhaftigkeit und Unsicherheit der Lebensverhältnisse explizit angesprochen. Doch fehlen – abgesehen von Objekten zum Unfallschutz – Bilder, Objekte oder Installationen, die die zum Teil alltägliche Wechselhaftigkeit und Unsicherheit jenseits der textlichen Ebene verdeutlichen, d. h. Präsentationen von Kontraktarbeit, von Mobilität bei Tätigkeit und Beruf, von Arbeitslosigkeit oder von Armut. Gerade diese Aspekte der Phase der Industrialisierung böten Besucherinnen und Besuchern jedoch Anknüpfungspunkte, um gegenwärtige Veränderungen und Entwicklungen von Arbeit besser verstehen und beurteilen zu können.

Insgesamt präsentiert das Ruhr Museum ein Bild der Arbeit, das an standardisierter Industriearbeit orientiert ist. Dieses im historischen Teil der Ausstellung gezeichnete Bild bleibt dabei nicht auf die Vergangenheit begrenzt, sondern wirkt auf

---

33 U. a. Jürgen Kocka, Arbeit früher, heute, morgen: Zur Neuartigkeit der Gegenwart, in: ders./ Claus Offe (Hg.), Geschichte und Zukunft der Arbeit, Frankfurt a. M. 2000, S. 476-492, hier: S. 489.
34 Zur Problematik von »Frauenecken« in Ausstellungen Roswitha Muttenthaler/Regina Wonisch, Gesten des Zeigens. Zur Repräsentation von Gender und Race in Ausstellungen, Bielefeld 2006, S. 16 f.

die Deutung der Gegenwart, indem es auch hier als Schablone fungiert. Damit wird – wenn auch nicht intendiert wie im Industriemuseum Chemnitz – ebenfalls eine Interpretation vom Ende der Arbeitsgesellschaft nahegelegt.

3 Vom Verschwinden der Arbeit im Museum

Was sich an den Ausstellungen des Industriemuseums Chemnitz und des Ruhr Museums in Essen bei ihrer Darstellung von Arbeit zeigt, ist jedoch keine individuelle Schwäche und kein Unvermögen dieser Museen. Vielmehr spiegelt sich darin eine gesellschaftliche Repräsentationskrise der Arbeit wieder, die ich mit Michael Denning als »imaginative crisis«[35] – als Imaginationskrise der Arbeit – verstehe. Diese Imaginationskrise drückt sich darin aus, dass das hegemoniale Bild der Arbeit als männliche weiße Industriearbeit im Normalarbeitsverhältnis – lange handlungsleitende »Fiktion«[36] – im Zuge des Strukturwandels verblasst und eine Leerstelle hinterlässt, wie »Arbeit« gegenwärtig adäquat zu bestimmen ist. Da sich nach dem »Abschied vom Malocher«[37] bislang keine neue hegemoniale Konfiguration von Arbeit herausgebildet hat, geht – laut Denning – auch das Vorstellungsvermögen im Hinblick auf Arbeit insgesamt verloren. So ist derzeit eine »gesellschaftliche De-Thematisierung von Arbeit« zu beobachten, und zwar in der Hinsicht, dass die »›innere Qualität‹ von Arbeit, also ihr Inhalt, die Form der Verausgabung und die Folgen ihrer Vernutzung ›verschwindet‹«.[38] Damit ist die Imaginationskrise der Arbeit gleichzeitig eine Sichtbarkeitskrise, die das Museum als »Institution des Sichtbaren«[39] heute vor besondere Herausforderungen stellt.

Trotz ihrer Reflexionen über Möglichkeiten, Arbeit neu zu denken und museal darzustellen, gelingt es kulturhistorischen Museen angesichts der Imaginationskrise bislang nicht, überkommene Bilder der Arbeit aufzulösen und eine museale Präsentationssprache für Arbeitsverhältnisse jenseits standardisierter Industriearbeit zu

---

35 Michael Denning, Representing Global Labor, in: Social Text 92, Vol. 25 (2007) No. 3, Duke University Press, S. 125-145, hier: S. 138.
36 Ulrich Mückenberger, Der Wandel des Normalarbeitsverhältnisses unter Bedingungen einer »Krise der Normalität«, in: Gewerkschaftliche Monatshefte [GMH], (1989) 4, S. 211-223, hier: S. 222.
37 Im Anschluss an Wolfgang Hindrichs/Uwe Jürgenhake/Christian Kleinschmidt, Der lange Abschied vom Malocher. Sozialer Umbruch in der Stahlindustrie und die Rolle der Betriebsräte von 1960 bis in die neunziger Jahre, Essen 2000.
38 Sarah Nies/Dieter Sauer, Arbeit – mehr als Beschäftigung? Zur arbeitssoziologischen Kapitalismuskritik, in: Klaus Dörre/Dieter Sauer/Volker Wittke (Hg.), Kapitalismustheorie und Arbeit. Neue Ansätze soziologischer Kritik, Frankfurt a. M./New York 2012, S. 34-62, hier: S. 35.
39 Tony Bennett, Der bürgerliche Blick. Das Museum und die Organisation des Sehens, in: Dorothea Hantelmann/Carolin Meister (Hg.), Die Ausstellung. Politik eines Rituals, Zürich/Berlin 2010, S. 47-77, hier: S. 47.

entwickeln. Eine Folge ist, dass die Arbeit in den Ausstellungspräsentationen der Gegenwart fast vollständig fehlt.

Zwar greifen beide hier vorgestellten Museen in unterschiedlichem Maße Diskussionen um einen erweiterten Arbeitsbegriff auf, indem sie etwa Themen wie Frauenbeschäftigung und Reproduktionsarbeit einbeziehen. Doch geschieht dies meist in abgesetzten »Themeninseln«, die stärker den Charakter einer Ergänzung denn einer Verschränkung mit dem Hauptthema darstellen, während das zentrale Narrativ der Ausstellungen im historischen Teil auf den Bereich der standardisierten Industriearbeit beschränkt bleibt. Zwar reflektieren die beiden Museen auch auf veränderte Arbeitsformen und die Vielgestaltigkeit des Arbeitens, doch schlagen sich diese Überlegungen fast ausschließlich auf einer textlichen Ebene nieder. Damit wird die »Leselast« vor die »Schaulust« gestellt[40] und gegen die optischen Reize der Exponate – Arbeitswerkzeuge, große Maschinen und Industrieprodukte – kommt der Text allein kaum an. Gerade mit dem Blick auf die Industrialisierung böte sich den Museen jedoch die Chance, Muster, die heute als besonders charakteristisch für die Gegenwart gelten, aber durchaus schon im 19. Jahrhundert verfügbar waren, wiedererkennbar zu machen. Ich möchte damit nicht zum Ausdruck bringen, dass aktuelle Phänomene wie Flexibilisierung, Entgrenzung, Intensivierung und Unsicherheit der Arbeit oder die immer dichter werdenden internationalen Verflechtungen im Zuge der Globalisierung mit den Zuständen im 19. Jahrhundert identisch sind. Jedoch finden sich mit der zunehmenden Internationalisierung, den sich ständig wandelnden Anforderungen an die Arbeitskräfte, der permanenten Mobilität bei Tätigkeit und Beruf, der (Gefahr von) Arbeitslosigkeit und Krisen der Orientierung bereits im Zuge der Industrialisierung durchaus strukturelle Ähnlichkeiten zu heute, die Historiker wie Jürgen Osterhammel, Marcel van der Linden oder Jürgen Kocka in den letzten Jahren herausgearbeitet haben.[41] Auch Soziologen sprechen derzeit von einer »Aktualisierung proletarischer Arbeits- und Lebensformen«.[42]

---

40 Zum schwierigen Verhältnis von Objekt und Text im Museum Gottfried Korff, Objekt und Information im Widerstreit. Die neue Debatte über das Geschichtsmuseum, in: ders., Museumsdinge. Deponieren – exponieren, hg. v. Martina Eberspächer/Gudrun Marlene König/Bernhard Tschofen, Köln/Weimar/Wien 2007, S. 113-125, hier: S. 120.

41 Unter anderem Jürgen Kocka/Claus Offe (Hg.), Geschichte und Zukunft der Arbeit, Frankfurt a. M. 2000; Marcel van der Linden, How Normal is the »Normal« Employment Relationship?, in: ders., Transnational Labour History. Explorations, Aldershot 2003, S. 197-203; Jürgen Osterhammel/Niels P. Petersson, Geschichte der Globalisierung. Dimensionen, Prozesse, Epochen, München 2012; Winfried Süß/Dietmar Süß, Zeitgeschichte der Arbeit: Beobachtungen und Perspektiven, in: Knud Andresen/Ursula Bitzegeio/Jürgen Mittag (Hg.), »Nach dem Strukturbruch«? Kontinuitäten und Wandel von Arbeitsbeziehungen und Arbeitswelt(en) seit den 1970er-Jahren, Bonn 2011, S. 345-365.

42 Friederike Bahl/Philipp Staab, Das Dienstleistungsproletariat. Ein Forschungsprojekt des Hamburger Instituts für Sozialforschung, siehe: http://www.his-online.de/forschung/dienstleistungsarbeit/ (eingesehen am 21.4.2014).

So bleibt aufgrund der Schwierigkeit, mit der Imaginationskrise der Arbeit umzugehen, standardisierte Industriearbeit und körperliche männliche Arbeit das Leitbild bei der Darstellung historischer Arbeitsverhältnisse. In der Folge werden im Hinblick auf die Gegenwart statt der Transformation und der Ausdifferenzierung der Arbeit der Untergang der Traditionsindustrien und der Epochenbruch zur Ära der industriellen Massenproduktion herausgestellt. Dadurch wird ein Bild der Gegenwart gezeichnet, das ein Ende der Arbeitsgesellschaft unterstreicht. Die damit verbundene Gefahr, mehr Distanz als Nähe zur Geschichte herzustellen, verstärkt sich noch, wenn die Museen über ihre Hauptexponate – verlassene Produktionsstätten und nutzlos gewordene Maschinen – eine besondere atmosphärische Wirkung erzielen, die eine Untergangsgeschichte von Industrien unterstreichen. Dass sich auch in der Gegenwart die Gesellschaft weiterhin mittels Arbeit »als Wirtschaftsstandort und Produktionsprozess, als Herrschaftsgefüge und politische Ordnung, als kulturelle Identität und als Lebenswelt« reproduziert[43], wird dadurch weitgehend ausgeblendet.

Wenngleich Museen derzeit vor die Aufgabe gestellt sind, mit dem Wandel der Arbeit etwas sinnlich zu präsentieren, über das durchaus Unklarheit herrscht, weisen sie doch durch ihre vielfältigen Mittel gleichzeitig auch ein besonderes Potenzial auf, die Herausforderungen der Gegenwart historisch zu erschließen und die Entstehungsbedingungen der Gegenwart zu vermitteln – und damit zu einem neuen Verständnis von Arbeit beizutragen. Neuere Perspektiven auf die Ausstellungsarbeit, die beim Prozess des Kuratierens auf partizipative Verfahren und damit auf die soziale Verantwortung und Multiperspektivität der Museen setzen[44], die einen veränderten Blick auf die Sammlungen und Sammlungsstrategien der Museen werfen und damit unbekannte Objektgeschichten und Objektgruppen aufspüren und die nicht zuletzt durch Szenografie mit ungewöhnlichen Raumanordnungen, medialen Inszenierungen und der Dramaturgie im Museum experimentieren[45], bieten bei der Suche nach einer neuen Präsentationssprache besonders interessante Ansatzpunkte.

---

43 Gert Schmidt, Arbeit und Gesellschaft, in: Fritz Böhle/G. Günter Voß/Günther Wachtler (Hg.), Handbuch Arbeitssoziologie, Wiesbaden 2010, S. 127-147, hier: S. 128.
44 Susanne Gesser/Martin Handschin/Angela Jannelli/Sibylle Lichtensteiger (Hg.), Das partizipative Museum. Zwischen Teilhabe und User Generated Content. Neue Anforderungen an kulturhistorische Ausstellungen, Bielefeld 2012.
45 Stapferhaus Lenzburg/Sibylle Lichtensteiger/Aline Minder/Detlef Vögeli (Hg.), Dramaturgie in der Ausstellung. Begriffe und Konzepte für die Praxis, Bielefeld 2014.

IV

Unterhaltung und Belehrung

Daniela Mysliwietz-Fleiß

»Geschäftiges Leben und treiben allüberall in den hohen Arbeitssälen!« Repräsentationen von Arbeit als Objekt der touristischen Neugier im späten 19. Jahrhundert

1 Repräsentationen von Arbeit und bürgerliche Machtausübung

Im November 1890 veröffentlichte die Leipziger Illustrirte Zeitung (LIZ) einen mehrseitigen, reich bebilderten Bericht über das Essener Eisen- und Stahlunternehmen Krupp. Darin ging es vorrangig nicht um die wirtschaftliche Lage des Unternehmens oder um die schillernde Persönlichkeit des geheimen Kommerzienrates Friedrich Alfred Krupp, sondern um das Erlebnis beim Gang durch die Fabrikhallen, das der Reporter seiner Leserschaft, einem Reiseleiter gleich, vermitteln wollte. Die Leserinnen und Leser sollten ihn dazu »auf einem Gang durch die hauptsächlichsten Theile des ungeheuren Werkes [...] begleiten.«[1]

In einem ähnlichen Sprachduktus wurde das deutsche bürgerliche Lesepublikum des späten 19. Jahrhunderts immer häufiger in Berichten und Reportagen von Zeitschriften dazu eingeladen, sich auf eine virtuelle Reise in einen Industriebetrieb zu begeben. Und auch Postkarten und Reiseführer vermittelten Einblicke in die Fabrik und etablierten so Industrieunternehmen als touristische Attraktionen. Parallel stieg die Neugier, selbst eine Fabrik von innen zu sehen.

Das Erlebnis, ob nun selbst vor Ort oder durch die Augen des Reporters, umfasste insbesondere das Zusammentreffen mit der Arbeiterschaft, ihre häufig harte körperliche Arbeit und die zum Teil problematischen Arbeitsbedingungen:

»In dem ausgedehnten Puddelwerke finden wir lange Reihen von geschlossenen niedrigen Oefen, den Puddelöfen, durch deren kleine Thüröffnung die Puddler mit langen Stangen in einer feurig-flüssigen Masse umherrühren. [...] Jetzt kommt für den Puddler die schwierige, Kraft und Geschicklichkeit in gleichem Maße beanspruchende Arbeit, die Theilchen fertigen Stahls, so wie sie im Metallbade

---

[1] Die Gußstahlfabrik von Fried. Krupp in Essen, in: Leipziger Illustrirte Zeitung (LIZ), 95. Bd., Nr. 2471 v. 8.11.1890, S. 493–510.

sich bilden, zu sammeln, vor weiteren Verbrennungen zu schützen und zu großen Klumpen, Luppen genannt, zusammenzuschweißen und zu ballen.«[2]

Dabei standen jedoch, wie die Schilderung über die Firma Krupp aus der Leipziger Illustrirten Zeitung zeigt, nicht etwa der Wunsch im Vordergrund, die harten Arbeitsbedingungen abzumildern, es wurde kein sozialreformerischer Ansatz präsentiert, sondern die Arbeiterschaft und ihr Schaffen als Attraktion dargestellt.

Eine solche Repräsentation der Arbeiterschaft als Objekt der touristischen Neugierde war eine Möglichkeit für das Bürgertum, Macht, verstanden als konstitutives Element jeder sozialen Beziehung[3], über die Arbeiterschaft auszuüben. War diese Macht über die Arbeiterschaft für die ökonomische und ideelle Selbstbehauptung des Bürgertums seit Beginn der Industrialisierung bereits essenziell gewesen, so wurde sie im letzten Viertel des 19. Jahrhunderts noch bedeutender, da die Arbeiterschaft als Teil einer neuen Klassengesellschaft durch die stetig wachsende Zahl, aber auch durch konkrete Forderungen nach politischer und gesellschaftlicher Teilhabe noch stärker zur realen, aber vor allem mentalen Bedrohung für das Bürgertum wurde.[4] Dies galt insbesondere für die Zeit von 1890 bis zum Ersten Weltkrieg, einer Periode der deutschen Geschichte, die das Bürgertum als besonders krisenhaft wahrnahm.[5] Die seit dem frühen 19. Jahrhundert etablierte gesellschaftliche Gruppe[6] musste sich

---

2   Gußstahlfabrik Krupp, in: Illustrierte Zeitung, Nr. 2471, 1890, S. 493-510.
3   Peter Imbusch, Machtfigurationen und Herrschaftsprozesse bei Norbert Elias, in: ders. (Hg.), Macht und Herrschaft, 2. Aufl., Wiesbaden 2012, S. 169-193, hier: S. 172.
4   Thomas Nipperdey, Deutsche Geschichte 1866–1918, Bd. 1: Arbeitswelt und Bürgergeist, München 1990, S. 291, 314 f., 332; Hans-Ulrich Wehler: Deutsche Gesellschaftsgeschichte, Bd. 3: Von der »Deutschen Doppelrevolution« bis zum Beginn des Ersten Weltkrieges 1849–1914, München 1995, S. 774, 788, 797.
5   Für dieses Phänomen z. B. Volker Ullrich, Die nervöse Großmacht. Aufstieg und Untergang des deutschen Kaiserreichs 1871–1918, Frankfurt 1997; Joachim Radkau, Das Zeitalter der Nervosität. Deutschland zwischen Bismarck und Hitler, München/Wien 1998; Manfred Hettling, Bürgerliche Kultur – Bürgerlichkeit als kulturelles System, in: Peter Lundgreen (Hg.), Sozial- und Kulturgeschichte des Bürgertums. Eine Bilanz des Bielefelder Sonderforschungsbereichs (1986–1997), Göttingen 2000, S. 319-339, hier: S. 339; Hans Mommsen, Die Auflösung des Bürgertums seit dem späten 19. Jahrhundert, in: Jürgen Kocka (Hg.), Bürger und Bürgerlichkeit im 19. Jahrhundert, Göttingen 1987, S. 288-315, hier: S. 254, 289; Nipperdey, Deutsche Geschichte 1866–1918, Bd. 1, 1990, S. 394; Martin Doerry, Übergangsmenschen. Die Mentalität der Wilhelminer und die Krise des Kaiserreichs, Weinheim/München 1986, S. 14; Andreas Schulz, Lebenswelt und Kultur des Bürgertums im 19. und 20. Jahrhundert, München 2005, S. 26.
6   Für eine Zusammenfassung der Forschungen zur Geschichte des Bürgertums Thomas Mergel, Die Bürgertumsforschung nach 15 Jahren. Für Hans-Ulrich Wehler zum 70. Geburtstag, in: Archiv für Sozialgeschichte [AfS], 41 (2001), S. 515-538. Für einen ersten Einblick in die Geschichte des Bürgertums David Blackbourn, The German Bourgeoisie. An Introduction, in: ders./Richard J. Evans (Hg.), The German Bourgeoisie. Essays on the Social History of the German Middle Class from the late Eighteenth to the early Twentieth Century, London/New York 1993, S. 1-45.

gegen die mit der Industrialisierung neu aufsteigende Klasse der Arbeiter behaupten und ihr eine untergeordnete gesellschaftliche Position zuweisen.

Auf die Problematik des Verhältnisses von Etablierten und Außenseitern haben bereits Norbert Elias und John Scotson verwiesen:

»Konfrontiert mit einer Gruppe, die sie als eine Bedrohung ihrer Machtüberlegenheit […] und damit auch ihrer menschlichen Höherwertigkeit […] empfindet, sieht sich die Etabliertengruppe zum Gegenschlag gezwungen, den sie mittels einer permanenten Ablehnung und Demütigung der anderen führt.«[7]

Die Machtmittel des Bürgertums lagen vordergründig im politischen und ökonomischen Bereich, auf den zweiten Blick aber ebenso im Bereich von kulturellem Kapital und Wissen.[8] Insbesondere dieser zweite Bereich ermöglichte die von Elias und Scotson beschriebene Ablehnung und Demütigung der anderen und die eigene Aufwertung. Während Pierre Bourdieu diesen Vorgang in seiner Theorie der Distinktion ursprünglich für die französische Gesellschaft der 1950er- und 1960er-Jahre des 20. Jahrhunderts skizzierte[9], lässt sich die Theorie auch bei der Analyse des Verhältnisses der unterschiedlichen Klassen in Deutschland in der zweiten Hälfte des 19. Jahrhunderts anwenden.[10]

Nicht nur zur Festigung der gesellschaftlichen und wirtschaftlichen Position, sondern ebenso zur Sicherung der eigenen Identität, so lässt sich auf dieser theoretischen Basis annehmen, vollzog das Bürgertum daher eine extreme Abgrenzung von der Arbeiterschaft. Dazu dienten neben der politischen Ausgrenzung, so die hier verfolgte These, die unterschiedlichen Repräsentationen der Arbeiterin und des Arbeiters, die für verschiedene Sinnkonstruktionen genutzt wurden, und die ihnen jeweils eine unterlegene Rolle zuwiesen. Als Spiegel gesellschaftlicher Ordnungen und des in der Gesellschaft situierten Wissens[11] könnten die Darstellungen der Arbeiterschaft auf den Versuch des Bürgertums verweisen, Macht in den verschiedensten Formen – von Deutungsmacht über ökonomische bis hin zur politischen Macht – über sie auszuüben und sich dadurch der eigenen Stellung in der Gesellschaft zu versichern.

---

7 Norbert Elias/John Scotson, Etablierte und Außenseiter, Frankfurt a. M. 1990, S. 49.
8 Imbusch, Machtfigurationen und Herrschaftsprozesse, 2012, S. 169-193, hier: S. 173.
9 Pierre Bourdieu, Die feinen Unterschiede. Kritik der gesellschaftlichen Urteilskraft, Frankfurt a. M. 1982; Werner Fuchs-Heinritz/Alexandra König, Pierre Bourdieu: Eine Einführung, Konstanz 2005.
10 Sven Reichardt, Bourdieu für Historiker? Ein kultursoziologisches Angebot an die Sozialgeschichte, in: Thomas Mergel/Thomas Welskopp (Hg.), Geschichte zwischen Kultur und Gesellschaft. Beiträge zur Theoriedebatte, München 1997, S. 71-93, hier: S. 82-90.
11 Zur Funktion und Aufgabe von Repräsentationen Stuart Hall, The Work of Representation, in: ders., Representation. Cultural Representations and Signifying Practices, London/Thousand Oaks (CA) 1997, S. 15-63, insbes. S. 15-30.

Die Beispiele für Repräsentationen des Arbeiters im letzten Viertel des 19. Jahrhunderts sind vielfältig, sie reichen von den Darstellungen auf Industriegemälden des Realismus – das bekannteste ist Menzels Werk *Das Eisenwalzwerk* von 1875 – bis hin zu den Bildern der Reportagen bürgerlicher Sozialreformer. Während Menzel ohne idealisierten Blick, aber auch ohne sozialreformerisches Pathos den Arbeiter als Teil des neuen, fortschrittlichen Maschinenzeitalters zeigte, werteten die Sozialreportagen die Arbeiterschaft als unmündiges Erziehungsobjekt. Beide Repräsentationen kamen bürgerlichen (Bildungs-)Bedürfnissen entgegen: Menzel und seine Künstlerkollegen wie etwa Meunier befriedigten das Interesse an Technik als neuem bürgerlichen Bildungsgut, als Ausdruck wissenschaftlichen Fortschritts und als Zeichen für die Leistungsfähigkeit des Wirtschaftsbürgertums.[12] Der Arbeiter war hier Teil des technischen Prozesses, dessen Darstellung und Betrachtung das bürgerliche Selbstbild stärkte. Die Sozialreportagen über die Arbeits- und Lebensverhältnisse der Unterschicht dokumentierten nicht nur den Arbeiteralltag, sondern boten immer auch bestimmte Definitionen von Klassenverhältnissen an und entsprachen so den Interessenlagen der bürgerlichen Beobachtenden bzw. Rezipienten der Reportagen.[13] Die Feldforschung der Sozialreformerinnen und Sozialreformer war damit ein Teil einer bildungsbürgerlichen Identitätssuche, die die Beobachteten für diesen Zweck mit bestimmten Eigenschaften ausstattete.[14]

Doch nicht nur in den Sozialreportagen und den Gemälden des Realismus wurden bürgerliche Repräsentationen des Arbeiters kommuniziert. Eine besondere Weise der Repräsentation, die die Darstellungen aufgriff und weiterführte, war jene, wie die in der eingangs beschriebenen Szene aus den Hallen der Firma Krupp, in der die Arbeiterschaft und letztlich die Arbeit selbst zum Objekt der touristischen Neugierde wurde. In dieser Lesart rückten die aus bürgerlicher Sicht gesellschaftlich unterlegenen Mitglieder der Arbeiterklasse in die Nähe eines bloßen Objektes der Schaulust, von dem man sich selbst deutlich abgrenzen konnte.

2 Touristische Repräsentationen des 19. Jahrhunderts

Der bürgerliche Tourismus, das Reisen als Freizeitaktivität, war ein Phänomen des 19. Jahrhunderts, bei dem es nicht mehr um die Überwindung eines geografischen Raumes ging, sondern um das Erlebnis des Unbekannten. Während zuvor Reisen aus religiösen, ökonomischen oder wissenschaftlichen Gründen unternommen worden

---

12 Winfried Nerdinger, Vom Klassizismus zum Impressionismus. Eine Kunstgeschichte des 19. Jahrhunderts in Einzelinterpretationen, München 1980, S. 131-150.
13 Jens Wietschorke, Entdeckungsreisen in die Fabrik. Bürgerliche Feldforschungen 1890–1930, in: Zeitschrift für Volkskunde [ZfVk], 104 (2008), S. 41-71, hier: S. 42-44, 47 f., 51.
14 Wietschorke, Entdeckungsreisen, in: ZfVk, 104 (2008), S. 65 f., 71.

waren[15], setzte sich vor allen Dingen in den deutschen Territorien seit der Mitte des 18. Jahrhunderts die bürgerliche Bildungsreise jenseits dieser Motive durch.[16] Diese verfolgte das Ziel, umfassendes Wissen und weltläufige Bildung als höchstes Gut des Bürgertums zu erwerben. Bildung umfasste dabei mehr, als reine fachliche Ausbildung, sie war kulturelles Kapital zur Identitätsstiftung und Integration[17] in Form von Umgangsformen, verfeinertem Verhalten, sicherem Auftreten und angemessenem Umgang mit Kulturgütern[18] und für das Bürgertum als Gesellschaftsschicht jenseits der Ständegesellschaft ebenso unverzichtbar wie ökonomisches Kapital.[19] Indem in der Fremde Natur und Kultur erlebt wurden, sollte Reisen zur Bildung und Persönlichkeitsformung dienen.[20] In der Hochindustrialisierung erfuhr das Reisen dann noch einmal eine radikale Ausweitung: Nicht nur die Zahl der tatsächlich Reisenden verfünffachte sich aufgrund verbesserter ökonomischer Ausgangslagen und neuen Urlaubsgesetzen im Bürgertum[21], sondern der Diskurs über das Reisen nahm eine zunehmend bedeutendere Rolle ein. Wer nicht gerade selbst reiste, schrieb in seiner Freizeit die Erlebnisse der letzten Reise nieder, las über die Reiseerlebnisse anderer oder bereitete die nächste Reise mit einem Reisehandbuch in der Hand vor.[22] Selbst die-

---

15 Klaus Herbers, Unterwegs zu heiligen Stätten. Pilgerfahrten, in: Hermann Bausinger/Klaus Beyrer/Gottfried Korff (Hg.), Reisekultur. Von der Pilgerfahrt zum modernen Tourismus, 2. Aufl., München 1999, S. 23-31; Winfried Siebers, Ungleiche Lehrfahrten. Kavaliere und Gelehrte, in: Bausinger/Beyrer/Korff (Hg.), Reisekultur, 1999, S. 47-57; Thomas Freller, Adlige auf Tour. Die Erfindung der Bildungsreise, Ostfildern 2007; Thomas Grosser, Reisen und soziale Eliten. Kavalierstour – Patrizierreise – bürgerliche Bildungsreise, in: Michael Maurer (Hg.), Neue Impulse der Reiseforschung, Berlin 1999, S. 139-150; Rainer Elkar, Auf der Walz. Handwerkerreisen, in: Bausinger/Beyrer/Korff (Hg.), Reisekultur, 1999, S. 57-61.
16 Barbara Wolbring, »Auch ich in Arkadien!«. Die bürgerliche Kunst- und Bildungsreise im 19. Jahrhundert, in: Dieter Hein/Andreas Schulz (Hg.), Bürgerkultur im 19. Jahrhundert. München 1996, S. 84.
17 Dietrich Rüschemeyer, Bourgeoisie, Staat, und Bildungsbürgertum. Idealtypische Modelle für die vergleichende Erforschung von Bürgertum und Bürgerlichkeit, in: Kocka (Hg.), Bürger und Bürgerlichkeit, 1987, S. 101-120.
18 Angelika Linke, Sprachkultur und Bürgertum, Stuttgart 1996, S. 22. Allgemein Georg Bollenbeck, Bildung und Kultur. Glanz und Elend eines deutschen Deutungsmusters, Frankfurt a. M. 1994.
19 Für die Theorie der verschiedenen Kapitalsorten Pierre Bourdieu, Ökonomisches Kapital, kulturelles Kapital, soziales Kapital, in: Reinhard Kreckel (Hg.), Soziale Ungleichheiten, Göttingen 1983, S. 183-198.
20 Rudolf Vierhaus, Der Aufstieg des Bürgertums vom späten 18. Jahrhundert bis 1848/49, in: Kocka (Hg.), Bürger und Bürgerlichkeit, 1987, S. 64-78, hier: S. 66.
21 Hasso Spode, Der moderne Tourismus – Grundlinien seiner Entstehung und Entwicklung vom 18. bis zum 20. Jahrhundert, in: Dietrich Storbeck (Hg.), Moderner Tourismus. Tendenzen und Aussichten, Trier 1988, S. 59-60; Alexander Schmidt, Reisen in die Moderne. Der Amerika-Diskurs des deutschen Bürgertums vor dem ersten Weltkrieg im europäischen Vergleich, Berlin 1997, S. 63.
22 Wolfgang Kaschuba, Erkundung der Moderne. Bürgerliches Reisen nach 1800, in: ZfVk, 87 (1991), S. 29-52, hier: S. 29.

jenigen, denen die zeitlichen oder finanziellen Mittel für eine Reise fehlten, konnten so an dem Reisefieber der Zeit und an den damit verbundenen Erlebnissen teilhaben.[23]

Dieses Erlebnis war jedoch in höchstem Maße vorbestimmt durch die gesellschaftlichen Vorstellungen und Klischees, die Touristinnen und Touristen erworben hatten und die sie unbewusst im fremden Land oder an fremden Orten zu entdecken trachteten.[24] Durch diese Blickpraktik der Touristin und des Touristen, den »tourist gaze«, wie John Urry das Phänomen benannte[25], der in besonderem Maße Repräsentationen des Bereisten erschuf, auf sie zurückgriff und verfestigte, entstand ein Erlebnis, in dem das Betrachtete seiner eigentlichen Bedeutung entkleidet und mit einer neuen Bedeutung versehen wurde. Nicht das, was die Touristinnen und Touristen tatsächlich vor sich hatten, stand im Vordergrund, sondern der spezielle Blick, der immer schon das Urteil vorwegnahm.[26] Der Tourist, so Urry, werde zum Semiotiker, der nach typischen Zeichen, die durch die verschiedenen touristischen Diskurse festgelegt wurden, suche.[27] Aus diesen leite er dann das erwartete touristische Erlebnis ab und lasse alle anderen Eindrücke und deren Interpretationsmöglichkeiten außen vor. »When tourists see two people kissing in Paris what they capture in the gaze is ›timeless romantic Paris‹«[28], beschreibt Urry den Konstruktionsvorgang beispielhaft. Auch wenn die Touristinnen und Touristen sich selbst als Reisende sahen, die mit offenem Geist Neues entdeckten, suchten und fanden sie doch nur bestehende bürgerliche Repräsentationen der Reiseziele als Attraktionen, nicht aber die Lebenswirklichkeit der sie bevölkernden Menschen.[29] Als Tourismus kann daher jeder Akt

---

23 Mit Beginn des 20. Jahrhunderts wurde das Reisen auch in der Arbeiterschaft beliebt, wie beispielsweise die steigende Mitgliederzahl des Arbeiterreisevereins »Naturfreunde«, 1895 in Wien gegründet und im ganzen deutschsprachigen Raum aktiv, beweist. Die Reisen der Arbeiter verfolgten im Gegensatz zum bürgerlichen Reisen zwar auch das Motiv, durch Naturerfahrung den Charakter des Arbeiters zu formen, vorwiegend ging es dabei jedoch darum, zum einen das Klassenbewusstsein durch gemeinsame Unternehmungen zu fördern und zum anderen, die Freizeit sinnvoll zu gestalten. Vorwiegend standen daher kostengünstige und wenig zeitintensive Ausflüge in die jeweilige nähere Umgebung auf dem Programm der Arbeiterreisevereine. Allgemein Dagmar Günther, Wandern und Sozialismus. Zur Geschichte des Touristenvereins »Die Naturfreunde« im Kaiserreich und in der Weimarer Republik, Hamburg 2003, insbes. S. 3-34.
24 John Urry, The Tourist Gaze. Leisure and Travel in Contemporary Societies, London 1990, S. 3; Dean MacCannell, The Tourist. A New Theory of the Leisure Class, Berkeley/Los Angeles/London 1999 (Erstausgabe 1976), S. 41.
25 Urry, The Tourist Gaze, 1990.
26 Ebd., S. 3; Anne Dreesbach, Gezähmte Wilde. Die Zurschaustellung »exotischer« Menschen in Deutschland 1870–1940, Frankfurt a. M. 2005, S. 49.
27 Urry, The Tourist Gaze, 1990, S. 12.
28 Ebd., S. 3.
29 Dieser Umstand wird beispielsweise auch in folgenden Studien thematisiert: Katherine Haldane Grenier, Tourism and Identity in Scotland, 1770–1914. Creating Caledonia, Aldershot 2005; Daniel Kiecol, Selbstbild und Image zweier europäischer Metropolen. Paris und Berlin zwischen 1900 und 1930, Frankfurt a. M. 2001; Angela Schwarz, Die Reise ins Dritte Reich. Britische Augenzeugen im nationalsozialistischen Deutschland, Göttingen 1993; Peter J. Brenner, Reisen in

begriffen werden, bei dem der touristische Blick zum Tragen kommt, bei dem Objekte, Tiere oder Menschen nicht um ihrer selbst willen wahrgenommen, sondern zum Zweck des touristischen Erlebens in einen neuen Kontext gesetzt werden. Das touristische Erleben, selbst wenn es nur vermittelt durch diverse Medien im heimischen Sessel stattfand, diente dem Bürgertum dann als symbolische Praxis, durch die es sich seiner Gruppenidentität versicherte und von anderen gesellschaftlichen Gruppen, die den touristischen Blick nicht teilten, abgrenzen konnte.

Die touristischen Repräsentationen fanden sich in verschiedenen Medien und wurden durch Beschreibungen und Abbildungen weitervermittelt.[30] Vor allen Dingen Postkarten[31], Reisehandbücher[32] oder Zeitschriftenreportagen[33] wirkten an der Verbreitung touristischer Sichtweisen mit und halfen bei der Zirkulation der touristischen Repräsentationen innerhalb des Bürgertums. Wie wurde der touristische Blick durch diese Medien normiert? Postkarten oder Abbildungen in Zeitschriften zeigten immer wieder dieselben Motive aus derselben Perspektive bzw. wandten bei verwandten Motiven denselben Bildaufbau und dieselbe Bildsprache an. Bildunterzeilen oder zugehörige Berichte versahen diese Motive mit einer bestimmten Bedeutung, die zwar im Laufe längerer Zeiträume wechseln konnte, ihren Grundcharakter aber behielt.[34] Reisehandbücher wie der bekannte *Baedeker* gaben knappe, aber unmissverständli-

---

die Neue Welt. Die Erfahrung Nordamerikas in deutschen Reise- und Auswandererberichten des 19. Jahrhunderts, Tübingen 1991.

30 Hartwig Gebhardt, Kollektive Erlebnisse. Zum Anteil der illustrierten Zeitschriften im 19. Jahrhundert an der Erfahrung des Fremden (1834–1900), in: Ina M. Greverus/Konrad Köstlin/Heinz Schilling (Hg.), Kulturkontakt – Kulturkonflikt. Zur Erfahrung des Fremden, Bd. 2, Frankfurt a. M. 1988, S. 517-544, hier: S. 517.
Ueli Gyr, Touristenkultur und Reisealltag. Volkskundlicher Nachholbedarf in der Tourismusforschung, in: ZfVk, 85 (1988), S. 224-240, hier: S. 233.

31 Gerhard Kaufmann, Die Postkarte im Spiegel der Kultur und Gesellschaft, in: Robert Lebeck/Gerhard Kaufmann (Hg.), Viele Grüße … Eine Kulturgeschichte der Postkarte, Dortmund 1985, S. 399-437; Patricia C. Albers/William R. James, Travel Photography. A Methodological Approach, in: Annals of Tourism Research, 13 (1988), S. 134-158.

32 Uli Kutter, Der Reisende ist dem Philosophen, was der Arzt dem Apotheker. Über Apodemiken und Reisehandbücher, in: Hermann Bausinger/Klaus Beyrer/Gottfried Korff (Hg.), Reisekultur. Von der Pilgerfahrt zum modernen Tourismus, 2. Aufl., München 1999, S. 38-47; Ulrike Pretzel, Die Literaturform Reiseführer im 19. und 20. Jahrhundert. Untersuchung am Beispiel des Rheins, Frankfurt a. M. 1995; Attilio Brilli, Als Reisen eine Kunst war. Vom Beginn des modernen Tourismus: Die »Grand Tour«, 2. Aufl., Berlin 2001; Rudy Koshar, »What ought to be seen«. Tourists' Guidebooks and National Identities in Modern Germany and Europe, in: Journal of Contemporary History, 33 (1998), S. 323-340, hier: S. 326.

33 Hartwig Gebhardt, Illustrierte Zeitschriften in Deutschland am Ende des 19. Jahrhunderts. Zur Geschichte einer wenig erforschten Pressegattung, in: Buchhandelsgeschichte, 2 (1983), S. 41-65; Jörg Requate, Kennzeichen der deutschen Mediengesellschaft des 19. Jahrhunderts, in: ders. (Hg.), Das 19. Jahrhundert als Mediengesellschaft, München 2009, S. 30-42.

34 Ein frappierendes Beispiel hierfür ist die Darstellung der drei Zinnen in Südtirol: Anton Holzer, Die Bewaffnung des Auges. Die drei Zinnen oder Eine kleine Geschichte vom Blick aufs Gebirge, 2. Aufl., Wien 1997.

che Anweisungen, wie sich die Reisenden verhalten sollten, kennzeichneten, was besonders sehenswert sei, und benannten, wie man sich in der Umgebung positionieren musste, um den »bestmöglichen« Ausblick zu haben. Die daraus resultierenden Phänomene erkannten bereits Zeitgenossen. So wurde von einer Rheinreise berichtet, bei der die Touristinnen und Touristen das Boot fast zum Kentern brachten, weil sie entsprechend der Beschreibung im *Baedeker* von den Sehenswürdigkeiten an dem einen oder anderen Flussufer kollektiv von einer Seite des Bootes zur anderen stürmten[35], und der Roman *A Room with a View* karikierte Touristen in Florenz, die anstatt mit offenen Augen durch die Stadt zu gehen, nur den *Baedeker* vor das Gesicht hielten.[36]

Auch durch den »tourist gaze« fanden Mechanismen der Identitätskonstruktion, der Distinktion und der Machtausübung statt. Indem man sich auf die im Bürgertum verankerten Repräsentationen bezog, wies man sich als Teil dieser Gesellschaftsgruppe aus und unterschied sich von denjenigen, die nicht auf diese Weise die Welt interpretierten. Bürgerliches Reisen war in jeder Hinsicht symbolische Praxis, durch die der Einzelne seine Bürgerlichkeit und damit seinen Anspruch auf Mitgliedschaft in einer Gesellschaftsgruppe, die sich über gemeinsame mentale Konzepte definierte, behauptete. Wer die mentalen Konzepte dagegen nicht teilte, hatte keinen Zugang zu den Zeichensystemen und damit zur Kultur der Gesellschaftsgruppe. Die touristischen Objekte entfalteten für den Betrachter demnach eine Bedeutung, deren Konstruktion identitätsstiftend und distinguierend zugleich wirkte. Dadurch übte der Betrachter gleichzeitig Macht über die touristischen Objekte aus, da er sie zum Zweck des eigenen Erlebnisses mit einer wesensfremden Bedeutung versah und sie so deklassierte.

Die touristische Repräsentation schlechthin war die der Alpen. Schien das Gebirge noch im 17. Jahrhundert ein bedrohlicher, unwirtlicher Raum, ein Hindernis, das es zu überwinden galt, entwickelte es sich im Zuge der Idealisierung der Landschaft zu einem Reiseziel.[37] Die Natur wurde zu einem romantischen Sehnsuchtsort, an dem es sich gegen die äußeren Bedingungen zu beweisen und gleichzeitig malerische Aussichten zu konsumieren galt.[38] Beides, so die Vorstellung des Bürgertums, sollte den Charakter bilden und den Erlebenden so zu einem vollwertigen Mitglied seiner Gesellschaftsgruppe formen. Die Natur wurde auf diese Weise vereinnahmt. Sie wurde nicht als Lebens-

---

35 Horst-Johannes Tümmers, Rheinromantik. Romantik und Reisen am Rhein, Köln 1968, S. 117.
36 Edward Morgan Forster, A Room with a View, London 1908, insbes. das mit »In Santa Croce with no Baedeker« überschriebene zweite Kapitel.
37 Wolfgang Hackl, Eingeborene im Paradies. Die literarische Wahrnehmung des alpinen Tourismus im 19. und 20. Jahrhundert, Tübingen 2004, S. 37 f.
38 Die illustrierten Zeitschriften des späten 19. Jahrhunderts nutzten die zwei Interpretationsmodelle des Gebirges als erhaben oder bedrohlich als wiederkehrende Darstellungsmuster sowohl in ihren Texten, als auch in ihren Bildern. Z. B. Aus den Tiroler Alpen. Die Weißwandspitze in den Stubaier Alpen, in: LIZ, 114. Bd., Nr. 2956 v. 22.2.1900, S. 275; Streifzüge durch das Ortlergebiet, in: LIZ, 95. Bd., Nr. 2460 v. 23.8.1890, S. 192.

raum, dem die Bewohnerinnen und Bewohner die tägliche Nahrung abringen mussten, den sie durchquerten, um ihre Waren zu verkaufen und dessen Witterungsbedingungen sie ausgeliefert waren[39], wahrgenommen, sondern zur Landschaft ästhetisiert. Dasselbe geschah mit den Bewohnerinnen und Bewohnern selbst, die allenfalls noch als Dienstleister für die Touristinnen und Touristen, im Wesentlichen aber nur als szenischer Hintergrund, als Staffage in der touristischen Landschaft, fungierten.[40]

Eine noch stärkere Degradierung durch den touristischen Blick vollführten die Betrachterinnen und Betrachter beim Blick auf für die Mitglieder des deutschen Bürgertums noch fremdartigere Geschöpfe als die Alpenbewohnerinnen und -bewohner – auf Tiere und Menschen aus entfernteren Ländern, die als Repräsentationen eines exotisch-touristischen Raumes instrumentalisiert wurden. Für dieses touristische Erlebnis war noch nicht einmal die Reise in das Ursprungsland nötig, stattdessen konnten die exotischen Tiere und Menschen als Ausstellungsobjekte vor allen Dingen in Zoos oder auf Völkerschauen besichtigt werden. Ihre Ausstellung war Teil und Ausdruck einer ästhetischen Wahrnehmung, die alles, was außerhalb der durch die westliche Moderne geprägten eigenen Lebenswelt stand, als Kuriosum begriff. »Exoten«, ob Mensch oder Tier, konnten als Freizeitvergnügen, im Selbstbild des Bürgertums zu Bildungszwecken, betrachtet werden. Gleichzeitig dienten sie als Vorlage des Fremden, gegen das man das Eigene abgrenzen konnte.[41]

Um den kulturell vorgeprägten Erwartungen der Betrachterinnen und Betrachter gerecht zu werden, wurden die »Exoten« in der Ausstellungssituation von angeblichen Dingen ihrer materiellen Kultur umgeben, vor als fremdländisch empfundenen Hintergründen platziert und dazu aufgefordert, »typische« Handlungen zu verrich-

---

39 Matthias Stremlow, Postkarten aus dem »Dachgarten Europas«. Skizzen einer Geschichte touristischer Alpenbilder, in: Tourismus-Journal. Zeitschrift für tourismuswissenschaftliche Forschung und Praxis, 3 (1999), S. 255-274, hier: S. 257-260; Für das schottische Hochland auch Haldane, Grenier, Tourism and Identity in Scotland, 2005, S. 49.

40 Hierzu z. B. die Schilderung in den illustrierten Zeitschriften des späten 19. Jahrhunderts: Die Seißer Alp, in: Das Buch für Alle, 25 (1890) 11, S. 263; St. Cyprian im Tierser Thal, in: Das Buch für Alle, 35 (1900) 2, S. 60.

41 Zur Geschichte des Zoos Eric Baratay/Elisabeth Hardouin-Fugier, Zoo. A History of Zoological Gardens in the West, London 2004; Annelore Rieke-Müller/Lothar Dittrich, Der Löwe brüllt nebenan. Die Gründung Zoologischer Gärten im deutschsprachigen Raum 1833–1869, Wien/Köln/Weimar 1998. Für die Ausstellungspraktiken »exotischer« Tiere im Zoo Eric Ames, Wilde Tiere. Carl Hagenbecks Inszenierung des Fremden, in: Alexander Honold/Klaus R. Scherpe (Hg.), Das Fremde. Reiseerfahrungen, Schreibformen und kulturelles Wissen, Bern/Berlin/Brüssel/Frankfurt a. M./New York/Oxford/Wien 1999; Christina Wessely, Künstliche Tiere. Zoologische Gärten und urbane Moderne, Berlin 2008. Zur Geschichte und Ausstellungspraxis »exotischer« Menschen Stefan Goldmann, Wilde in Europa. Aspekte und Orte ihrer Zurschaustellung, in: Thomas Theye (Hg.), Wir und die Wilden. Einblicke in eine kannibalische Beziehung, Reinbek b. Hamburg 1985; S. 243-269; Angela Schwarz, »... absurd to make moan over the imagined humiliation and degradation«. Exhibiting the Colonial Other at World's Fairs and the Institutionalization of Cruelty, in: Trutz von Trotha/Jakob Rösel (Hg.), On Cruelty. Sur la Cruauté. Über Grausamkeit, Köln 2011, S. 538-556, hier: S. 539.

ten.⁴² Die Bedeutung der Vorstellungen des Publikums zeigt sich darin, dass Ausstellungen, die diese vernachlässigten, schnell zu einem wirtschaftlichen Misserfolg wurden.⁴³ Durch diese »Exotisierung« als Repräsentation, die allein das Merkmal der Fremdheit betonte und ihr tatsächliches Sein ins Abseits drängte, wurden die Tiere und Menschen deklassiert.

Vergleichbare Repräsentationsmuster, so die Überlegung, kamen auch bei der Wahrnehmung und Darstellung des Arbeiters als touristisches Objekt zum Tragen, das die bürgerlichen Touristinnen und Touristen in seiner »natürlichen Umgebung«, der Fabrik und der Arbeitersiedlung, erleben konnten. Nicht allein der Prozess der ökonomischen Wertschöpfung und der Erzeugung materieller Güter stand im Mittelpunkt des Interesses der Fabriktouristinnen und -touristen, sondern das Erlebnis des Arbeiters als dem exotischen Fremden in der eigenen Gesellschaft.

3 Die Fabrik als touristisches Ziel

Zum Ende des 19. Jahrhunderts wurden die Fabrik und mit ihr die Arbeitenden und ihre Tätigkeit zu einem Ausflugsziel, wobei verschiedene Interessen unterschiedlicher Akteure zusammenspielten. Während die Unternehmen bisher kaum Interesse gezeigt hatten, Werksfremde in ihre Produktionsstätten zu lassen, dies aus Angst vor Industriespionage zumeist sogar mit allen Mitteln zu verhindern suchten, änderte sich das Ende des 19. Jahrhunderts mit der neu aufkommenden Öffentlichkeitsarbeit der Firmen. Indem sie nicht nur ihre Produkte auf Industrieschauen eindrucksvoll

---

42 Nils Müller-Scheessel, To See Is to Know. Materielle Kultur als Garant von Authentizität auf Weltausstellungen des 19. Jahrhunderts, in: Stefanie Samida (Hg.), Inszenierte Wissenschaft. Zur Popularisierung von Wissen im 19. Jahrhundert, Bielefeld 2011, S. 157-176, hier: S. 168 f.; Goldmann, Wilde in Europa, in: Theye (Hg.), Wir und die Wilden, 1985, S. 254-257; Gabriele Dürbeck, Samoa als inszeniertes Paradies. Völkerausstellungen um 1900 und die Tradition der populären Südseeliteratur, in: Cordula Grewe (Hg.), Die Schau des Fremden. Ausstellungskonzepte zwischen Kunst, Kommerz und Wissenschaft, Stuttgart 2006, S. 69-94, hier: S. 69; Schwarz, »… absurd to make moan …«, in: von Trotha/Rösel (Hg.), On Cruelty, 2011, S. 544; Goldmann, Wilde in Europa, in: Theye (Hg.), S. 257; Alice von Plato, Zwischen Hochkultur und Folklore. Geschichte und Ethnologie auf den französischen Weltausstellungen im 19. Jahrhundert, in: Cordula Grewe (Hg.), Die Schau des Fremden. Ausstellungskonzepte zwischen Kunst, Kommerz und Wissenschaft, Stuttgart 2006, S. 45-68, hier: S. 55; Winfried Kretschmer, Geschichte der Weltausstellungen, Frankfurt a. M., New York 1999, S. 130; Goldmann, Wilde in Europa, in: Theye (Hg.), Wir und die Wilden, 1985, S. 256; Beat Wyss, Bilder von der Globalisierung. Die Weltausstellung von Paris 1889, Berlin 2010, S. 84; Schwarz, »… absurd to make moan …«, in: von Trotha/Rösel (Hg.), On Cruelty, 2011, S. 557; Helmut Zedelmaier, Die ungeheure Neugierde der Zivilisierten. Zehn Feuerländer in München 1881/1882, in: ders./Anne Dreesbach (Hg.), »Gleich hinterm Hofbräuhaus waschechte Amazonen«. Exotik in München um 1900, München/Hamburg 2003, S. 53-77, hier: S. 62.

43 Ders., ebd., S. 60.

präsentierten und die Geschichte des Unternehmens glorifizierten, sondern auch ihre Produktionsstätte für die Öffentlichkeit zugänglich machten, hofften sie, den zunehmend anonymer werdenden und möglicherweise auch bedrohlich wirkenden Firmen ein positives Image zu geben, um auf direktem oder indirektem Weg den Absatz der Produkte weiter voranzutreiben.[44] Damit kamen die Unternehmen dem Interesse des bürgerlichen Publikums entgegen, das spätestens seit dem Einzug elektrischer Geräte in den Haushalt im Zuge der zweiten industriellen Revolution und dem Aufschwung der technischen Hochschulen seine anfängliche Ablehnung in Technikbegeisterung gewandelt hatte und technische Bildung als Teil der Allgemeinbildung ansah[45], und das bereits durch den Besuch von Industrie- und Gewerbeschauen oder Technikmuseen nicht nur einen Eindruck von den industriellen Produkten, sondern auch vom Fertigungsprozess bekommen hatte.[46] Hinzu kam der Stolz auf die nationale Wirtschaftsleistung, für die die Fabriken, insbesondere die der Schwerindustrie, im wilhelminischen Kaiserreich das Symbol waren[47], und das große Interesse an neuen touris-

---

44 Barbara Wolbring und Astrid Zipfel skizzieren in ihren Untersuchungen zu den Firmen Krupp und AEG bzw. Siemens das Phänomen, dass Unternehmen versuchen, ihren Absatz durch gezielte Maßnahmen der Meinungsbeeinflussung zu fördern, ausführlich: Barbara Wolbring, Krupp und die Öffentlichkeit im 19. Jahrhundert. Selbstdarstellung, öffentliche Wahrnehmung und gesellschaftliche Kommunikation, München 2000; Astrid Zipfel, Public Relations in der Elektroindustrie. Die Firmen Siemens und AEG 1847 bis 1939, Köln 1997. Allgemein auch Richard S. Tedlow, Keeping the Corporate Image, Greenwich (Conn.) 1979, S. 14-16; Allan R. Raucher, Public Relations and Business 1900–1929, Baltimore 1968.
45 U. a. Hartmut Berghoff, »Dem Ziele der Menschheit entgegen«. Die Verheißungen der Technik an der Wende zum 20. Jahrhundert, in: Ute Frevert (Hg.), Das Neue Jahrhundert. Europäische Zeitdiagnosen und Zukunftsentwürfe um 1900, Göttingen 2000, S. 47-78, hier: S. 50; Wolfgang Weber, Technikentwicklung und Technikkonsum – ein gesellschaftlicher Grundkonsens, in: Wolfgang König (Hg.), Propyläen Technikgeschichte, Bd. 1840–1914: Netzwerke. Stahl und Strom, Berlin 1990, S. 536-552, hier: S. 547; Johan Hendrik Jacob van der Pot, Die Bewertung des technischen Fortschritts. Eine systematische Übersicht der Theorien, Bd. 1, Assen 1985, S. 158; Christian Kleinschmidt, Technik und Wirtschaft im 19. und 20. Jahrhundert, München 2007, S. 99-101; Angela Schwarz, Der Schlüssel zur modernen Welt. Wissenschaftspopularisierung in Großbritannien und Deutschland im Übergang zur Moderne (ca. 1870–1914), Stuttgart 1999, S. 139-145; dies., Bilden, überzeugen, unterhalten. Wissenschaftspopularisierung und Wissenskultur im 19. Jahrhundert, in: Carsten Kretschmann (Hg.), Wissenspopularisierung. Konzepte der Wissensverbreitung im Wandel, Berlin 2003, S. 221-234.
46 U. a. Joachim Radkau, Technik im Temporausch der Jahrhundertwende, in: Michael Salewski/Ilona Stölken-Fitschen (Hg.), Moderne Zeiten. Technik und Zeitgeist im 19. und 20. Jahrhundert, Stuttgart 1994, S. 61-76.; Kretschmer, Weltausstellungen, 1999, S. 65, 76; Weber, Technikentwicklung und Technikkonsum, 1990, S. 545; Ulrich Menzel, Die Musealisierung des Technischen. Die Gründung des »Deutschen Museums von Meisterwerken der Naturwissenschaft und Technik« in München, Braunschweig 2002, S. 110 f., 173, 177.
47 Hierzu z. B. die Begründung für den Wunsch, die Krupp'schen Fabriken zu besichtigen bei Teuwsen an Firma Krupp, Anfrage Besichtigung Kyffhäuserverband, 20.2.1906, Historisches Archiv Krupp, WA 4 (Akten), 2014, S. 81, man habe »Interesse für diese hervorragendste Stätte deutschen Gewerbefleißes« und wolle die Werkstätten kennenlernen, »die mit unserer nationalen Verteidigung in so enger Beziehung stehen.«

tischen Erlebnissen. Diese Interessen, die die Fabrik ins Bewusstsein des Bürgertums rückten, korrelierten ab den 1890er-Jahren mit dem Umstand, dass sich das deutsche Bürgertum in einer Phase des Verlustes an Deutungsmacht und damit verbunden in einer Krise der Identität befand[48], und es lässt sich vermuten, dass die Erlebnisse bei einer Fabrikbesichtigung dazu beitrugen, diese Krise abzumildern.

Das Phänomen des touristischen Besuchs einer Fabrik dokumentieren beispielsweise die Besucherlisten der Unternehmen, die nachweisen, dass die Zahl der Besichtigungen von Fabriken ohne ein konkretes berufliches oder wirtschaftliches Motiv stark anstieg. Für die Zeit von 1890 bis 1914 lässt sich dieser Anstieg insbesondere beim Kölner Süßwarenhersteller Stollwerck sehr gut erfassen, da hier kontinuierlich ein Besucherbuch geführt wurde, das auch die Berufe der Besucher benennt und auf diesem Wege darüber Aufschluss gibt, ob eher ein berufliches oder privates Interesse für eine Besichtigung bestanden haben könnte. Während 1891 noch 40 privat motivierte Besuche verzeichnet wurden, fand bis zur Jahrhundertwende ein regelmäßiger Anstieg statt, bis eine Marke von etwa 150 Fabriktouristen pro Jahr erreicht war. Andere Unternehmen, wie beispielsweise das auch über die nähere Umgebung bekannte Eisen- und Stahlunternehmen Krupp, archivierten vor der Jahrhundertwende nur sporadisch Notizen über Werksbesichtigungen. Mit der Professionalisierung des Besuchswesens seit der Jahrhundertwende wurde auch dessen Dokumentation intensiviert, sodass hier zu Beginn des 20. Jahrhunderts bis zum Ausbruch des Ersten Weltkriegs, der den Fabriktourismus vorerst zum Erliegen brachte, pro Jahr bis zu 13 Besuchsgruppen in einer Größe von 10 bis 100 Personen nachzuweisen sind.[49] Ob die Mitglieder einer humanistisch geprägten Bildungsgesellschaft, die eine Bildungsreise unternahmen[50], die Besucher des Kongresses eines Interessenverbandes, der in der Nähe einer größeren Fabrik tagte[51], Lehrerinnen und Lehrer auf einem Betriebs-

---

48 Martin Doerry, Übergangsmenschen, 1986; Ullrich, Großmacht, Frankfurt a. M. 1997; Mommsen, Auflösung, in: Kocka (Hg.), Bürger und Bürgerlichkeit, 1987, S. 289; Radkau, Nervosität, 1998, S. 23.
49 Die Dokumentation über die Besuche in der Fabrik bei den Firmen Stollwerck und Krupp: »Fremdenbuch« der Firma Stollwerck, Rheinisch-Westfälisches Wirtschaftsarchiv, 208 (Bestand Stollwerck), 136-3; Historisches Archiv Krupp, WA 4 (Akten), 1995, 1996, 1998, 2009, 2010, 2011, 2012, 2013, 2014, 2015; Historisches Archiv Krupp, WA 48.
50 Daniels an Firma Krupp, Anfrage Besichtigung Deutsche Gesellschaft für Kunst und Wissenschaft Posen, 14.5.1906, Historisches Archiv Krupp, WA 4 (Akten), 2014, 421, 422.
51 Historisches Archiv Krupp, WA 48 (Besuchswesen), 3.1 (Parteien, Interessenvertretungen, kulturelle und soziale Einrichtungen; Krupp-Mitarbeiter)/152. Die Fabrik der Firma Krupp besuchten nachweislich der Kyffhäuser-Verband, die Teilnehmer an der 7. Jahresversammlung des Deutschen Werkbundes in Köln, Mitglieder des Lokalkomitees zur Generalversammlung der Katholiken Deutschlands, Teilnehmerinnen des Rheinischen Philologentages, Teilnehmer am Frühjahrsfest des Verbandes der Kunstfreunde in den Ländern am Rhein, Teilnehmer am Düsseldorfer Kongress für gewerblichen Rechtsschutz, Teilnehmer am Evangelisch-sozialen Kongress, Teilnehmer an der Provinzial-Versammlung des Hauptvereins der evang. Gustav-Adolf-Stiftung in der Rheinprovinz, Mitglieder des 25. deutschen evangelischen Kirchengesangsvereinstags.

ausflug[52] oder Einzelpersonen, die gerade auf der Durchreise waren[53], sie alle zog es zu einer Besichtigung in die nächstgelegene Fabrik.

Dort wurden sie, so sie denn entsprechend angemeldet und mit Empfehlungsschreiben ausgestattet waren[54], von zumeist speziell dafür abgestellten Führern durch die Betriebsanlagen geleitet.[55] Zu den Erklärungen des Führers kamen schriftliche und bildliche Erläuterungen, die an die Besucherinnen und Besucher ausgeteilt wurden und nach dem Erlebnis noch einmal in Ruhe studiert werden konnten.[56] Nach der Führung wartete meist ein Imbiss – je nach Wichtigkeit des Besuchs für den Betrieb auch ein mehrgängiges Dinner – auf die Gäste, der das Erlebnis abrundete.[57]

Historisches Archiv Krupp, WA 4 (Akten), 2013, 2014; Historisches Archiv Krupp, FAH 22, 3 B 259; Historisches Archiv Krupp, WA 48 (Besuchswesen).

52 Historisches Archiv Krupp, WA 48 (Besuchswesen), 1.2/1 (Monatliche Übersichten des Besuchswesens – Bd. 1: Sept. 1912–Dez. 1913); HAK, WA 48 (Besuchswesen), 1.2/2 (Monatliche Übersichten des Besuchswesens – Bd. 2: Jan. 1914–Dez. 1915; Welter/Oberrealschule Essen an Krupp, 24.6.1897, Historisches Archiv Krupp, WA 4 (Akten), 2009, 95, 96; Altof [?] an Krupp, Anfrage Besichtigung Lehrerkollegium Privatschule, 10.3.1905, Historisches Archiv Krupp, WA 4 (Akten), 2011, 33; Historisches Archiv Krupp, WA 48 (Besuchswesen), 3.1 (Parteien, Interessenvertretungen, kulturelle und soziale Einrichtungen; Krupp-Mitarbeiter)/162, 157, 169.

53 Z. B. Wolfram an Krupp: Anfrage Fabrikbesichtigung, 13.10.1905, Historisches Archiv Krupp, WA 4 (Akten), 1995.

54 In seinem »Monatsbericht« verzeichnet das Bureau für Besuchs-Angelegenheiten genau, an welchem Tag wer, von welchem Beruf, Wohnort auf wessen Empfehlung von wem durch welche Teile der Fabrik geführt wurde. Historisches Archiv Krupp (HAK) (Hg.): WA 48 – Besuchswesen.

55 »Bestimmungen für den Fremdenbesuch in Leverkusen«, Sept. 1909 (handschriftlich von Archiv nachdatiert), Bayer Archiv Leverkusen, 192-1.1 (Werksbesichtigungen, Bestimmungen und Richtlinien für Besucher der Bayer-Werke), Vol. I (1902–1966).

56 Die Firma Krupp verzeichnete in ihren standardisierten Plänen, mit deren Hilfe seit 1906 alle Führungen dokumentiert wurden, welche Materialien an die Besucher ausgegeben worden waren, worunter auch die als »Statistische Angaben« bezeichneten hauseigenen Informationsbroschüren fielen. Historisches Archiv Krupp, WA 48 (Besuchswesen). Auch von der AEG existierten solche Führer, die in den Empfangs- und Warteräumen der Fabriken auslagen. (Interne) AEG-Zeitung, VII. Jg. Nr. 1, 1. Januar 1905, Deutsches Technikmuseum Berlin (Bestand AEG), S. 137.

57 Bei einem einfach zu haltenden Frühstück, so die Anweisung der Direktion, wurden »Fleisch und Braten, Butter und Käse, Kaffee, Zigarren, Wein und Bier« serviert. Homann an Friedrich-Alfred-Hütte: Hinweise zur Vorbereitung des Besuchs der Kölner Vereinigung für rechts- und staatswissenschaftliche Fortbildung, 3.11.1906, Historisches Archiv Krupp, WA 4 (Akten), 2013, 358, 359. Selbst Schülergruppen wurden mit Erfrischungen und belegten Broten zum Abschluss einer Führung versorgt. Duisberg an Schoeler: Einladung Führung Realgymnasium, 27.10.1906, Bayer Archiv Leverkusen, 192-3 (Besuche im Leverkusener Werk), Vol. I (1888–1908); Duisberg an Recht: Zusage Führung Oberprimaner Realgymnasium Elberfeld, 7.6.1906, Bayer Archiv Leverkusen, 192-3 (Besuche im Leverkusener Werk), Vol. I (1888–1908). Ein Frühstück für Besucher und Besucherinnen aus dem gehobenen Bürgertum, deren positiver Eindruck einen größeren Imagegewinn für das Unternehmen bedeuten konnte, bestand dagegen sogar aus sechs Gängen, darunter Kaviar, Schildkrötensuppe, Rehrücken, Hummer, Hühnchen, Spargel, Käse und Erdbeeren. Menüfolge für das Frühstück des Vereins deutscher Banken, Historisches Archiv Krupp, WA 4 (Akten), 1998, 26. Handelte es sich um ein Abendessen für solche Kreise, so gehörte zu

Die Fabrik als touristische Attraktion zu erleben war jedoch auch möglich, ohne sich gleich auf eine reale Reise zu einer Fertigungsstätte zu begeben. Einen vergleichbaren Zweck erfüllte die »Reise im Sessel«, bei der die Lektüre von Reisehandbüchern und Reisereportagen und die Betrachtung von Postkarten oder anderen Abbildungen das Erlebnis vor Ort ersetzten. Ein bürgerlicher Autorenkreis kreierte darin Repräsentationen, die von einer wiederum bürgerlichen Leserschaft rezipiert und verinnerlicht wurden. Die Fabrikreportagen und weiteren medialen Aufbereitungen des Fabrikbesuchs dienten als Zeichen, die die Konzepte, die im Bürgertum von der Arbeiterschaft in der Fabrik bestanden, kommunizierten.[58]

Worin aber bestanden die Erlebnisse bei einer Fabrikbesichtigung? Die Arbeiterin und der Arbeiter gehörten neben der Maschine zu den zentralen Elementen der Fabrikproduktion. Wie wurden sie von bürgerlichen Besuchern und Besucherinnen gesehen? War es den Gästen in der Fabrik überhaupt möglich, die Realität der Arbeitssituation in der Fabrik wahrzunehmen? Oder hatten die Touristinnen und Touristen zwar die Möglichkeit, die konkrete Arbeitssituation der Industriearbeiterschaft zu besichtigen, konnten sie aber nicht außerhalb ihres bürgerlichen Horizonts deuten?[59] Auf welchen Umstand wäre ein solches Verkennen der ökonomischen und sozialen Bedingungen der Fabrik und der Arbeiterschaft zurückzuführen?

4 Repräsentationen der Arbeit als touristische Attraktion

In der Wechselwirkung zwischen den bestehenden kulturell vorgeprägten mentalen Bildern der Arbeiterschaft und ihres Schaffens in der Fabrik, den Repräsentationen der Arbeit in populären Medien des 19. Jahrhunderts, allen voran den im Bürgertum weit verbreiteten illustrierten Zeitschriften, den Werbemitteln der Fabriken selbst, und dem Erlebnis des tatsächlichen Fabrikbesuchs entwickelte sich im späten 19. Jahrhundert ein Kanon zur Darstellung und Interpretation der Industriearbeiterin und des Industriearbeiters, der verschiedene, auf den ersten Blick gegensätzliche, Aspekte umfasste. Einerseits spiegelten sich in diesen Repräsentationen eher rückwärtsgewandte Sichtweisen, die die Arbeiterschaft und ihre Tätigkeit durch die her-

---

jedem Gang noch der passende erlesene Portwein, Sherry, Wein oder Champagner. Speisenfolge. März 1904, Bayer Archiv Leverkusen, 192-3 (Besuche im Leverkusener Werk), Vol. I (1888–1908).

58 Damit erfüllten sie die von Stuart Hall geforderte Übersetzung mentaler Konzepte in gut zu verbreitende Bilder und Sprache. Hall, The Work of Representation, 1997, S. 17. Insbesondere die illustrierten Zeitschriften wie die Leipziger Illustrierte Zeitung, Das Buch für Alle, Über Land und Meer und natürlich die Gartenlaube erfüllten mit ihren Reportagen und den dazugehörigen Bildern diese Aufgabe.

59 Alf Lüdtke, Gesichter der Belegschaft. Portraits der Arbeit, in: Klaus Tenfelde (Hg.), Bilder von Krupp. Fotografie und Geschichte im Industriezeitalter, München 1994, S. 67-87, hier: S. 81; MacCannell, The Tourist, 1999 (^{1}1976), S. 67 f.

vorstehende Darstellung der Körperlichkeit charakterisierten. Andererseits wurden bereits Blicke praktiziert, die den Grundstein für die Sicht auf den Menschen in der industriellen Massengesellschaft legten, und ihn nur noch als entindividualisierten Teil der Maschine erscheinen ließen.

So gegensätzlich diese Repräsentationsmuster auch vordergründig erschienen, so lässt sich doch annehmen, dass sie den Bürgerinnen und Bürgern als Betrachtenden als Mittel dienten, der Arbeiterschaft eine unterlegene Rolle zuzuweisen und sich selbst von ihr abzugrenzen.

Die menschliche Arbeit, auch diejenige, die fern der Industrie verrichtet wurde, faszinierte die bürgerliche Leser- und Beobachtergruppe. Dieser Umstand lässt sich unter anderem daran ablesen, dass Arbeitssituationen und -prozesse in den bürgerlichen Medien immer wieder thematisiert wurden, selbst wenn es sich um traditionelles Handwerk oder um einfache körperliche Arbeit beispielsweise in der Baubranche oder der Landwirtschaft handelte. Berichte über die Fertigung von Hüten aus Stroh in Italien[60], von geklöppelter Spitze in Belgien[61] oder von Spielwaren im Erzgebirge[62] schienen die Leserschaft ebenso zu interessieren wie Reportagen über die körperlich schwere Arbeit beim Bau der Untergrundbahnen in verschiedenen Städten Europas und Nordamerikas[63], über Verladearbeiter in einem Londoner Dock[64], und wie Berichte über die Weinlese in Deutschland[65], die Baumwollernte in Amerika[66], oder über die Hopfenernte in Großbritannien.[67] Worauf lässt sich dieses Interesse des Bürgertums an Arbeitsprozessen und den sie ausführenden Personen zurückführen? Wie bereits ausgeführt, bildete die eigene wirtschaftliche Leistungsfähigkeit die Grundlage für die bürgerliche Existenz und darüber hinaus auch für das bürgerliche Selbstbewusstsein. Gleichzeitig bildete die körperliche Arbeit aber auch die Demarkationslinie zwischen der bürgerlichen und der nicht bürgerlichen Welt. Während das Bürgertum seine Körperlichkeit verleugnete, sie durch für den körperlichen Einsatz gänzlich unpassende Kleidung verhüllte und die notwendigen Handlungen zur

---

60 Die Italienische Strohhut-Fabrikation, in: Über Land und Meer, 45 (1903) 34, , S. 756-759.
61 Die Spitzenklöppelei in Brügge (Belgien), in: Das Buch für Alle, 49 (1914) 11, , S. 239, 241.
62 Die Herstellung von Spielwaren im sächsischen Erzgebirge, in: Das Buch für Alle, 43 (1908) 9, S. 194, 197.
63 Z. B. Sonntagsarbeit in einem Londoner Untergrundbahntunnel, in: Das Buch für Alle, 49 (1914) 21, , S. 465-467.
64 Die Verladung von gefrorenem Fleisch in einem Londoner Dock, in: Das Buch für Alle, 47 (1912) 4, , S. 92 f.
65 Bilder von der Weinlese, in: Das Buch für Alle, 35 (1900) 8, , S. 191-194.
66 C. Falkenhorst, Königin Baumwolle in Amerika, in: Die Gartenlaube, 54 (1906) 45, S. 955-959.
67 Auf einem Hopfenfelde in Kent, in: Das Buch für Alle, 48 (1913) 7, S. 153, 154. Die genannten Reportagen und Berichte zeigen nur einen sehr kleinen Ausschnitt aus einem weiten Feld der Berichterstattung in verschiedenen bürgerlichen Zeitschriften in den Jahren 1890 bis 1914.

Pflege des Körpers ins Private verbannte⁶⁸, war die körperliche Leistungsfähigkeit der nahezu einzige Garant für das Überleben der Arbeiterschaft. Es bestand also ein sehr ambivalentes Verhältnis im Bürgertum zur Arbeit in ihren verschiedenen Ausprägungen. Sie war gleichermaßen oberstes Ethos⁶⁹, in ihrer körperlichen Ausprägung aber verachtet, sie war fremd und anziehend zugleich. War die Betrachtung von körperlicher Arbeit bereits teilweise verbunden mit dem Eintauchen in eine unbekannte Welt, so wurde dieser Umstand noch dadurch verstärkt, dass die Berichte über die Arbeit häufig Abläufe oder Situationen in fremden Ländern oder unbekannten Milieus thematisierten.⁷⁰ Die Artikel wiesen dabei oft einen folkloristischen Unterton auf, der diese Art der Arbeit als Merkmal rückständiger Länder, Regionen oder Gesellschaftsgruppen identifizierte. Die Fremdheit körperlicher Arbeit mischte sich mit der Fremdheit des betrachteten Milieus, was die Faszination der Leserschaft potenzierte. Diese Faszination der Arbeit kombinierte der Blick in die Fabrik mit der bereits skizzierten Technikbegeisterung der zweiten Hälfte des 19. Jahrhunderts. Wie wurde die menschliche Arbeit in der Fabrik dargestellt?

Die Übergänge zwischen der Art der Thematisierung von körperlicher Arbeit im Allgemeinen und von industrieller Arbeit im Speziellen erweisen sich in einigen Bereichen als fließend. Eine Gemeinsamkeit war die detaillierte Schilderung von Handgriffen und Arbeitsschritten. Wie bei der Herstellung von Spielzeug oder Strohhüten in reiner Handarbeit wurde beispielsweise auch die industrielle Fabrikation einer Glühlampe Schritt für Schritt dargestellt und erläutert, wobei die Arbeiterin die aktiv Handelnde in diesem Prozess war.⁷¹ Hier lässt sich noch ein Eingehen auf die Bildungsziele des Bürgertums erkennen, doch häufig evozierte der Reportagestil, in dem von der Arbeit berichtet wurde, gar eine Ereignishaftigkeit des Produktionsprozesses, die die Lesenden in den Bann schlug. Besonders Schilderungen über die Abläufe in der Schwerindustrie vermittelten den Eindruck, hautnah am Geschehen teilzuhaben, jeden Schritt des Arbeiters mitzugehen:

»An 400 Arbeiter harren, mit langen Zangen bewaffnet, vor den Öfen auf das Zeichen zum Beginn; flackernde blaue und rotgrüne Flammen, die hie und da durch Spalten der Ofentüren züngeln, beleuchten rußige Gesichter. Ein alter Meister geht

---

68 Anne Hollander, Anzug und Eros. Eine Geschichte der modernen Kleidung, Berlin 1995, S. 164-177; Manuel Frey, Der reinliche Bürger. Entstehung und Verbreitung bürgerlicher Tugenden in Deutschland 1760–1860, Göttingen 1997, S. 195-208.
69 Hier aus der Fülle der Literatur zu diesem Umstand nur Max Weber, Die protestantische Ethik und der »Geist« des Kapitalismus. Textausgabe auf der Grundlage der ersten Fassung von 1904/05 mit einem Verzeichnis der wichtigsten Zusätze und Veränderungen aus der zweiten Fassung von 1920, hg. u. eingeleit. v. Klaus Lichtblau/Johannes Weiß, 3. Aufl., Weinheim 2000, S. 53-156.
70 Anm. 40-43.
71 Franz Bendt, Die Fabrikation der Auerschen Gasglühlampe, in: Über Land und Meer, 40 (1898) 24, S. 388.

noch einmal prüfend die Reihen ab, dann tritt der leitende Betriebsingenieur mit seinen Assistenten an die Gußrinne, und das Zeichen zum Beginn ertönt. Im gleichen Augenblick öffnen sich 17 Ofenmäuler; blaustrahlende Helle flutet aus ihrem Innern durch den Raum, und emsige Bewegung kommt in die Arbeitermassen. Jeder Ofen hat seine Gruppe. Zwei Arbeiter jeder Gruppe greifen mit einer ungefügen, an Gleitketten hängenden Zange tief in den Ofenbauch und holen einen weißglühenden Tiegel hervor, den sie vor dem Ofen auf einen Sandtisch setzen. – Nun springen zwei andere Arbeiter mit einer mächtigen Doppelzange hinzu, packen den Tiegel und tragen ihn zur Gußrinne, wo Paar auf Paar gleichmäßig den Inhalt (45 Kilogramm flüssigen Stahles) entleert.«[72]

Die Arbeiter standen in dieser Darstellung nicht nur wegen ihrer großen Zahl klar im Mittelpunkt, sondern auch aufgrund der Art und Weise, wie ihre Verrichtungen sprachlich in Szene gesetzt wurden. Nicht nur wurden einzelne Tätigkeiten klar benannt, sondern es halfen auch Schlüsselwörter, einen Spannungsbogen zu erzeugen. So veranschaulichte der Autor der Leserschaft den Arbeitsprozess, schuf aber gleichzeitig ein Erlebnis, das über den Bildungswert hinausreichte und den Arbeiter als zentrales Element inszenierte. Über die Lektüre ließ sich der Arbeiter auf Schritt und Tritt bei jedem der detailliert geschilderten Arbeitsgänge und Handgriffe begleiten und die Betrachterinnen und Betrachter teilhaben an der Dynamik des Vorgangs.

Diese Dynamik, die durch die Thematisierung der Arbeiterin oder des Arbeiters als dem wirkungsmächtigen Element im Produktionsprozess entstand, griffen nicht nur die Textpassagen, sondern auch die Bilder der Reportagen auf. Sie zeigten die Arbeiter in schwungvoller Bewegung und beim kraftvollen Umgang mit verschiedenen Werkstoffen (☞ siehe Abb. 1, S. 182).

Die Nähe zur Körperlichkeit, die der bürgerlichen Leserschaft in diesen Repräsentationen vermittelt wurde, konnte noch gesteigert werden, wenn in diesen Bildern bewusst Reaktionen des Arbeiterkörpers wie beispielsweise das Schwitzen in der Nähe des Hochofens oder das Anspannen von Muskeln skizziert wurden.[73]

Doch selbst in Branchen, in denen ganz anders geartete Arbeit als in der Schwerindustrie erbracht wurde, wandelte sich die Arbeit zum außergewöhnlichen Ereignis. Auch weniger aktionsgeladene Tätigkeiten wie die Herstellung von Konserven mit dem Arbeitsgang des Entkernens von Früchten inszenierten die Reporter als gleichermaßen temporeiches wie sinnliches Erlebnis:

---

72 Gerd von Bassewitz, Aus den kruppschen Werken, in: Die Gartenlaube, 57 (1909) 14, S. 295.
73 Z. B. Aus den Schwefelbergwerken Siziliens, in: Die Gartenlaube, 57 (1909) 3, S. 61; »Im Kohlenbunker«, aus: Korv.-Kapt. a. D. Graf Bernstorff, Die Funkenpuster, in: Die Gartenlaube, 51 (1903) 32 (Halbhft.), S. 898. »Schrämen mit Schrämenmeißel«, aus: Der mansfelder Bergbau, in: LIZ, 100. Bd., Nr. 2608 v. 24.6.1893, S. 688.

Abb. 1 »Schienenwalzwerk«, aus: Die Gußstahlfabrik von Fried. Krupp in Essen, in: LIZ, 95. Bd., Nr. 2471 v. 8.11.1890, S. 502.

»Geschäftiges Leben und Treiben allüberall [sic!] in den hohen Arbeitssälen und an den langen Tischreihen! Hier fällt Kern auf Kern unter den emsigen Fingern der Arbeiterinnen aus dem süßen Fleisch der Steinfrüchte, dort schält, teilt und reinigt eine andre Partie mit kleinen Handmaschinen Aepfel, Birnen, Aprikosen und Pflaumen [...].«[74]

Auch wenn die thematisierten Arbeiterinnen eigentlich nur mit einem geringen Bewegungsumfang ihre Aufgabe bewältigten, lässt sich annehmen, dass sie doch für die Leserschaft im höchsten körperlichen Maße präsent waren. Die Süße und Fleischigkeit der Früchte, die von den Fingern der Arbeiterinnen zerteilt wurden, standen für körperliche Genüsse, wodurch die Arbeiterinnen selbst mit einer verstärkten Körperlichkeit aufgeladen wurden.

Diese Körperlichkeit der Arbeiterschaft war vielleicht das erschütterndste Erlebnis beim Fabrikbesuch, sie begründete aber auch die Anziehungskraft, die die Menschen in die Fabriken strömen ließ. Die Repräsentation, die auf die reine Körperlichkeit reduzierte, ob nun die mentale Zuweisung, der Blick der Besucherinnen und Besucher in der Fabrik, oder die Abbildung und verbale Beschreibung in dem Medium der Reportage, ließ die Arbeiterschaft nicht als gleichwertiges Gegenüber erscheinen, sondern degradierte sie zu einem Objekt der Neugier, von dem es sich gleichzeitig zu distanzieren galt.

Diesem Repräsentationsmuster ganz entgegengesetzt war die Wahrnehmung und Darstellung der menschlichen Arbeit in der Fabrik als reiner Teil der maschinellen Produktion. Diese Art der Repräsentation lief letztlich darauf hinaus, den Menschen, beziehungsweise auch nur einzelne seiner Körperteile, zu einem Teil der Maschine werden zu lassen, oder ihn gar ganz aus der Wahrnehmung der industriellen Produktion auszublenden. Als uniforme Ergänzung aus Fleisch und Blut erschienen Arbeiterinnen und Arbeiter in die Maschine eingespannt, mit ihr verschmolzen, ihrem Takt ganz angepasst. Ihre Regungen geschahen nicht aus freiem Willen, sondern fremd-

---

74 Karl Doménigg, In einer Bozener Konservenfabrik, in: Illustrirte Welt, 48 (1900) 25, S. 600.

Abb. 2 »Stanzerei«, aus: Führer »Apparate-Fabrik«, in: Deutsches Technikmuseum Berlin (Bibliothek, Bestand AEG), K 138, S. 25.

bestimmt durch die Macht der Dampfkraft und der Elektrizität.[75] Die Individualität als Person war auf den Abbildungen dieser Situation nicht mehr zu erkennen. Die Gesichtszüge verschwammen vor der Gesamtansicht der Maschine, in einer Reihe von gleichen technischen Fertigungsanlagen waren Arbeiterinnen und Arbeiter gleich ihrem Nachbarn an der nächsten Maschine, austauschbar wie ein technisches Ersatzteil. Die Besucherinnen und Besucher der Fabrik beziehungsweise die Leserinnen und Leser der Zeitschriftenreportage erhielten von einem erhöhten Standpunkt einen Überblick auf die Maschinenhalle mit den menschlichen Komponenten, die aber den Blick der Betrachtenden nicht erwidern.

Das hieß nicht, dass die menschliche Leistung in der Fabrik in bildlichen Darstellungen ganz negiert wurde, es handelte sich hier allein um die Repräsentation von körperlicher Arbeit als der Maschine untergeordneter, angepasster Arbeit. Geistige Arbeit dagegen, beispielsweise in Form der Aufsicht über die Maschine und die Arbeitenden, war weiterhin individuelle Leistung, die derart auch in Szene gesetzt und damit gewürdigt wurde (☞ siehe Abb. 2).

In der textuellen Beschreibung der maschinisierten Arbeiterschaft nahm der Reporter häufig noch nicht einmal den ganzen Menschen in den Blick, sondern nur diejenigen Teile von ihm, die die eigentlichen Bewegungen ausführten. Nicht die ganze Arbeiterin oder der ganze Arbeiter, sondern nur einzelne, von ihnen losgelöst scheinende Teile verrichteten in dieser Sichtweise die Arbeit, wie ein Reportagetext über

---

75 Dieses Szenario machte Charlie Chaplin rund 30 Jahre später zum Narrativ seines Filmes Modern Times. *Modern Times*, Regie: Charles Chaplin, USA 1936.

den Besuch einer Seifen- und Parfumfabrik zeigt. »Viele Hände regen sich, um in den hellen freundlichen Sälen die erwähnten flüssigen Stoffe aufzufüllen, zu etikettieren, einzuschlagen, zu verpacken und zu confectioniren.«[76] Selbst spezielle Handarbeiten, so zeigt dieser Ausschnitt, betrachteten und bewerteten die Beobachter so mit dem Maßstab der Maschinenarbeit. Arbeiterinnen und Arbeiter erschienen in der beginnenden Massengesellschaft nur noch fragmentiert, ein Phänomen, das Siegfried Kracauer wenige Jahrzehnte später erstmals kulturkritisch diagnostizierte.[77] Die menschlichen Fragmente entwickelten, und hier stimmt die Analyse Kracauers deutlich mit der Repräsentation der Arbeit in den Jahren 1890 bis 1914 überein, im Ensemble mit anderen gleichen Teilen ein Eigenleben, das entfremdet war von dem einzelnen Individuum und mit neuem Sinn als touristisches Objekt aufgeladen werden konnte.[78] Indem die Fabriktouristinnen und -touristen, ob als »Sesselreisende« oder tatsächlich vor Ort, die Arbeitenden nur als Teil der Maschine betrachteten, sogar nur die Teile des Menschen wahrnahmen, die tatsächlich eine Arbeit im Gleichklang mit der Maschine verrichteten, beraubten sie sie ihrer menschlichen Natur, trennten die Arbeitenden von ihrem Werk[79] und degradierten sie und ihr Schaffen ebenso sehr, wie durch die Reduktion auf ihre Körperlichkeit.

Eine völlige Degradierung erfuhren die Arbeiterinnen und Arbeiter in solchen Fällen, in denen sie ganz als handelnder Akteur ausgeblendet wurden, obwohl klar hätte ersichtlich sein müssen, dass die menschliche Arbeit in dem beschriebenen Prozess unverzichtbar war. Statt die Handlung und ihre Träger, die Arbeitenden, jedoch zu benennen, verfielen die Reportagen auf passivische Formulierungen oder das Indefinitpronomen »man«:

> »Die erste der sechs kleineren Abbildungen zeigt das geschäftige Treiben in der Schlachthalle, wo die Ochsen geschlachtet und in Theile zerlegt werden, das darunter befindliche Bild die Fleischerei, in welcher die Fleischtheile von Knochen, Sehnen und Fett befreit werden, um dann durch Dampfkraft betriebene Fleischschneidemaschinen eigenen Systems zu gelangen, wo das Fleisch in würfelartige Stücke zerschnitten wird.«[80]

---

76 Gustav Schubert, Die Fabrik feiner Parfümerien und Toilette-Seifen Gustaf Lohse in Berlin, in: LIZ, 111. Bd., Nr. 2889 v. 10.11.1898, S. 634. Z. B. auch Doménigg, Bozener Konservenfabrik, in: Illustrirte Welt, 48 (1900) 25, S. 600.
77 Siegfried Kracauer, Das Ornament der Masse (1927), in: ders. (Hg.), Das Ornament der Masse. Essays, Frankfurt a. M. 1977, S. 50-62.
78 Kracauer, Masse, in: ders. (Hg.), Masse, 1977, S. 50-62.
79 Auf die Problematik der Entfremdung der Arbeit hatte bereits Karl Marx in seinen ökonomisch-philosophischen Manuskripten von 1844 hingewiesen; Karl Marx, Ökonomisch-philosophische Manuskripte, hg. v. Barbara Zehnpfennig, Hamburg 2005. Beim touristischen Blick auf die Fabrik erschien die Repräsentation dieser Entfremdung als Normalfall.
80 Die Fleischconserven-Fabrikation in Oesterreich, in: LIZ, 103. Bd., Nr. 2666 v. 4.8.1894, S. 145.

Die Reportage aus dem Jahr 1894 aus einer Fleischkonservenfabrik ließ in der Beschreibung des Vorgangs des Schlachtens und Zerlegens der Tiere offen, wer letztlich die nötigen Handgriffe vollzog, sodass bei der Leserschaft der Eindruck entstehen musste, dass die Vorgänge völlig automatisiert abliefen. Die Fotografien, die den Text der Reportage ergänzten, kamen für die Darstellung der Schlachtung jedoch nicht umhin, die Arbeiter als die tatsächlichen Akteure der Handlung ins Bild zu nehmen.[81]

Bisweilen wurden auch die Maschinen oder die Waren zum handelnden Subjekt der Produktion. Laut einer Reportage über die Fertigung von Nähmaschinen kamen während des Produktionsprozesses Bohrer »heranspaziert«, veranlasst allein durch eine Schaltung, und zogen sich nach verrichteter Arbeit »ebenso geräuschlos wie sie kamen, zurück.«[82] Es ist zwar möglich, dass dieser Fertigungsprozess tatsächlich automatisch und ohne menschliche Eingriffe ablief, dass aber gar kein menschlicher Eingriff notwendig war, ist doch unwahrscheinlich. Ebenso unwahrscheinlich erscheint es, dass, wie die Schilderung der Herstellung von Lampen der Leserschaft weiszumachen versuchte, der Lampenfuß eigenständig »zu den Metalldrehern wandert, um sich an der Drehbank die Ecken und Kanten abschleifen zu lassen.«[83] Auch wenn hier der Metalldreher noch benannt wurde, so war er doch nicht der aktive Part, sondern das Produkt selbst. Derartige Repräsentationen von Arbeit kehrten die Verhältnisse um, sie vermenschlichen die Waren und Maschinen, während die Arbeiterinnen und Arbeiter passiv erschienen und ihre Leistung außen vor blieb. Die Rezipienten von Fabrikreportagen erlebten auf diese Weise eine Welt der Arbeit, in der die Arbeitenden nur eine Maschine unter anderen Maschinen waren oder gar ganz ausgeblendet wurden. An ihrer ureigenen Wirkungsstätte büßten sie damit in der bürgerlichen Sichtweise ihre Existenz ein.

5 Repräsentationen des Arbeiters jenseits der Arbeit

Ging der Blick der bürgerlichen Betrachterinnen und Betrachter über die Fabrik hinaus, stand nicht mehr nur die Arbeiterschaft am Ort der Produktion, sondern in ihrer privaten Lebenswelt im Fokus. Die Repräsentation jenseits der Arbeit lässt indes wieder Rückschlüsse darauf zu, welcher Stellenwert, welche gesamtgesellschaftliche Rolle dieser Sozialformation vom Bürgertum eingeräumt wurde. Dazu bot sich den Besucherinnen und Besuchern von Werksanlagen – und analog den Leserinnen und Lesern von Fabrikreportagen – der Blick in die häufig werkseigenen »Arbeiterkolonien« an. Die Sicht der Besucher- bzw. der Lesergruppen war dabei vorgeprägt

---

81 Fleischconserven-Fabrikation, in: LIZ, Nr. 2666, 1894, S. 145.
82 Ein Gang durch die Ankerwerke A. G., in: Deutsche Nähmaschinen-Zeitung v. 15.11.1922, S. 3, archiviert im Westfälischen Wirtschaftsarchiv, F 42 (Bestand Anker-Werke), 375, S. 3.
83 Erich Salzmann, Aus den Werkstätten des Lichts, in: Die Gartenlaube, 40 (1892) 2, S. 32.

durch die bereits gängigen Repräsentationen des privaten Lebens der Arbeiterschaft beispielsweise auf Weltausstellungen als pittoreske, folkloristische Attraktion[84] oder als Objekt der sozialen Fürsorge, wie es die ebenfalls verbreiteten Sozialreportagen bürgerlicher Gesellschaftsreformer skizzierten.[85]

In Anlehnung an die Folklorisierung unterbürgerlicher Schichten wurde die private Lebenswelt der Arbeiterinnen und Arbeiter in einem bäuerlichen Kontext gedeutet. Sie sollte als ländliche, vorindustrielle Idylle erscheinen. Bisweilen bedurfte es für eine solche Sichtweise noch nicht einmal einer besonderen Interpretationsleistung der Besucherinnen und Besucher solcher Arbeitersiedlungen, da die Unternehmen zunehmend an der Idyllisierung ihrer Kolonien mitarbeiteten.[86] Ein Beispiel sind die Kolonien »Altenhof« und »Margarethenhöhe« der Firma Krupp, die bewusst an die Repräsentationen von vorindustriellen Dörfern angelehnt waren. Diese Repräsentationen griffen dann die Reportagen über den Besuch der Siedlungen auf, und stellten gerade die gelungene Konstruktion von Idylle als besonders bemerkenswert heraus.[87]

Aber auch die Arbeitersiedlungen, die eigentlich aus wenig idyllisch anmutenden Wohnblöcken bestanden, konnten im Blick der Besuchergruppen oder des Reporters als ein der Gegenwart entrücktes Dorf gedeutet werden, auf dessen Straßen und in dessen Vorgärten pittoreske Alltagsszenen abliefen. Die Krupp'sche Kolonie Kronenberg etwa wurde gezeigt als Ort, an dem sich ein Großvater um sein Enkelkind kümmert, in Ruhe Gartenarbeit verrichtet wird, Kinder auf der Straße spielen und Frauen diese entlangschlendern (☞ siehe Abb. 3).

Wie beim Blick auf die Alpen nahm der bürgerliche Blick die Menschen in den Werkssiedlungen nur als Statisten in einer folkloristischen Szenerie wahr. Nicht die realen Lebensumstände interessierten die Betrachtenden, sondern das eigene malerische Erlebnis.

Auch bei der Repräsentation der Arbeiterschaft als Objekt der sozialen Fürsorge ging es im Wesentlichen nicht darum, die tatsächlichen Lebensumstände zu skizzieren, sondern dem Bürgertum einen überlegenen Standpunkt zu ermöglichen, indem es die

---

84 Zu dieser Thematik Wyss, Bilder von der Globalisierung, 2010, S. 212-215; von Plato, Zwischen Hochkultur und Folklore, 2006, S. 51; Martin Wörner, Vergnügung und Belehrung. Volkskultur auf den Weltausstellungen 1851–1900, Münster i. Westf./Tübingen 1999, S. 3-6; Angela Schwarz, The Regional and the Global. Folk Culture at World's Fairs and the Reinvention of the Nation, in: Timothy Baycroft/David Hopkins (Hg.), Folklore and Nationalism in Europe During the Long Nineteenth Century, Leiden/Boston 2012, S. 99-111, hier: S. 100 f.
85 Wietschorke, Entdeckungsreisen, in: ZfVk, 104 (2008), S. 41-71.
86 Das Ziel der Unternehmen bestand dabei darin, den Bewohnern und Bewohnerinnen, die häufig ihre Wurzeln im nicht städtischen Raum hatten, ein Stück ländliches Leben in der Industriestadt zu bieten und sie durch eine scheinbar naturnahe Umgebung sozial zu erziehen. Die pädagogische Wirkung von Parks und Gärten war im Verlauf des 19. Jahrhunderts immer stärker betont worden (hierzu Angela Schwarz (Hg.), Der Park in der Metropole. Urbanes Wachstum und städtische Parks im 19. Jahrhundert, Bielefeld 2005), woran sich die Unternehmer zum Teil orientierten.
87 Die Colonie Altenhof, in: LIZ, 118. Bd., Nr. 3076 v. 12.6.1902, S. 917-919.

Abb. 3 »Colonie Kronenberg und die protestantische Kirche«, aus: Die Gußstahlfabrik von Fried. Krupp in Essen, in: LIZ, 95. Bd., Nr. 2471 v. 8.11.1890, S. 508.

Arbeiterinnen und Arbeiter zum zu erziehenden Objekt degradierte. Im Gegensatz zu den genuinen Zielen der reformerischen Sozialforscher ging es den Fabriktouristinnen und -touristen nicht darum, persönliche Kontakte zu knüpfen und in die Lebenswelt einzutauchen, sondern nur, den erzieherischen Duktus aufzugreifen, und so das eigene Gesellschaftsideal zum Maßstab zu machen. Die Arbeiterschaft wurde zum unfertigen Objekt der Sozialarbeit, demgegenüber man sich überlegen zeigen konnte. Sie erschien in dieser Repräsentation als Ziel der Gesundheits- ebenso wie der moralischen Fürsorge. Die Nutzung von Duschanlagen und gemeinsames Essen in der Kantine sollte ebenso wie gemeinsames Turnen und Singen den Arbeiterkörper nicht nur vor körperlicher, sondern auch vor geistiger Verwahrlosung bewahren, wie sich aus den Worten der Reporter bei der Beschreibung verschiedener sozialer Einrichtung von Firmen lesen lässt.[88] Zur Erziehung der Arbeiterschaft diente darüber

---

88 Wohlfahrtseinrichtungen d. Papierfabrik I. M. Zander Bergisch Gladbach, in: LIZ, 140. Bd., ohne Nummer, undatiert, S. 39 (gesonderte Paginierung); »Arbeiter beim Mittagsmahl in einer Fabrikcantine«, aus: Kollmann, Die Stumm'schen Eisenwerke in Neunkirchen und Ueckingen (LIZ, 116. Bd., 1901), S. XVIII (gesonderte Paginierung); Wohlfahrtseinrichtungen d. Papierfabrik I. M. Zander Bergisch Gladbach (LIZ, 140. Bd., o. J.), S. 39 (gesonderte Paginierung). Eine derartige Behandlung der Arbeiter lässt durchaus Parallelen mit den Erziehungsmaßnahmen in den damals neu entworfenen Strafanstalten erkennen, die ebenfalls zum touristischen Ziel taug-

hinaus die Schulung der Arbeiterfrauen zur sauberen, ordentlichen, ausgeglichenen, selbstlosen Stütze der Familie.[89] Der Arbeiter, indirekt charakterisiert als unsauber, ungebildet und unerzogen, sollte auf diese Weise an ein bürgerliches Gesellschaftsideal herangeführt werden, dem er freilich nie so sehr würde entsprechen können, wie die in das Bürgertum hineingeborenen Gesellschaftsglieder.

In jedem Fall diente der Besuch von oder die Lektüre über die private Lebenswelt der Arbeiterschaft dem Bürgertum nicht dazu, sich ein realitätsnahes Bild zu verschaffen – auch wenn vordergründig dies genau das Motiv für die Beschäftigung mit dem Thema war. Vielmehr ging es darum, Stereotype bestätigt zu finden und sich darüber vom gesellschaftlich Anderen zu distanzieren und die eigene Gesellschaftsgruppe aufwerten zu können. Das touristische Erlebnis stand, wie auch in der Fabrik, im Vordergrund, zu dem die Arbeiterschaft nur die Kulisse bildete.[90]

6 Fazit

Die Szenen, die das Bürgertum beim Blick in die Fabrik erlebte, ob nun beim tatsächlichen Besuch einer Produktionsstätte, oder bei der Lektüre von Reportagen, schienen den Touristinnen und Touristen einen Einblick in die Arbeits- und Alltagswelt der Arbeiterschaft zu gewähren. Tatsächlich aber, das haben die Analysen der Repräsentationen von Arbeit in der Fabrik gezeigt, spiegelten sie stattdessen bürgerliche Erwartungen, Einstellungen und Befindlichkeiten. Die Touristinnen und Touristen waren nicht in der Lage, hinter ihre eigenen vorgeformten Erwartungen und Sehmuster zu treten. Stattdessen nutzten sie den »tourist gaze«, um über die Repräsentationen der Tätigkeiten der Arbeiterinnen und Arbeiter Macht über die Arbeiterschaft auszuüben. Die Machtausübung des Bürgertums gegenüber der Arbeiterklasse bestand darin, diese aus der bürgerlichen Gesellschaft auszugrenzen, und sich selbst auch noch über die Fähigkeit zu dieser Ausgrenzung zu definieren.

Diese Deutungsmacht, die von den bürgerlichen Repräsentationen der Arbeiterschaft und ihrer Arbeit getragen wurde, diente darüber hinaus natürlich dazu, ökonomische und politische Machtgefälle zu begründen und zu sichern. Je geringer diese Machtgefälle ausfielen, umso stärker wurde versucht, Deutungsmacht auszuüben,

---

ten; Harro Zimmermann, Irrenanstalten, Zuchthäuser und Gefängnisse, in: Hermann Bausinger/Klaus Beyrer/Gottfried Korff (Hg.), Reisekultur. Von der Pilgerfahrt zum modernen Tourismus, 2. Aufl., München 1999, S. 207-213.

89 Friedrich C. G. Müller, Krupp's Gussstahlfabrik, Düsseldorf 1896, S. 164, »Arbeitertöchter in dem Unterricht für weibliche Handarbeiten«, aus: Kollmann, Die Stumm'schen Eisenwerke, 1901, S. XVIII (gesonderte Paginierung).

90 Diesen touristischen Blick diagnostiziert Daniel Kiecol ebenfalls für den Besuch deutscher Touristen in Paris, die versuchten, in die Lebenswelt des Arbeiters durch den Besuch von Garküchen und Volkstheatern einzutauchen. Kiecol, Selbstbild und Image, 2001, S. 215.

sodass Ende des 19. Jahrhunderts die Macht generierenden bürgerlichen Repräsentationen der Arbeit der Arbeiterschaft eine Hochkonjunktur erlebten, die erst durch den Ersten Weltkrieg beendet wurde, in dem die Repräsentationen von Arbeit sich wandelten und damit auch neue Machtverhältnisse entstanden.

Am Blick in die Fabrik Ende des 19. Jahrhunderts würden sich über diese Analyse hinaus jedoch noch weitere Repräsentationen erkennen lassen, in denen sich Machtgefüge manifestieren und die wiederum Machtgefüge bedingen: In der Art der Darstellung männlicher und weiblicher Arbeit, teilweise auch an der Zuordnung männlicher und weiblicher Verhaltensweisen als Betrachtende, zeigen sich, so ist zu vermuten, die Stellungen, die dem jeweiligen Geschlecht in seiner Gesellschaftsgruppe zugewiesen werden beziehungsweise, die es für sich beansprucht. Aus der Untersuchung der Kombination geschlechtsspezifischer und gruppenspezifischer Repräsentationen der Arbeit ließe sich dann ein umfassenderes Koordinatensystem der Machtverhältnisse innerhalb der deutschen Gesellschaft des späten 19. Jahrhunderts entwickeln[91], das durch Untersuchungen von Repräsentationen anderer Aspekte und gesellschaftlicher Gruppen, beispielsweise des Blicks des Adels auf das Bürgertum, noch erweitert werden könnte.

---

91 Diese Überlegung knüpft an die Forderung der Gender-Forschung an, Geschlecht nicht als polares Deutungsmuster, sondern in Interdependenz mit anderen Kriterien sozialer Ungleichheit zu untersuchen. Andrea Griesebner, Geschlecht als mehrfach relationale Kategorie. Methodologische Anmerkungen aus der Perspektive der frühen Neuzeit, in: Veronika Aegerter (Hg.), Geschlecht hat Methode. Ansätze und Perspektiven in der Frauen- und Geschlechtergeschichte. Beiträge der 9. Schweizerischen Historikerinnentagung 1998, Zürich 1999, S. 129-137, hier: S. 131.

Jana Hawig

Die Ständige Ausstellung für Arbeiterwohlfahrt als Medium politischer Repräsentation von Arbeit

>> ... eine wirklich praktische Einrichtung, zum Wohle und Nutzen nicht nur der gesamten Arbeiterschaft, sondern der Menschheit überhaupt.«[1] Diese hohe Meinung stammt von einem badischen Arbeiter, der im Rahmen einer organisierten Arbeiterreise im Jahr 1904 die *Ständige Ausstellung für Arbeiterwohlfahrt* besichtigte. Sie wurde ein Jahr zuvor durch das Reichsministerium des Innern in Berlin-Charlottenburg errichtet und stellte bis 1944 die Themen Unfallverhütung, Gewerbehygiene und Soziale Wohlfahrtseinrichtungen aus. Reichskanzler von Bismarck sagte zur Eröffnung einer ihrer Vorgängerausstellungen im Jahr 1889: »Das Unternehmen hat meine volle Teilnahme, weil ich in ihm ein Mittel sehe, die Fürsorge für die Arbeiter zu fördern und denselben durch Augenschein darzutun, dass ihr Wohl den Arbeitgebern am Herzen liegt.«[2] Kurz zuvor erst waren die Kranken-, Unfall- sowie Alters- und Invalidenversicherung eingeführt worden. Warum legte das Deutsche Kaiserreich so viel Wert darauf, das auf den ersten Blick wenig fesselnde Thema Arbeit und Arbeitsschutz in großen Ausstellungen und schließlich auch in einem permanenten, eigens errichteten Ausstellungshaus zu präsentieren?

Aus diesen Fragen ergibt sich die These, dass die Ausstellung als politische Repräsentation von Arbeit fungierte. Gemeint ist die Darstellung von zeitgenössisch brisanten Themen des Arbeitslebens; organisiert und finanziert durch politische Entscheidungsträger – in diesem Fall vor allem durch die kaiserliche Regierung um die Wende zum 20. Jahrhundert. Die These der politischen Repräsentation von Arbeit ist somit auf den Akteur, den Ausstellungsmacher und dessen Intentionen bezogen. Der (Re-)Präsentation von Arbeit als Ausstellungsinhalt wurde durch die innenpolitischen Veränderungen der Sozialgesetzgebung und die Folgen der Industrialisierung ein besonderer Stellenwert beigemessen.

Entscheidend ist, aus welchem Grund und in welcher Form die Arbeitsschutzausstellung als Medium zum Erreichen politischer Ziele genutzt wurde. Dieser Frage wird zum einen durch eine Neubetrachtung vorhandener Forschungsbeiträge zu grundlegenden Merkmalen von Ausstellungen im 19. Jahrhundert und zum anderen

---

1 Carl Bittmann, Eine Arbeiterreise. Berichte von 77 badischen Arbeitern über den Besuch der ständigen Ausstellung für Arbeiterwohlfahrt zu Charlottenburg, Karlsruhe 1904, S. 81. – Alle Zitate sind der heutigen Schriftsprache angepasst.
2 Vorstand der Ausstellung, Bericht über die Deutsche Allgemeine Ausstellung für Unfallverhütung Berlin 1889, Berlin 1890, S. XIII.

durch eine Ausstellungsanalyse am Beispiel der *Ständigen Ausstellung für Arbeiterwohlfahrt* anhand von Ausstellungskatalogen nachgegangen. Dabei hilft ein Blick auf die zeitgenössische Rezeption zur besseren Einschätzung musealer Intentionen in Bezug auf die Repräsentation von Arbeit. Der historische Blick auf das Verhältnis von Politik und Kultur führt uns vor Augen, welche Bedeutung der Repräsentation von Arbeit durch eine Ausstellung von politischer Seite aus zugeschrieben wird.

1   Das Medium Ausstellung im 19. Jahrhundert

Die *Ständige Ausstellung* lässt sich als Teil der Museumsgattung der Sozialmuseen begreifen, die charakteristisch für die Wende zum 20. Jahrhundert und das Verständnis und die Funktion von Ausstellungen der damaligen Zeit ist. Um den Museumstyp der Sozialmuseen zu verstehen, ist ein Blick auf die Industrie- und Gewerbeausstellungen des 19. Jahrhunderts hilfreich, aus deren Tradition sie entstanden. Ab den 1840er-Jahren entwickelten sich diese Ausstellungen zu einer erfolgreichen Veranstaltungsform. Vor allem die Weltausstellungen verzeichneten einen konkurrenzlosen Besucheransturm.[3] Ihren Ursprung hatten die Industrie- und Gewerbeausstellungen ähnlich wie die Museen in den gelehrten Akademien und Kunstsalons, die Mitte des 18. Jahrhunderts in Europa entstanden.[4] Eine der ersten Industrieausstellungen fand 1761 in London statt, in der beispielhafte technische Modelle aufgrund ihrer »gewerbefördernden Wirkung«[5] ausgestellt wurden.

Thomas Großbölting kommt in seinem umfassenden Werk zu Ausstellungen im 19. Jahrhundert zu dem Urteil: »Die Summe der Besucher, ihr publizistischer Widerhall und der damit verbundene Wirkungsgrad führen vor Augen, dass die Ausstellungen von Industrie und Gewerbe als eines der erfolgreichsten Massenmedien[6] des 19. Jahrhunderts gelten können.«[7] Als solche boten sie eine publikumswirksame Plattform für die Präsentation jeglicher Themen und Waren. Besonders durch ihre Regelmäßigkeit dienten die Weltausstellungen dem Vergleich von Produkten, politischen Staatsformen und nationalem Selbstverständnis.[8] Nach Werner Telesko seien die Weltausstellungen sogar die »einzigen Großereignisse, die regelmäßig eine ›Weltöffentlichkeit‹ schufen.« Somit seien sie die »einzig wirklich umfassenden internatio-

---

3   Thomas Großbölting, Im Reich der Arbeit. Die Repräsentation gesellschaftlicher Ordnung in den deutschen Industrie- und Gewerbeausstellungen 1790–1914, München 2008, S. 123.
4   Großbölting, Reich der Arbeit, 2008, S. 66.
5   Ebd., S. 70.
6   Über die Definition des Begriffs »Massenmedium« gehen die Meinungen auseinander. Im Falle der Ausstellung fehlt die technische Verbreitung an ein disperses Publikum; der Rezipient dieses besonderen Mediums muss am Ort des Geschehens sein.
7   Ebd., S. 11.
8   Werner Telesko, Das 19. Jahrhundert. Eine Epoche und ihre Medien, Wien 2010, S. 279.

nalen Medienereignisse« im 19. Jahrhundert gewesen.⁹ Besonders hervorzuheben ist zudem die neuartige Zusammenarbeit zwischen Staat und Wirtschaft bei der inhaltlichen Gestaltung von Weltausstellungen und Industrie- und Gewerbeausstellungen.¹⁰ Durch die Aufteilung der Ausstellungen in Gewerbearten und Länder war ein direkter Vergleich der Wirtschaftsleistung unter den Staaten möglich.

Die rasante Entwicklung, die Industrie- und Gewerbeausstellungen im 19. Jahrhundert durchliefen, kann mithin auf ihre besondere Form der Vermittlung zurückgeführt werden. Eine Ausstellung ist ortsgebunden und ermöglicht ein einzigartiges und unmittelbares Erlebnis.¹¹ Sie ist auf die Anwesenheit des Besuchers angewiesen, er ist »Teil der Rauminstallation, die zum Zweck der Eindrucks- und Einsichtsvermittlung aufgebaut ist«.¹² Ausstellungen fördern soziale Interaktion und bilden eine Plattform der Meinungsbildung.¹³ Zur Generierung eines Erlebnisses müssen Exponate eine gewisse Attraktivität aufweisen, weshalb schon früh auf die Wirkung sogenannter auratischer Objekte gesetzt wurde. Diese dienten als Blickfänger, genauso wie die imposanten Ausstellungsgebäude selbst. Fehlender Schauwert von Objekten musste durch andere Erlebnisarten ausgeglichen werden, etwa durch eine stimmungsvolle Rauminszenierung.¹⁴ So entwickelte sich eine Mischung aus Kommerz und Belehrung, die die Museen im Laufe des 19. Jahrhunderts prägen sollte.¹⁵

Bereits zur ersten Weltausstellung 1851 in London wurden technische Exponate und laufende Maschinen gezeigt. Die Inszenierung von Technik schien die zivilisatorische Überlegenheit zu beweisen und die erzielten Fortschritte nährten den Glauben daran, dass die Entwicklung ungebremst fortschreiten würde. Technik als Sinnbild für Fortschritt und Modernität wurde in Aktion gezeigt, in Form von Dampfmaschinen, Springbrunnen, Lichtershows und Ähnlichem. Dabei wurden die vermeintlich unzivilisierten kolonialisierten Länder direkt den sich industrialisierenden imperialen Ländern gegenübergestellt.¹⁶ Zugleich zeigte man mit der Inszenierung der Technik auch auf besondere Weise große gesellschaftliche Umbrüche in der Zeit der Industrialisierung.¹⁷ Als Beispiel ist hier eine Installation auf der *Allgemeinen deutschen Ausstellung auf dem Gebiete der Hygiene und des Rettungswesens* in Berlin 1883 zu

---

9   Telesko, 19. Jahrhundert, 2010, S. 277.
10 Ebd., S. 287.
11 Katharina Flügel, Einführung in die Museologie, 2. Aufl., Darmstadt 2009, S. 108.
12 Gottfried Korff, Speicher und/oder Generator. Zum Verhältnis von Deponieren und Exponieren im Museum, in: Moritz Csáky/Peter Stachel (Hg.) Speicher des Gedächtnisses. Bibliotheken, Museen, Archive. Teil 1: Absage an und Wiederherstellung von Vergangenheit. Kompensation von Geschichtsverlust, Wien 2000, S. 49.
13 Flügel, Museologie, 2009, S. 108.
14 Korff, Deponieren und Exponieren, in: Csáky/Stachel (Hg.), Speicher, 2000, S. 46.
15 Winfried Kretschmer, Weltausstellungen oder die Erfindung des Edutainments, in: Museumskunde [MK], 65 (2000) 1, S. 83-90, hier: S. 86.
16 Winfried Kretschmer, Geschichte der Weltausstellungen, Frankfurt a. M. 1999, S. 136 f.
17 Großbölting, Reich der Arbeit, 2008, S. 11.

nennen. Sie bestand aus einem großen Wasserbecken, das ein leckgeschlagenes Schiff enthielt. Durch eine moderne Pumpmaschine wurde dieses vor dem sonst sicheren Untergang bewahrt.[18]

Was unterscheidet nun die Ausstellung des 19. Jahrhunderts von den Museen jener Zeit? Ausstellungen sollten eine Momentaufnahme der zeitgenössischen Gegenwart, wenn nicht sogar der Zukunft, darstellen. Sie versuchten Aktualität zu kommunizieren, was sie gleichzeitig aber zu vergänglichen Momentaufnahmen oder zu »verblasste[n] Mythen«[19] machte. Damit standen sie den Museen des 19. Jahrhunderts gegenüber, die ihre Sammlungen ausdehnten und auf beständige Bewahrung und Belehrung ausgerichtet waren. Zu ständiger dynamischer Weiterentwicklung der Ausstellung trug die Konkurrenzsituation unter den Ausstellern genauso bei wie die unter den Gastgeberstädten und -ländern.[20]

Der heutige Erkenntnisstand zu Ausstellungen ist, dass sie – unabhängig welcher Art – als Medium eine Meinung darstellen, einen laut Flügel »Ausdruck der intellektuellen und kulturellen Einstellung des Autors.«[21] Philipp Aumann und Frank Duerr nennen drei Kennzeichen von Ausstellungen: Dinglichkeit (Übermittlung von Wissen über Materialität), Komplexität (das komplizierte Zusammenspiel und die Spannungen »zwischen den materiellen Objekten und dem ideellen Narrativ sowie zwischen schriftlichem Konzept und Inszenierung im Raum«[22]) und Offenheit. Letzteres beschreibt die sich aus der Komplexität ergebende Möglichkeit der Besucher, »aus der bestehenden Ausstellung herauszulesen oder in sie hineinzuinterpretieren, was sie wollen.«[23] Aumann und Duerr schließen diesen Punkt damit, dass keine »linearkausale Inszenierung« in Ausstellungen möglich sei.[24] Im Falle der Darstellungen von Vergangenem in Museen sind Ausstellungen »Interpretation von Vorstellungen über die jeweiligen vergangenen Wirklichkeiten«.[25] Sie inszenieren also Geschichten und Zusammenhänge mithilfe materieller Exponate. Daraus ergibt sich die Möglichkeit einer Instrumentalisierung von Ausstellungen durch Kuratoren und Träger. Regierungen als Ausstellungsmacher nutzten dieses Potenzial für ihre eigene Botschaft.

Mit der Leistungsschau der Technik war das Thema Arbeit in den Industrie- und Gewerbeausstellungen des 19. und frühen 20. Jahrhunderts präsent. Indirekt wurde stetig die sich rasant veränderte Arbeitswelt thematisiert. Allerdings war der Mensch

---

18 Stefan Poser, Sozialmuseen, Technik und Gesellschaft. Zur gesellschaftlichen Bedeutung von Arbeitsschutz und Sicherheitstechnik am Beispiel von Gegenwartsmuseen um 1900, in: Technikgeschichte [TechnikG], 67 (2000), S. 205-224, hier: S. 217 f.
19 Kretschmer, Edutainment, in: MK 65 (2000) 1, hier: S. 84.
20 Großbölting, Reich der Arbeit, 2008, S. 75.
21 Flügel, Museologie, 2009, S. 108.
22 Philipp Aumann/Frank Duerr, Ausstellungen machen, München 2013, S. 32 f.
23 Dies., a. a. O., ebd., S. 35.
24 Ebd., S. 36.
25 Flügel, Museologie, 2009, S. 108.

selten Teil dieser Expositionen.²⁶ Die Nichtbeachtung eines steuernden Individuums weist auf die in der Zeit beginnende Tendenz hin, »körperliche Arbeit [...] als Makel«²⁷ zu empfinden. Die Maschine arbeitete präziser, billiger und sie war als Objekt sichtbar und eindrucksvoll. Wenn Arbeiter präsentiert wurden, dann nicht mit den modernen Industriemaschinen, sondern »mythisiert«²⁸ mit Attributen traditioneller Arbeitsformen. So wurden »Produkte und Maschinen als Repräsentation abstrakter Arbeit dargestellt.«²⁹

2 Sozialmuseen

Unter dem Eindruck der zeitgleich existierenden Museen verbanden die Macher von Arbeitsschutzausstellungen den Vorteil der musealen Beständigkeit mit den Themen und der Aktualität der Ausstellungen. Aus diesem Grund haben Sozialmuseen trotz der Namensgebung weniger mit unserem heutigen Verständnis eines Museums gemein als mit den eben beschriebenen Weltausstellungen. Der Terminus Museum wird erst seit 1946 durch das International Council of Museums (ICOM) definiert.³⁰

Für Ausstellungen in diesem Themenbereich hatte sich die Bezeichnung »Sozialmuseum« etabliert, bereits 1889 erschien die Publikation »Sociale Museen« von Peter Schmidt, was auf eine frühe Nutzung dieses Begriffs hinweist.³¹ Stefan Poser differenziert diese Gattung weiter aus und lenkt den Blick auf die »Mus[een] der Gefahren«³², die er als »problemorientierte Fachmuseen, die sich dem Themenkreis Mensch-Technik-Gefahr widmen«³³, ansieht. Die Popularität von Ausstellungen zum Thema Arbeitsschutz und Gesundheit führte um die Jahrhundertwende international zur Gründung solcher Sozialmuseen.³⁴

Poser fasst zusammen, worin die staatliche Motivation lag, Arbeitsschutz und Hygiene in Sozialmuseen zu repräsentieren. Sie sollten den Arbeitsschutz fördern und die Lebensverhältnisse verbessern, wobei der Reduzierung von Krankheiten und Unglücksfällen auch eine volkswirtschaftliche Bedeutung zukam, da Verhaltensweisen der damaligen Zeit direkt beeinflusst werden sollten. Die Sozialmuseen dienten ebenso dazu, die Leistung von Staat und Industrie gebührend zu präsentieren. Bei-

---

26 Großbölting, Reich der Arbeit, 2008, S. 318.
27 Joachim Radkau, Technik in Deutschland: Vom 18. Jahrhundert bis heute, Frankfurt a. M. 1989, S. 36.
28 Großbölting, Reich der Arbeit, 2008, S. 334.
29 Ebd., S. 409.
30 ICOM, Museum Definition, http://icom.museum/the-vision/museum-definition/ (eingesehen am 14.4.2014).
31 Stefan Poser, Museum der Gefahren, Münster i. Westf. 1998, S. 35.
32 Ders., a. a. O.
33 Ebd., S. 219.
34 Poser, Sozialmuseen, in: TechnikG, 67 (2000), S. 205-224, hier: S. 206.

de Funktionen zusammen schienen geeignet, soziale Spannungen abzubauen, indem man das Gefühl vermittelte, die Regierung nehme sich der drängenden Probleme an. Ganz allgemein sollten die Sozialmuseen die Akzeptanz von Technik und Fortschritt fördern[35] und so zur Identifikation mit dem modernen Staat beitragen.[36] In den Sozialmuseen wird somit das Überlegenheitsdenken durch moderne Technik aus den Weltausstellungen fortgeführt. Poser schließt seine Überlegungen mit dem Fazit, dass »Sozialmuseen als ahistorische Gegenwartsmuseen oder richtiger als zukunftsgerichtete Gegenwartsdokumentationszentren bezeichnet werden«[37] sollten. Diese Definition wird im Folgenden dem Verständnis von Sozialmuseen zugrunde gelegt.

3 Die Ständige Ausstellung für Arbeiterwohlfahrt

Vor der Gründung des Berliner Sozialmuseums repräsentierte das Deutsche Kaiserreich die Sozialgesetzgebung bereits auf mehreren Ausstellungen. Auf der größten Berliner Gewerbeausstellung im Jahr 1896 war eine Einheit dem verstorbenen Kaiser Wilhelm I. und der Sozialgesetzgebung gewidmet. Hier stand eine Reiterstatue des ehemaligen Kaisers als »Begründer der deutschen Arbeiterversicherung« inmitten großer Tafeln, auf denen die Ausgaben der Sozialgesetzgebung zu lesen waren. Die Statue trug die Inschrift: »Sieger wie keiner zuvor,/dem mächtigen Gegner ein Schrecken/Hier im friedlichen Werk lebt er den Schwächsten ein Freund.«[38]

Ein weiteres Beispiel ist ein Obelisk, den das Deutsche Reich im Jahr 1900 auf der Pariser Weltausstellung und zwei Jahre später auf der *Industrie- und Gewerbeausstellung Düsseldorf* präsentierte. Das Gewicht des Obelisken entsprach dabei der Menge an Gold, die für die Arbeiterversicherung bereits ausgegeben wurde. Der Obelisk war in drei Teile aufgeteilt. Diese deuteten auf die jeweiligen Anteile hin, die von Arbeitnehmern, Unternehmern und der kaiserlichen Regierung in die Arbeiterversicherung eingezahlt wurden.[39] Auch andere Länder nutzten die Ausstellung als Medium zur Präsentation ihrer sozialpolitischen Errungenschaften. Auf der Weltausstellung in Paris 1867 präsentierte Kaiser Napoleon III. den Entwurf für ein Arbeiterhaus, für den er die Große Preismedaille der Ausstellung entgegennahm. Die Aktion stand im Rahmen eines größeren französischen Reformprojekts, »das auf einen Ausgleich der Klassengegensätze ›von oben‹ zielte.«[40]

---

35 Ebd., S. 213 ff.
36 Poser, Gefahren, 1998, S. 232.
37 Poser, Sozialmuseen, in: TechnikG, 67 (2000) ??, S. 205-224, hier: S. 213.
38 Gottfried Stoffers, Die Industrie- und Gewerbe-Ausstellung für Rheinland, Westfalen und benachbarte Bezirke verbunden mit einer deutsch-nationalen Kunst-Ausstellung in Düsseldorf 1902, Düsseldorf 1903, S. 319, zit. n. Großbölting, Reich der Arbeit, 2008, S. 331.
39 Großbölting, Reich der Arbeit, 2008, S. 331.
40 Kretschmer, Weltausstellungen, 1999, S. 81.

Zugleich wurden im Kaiserreich temporäre Ausstellungen zum Thema Arbeitsschutz gezeigt. Hier war vor allem die *Deutsche Allgemeine Ausstellung für Unfallverhütung* 1889 in Berlin prägend für die zeitgenössische Ausstellungslandschaft. Zu deren Eröffnung betonte Kaiser Wilhelm II. die Motivation hinter der Ausstellung mit folgenden Worten: »Es käme überhaupt darauf an, den Arbeitern die Überzeugung zu verschaffen, dass sie ein gleichberechtigter Stand seien [...]; nur dann würde es gelingen, sie der Sozialdemokratie zu entfremden.«[41] Der eingangs zitierte Bismarck sprach von derselben Ausstellung als »Mittel [...], die Fürsorge für die Arbeiter zu fördern und denselben durch Augenschein darzutun, dass ihr Wohl den Arbeitgebern am Herzen liegt.«[42] Hier wird explizit der politische Kampf gegen die aufstrebende Sozialdemokratie als Motiv der Arbeitsschutzausstellung genannt. Der Arbeiter sollte überzeugt werden, dass die Unternehmer und der Staat sich für deren Interessen einsetzten. Die Regierung suchte hiermit offensichtlich nach einer Möglichkeit, attraktiver für die Arbeiterschaft zu werden. Dies entspricht dem von Poser herausgearbeiteten Motiv, soziale Spannungen abzubauen. Gleichzeitig legitimierte sich die Regierung durch ihre demonstrierte Fürsorge. Es sollte vermittelt werden, dass die Arbeiterschaft die Sozialdemokratie nun nicht mehr benötige.

Die *Deutsche Allgemeine Ausstellung für Unfallverhütung* wurde in sechs Monaten Laufzeit von mehr als einer Million Menschen besucht.[43] Diesen Zulauf an Besuchern erklärt sich Paul Bertheau wie folgt: Die Ausstellung »fand durch die Arbeiterversicherungsgesetze in ganz Deutschland einen über Erwarten gut vorbereiteten Boden vor.«[44] Aus diesem Grunde begannen bald darauf die Überlegungen zu einer permanenten Ausstellung. Der preußische Minister der geistlichen Unterrichts- und Medizinalangelegenheiten beauftragte 1890 Regierungsrat Reichel im Reichsversicherungsamt, eine Denkschrift zur Gründung eines Museums zu verfassen. Die Kosten hierfür wurden mit dem Hinweis auf die Ersparnisse durch die Verringerung von Arbeitsunfällen gerechtfertigt. Als weitere Begründung wurde genannt: »für eine erfolgreiche Betätigung auf dem Gebiete der Arbeiter-, Unfall- und Krankheitsverhütung sowie der Arbeiterwohlfahrt ist die Kenntnis der vorhandenen verwertbaren Schutzvorrichtungen [und] Schutzmaßnahmen [...] eine unerlässliche Vorbedingung.«[45] Allerdings schreckten das Reichsamt des Innern und bei späteren Anträgen auch der Reichstag vor allem vor den Kosten zurück.[46] Positive Erfahrungen im Ausland, die Zuversicht, dass die Industrie potent genug sei, genügend Maschinen kostenfrei zu liefern und die Beharrlichkeit einiger Akteure im Reichstag führten

---

41 Vorstand, Ausstellung für Unfallverhütung, 1890, S. XIV.
42 Ebd., S. XIII.
43 Poser, Sozialmuseen, in: TechnikG, 67 (2000), S. 205-224, hier: S. 208.
44 Paul Bertheau, Die Abteilung Unfallverhütung im Deutschen Arbeitsschutzmuseum, Berlin 1928, S. 12.
45 Bertheau, Arbeitsschutzmuseum, 1928, S. 13.
46 Ebd., S. 15 ff.

dennoch schließlich 1900 zu dem Beschluss, eine Ausstellung zu errichten. Dabei, so betonte Bertheau, sei das Reich als »neutrale Stelle« der ideale Ausstellungsmacher und das Reichsamt des Innern besonders geeignet: »[...] durch seine Verbindung mit den Länderverwaltungen [hat es] die nötige Fühlung mit der Gewerbeaufsicht [...], um zu erfahren, wo nachahmenswerte Einrichtungen zur Verhütung von Gefahren für Leben und Gesundheit vorhanden seien.«[47]

Schon in der Anfangszeit der Ausstellung wurde ein Beirat gegründet, der die Verwaltung und Leitung des Museums beraten sollte. Dieser setzte sich 1902 aus Vertretern der Reichs- und Länderregierungen, der Berufsgenossenschaften und der Industrie zusammen.[48]

Die Entstehung der *Ständigen Ausstellung* zeigt, dass politische Akteure aus dem Reichsamt des Innern die Ausstellung als geeignetes Medium ansahen, den Unfallschutz an den Arbeiter zu bringen. Erfahrungen mit Ausstellungen im Inland und Sozialmuseen im Ausland überzeugten die kaiserliche Regierung, diese Einrichtung zu eröffnen. Dabei wurde betont, dass die Rolle des Reichs bei der Gestaltung der Inhalte gering sei. So äußerte Oberregierungsrat Werner aus dem Reichsamt des Innern bei der Eröffnungsrede: »Nicht um eine Ausstellung des Reichs sollte es sich handeln, sondern um eine unter der Leitung des Reichs von Erfindern und Fabrikanten veranstaltete Ausstellung.«[49] Das Kaiserreich stellte sich selbst als Akteur in den Hintergrund.

4 Kaiserreich

Die *Ständige Ausstellung für Arbeiterwohlfahrt* wurde 1903 in Berlin-Charlottenburg eröffnet. Die imposante Architektur des eigens dafür errichteten Ausstellungsgebäudes beherbergte zu Beginn 31 Ausstellungsgruppen zu den Themen Unfallverhütung, Gewerbehygiene und Soziale Wohlfahrtseinrichtungen, wobei Gewerbehygiene als »ein Sammelbegriff für allgemeine Arbeitssicherheitsmaßnahmen«[50] definiert wurde. Soziale Wohlfahrtseinrichtungen oder Arbeiterwohlfahrt kann man als heutige betriebliche Sozialleistungen verstehen, wobei die zu der Zeit von den Industriellen intendierte »soziale Kontrolle« zu beachten ist.[51] Abbildung 1 zeigt die große Mittelhalle im Gründungsjahr der Ausstellung. Es ist gut zu erkennen, dass die Halle gefüllt war mit Exponaten und Maschinen.

---

47 Ebd., S. 17.
48 Ebd., S. 49.
49 Zit. n. Karin Kaudelka-Hanisch, Hundert Jahre für den Arbeitsschutz, in: Gerhard Kilger/Ulrich Zumdick (Hg.), Mensch, Arbeit, Technik. Katalog zur Deutschen Arbeitsschutzausstellung, Köln 1993, S. 74-83, hier: S. 78-81.
50 Poser, Gefahren, 1998, S. 28.
51 Ebd., S. 32.

Abb. 1 Die Mittelhalle der Ständigen Ausstellung für Arbeiterwohlfahrt im Jahre 1903, aus: Bertheau, Arbeitsschutzmuseum, 1928, S. 24.

Carl Bittmann, Beiratsmitglied der Ausstellung, grenzt diese von Museen ab:

»So wird den Besucher [...] nicht die feierliche Stille eines Museums umfangen, in dem ihm wertvolle Dokumente menschlichen Geistes aus vergangener Zeit gezeigt werden, sondern das Geräusch der Transmissionen, das Surren der Räder wird an sein Ohr klingen, die Musik, die alles übertönend, in tausend und abertausend Betrieben die gewerblichen Arbeiten begleitet.«[52]

Auch der Geheime Oberregierungsrat Werner aus dem Reichsamt des Innern betonte bei der Eröffnungsrede: »[...] nicht ein Museum toter Gegenstände sollte geschaffen werden, sondern eine Ausstellung voll Leben und Bewegung.«[53]

Auf einer Fläche von anfangs 2.400 m² konnten 120 zum Teil betriebsfähige, von Vorführern betriebene Maschinen gezeigt werden.[54]

Den Schwerpunkt der Ausstellung bildete die Unfallverhütung. Hier stellten Firmen ihre Maschinen und Gerätschaften kostenlos zur Verfügung. Es wurden hauptsächlich Geräte mit nachträglich eingebauten Schutzvorrichtungen gezeigt, die den Arbeiter vor

---

52 Bittmann, Arbeiterreise, 1904, S. 10.
53 Zit. n. Kaudelka-Hanisch, Arbeitsschutz, 1993, S. 81.
54 Poser, Sozialmuseen, in: TechnikG, 67 (2000), S. 205-224, hier: S. 209.

seinem eigenen, unbedachten Verhalten schützen sollten.[55] Dieses Denken entsprach der damals auf offizieller Seite vorherrschenden sogenannten »Unfällertheorie«[56], die davon ausging, dass der Mensch sich der Maschine anpassen müsse und Verletzungen oder Unfälle nur durch Unachtsamkeit des Menschen auftraten. Damit wurden Unfälle zum Ergebnis individuellen Fehlverhaltens deklariert, während das staatliche Handeln sich auf Mahnung und patriarchalische Fürsorge zu richten schien. Die Hersteller verpflichteten sich bei nachlassender Aktualität dazu, ihre ausgestellten Gerätschaften wieder zurückzunehmen, sodass in der Anfangszeit ein Großteil der Exponate nicht im Besitz des Hauses war. Dieses System mit dem Charakter einer Messe veränderte sich jedoch, da die Praktikabilität der Maschinen oft nicht geprüft werden konnte und das Angebot ständig neuer Exponate gering war. Die Ausstellung selbst war multimedial: Fotografien, Modelle, Zeichnungen und auch Filme wurden eingesetzt.[57] Vorführer übernahmen die direkte Kommunikation und Infoblätter wurden zum Mitnehmen angefertigt.[58] Ein Beispiel für ein imposantes Modell als Blickfang war ein überdimensionaler Steinbruch, welcher sehr anschaulich vier verschiedene Gesteinsarten und deren Abbaumethode zeigte.[59]

Im Bereich Gewerbehygiene ging es um Sozialräume für die Arbeitenden, verdeutlicht durch die Ausstellungsgruppen zu Wasch- und Badeeinrichtungen oder Ankleide- und Speiseräumen. Aber auch Gruppen zu Lebensbedingungen wie »Einrichtung zur Lüftung und Freihaltung der Arbeitsräume von Staub und Gasen«[60] oder zur Verhütung von Berufskrankheiten gehörten zur Ausstellung. Zu deren Verdeutlichung dienten Wachsmodelle von Krankheiten. In der letzten und kleinsten Abteilung zu den Wohlfahrtseinrichtungen waren Themen wie »Wohnungswesen, Ernährung, Spareinrichtungen, Versicherungswesen, Lehrlingswesen, Fachschulen, Fortbildungsschulen, Haushaltsschulen, [oder] Kinderhorte« ausgestellt.[61]

Die Nutzung der Ausstellung zur Verbreitung politischer Botschaften zeigte sich auch im Ersten Weltkrieg. Ende 1915 wurde zusammen mit der Prüfstelle für Ersatzglieder eine »Versuchsstelle und die Werkstätten für Ersatzglieder eingerichtet.«[62] Die Themen dieser neuen Ausstellung waren die Versorgung in Lazaretten, Heilanstalten

---

55 Fred Hood, Sinnreiche Maschinen im Museum für Arbeiterwohlfahrt in Berlin, in: Zeitschrift für Gewerbe-Hygiene, Unfallverhütung und Arbeiterwohlfahrtseinrichtungen, 10 (1903), S. 349-351, hier: S. 350.
56 Bundesanstalt für Arbeitsschutz, Deutsche Arbeitsschutzausstellung. Gesamtkonzeption, [unveröff.] 1990, S. 21.
57 Poser, Sozialmuseen, in: TechnikG, 67 (2000), S. 205-224, hier: S. 209.
58 Kaudelka-Hanisch, Arbeitsschutz, 1993, S. 81.
59 Die Ständige Ausstellung für Arbeiterwohlfahrt. Ein Überblick über die Entstehung, Einrichtung und Bestrebungen nebst Bericht über die Tätigkeit vom 1. Januar 1911 bis 31. Dezember 1911, Berlin 1912, S. 45.
60 Die Ständige Ausstellung für Arbeiterwohlfahrt, 1912, S. 18.
61 Bertheau, Arbeitsschutzmuseum, 1928, S. 22.
62 Ebd., S. 34.

und auch die Reintegration von Kriegsversehrten. Poser erkennt hier, dass die Prothesenausstellung in der Kriegszeit »zur Akzeptanz kriegsbedingter Leiden beitragen« und als »Motor zur Reintegration« dienen sollte.[63]

5 Weimarer Republik

Die durch die Kriegsindustrie bedingte Demontage der Geräte und der Abzug von Personal hatten die Ausstellung in einen desolaten Zustand versetzt, der eine inhaltliche und bauliche Neugestaltung notwendig machte. Bereits vor dem Krieg waren inhaltliche Umstrukturierungen geplant und zum Teil auch umgesetzt worden. So hatte etwa die Fluktuation der Exponate abgenommen. Beeinflusst wurde die *Ständige Ausstellung* in dieser Entwicklung von der *Internationalen Hygiene-Ausstellung* Dresden 1911, initiiert vom Odol-Fabrikanten Karl August Lingner.[64] Diese wurde in ihrer neuen didaktischen Vorgehensweise in der Vermittlung von Hygienethemen als Maßstab für die Konzeption von Sozialmuseen genommen. Neu war, dass die Exponate in den Rahmen eines übergreifenden Gesamtkonzepts gestellt wurden. Die Ausstellung als »Medium der Wissensvermittlung« wurde so in ihrem Zweck der Kommunikation von bestimmten Themen optimiert.[65] Dies erkannten auch die Verantwortlichen der *Ständigen Ausstellung*, das Einsetzen des Ersten Weltkrieges verhinderte jedoch zunächst die Umbaumaßnahmen.

Ein weiterer Grund für die Umgestaltung ist der politische Bruch zum Kaiserreich. Die Ausstellung war nun dem neugegründeten Reichsarbeitsministerium unterstellt. Stand im Kaiserreich noch der politische Kurs gegen die Sozialdemokratie im Mittelpunkt, hatte sich dieser mit der Gründung der Republik und dem sozialdemokratischen Reichspräsidenten Friedrich Ebert erübrigt. So schufen die Berufsgenossenschaften mit der Gründung der Zentralstelle für Unfallverhütung eine Zentrale für den Arbeitsschutz.[66] Doch auch die neuen Regierungsparteien erkannten die Bedeutung und die Reichweite der Ausstellung. Bertheau hält fest:

> »Die Umstellung der Kriegsindustrie auf die Friedensbedürfnisse, die Wiedereinreihung der zurückkehrenden Mannschaften in die Betriebe und die Versorgung der Kriegsbeschädigten stellten die sozialen Fragen in den Vordergrund, und im Rahmen dieser Fragen wurde auch der Ständigen Ausstellung [...] wieder ein großes Interesse entgegengebracht.«[67]

---

63 Poser, Gefahren, 1998, S. 129.
64 Ebd., S. 139.
65 Ebd., S. 156.
66 Bertheau, Arbeitsschutzmuseum, 1928, S. 35.
67 Ebd., S. 35.

Wurde unmittelbar nach dem Krieg nur das Notwendigste instand gesetzt, so konnte die Neugestaltung schließlich nach der Inflation ab 1924 beginnen.[68]

Der Staatssekretär des Reichsarbeitsministeriums Geib betonte 1928 in seinem Geleitwort zum neu benannten *Deutschen Arbeitsschutz-Museum* die politische Akzentverschiebung. Das *Arbeitsschutz-Museum* existiere, »um seine Pflicht dem deutschen Volke zu erfüllen und die alte Achtung vor der sozialen Arbeit Deutschlands in aller Welt zu erhalten.« Er wünschte sich weiterhin, dass die Ausstellung eine »Stätte friedlicher Zusammenarbeit aller Beteiligten«[69] werden sollte. Poser erkennt hier: »Die Ausstellung sollte die Fähigkeit Deutschlands zeigen, Industrialisierung und sozialen Frieden miteinander zu verbinden.« Das Ziel war es, durch die Repräsentation innerer Stabilität ein positives Image des Landes nach außen aufzubauen.[70] Mit Verschiebung der Zuständigkeit war die Ausstellung nicht mehr auf innenpolitische Ziele zur Erziehung der Arbeitnehmer beschränkt. Stattdessen stellte das Reichsarbeitsministerium die Ausstellung unter das Banner der in den 1920er-Jahren vorherrschenden Außenpolitik, die deutsche Republik als Aushängeschild in Sachen Unfallschutz zu präsentieren. Die Ausstellung sollte Signale nach außen senden, statt ins Innere der neuen Republik. In diesem Zusammenhang steht auch die Umbenennung der Ausstellung in *Deutsches Arbeitsschutz-Museum*. Poser weist darauf hin, dass sich der zuvor verwendete Begriff der Arbeiterwohlfahrt im Laufe der Jahre gewandelt hatte und nicht mehr klar zu definieren war.[71]

Der erste Grundsatz der Neugestaltung lautete:

> »Das Interesse der Allgemeinheit für den Arbeiterschutz soll in höherem Maße als bisher geweckt werden, indem auch der nicht unmittelbar Beteiligte Aufklärung über viele ihn im täglichen Leben berührende Fragen der Unfallverhütung und des Gesundheitsschutzes findet.«[72]

Daraus resultierte eine Stärkung der Themen, die den Menschen allgemein und seine Gesundheit betrafen. Infolgedessen erweiterte sich der Kreis potenzieller Interessenten, was sich auch in den höheren Besucherzahlen niederschlug.[73] Als neue Besuchergruppen werden neben der Hauptgruppe der »Fach-, Berufs- und Werksschulen« und den »Organisationen der Arbeitnehmer« auch Ärzte und Teilnehmer an hygienischen Lehrgängen genannt. Zudem besuchten mehr Frauen, Unternehmer und Betriebsleiter die Ausstellung.[74] Die Anzahl der Ausstellungsgruppen wurde erweitert, eine

---

68 Ebd., S. 37.
69 Bertheau, Arbeitsschutzmuseum, 1928, S. 6.
70 Poser, Gefahren, 1998, S. 138.
71 Ebd., S. 33.
72 Deutsches Arbeitsschutzmuseum, Entwicklung, 1927, S. 6.
73 Poser, Gefahren, 1998, S. 131.
74 Deutsches Arbeitsschutzmuseum, Entwicklung, 1927, S. 8.

Abb. 2 Elektrizität im Hause, ca. 1930, aus: Archiv DASA Arbeitswelt Ausstellung Dortmund.

Neuheit war etwa die Gruppe Säuglingspflege oder die in Abbildung 2 zu sehende Einheit mit dem Titel »Elektrizität im Hause«. Hier ist auf den Plakaten an den Wänden die übliche didaktische Methode zu erkennen, richtiges und falsches Handeln visuell gegenüberzustellen (☞ siehe Abb. 2).

Neu hinzugefügt wurden in der Weimarer Republik zudem auf den Menschen zentrierte Themen der Arbeit wie Berufsberatung oder Berufseignung.[75] Der Themenbereich der Sozialen Wohlfahrtseinrichtungen fiel vollständig weg. Stattdessen wurden ein Lehrbergwerk, eine Schweißerei und ein Aufzugsturm als weitere Highlights gezeigt.[76] Einen neuen Bestand an Exponaten brachte die Auflösung des *Hygiene-Museums* der Allgemeinen Elektrizitätsgesellschaft (AEG) Anfang der 1920er-Jahre.[77]

Diese Innenansicht von circa 1930 dokumentiert den Umbau der 1920er-Jahre (☞ siehe Abb. 3, S. 204). Es sind deutliche Unterschiede in der Ausstellungsarchitektur zu erkennen: Kojen wurden eingebaut, um die Wandfläche zu vergrößern und um kleinere Räume zu schaffen. Der Anteil der Maschinen hat sich deutlich verringert.

---

75 Poser, Gefahren, 1998, S. 132.
76 Deutsches Arbeitsschutzmuseum, Entwicklung, 1927, S. 31.
77 Poser, Gefahren, 1998, S. 131.

Abb. 3 Mittelhalle ca. 1930, aus: Archiv DASA Arbeitswelt Ausstellung Dortmund.

Im politischen Wechsel zur Diktatur des Nationalsozialismus blieb das *Deutsche Arbeitsschutz-Museum* im Unterschied zum 1913 in Dresden gegründeten *Deutschen Hygiene-Museum* zunächst unverändert und wurde nicht für nationalsozialistische Themen wie die Rassenideologie genutzt.[78] Die Konzeption der Weimarer Republik konnte anfänglich fortgeführt werden. Erst mit dem Kriegsgeschehen rückte das *Arbeitsschutz-Museum* politisch wieder in den Fokus. 1939 wurde es umbenannt in *Reichsstelle für Arbeitsschutz*. Gleichzeitig verschob sich die Thematik analog zur Zeit des Ersten Weltkrieges zugunsten kriegsrelevanter Inhalte. So gab es Ausstellungen zu Frauen in der Rüstungsindustrie oder über die Luftschutzausbildung.[79] Aufgrund der geringen Veränderung der Ausstellung durch politische Akteure wird in der abschließenden Zusammenfassung hauptsächlich das Geschehen der Ausstellung vor 1933 berücksichtigt.

---

78 Poser, Gefahren, 1998, S. 150.
79 Ebd., S. 132.

6 Rezeption

Von Beginn an wurden Ausstellungsreisen zur *Ständigen Ausstellung* aus dem gesamten Reich organisiert. Die Rheinisch-Westfälische Hütten- und Walzwerks Berufsgenossenschaft etwa schickte allein über 100 Gesandte im Jahr 1911 nach Berlin, darunter Meister, Arbeiter und Ingenieure.[80] Zu einer der ersten Ausstellungsreisen wurde eine Publikation veröffentlicht: Im Jahr 1904, ein Jahr nach der Gründung der Ausstellung, erschien »Eine Arbeiterreise«. Dieses Werk, aus dem das Eingangszitat stammt, berichtet von der gemeinsamen Fahrt von 77 Arbeitern aus Baden. Eingeladen wurden sie vom bereits erwähnten Beiratsmitglied Bittmann, der die Fahrt organisierte und das Buch publizierte. Auf Anfrage Bittmanns finanzierten das Reichsministerium des Innern, die Landesregierung Badens, die Handelskammer Mannheim und verschiedene Industrielle aus Baden die Fahrt.[81] Die Unternehmen durften ihre Arbeiter und Werksmeister selbst aussuchen.[82] Die von der Fabrikinspektion bezahlten Plätze wurden über Zeitungsanzeigen ausgeschrieben. Die Bewerber wurden so ausgewählt, dass möglichst viele Handwerke aus dem gesamten badischen Gebiet vertreten waren.[83] Dabei sollte auch darauf geachtet werden, dass die Mitreisenden sich politisch weit streuten, sofern dies aus der Bewerbung ersichtlich war. Arbeiterinnen durften nicht teilnehmen.

Die in dem Werk veröffentlichten Meinungen der Arbeiter stehen dem Staat allesamt positiv gegenüber, so heißt es: »Die Ausstellung hat mir den Beweis geliefert, dass man in den Kreisen der Regierung und in den Kreisen der Gelehrten mit allem Ernst bestrebt ist, die Gesundheit der Arbeiter zu schützen in körperlicher wie in hygienischer Beziehung.«[84] Und sogar: »Es ist dies eine Ausstellung, auf die Deutschland tatsächlich stolz sein kann.«[85] Aus der Fülle der positiven Meinungen ergibt sich das offensichtliche Ziel der Reise: Dem Leser sollte vermittelt werden, dass die Botschaft der Ausstellung beim Arbeiter angekommen war. In den Stellungnahmen der Besucher spiegeln sich insofern auch die Intentionen der Betreiber wider: die Förderung einer staatstragenden Gesinnung der Arbeiter. Zudem sollte die Lektüre weitere Arbeiter zur Nachahmung anregen.

Die Präsentation von Vorrichtungen für den Unfallschutz scheint bei den Reisenden allerdings nicht den Wunsch zu wecken, diese unmittelbar für sich selbst zu fordern:

> »Die Ausstellung ist in ihrer ganzen Ausführung so großartig veranlagt und der Gedanke so überwältigend [...]. Wohl werden noch Jahre darüber hingehen, bis

---

80 Die Ständige Ausstellung für Arbeiterwohlfahrt, 1912, S. 26.
81 Bittmann, Arbeiterreise, 1904, S. 1.
82 Ebd., S. 14.
83 Ebd., S. 18.
84 Ebd., S. 77.
85 Ebd., S. 79.

dies alles verwirklicht wird, ja vielleicht erst eine spätere Generation wird all dieser Segnungen teilhaftig werden, aber das Gute bricht sich sicher auch hier Bahn.«[86]

Die Vorführung der Maschinen schien demnach nicht die für ihre Arbeitgeber unangenehmen Forderungen nach Verbesserungen der hauseigenen Arbeitsschutzmaßnahmen hervorzurufen. Die ablehnende Haltung eines Unternehmers gegenüber der Teilnahme seiner Arbeiter spiegelt diesen Aspekt wider. Schließlich würden den Arbeitern in Berlin Dinge gezeigt werden, die nie Realität für sie sein würden, und die Reise würde lediglich »Begehrlichkeiten« wecken.[87]

7 Zusammenfassung

Die *Ständige Ausstellung für Arbeiterwohlfahrt* war eine von staatlicher Seite angelegte Einrichtung als Ergänzung zu deren Maßnahmen zum Unfallschutz, um die Menschen auf Möglichkeiten und Leistungen der Industrie und des Staates aufmerksam zu machen. Industrie- und Gewerbeausstellungen des 19. Jahrhunderts generierten eine besondere Form von Erlebnis durch bahnbrechende Technik im ungebremsten Fortschrittsglauben. Maschinen fesselten die Aufmerksamkeit, lenkten sie auf die großen oder besonderen Details und fungierten gleichzeitig als Symbol für Leistung und Fortschritt. Durch das Empfinden, etwas Besonderes zu erleben, waren und sind Ausstellungen in der Lage, unterhaltsam Botschaften zu vermitteln. In ihrer Eigenschaft als erfolgreichstes Massenmedium der Zeit boten sie sich als Repräsentationsmedium für Regierungen an. Die Protagonisten selbst waren nicht Teil dieser beschönigten Darstellung von Arbeit. Stattdessen sollte die heile, sterile Arbeitswelt dem Besucher Fortschritte im Bereich des Arbeitsschutzes suggerieren und die Identifikation mit dem Staat befördern.

Zusammengefasst finden sich folgende Ziele, die das kaiserliche Reichsinnenministerium mit der Nutzung des Mediums Ausstellung verfolgt hatte: Zum einen war sie eine dauerhafte Plattform zur Legitimation des Staates durch dessen Fürsorgeleistungen. Zum anderen wurde die Ausstellung als Leistungsschau für wirtschaftliche und staatliche Errungenschaften national wie international genutzt. Zu guter Letzt wollte diese Ausstellung auch aus finanziellen Gründen in die Gegenwart eingreifen und das Arbeitsverhalten beeinflussen, um Unfälle zu vermeiden. Statt weiterer Sozialgesetze wie zum Beispiel Arbeitsschutzregelungen oder Pausenzeiten, die den Unfallschutz konkret verbessert hätten, repräsentierte und profilierte sich die kaiserliche Regierung mit dieser Ausstellung.

---

86 Ebd., S. 80.
87 Ebd., S. 15.

Mit dem politischen Wechsel der Weimarer Republik rückte der Mensch in dem nunmehr umbenannten *Deutschen Arbeitsschutzmuseum* in den Mittelpunkt, der Messecharakter verschwand, der Kreis der Besucher erweiterte sich. In der Weimarer Zeit diente die Ausstellung unter dem Reichsarbeitsministerium weniger der eigenen Legitimation, sondern zur Darstellung auf internationalem Parkett. Das ausgeprägte politische Engagement für die Arbeitersituation machte die ursprüngliche Intention der Ausstellung durch die kaiserliche Regierung unzeitgemäß. An der veränderten Konzeption nach dem Ersten Weltkrieg ließ sich der politisch motivierte Einfluss der Nutzung der Ausstellung durch deren Macher erkennen. Die Verwendung der Ausstellung zur kriegspolitischen Propaganda sowohl im Ersten als auch im Zweiten Weltkrieg unterstrich die Funktion der Ausstellung als politisches Kommunikationsmedium. Die Themen Arbeit und Arbeitsschutz erwiesen sich als besonders geeignet für diesen Rahmen.

Die Ausstellungskonzeption stellte eine wichtige Überlegung in der Präsentation von Arbeit zur Kommunikation von politischem Willen dar. Das Thema Arbeit musste in die seit Jahrzehnten bewährte Generierung von Erlebnissen in Industrie- und Gewerbeausstellungen übersetzt werden. Die konzeptionelle Änderung der Ausstellung unter dem Einfluss der *Hygiene-Ausstellung* wirkte sich positiv auf die Erreichbarkeit der Ausstellung aus. Die Erzeugung eines Erlebnisses durch Blickfänger des in der Tradition der Weltausstellungen stehenden Sozialmuseums ist elementar wichtig für die Kommunikation von Arbeit, da es der Ausstellung besonders im Falle des Arbeitsschutzes darum geht, positiv aufgenommen zu werden, direkt in die Gegenwart einzugreifen und weniger darum, kulturelles Erbe im Sinne musealen Sammelns zu bewahren. Der Besucher sollte mit der Botschaft nach Hause gehen, vorsichtiger im Arbeitsalltag zu sein und Regierung und Industrie als Wohltäter in Erinnerung zu behalten.

Die Frage der damaligen Rezeption lässt sich nicht anhand einer einzigen Publikation mit Besuchermeinungen von Arbeitern beantworten. In der Arbeiterreise gibt es keinen Hinweis darauf, dass eines der Ziele des Sozialmuseums, namentlich die Verbesserung der aktuellen Arbeitsschutzbedingungen, erreicht wurde und die Arbeiter ihre konkrete Arbeitssituation verbessern wollten. Somit bleibt die Rezeption sehr viel offener, als sie vielleicht intendiert war.

8 Ausblick

Im Laufe des Zweiten Weltkrieges wurden die Exponate der Ausstellung zur Verwendung in der Kriegswirtschaft demontiert und der Rest 1944 durch Bombenangriffe fast vollständig zerstört. Der Bau steht heute unter Denkmalschutz und wurde in den 1990er-Jahren renoviert. Sozialmuseen waren entsprechend ihrer Fokussierung auf Gegenwart und Zukunft in ihrer Funktion und Konzeption ein Kind ihrer Zeit. Die meisten verschwanden bis zur Mitte des 20. Jahrhunderts, da der Themenkomplex in Verbindung mit politischer Legitimation an Bedeutung verlor. Neben dem *Deutschen Hygiene-Museum*, das sich mit seinem didaktischen Konzept den veränderten Anforderungen anpassen konnte, existiert heute lediglich die Arbeitsschutzausstellung im Bayerischen Landesamt für Arbeitsschutz, Arbeitsmedizin und Sicherheitstechnik mit unveränderter Konzeption in Deutschland.[88]

Auch in der Gegenwart agieren Landesregierungen und Bundesregierungen (gewöhnlich über Stiftungen des öffentlichen Rechts) als Ausstellungsmacher, meist in Form von Museen. Die Traditionslinie der *Ständigen Ausstellung für Arbeiterwohlfahrt* wurde Ende des 20. Jahrhunderts mit der Gründung der *DASA – Arbeitswelt Ausstellung* in Dortmund wieder aufgegriffen. Die DASA wurde 1993 als Teil der Bundesanstalt für Arbeitsschutz und Arbeitsmedizin (BAuA) eröffnet. Diese ist eine Ressortforschungseinrichtung im Geschäftsbereich des Bundesministeriums für Arbeit und Soziales. Demnach ist die DASA ähnlich dem *Arbeitsschutz-Museum* der Weimarer Republik dem Arbeitsministerium unterstellt.

Die Funktion der DASA unterscheidet sich von ihren Vorgängern. In ihrer Konzeption von 1990 ist festgelegt, dass sie »ein zusätzliches Instrument der Umsetzung des Arbeitsschutzgedankens« sei, »das mit der Methode der Ausstellung weite Bevölkerungskreise ansprechen will.«[89] Im Errichtungserlass der DASA ist als Aufgabe festgelegt, »die Öffentlichkeit über die Arbeitswelt, ihren Stellenwert für Individuum und Gesellschaft sowie über die Bedeutung menschengerechter Gestaltung der Arbeit« zu informieren.[90]

Die DASA betrachtet themenübergreifend das Zusammenspiel von Mensch, Arbeit und Technik. Die Ausstellungen im Untergeschoss wenden sich Arbeitsschutzproblemen wie Zeitdruck, Stress oder Belastungen durch Staub oder Hitze zu. Dabei sind die Ausstellungseinheiten nicht nach Branchen definiert, sondern heißen stattdessen Im *Takt der Maschine* oder *Am Bildschirm*. Das Obergeschoss widmet sich dagegen dem Menschen und seinen Bedürfnissen, auf welche die Arbeitsumgebung und die Technik angepasst werden müssen. Hier gibt es Ausstellungen wie *Lebensraum Arbeitswelt*. Inhaltlich erhebt die DASA den Anspruch, keine »abschreckenden Darstellungen« oder den »erhobenen Zeigefinger« zu verwenden. Stattdessen soll »das Positive, das Schöne, das Leitbildhafte, das Erlebbare, Faszination und Begeisterung«[91] erfahrbar sein. Damit nutzt die BAuA das Medium Ausstellung in veränderter Form, als das am Anfang des 20. Jahrhunderts in Berlin geschah. Das Ziel

---

88 Poser, Gefahren, 1998, S. 217.
89 Bundesanstalt für Arbeitsschutz, Deutsche Arbeitsschutzausstellung. Gesamtkonzeption, [unveröff.] 1990, S. 3.
90 BAuA, Was ist die DASA?, https://www.dasa-dortmund.de/ueber-die-dasa/was-ist-die-dasa/ (eingesehen am 15.12.2017).
91 Gerhard Kilger, Das Konzept der DASA, in: Verein der Freunde und Förderer der deutschen Arbeitsschutzausstellungen (Hg.), … voll Leben und Bewegung: einhundert Jahre deutsche

ist es heute, positive Assoziationen wie Spaß mit dem Thema zu erzeugen, etwa durch das DASA-Drom, das ähnlich wie eine Geisterbahn durch eine Lagerhalle fährt.[92]

Die noch vom kaiserlichen Innenministerium intendierte Legitimation der Regierung durch die Präsentation von Arbeit tritt in den Hintergrund. Das beruht auch auf der Tatsache, dass man sich heute der Vielschichtigkeit und Komplexität der Ausstellungsrezeption bewusst ist. Konkrete Inhalte zu vermitteln verläuft indirekt und wenig steuerbar. Die Rezeption durch den Besucher ist nicht nachvollziehbar und somit ist eine unmittelbare Einflussnahme der Ausstellungsmacher auf deren Erkenntnisse bei der Kommunikation von Arbeit nicht möglich.

Stattdessen fokussiert man auf eine Bewusstseinsbildung für den Arbeitsschutzgedanken. Die von Aumann und Duerr anfangs aufgegriffene Beobachtung, dass keine »linear-kausale Inszenierung«[93] in Ausstellungen möglich sei, spiegelt sich hier wider. Die Wahrnehmung der Inszenierung ist nicht steuerbar, sondern bleibt innerhalb bestimmter, aber durchaus weiter Grenzen offen. Mit Erkenntnissen über die Ausstellung und deren Rezeption hat sich der Nutzen dieses Mediums für die Bundesregierung verändert. Eine »regierungsamtliche« Indoktrination des Publikums würde wahrscheinlich weder von den Besuchern noch von einer kritischen Öffentlichkeit akzeptiert werden; entsprechende Vorwürfe finden in den Bewertungen zum Beispiel im Rahmen von Besucherbefragungen keinen Anhalt. Diese spiegeln vielmehr ein gesteigertes Interesse gerade von Schulklassen wider, die etwas mehr als die Hälfte der etwa 200.000 jährlichen Besucher der DASA stellen. Die übrigen Besuche lassen sich den Freizeitaktivitäten (Familien und Kleingruppen) zuordnen. Die Fachbesucher, die aus beruflichem Interesse kommen, spielen dagegen eine untergeordnete Rolle. Insofern hat sich das Publikum von dem ursprünglich angedachten Zielpublikum entfernt. Damit stehen für die Besucher auch weniger Fachinformationen im Mittelpunkt, sondern eher ein unspezifisches Interesse an der modernen Arbeitswelt, verbunden mit dem Wunsch, Unterhaltung und Zerstreuung zu finden. Die Einbindung der DASA in museale Großevents wie die *Nacht der Museen* oder die *ExtraSchicht* der Ruhrgebiet Tourismus GmbH trägt dieser Beobachtung Rechenschaft.

Am Beispiel der *Ständigen Ausstellung*, der Verbindung von Didaktik und Legitimation des Staates mithilfe der Repräsentation von Arbeit, erkennen wir heute eine problematische Konstellation. Was ist die Relevanz dieser problematischen Verbindung für unsere heutige Zeit? Inwiefern werden Ausstellungen heute noch als Repräsentationsmedium von regierenden Akteuren genutzt? Diese Fragen sind besonders vor dem Hintergrund interessant, dass Museen und Ausstellungen trotz Kommerzialisierung und erlebnisgenerierender Ausrichtung im Vergleich zu anderen Medien

---

Arbeitsschutzausstellungen; zehn Jahre deutsche Arbeitsschutzausstellung, Dortmund 2003, S. 24-27, hier: S. 25.
92 Kilger, Konzept, in: Verein der Freunde und Förderer (Hg.), 2003, S. 24-27, S. 26.
93 Aumann/Duerr, Ausstellungen, 2013, S. 36.

immer noch als sehr vertrauenswürdig wahrgenommen werden. Nichtsdestoweniger stellen Ausstellungen immer eine subjektive Meinung ihres Kurators und indirekt auch ihres finanziellen Trägers dar.

V

Visuelle Repräsentationen

Agneta Jilek

Abgesang auf die Helden: Repräsentationen des arbeitenden Menschen auf den Porträtfotoschauen der DDR (1971–1986)

Die Arbeiterklasse erhielt in der DDR den obersten Rang innerhalb der Klassenhierarchie. Aus dieser gesellschaftsprägenden Bedeutung heraus wurde der Arbeiter zu einer zentralen künstlerischen Figur stilisiert, die das politische System der DDR nach innen und außen repräsentieren sollte. Die geforderten und geförderten Arbeiterporträts unterlagen in der Fotografie analog zum politischen und gesellschaftlichen Wandel in der DDR einem permanenten Veränderungsprozess: Zum einen wurden die affirmativen Bilder typisierter Helden der ersten beiden Jahrzehnte in den 1970er- und 1980er-Jahren von Darstellungen individualisierter Arbeiter abgelöst. Zum anderen dekonstruierten die neuen »Bilder der Ebene«[1] das ursprüngliche Bild der heroischen Arbeiterfigur, indem sie auch Erschöpfungszustände darstellten.[2]

In diesem Aufsatz[3] frage ich anhand der Porträtfotoschauen der DDR[4] danach, welches Bild des arbeitenden Menschen ab 1971 offiziell in der Fotografie der DDR repräsentiert wurde und damit zeigbar war.[5] Als zentrale Ausstellungen sind sie besonders gut dafür geeignet, die zeitgenössische Entwicklung der Fotografie und den

---

1 Ulrich Burchert, Bilder der Ebene. Bemerkungen zur 2. Porträtfotoschau in Dresden, in: Sonntag, 49 (1981), S. 7. Die Bezeichnung »Bilder der Ebene« leitet sich von einem Zitat Bertold Brechts ab: »Die Mühen der Gebirge liegen hinter uns//Vor uns liegen die Mühen der Ebenen.« In der DDR wurde es zur geflügelten Bezeichnung für die sechziger und siebziger Jahre, in: Bertold Brecht, Wahrnehmung. Werke (1949). Große kommentierte Berliner und Frankfurter Ausgabe. Bd. 15, Gedichte 5, 1993, S. 205.
2 Isabelle de Keghel, Helden im Ausnahmezustand: Die Bildberichterstattung über das Bergwerksunglück in Zwickau, in: Monica Rüthers/Alexandra Köhring (Hg.), Helden am Ende. Erschöpfungszustände in der Kunst des Sozialismus, Frankfurt a. M./New York 2014, S. 97-113, hier: S. 97.
3 Der Aufsatz wurde im Jahr 2014 verfasst.
4 Zwischen 1971 und 1986 fanden, jeweils in Dresden (Glockenspielpavillon des Zwingers) und Berlin (Internationales Ausstellungszentrum), drei Porträtfotoschauen statt, die sowohl Presse- und Amateurfotografie als auch künstlerische Fotografie präsentierten.
5 Die Bezeichnung schließt an das Konzept der Bild-Diskurs-Analyse an, das die diskurstheoretischen Überlegungen Foucaults auf das Visuelle überträgt und danach fragt, was in einem bestimmten Zeitraum zeigbar war und welche Funktion Bilder in ihren jeweiligen Kontexten hatten. Siehe dazu: Susann Fegter, Die Macht der Bilder. Photographien und Diskursanalyse, in: Gertrud Oelerich/Hans-Uwe Otto, Empirische Forschung und Soziale Arbeit. Ein Studienbuch, Wiesbaden 2011, S. 207-219.

jeweils gültigen ästhetischen Konsens auf nationaler Ebene abzubilden.[6] Ich möchte außerdem untersuchen, wie sich der ikonografische Wandel in den Porträtkonzeptionen des arbeitenden Menschen zwischen 1971 und 1986 abzeichnete, in welchen diskursiven Kontext – insbesondere auf kunsttheoretischer und institutioneller Ebene – er eingebettet war, und welche Repräsentationen von arbeitenden Menschen und damit Arbeit auf den Porträtfotoschauen konkret zeigbar waren.[7] Zu diesem Zweck beschreibe ich kursorisch ausgewählte Bildnisse von Werktätigen[8] aus allen Bereichen der Fotografie in der DDR, der Amateur-, Presse- und der künstlerisch ambitionierten Fotografie.[9]

1 Neue »Auffassung« vom Bildnis des arbeitenden Menschen auf den Porträtfotoschauen der DDR

Kunst und Politik waren in der DDR untrennbar miteinander verzahnt, weshalb die Porträtfotoschauen von staatlicher Seite dazu in Dienst genommen wurden, die jeweiligen politischen Beschlüsse, die ihnen vorangegangen waren, zu illustrieren und damit zu legitimieren. Die wichtigsten theoretischen Grundlagen für die 1. Porträtfotoschau der DDR lieferte der VIII. Parteitag der SED 1971, auf dem Erich Honecker zum »Ersten Sekretär« des ZK der SED gewählt wurde und den Künstlern der DDR zugestand, künftig »die ganze Breite und Vielfalt der neuen Lebensäußerungen erfassen und ausschöpfen« zu dürfen.[10] Die Porträtfotoschau sollte Honeckers programmatisch angekündigter »Breite und Vielfalt in der Kunst« folgen, und mit einem stilistisch und inhaltlich erweiterten Spektrum den vorherrschenden Porträtbegriff, der auf die Darstellung optimistischer sozialistischer Persönlichkeiten gerichtet war,

---

6 Die Fotoausstellungen der DDR wurden vom Kulturbund der DDR unterteilt in Zentrale Ausstellungen, Bezirksfotoschauen und Kreisfotoschauen.
7 Das staatlich geförderte Arbeiterporträt, das auf den Porträtfotoschauen gezeigt wurde, repräsentiert zudem die Gesamtheit der Vorstellungen vom arbeitenden Menschen (politisch, kulturpolitisch, philosophisch und künstlerisch).
8 Als »Werktätige« wurden in der DDR alle Berufstätigen – sowohl Arbeiter als auch Angestellte und Zugehörige der Intelligenz – bezeichnet. In diesem Aufsatz verwende ich, sofern die Porträtierten eindeutig der Arbeiterklasse zuordenbar sind, synonym zu *Bildnis des Werktätigen* die Bezeichnung *Arbeiterporträt oder -bildnis* verwendet.
9 Als Quellen für meine Untersuchung dienen mir die Ausstellungskataloge und begleitende Texte der Ausstellungskonzeption und aus der Presse. Ausstellungsdokumentationen waren im Archivgut der Stiftung Archiv der Parteien und Massenorganisationen der DDR im Bundesarchiv (SAPMO), wo die Archivalien der Zentralen Kommission für Fotografie und der Gesellschaft für Fotografie aufbewahrt sind, nicht zu finden.
10 Vgl. Erich Honecker, Rede auf dem VIII. Parteitag der SED, in: Günter Feist/Eckhart Gillen (Hg.), Stationen eines Weges. Daten und Zitate zur Kunst und Kunstpolitik der DDR 1945–1988, Berlin (Ost) 1988, S. 76–77.

erneuern.[11] Dieser Zielsetzung entsprechend habe laut dem Kulturfunktionär Walter Heilig[12] die 1. Porträtfotoschau Antwort darauf gegeben, »wie die Fotografie den Gedankenschatz des VIII. Parteitages der SED lebendig« mache.[13]

Auch der »Beschluß des Staatsrates zu den Aufgaben der Kultur vom 30.11.1967«[14] diente der Zentralen Kommission für Fotografie im Kulturbund der DDR (ZKF) als Veranstalter der Fotoausstellungen als politisch-ideologische Grundlage für die Porträtfotoschauen.[15] Das dem Papier entstammende Zitat »[d]ie Gestaltung des Menschenbildes der sozialistischen Gemeinschaft ist die Jahrhundertaufgabe unserer Kultur« wurde schlagwortartig in den Aufruf der ZKF zur Einsendung von Fotoarbeiten an die »Fotoschaffenden der DDR« eingebunden.[16]

An dieser kuratorisch-konzeptuellen Praxis zeigt sich exemplarisch, dass die sozialistische Ästhetik und deren Aufscheinen in den öffentlichen Bildwelten den politischen Entwicklungen angepasst wurde. Auch die 2. und 3. Porträtfotoschau der DDR, die 1981 und 1986, jeweils kurz vor und nach dem X. und XI. Parteitag der SED stattfanden, waren konzeptuell eng an die politischen Inhalte der Parteitage gekoppelt. Dass sich besonders die Fotografie dafür eignete, den politischen Status quo zu legitimieren und damit die Herrschaft der SED zu sichern, lässt sich mit dem doppelten »Potenzial« der Fotografie als technisches Medium begründen, das einerseits die außerbildliche Realität indexikalisch abzubilden[17] und damit dessen Existenz zu bezeugen vermag, andererseits neue spezifische (Bild-)Wirklichkeiten als Repräsentationen des Abgebildeten konstruiert.[18] Die besondere Bedeutung der Fotografie für die Visualisierung politischer Inhalte ergibt sich aus der Unfähigkeit des Mediums, über die Existenzbezeugung hinaus, aus sich selbst heraus eine sinnhafte Aussage zu

---

11 Rainer Knapp (Hg.), Chronik der Gesellschaft für Fotografie. Eine Zeitgeschichte zur Fotografie im Kulturbund der DDR 1945 bis 1990, Berlin 2008, S. 31.
12 Dr. Gerhard Mertink war Bundessekretär des Deutschen Kulturbundes.
13 Walter Heilig, Das fotografische Schaffen in der entwickelten sozialistischen Gesellschaft, in: VI. Zentrale Tagung der Fotoschaffenden der Deutschen Demokratischen Republik am 10. und 11. Dezember 1971 in Berlin, Berlin (Ost) 1971, S. 27.
14 Vgl. Die Aufgaben der Kultur bei der Entwicklung der sozialistischen Menschengemeinschaft, Protokoll der 5. Sitzung des Staatsrates der DDR vom 30. November 1967, Staatsverlag der DDR, Berlin (Ost) 1968.
15 Knapp, Chronik, 2008, S. 31.
16 Im Entwurf zum Aufruf heißt es: »DerStaatsratsbeschluß [sic!] zu den Aufgaben der Kultur vom 30.11.1967 orientiert auf die Jahrhundertaufgabe, das Bild vom Menschen unserer sozialistischen Gesellschaft zum Gegenstand eindrucksvoller Aufgaben zu machen.« Aufruf zur Porträtfotoschau, SAPMO-BArch, DY 27/9955, unpag.
17 »Index« ist ein fester Topos der Fototheorie, der besagen, dass die Fotokamera im Moment der Aufnahme eine physisch nachweisbare Spur als Index eines außerbildlichen Referenten erzeugt; der Index bezeichnet die physikalische Kontiguität zwischen der Fotografie und ihrem Referenten. Dazu: Philippe Dubois, Der photographische Akt, Dresden 1998.
18 Dazu Abigail Solomon-Godeau, Wer spricht so? Einige Fragen zur Dokumentarfotografie, in: Herta Wolf (Hg.): Diskurse der Fotografie. Fotokritik am Ende des fotografischen Zeitalters, Frankfurt a. M. 2003, S. 53-74.

treffen; diese Kompetenz wird ihm erst durch den Verwendungskontext sozialer und kultureller Praktiken zugeschrieben.[19] Im Fall der Porträtfotoschauen waren es vor allem die begleitenden Texte in den Ausstellungskatalogen, den Mitteilungsblättern des Kulturbundes, und die Berichterstattung in der Presse, die der Fotografie in den Ausstellungen eine politische Bedeutung verliehen.

Nicht nur die Politik und Kulturpolitik, sondern auch die Kunst- und Fototheorie der DDR hat steuernd in den Entwicklungsprozess der Fotografie eingegriffen, beziehungsweise ihn dort kommentierend aufgefangen, wo sich dessen Eigendynamik nicht unterbinden ließ. Im Zentrum des Sozialistischen Realismus, der auch für die Fotografieästhetik galt, stand das Bild des Menschen, das entsprechend der Auslegung der Kunstdoktrin theoretisch permanent neu definiert wurde. Die Kulturpolitik der Honecker-Ära schuf zunächst die Grundlage für das Zulassen eines erweiterten, weniger schematischen Porträtbegriffs, eine Tendenz, die schon während der Regierung Ulbrichts eingesetzt hatte. Zwischen 1969 und 1971 fand vor allem in der Zeitschrift *Fotografie*, die vom Kulturbund herausgegeben wurde, ein »interessante[r] Meinungsstreit« zum Thema Porträt statt, wie Walter Heilig – zu diesem Zeitpunkt der einflussreichste Kulturpolitiker der DDR – es ausdrückte.[20] Dabei ging es vor allem um eine Aufwertung der Fotografie als künstlerisches Medium, wofür sich unter anderem der Fototheoretiker Friedrich Herneck einsetzte. Er betrachtete die 1. Porträtfotoschau als öffentlichkeitswirksame Plattform, um die Fotografie als künstlerisches Medium zu etablieren: »Hoffentlich regt diese Ausstellung auch unsere Lexikon-Redakteure zu der Einsicht an«, schrieb er, »daß unter dem Stichwort ›Bildnis‹ die Lichtbildkunst nicht fehlen darf«.[21] Dem entgegen forderte der Autor Hans-Joachim Backhaus, dass eine Fotoausstellung zum Thema Porträt nicht formalen, sondern primär inhaltlichen, parteipolitischen Kriterien folgen müsse. Für ihn sei keine Leistungsschau sinnvoll, wie es Alfred Neumann 1970 in der *Fotografie* vorgeschlagen hatte[22], sondern – entsprechend der kulturpolitischen Zielsetzung des Kulturbundes – vor

---

19 Dies ist eine zentrale Erkenntnis, die ab den 1970er-Jahren unter anderem von Fototheoretikern wie Roland Barthes, Susan Sontag und John Berger hervorgehoben wurde. Jörn Glasenapp, Die deutsche Nachkriegsfotografie: eine Mentalitätsgeschichte in Bildern, Paderborn/München 2008, S. 28 ff.
20 Walter Heilig, Das fotografische Schaffen, 1971, S. 26. – Walter Heilig war Vorsitzender der Zentralen Kommission für Fotografie im Kulturbund der DDR (ZKF). Die Zeitschrift *Fotografie* wurde 1947 gegründet (damals hieß sie noch *Die Fotografie*). Als Organ des Kulturbundes der DDR war sie die wichtigste Fotografiezeitschrift in der DDR. Sie widmete sich allen Fotografiebereichen und war der wichtigste massenwirksame Ort für den Diskurs über die marxistisch-leninistischen Fototheorie in der DDR.
21 Friedrich Herneck, Fotografie und Wahrheit. Beiträge zur Entwicklung einer sozialistischen Fotokultur, Leipzig 1979, S. 118 f.
22 Alfred Neumann, Tradition – Last oder Chance?, in: Fotografie, 3 (1970), S. 5. Hinter den Porträtfotoschauen stand, wie in der DDR üblich, ein Wettbewerbsgedanke, der sich in der Vergabe von Preisen wie zum Beispiel Ehrenmedaillen für fotografische »Leistungen« ausdrückte.

allem eine »Lehrschau«, die den Betrachter im Sinne des Sozialistischen Realismus politisch erziehen sollte.[23]

Berthold Beiler, einer der bedeutendsten Fototheoretiker der DDR, regte 1971 in seiner dreiteiligen Artikelserie »Das fotografische Bildnis des werktätigen Menschen in Geschichte und Gegenwart«, zu einer Neubewertung speziell des Arbeiterbildnisses an.[24] Beiler hatte von 1961–1975 die Abteilung Fotografie der Leipziger Hochschule für Grafik und Buchkunst (HGB) geleitet und mit seinen Publikationen *Die Parteilichkeit im Foto* (1959) und *Die Gewalt des Augenblicks* (1967) eine eigenständige Fototheorie für die DDR formuliert. Darin verwob er parteipolitische Zielsetzungen an die Pressefotografie mit bildästhetischen Kriterien einer eigenständigen Dokumentarfotografie.[25] Doch für Beiler hatte das Bild vorrangig eine »unmittelbare, bewußtseinsbildende Funktion« und eine »ideologisch-kulturpolitische Bedeutung«.[26] In seiner Auseinandersetzung zum Bildnis des werktätigen Menschen setzte er daher den Akzent auf inhaltliche Fragen und hob die Dringlichkeit hervor, den jeweils gültigen Arbeitsbegriff im Porträt aufscheinen zu lassen. Zwar sollte nach Beiler das Porträt des Werktätigen ein »Fenster des Charakters« sein, zugleich aber auch einen bestimmten »Typus« des arbeitenden Menschen wiedergeben – beides, subjektiver Charakterstudie und objektive Stellvertreterfunktion, sollten in einer »dialektischen Einheit« im Bild repräsentiert werden.[27] Als wichtigstes Kriterium nannte er zusätzlich die »Wahrheit« des Fotografierten, welche die Wunschbilder der vorangegangenen Jahrzehnte ersetzen sollte.[28] Damit rekurrierte Beiler einerseits auf das Wesen der Fotografie, Arbeit dokumentarisch abzubilden, zugleich aber auch als »typisch« für die sozialistische Gesellschaft zu repräsentieren. Der Diskurs in der *Fotografie* – zur Porträtfotografie im Allgemeinen und zum Bildnis des werktätigen Menschen im Besonderen – markiert ein Spannungsfeld, das vom Zulassen innovativer Konzepte einer Fotografie als Kunst und deren Unterbinden im Sinne von primär ideologischen Zielsetzungen an das Bild gekennzeichnet ist[29]: Trotz der kulturpolitisch bedingten formalen Zugeständnisse sollte es auch zu Beginn der 1970er-Jahre weiterhin eine der »Hauptaufgaben des fotografischen Schaffens« in der DDR bleiben, »das Wesen des sozialistischen Realismus« im Bild sichtbar zu machen; womit

---

23 Hans-Joachim Backhaus, Der Zeitgenosse im Porträt, in: Fotografie, 24 (1970) 10, S. 15.
24 Die drei Artikel Berthold Beilers wurden u. d. T. »Das fotografische Bildnis des werktätigen Menschen in Geschichte und Gegenwart (I)« in der *Fotografie* (1971) in H. 5 (S. 14-17), 6 (S. 18-21) und 7 (S. 14-17) abgedruckt.
25 Katharina Röhl, Gesicht – Geschichte – Gegenwart. Das Porträtwerk August Sanders als Impuls für die ostdeutsche Fotografie, in: Fotogeschichte, 26 (2006) 102, S. 15-24, hier: S. 17.
26 Berthold Beiler, in: Mitteilungsblatt, 5 (1970), Deutscher Kulturbund; Zentrale Kommission Fotografie der DDR, Berlin 1970 [o. S.].
27 Berthold Beiler, Das fotografische Bildnis des werktätigen Menschen in Geschichte und Gegenwart (II), in: Fotografie, 25 (1971) 7 (Fotokinoverlag), S. 17.
28 Ders., ebd.
29 Manuela Bonnke, Kunst in Produktion, Köln/Dresden 2007, S. 11.

eine moralisch-didaktische, humanistische Fotografie gemeint war.[30] Die Maßgaben der Kunstdoktrin an die Darstellung des sozialistischen Menschen hatten sich – im Vergleich zu den vorangegangenen beiden Jahrzehnten – entsprechend der Phasen des DDR-Sozialismus jedoch deutlich gewandelt. Statt zu antizipieren, was zukünftig in der sozialistischen Gesellschaft erreicht werden sollte, durfte in der Phase der »Ankunft im Alltag« deren Istzustand repräsentiert werden. Da der Sozialismus ab 1971 als entwickelt galt, und das Leben in der DDR als realsozialistisch, waren die Künstler dazu angehalten, es ausdrücklich in allen Facetten auch mit seinen »Widersprüchen« darzustellen.[31] Nachdem im Sozialismus erreicht worden sei, was vorher erstrebtes Ideal war, durfte das neue Bild des Werktätigen, auch konfliktreiche Bereiche des sozialistischen Lebens thematisieren, so der der DDR-Kunsthistoriker Peter Feist, darin eingeschlossen die »widersprüchliche[n] Vielschichtigkeit der Realität«.[32] Dazu gehörten die sogenannten »Widersprüche«, Konflikte und Schwierigkeiten im Arbeitsalltag, die fortan nicht mehr tabuisiert werden sollten.[33] Damit wurde entsprechend dem Sozialistischen Realismus, der aus einer historischen Notwendigkeit heraus als Schaffensmethode konzipiert worden sei, auch der Wandel des Arbeiterbildnisses mit einer aus der Geschichte gewachsenen Erfordernis begründet.[34]

2 Dynamische Werktätige auf der 1. Porträtfotoschau der DDR

Die 1. Porträtfotoschau der DDR fand vom 16. Oktober bis zum 14. November 1971 im Glockenspielpavillon des Dresdner Zwingers und vom 7. bis 30. Dezember desselben Jahres im Internationalen Ausstellungszentrum am Bahnhof Friedrichstraße in Berlin unter dem Motto »Ein Mensch, wie stolz das klingt«, einem Zitat von Maxim Gorki, statt.[35] Aus über 4.000 Bildeinsendungen wurden von einer achtköpfigen Jury 408 Bilder ausgewählt. Zwar stand das Bildnis des Werktätigen thematisch im Zentrum der Ausstellung, die wie in der DDR üblich, an thematische Aufgabenstellun-

---

30 Entschließung zu den Hauptaufgaben des fotografischen Schaffens in der Deutschen Demokratischen Republik (Angenommen von den Delegierten der VI. Zentralen Tagung der Fotoschaffenden im Dezember 1971), in: Mitteilungsblatt, 2 (1972), [o. S.].
31 Kurt Hager, Zu Fragen der Kulturpolitik der SED. Referat auf der 6. Tagung des ZK der SED. 6. Juli 1972, in: ders., Beiträge zur Kulturpolitik, Berlin (Ost) 1987, S. 12.
32 Peter H. Feist, Aktuelle Tendenzen in der sozialistisch-realistischen Kunst der DDR, in: Bildende Kunst, 24 (1976) 7, S. 358. Peter Feist lehnte seine Ausführungen an Kurt Hagers Rede an, die er zu kulturpolitischen Fragen im Anschluss an den VIII. Parteitag der SED gehalten hatte. Als Mitglied des Zentralkomitees (ZK), des Politbüros und als Sekretär des ZK der SED war Kurt Hager einer der einflussreichsten Kultur- und Bildungspolitiker der DDR.
33 Feist, Tendenzen, in: Bildende Kunst, 24 (1976) 7, S. 358.
34 Helga Möbius/Peter Pachnicke, Alltag und Epoche, in: Alltag und Epoche. Werke bildender Kunst der DDR aus fünfunddreißig Jahren, Berlin (Ost) 1984, S. 14.
35 1. Porträtfotoschau, Ausst.-Kat., Berlin (Ost) 1971 [o. S.].

gen politischer Art gekoppelt war, es nahm in der Praxis jedoch keine übergeordnete Stellung ein. Der Aufruf zur Einsendung von Fotoarbeiten war auf das »Porträt der Arbeiterpersönlichkeit, sozialistische Brigaden, Wissenschaftler und Forschungskollektive, Künstler und deren Wechselbeziehungen zur Arbeiterklasse« gerichtet.[36] Die »Fotoschaffenden« sollten außerdem Bilder einreichen, in denen die »moralisch-ethische[n] Eigenschaften zum Ausdruck kommen, die für die Entwicklung der Bürger [...] zu sozialistischen Persönlichkeiten und für ihre vielseitigen Beziehungen zur Gemeinschaft und Umwelt kennzeichnend sind.«[37] Der Ausstellungskatalog bildet diese Schwerpunktsetzung allerdings nicht ab. Dort lassen sich nur etwa ein Viertel der Abbildungen dem Thema »Arbeit« zuordnen, wobei Darstellungen von Industriearbeitern überwiegen.[38] Die übrigen Einzel- und Gruppenporträts lassen sich, variierend zwischen Einzelbild und Serie, in die Bereiche Familie, Kinder, junge Frauen, Sportler und Akte einordnen.

Im Mittelpunkt stand eine am Bildjournalismus orientierte Reportagefotografie, die von einer lebendigen, momenthaften Figurendarstellung gekennzeichnet ist. Die Porträts vermitteln außerdem mehrheitlich ein positives Bild von Arbeit. Dies entspricht den Überlegungen Berthold Beilers, der die »Hervorhebung der Eigenschaft »werktätig« unter anderem »durch das Einbeziehen der Arbeitstätigkeit ins Bildnis, die Wiedergabe des Menschen in Aktion durch eine Gestik und Mimik oder auch durch einen Habitus, wie er einer bestimmten Gruppe oder einem Beruf eigen ist« verwirklicht sieht.[39] Der Fotoästhetik Beilers entspricht das Schwarz-Weiß-Foto »Betriebsbesichtigung« von Rainer Lehmann, vermutlich einem Fotoamateur oder Bildreporter[40], das auf der 1. Porträtfotoschau zu sehen war: Darauf ist eine ältere Frau zu sehen, die ernst an der Kamera vorbei blickt (☞ siehe Abb. 1, S. 220).

Sie trägt einen Bauhelm und steht in einer Gruppe von Arbeitern, deren Gesichter halb oder ganz verdeckt sind. Sie scheint mit der Person im rechten Bildrand, deren Rücken unscharf angeschnitten nur zu erahnen ist, zu sprechen. Der große weiße Schatten, der im linken unteren Bildteil zu sehen ist, und die Schärfe-Unschärfe-Re-

---

36 Walter Heilig/Gerhard Mertink, Mensch wie Du und ich, in: 1. Porträtfotoschau, Ausst.-Kat., 1971, [o. S.].
37 Dies., ebd. Die Auswahl der Bilder wurde von einer Jury getroffen, die sich aus Funktionären des Kulturbundes und aus Fotografen zusammensetzte. Mitglieder der Jury waren: Gerhard Kießling, Berthold Beiler, Dietrich Dorfstecher, Heinz Hoffmann, Gerhard Ihrke, Barbara Meffert, Wolfgang G. Schröter und Werner Wurst.
38 Insgesamt sind 83 Abbildungen im Katalog abgedruckt. Davon lassen sich 22 weitgehend dem Thema »Arbeit« zuordnen.
39 Berthold Beiler, »Das fotografische Bildnis des werktätigen Menschen in Geschichte und Gegenwart (I), (1971) 5, S. 14-17, hier: S. 17.
40 Eine Zuordnung der Amateurfotografen und Bildreporter ist, sofern sie in der Zwischenzeit nicht einen Bekanntheitsgrad erreicht haben, im Nachhinein fast unmöglich, denn im Katalog werden ihre Berufe nicht gekennzeichnet. Amateur-, Presse- und Berufsfotografen sind unterschiedslos aufgelistet.

Abschnitt V | Visuelle Repräsentationen

Abb. 1 Rainer Lehmann, Betriebsbesichtigung, in: 1. Porträtfotoschau der DDR, Ausst.-Kat., Berlin (Ost) 1971, o. S.

lationen erzeugen eine Schnappschussästhetik und suggerieren dadurch eine spontane ungestellte Aufnahme. Arbeit wird auf der Fotografie als intellektuelle Tätigkeit repräsentiert. Der Arbeitsprozess wird nicht durch eine körperliche Anstrengung, sondern durch die geistige Auseinandersetzung der Kollegen im Gespräch charakterisiert. Dabei wird die Frau zwar ins Verhältnis zu ihrem Kollektiv gesetzt, erhält als Individuum in den Bildmittelpunkt gerückt, allerdings eine Sonderstellung in der Gruppe. Das Bildkonzept steht in der Tradition der »Diskussionsbilder«, die seit den 1950er-Jahren in der Malerei und Fotografie der DDR ins Gespräch vertiefte Arbeitskollektive thematisieren.[41] Es wandelt diese Form der Darstellung allerdings ab, indem die übrigen Mitglieder des Kollektivs – unscharf oder verdeckt – aus dem Bildraum gerückt sind. Hinzu kommt der Aspekt des Geschlechts: Obwohl das Foto ein männlich dominiertes Berufsfeld thematisiert, worauf der Bauhelm verweist, wird es von einer Arbeiterin repräsentiert. Lehmanns stellt damit eine geistige, weibliche

---

41 Jutta Held, Arbeit als künstlerisches Motiv. Theoretische und bildliche Modelle aus der DDR. Eine historische Skizze, in: Frances K. Pohl (Hg.), Kunst und Politik. Jahrbuch der Guernica-Gesellschaft, hg. v. Jutta Held, Bd. 7 (2005), Schwerpunkt: Kunst und Arbeit, Göttingen 2005, S. 25.

Abb. 2 Uwe Steinberg, Elfriede Schilski scheidet, in: 1. Porträtfotoschau der DDR, Ausst.-Kat., Berlin (Ost) 1971, o. S.

Arbeit, die einerseits kollektiv, andererseits selbstständig-individuell geplant wird, dar.

Auch in der Fotoreportage des Bildjournalisten Uwe Steinberg[42] »Elfriede Schilski scheidet« geht es um eine Arbeiterin: Auf einem Tableau aus neun Schwarz-Weiß-Fotografien wird der letzte Arbeitstag der älteren Frau dargestellt (☞ siehe Abb. 2).

---

42 Der Bildreporter Uwe Steinberg (1942–1983) hatte eine Ausbildung als Bildreporter und ein Studium an der Fachschule für Journalistik in Leipzig (1966–1969) absolviert. Im Anschluss (1973–1978) hatte er ein Fernstudium der Fotografie an der Hochschule für Grafik und Buchkunst in Leipzig absolviert.

Zum Motivrepertoire gehören die zum Abschied winkenden Kollegen, das Stillleben eines Blumenstraußes und die lange Tafel, an der das Arbeitskollektiv den Abschied feiert. Im Zentrum des Tableaus steht ein querformatiges Bild, auf dem sich die in Rente gehende Elfriede Schilski mit einem Taschentuch die Tränen aus einem Auge wischt. Die Fotoserie orientiert sich, wie das Bild Rainer Lehmanns, an einer humanistischen Reportagefotografie, die momenthafte Ereignisse aus der Beobachtung heraus festhält, wobei Steinbergs Aufnahmen das Arbeitssujet deutlich ästhetisieren. Obwohl die scheidende Arbeiterin in unterschiedlichen Gemütszuständen und als Individuum gezeigt wird, repräsentieren die Darstellungen das erwünschte Arbeitsethos und damit die idealtypische Arbeiterin in der DDR: Der emotional bewegte Abschied von Elfriede Schilski verweist darauf, wie stark sie sich mit ihrem Arbeitsplatz, ihrer Arbeit und ihren Kollegen identifiziert hat. Das Arbeitskollektiv wird als eng aufeinander bezogene Gruppe repräsentiert, wodurch Arbeit in einem sozialen Kontext verortet wird. Als weibliche Fabrikarbeiterin verkörpert Elfriede Schilski zudem einen Aspekt der Genderisierung, der typisch für die Arbeitswelt in der DDR war, wo Frauen von Anbeginn dazu aufgefordert waren, männlich dominierte Berufe zu ergreifen.[43]

3 Objektivierende Arbeiterporträts auf der 2. Porträtfotoschau der DDR

Obwohl auf der 2. Porträtfotoschau der DDR 1981[44] das Arbeiterporträt nicht im Zentrum stand[45], war es im Ausstellungskatalog deutlich höher gewichtet als auf der vorangegangenen Porträtfotoschau. Dies kündigte sich programmatisch im Katalogtitel an, auf dem ein Arbeiterporträt der Autorenfotografin Sibylle Bergemann abgebildet ist.[46]

---

43 Klaus Türk, Arbeitsdiskurse in der bildenden Kunst, in: Sabine Maasen/Torsten Mayerhauser/Cornelia Renggli (Hg.), Bilder als Diskurse – Bilddiskurse, Weilerswist 2006, S. 142-180, hier: S. 161.
44 Die 2. Porträtfotoschau fand vom 18. Oktober bis 15. November 1981 statt. Von der zwölfköpfigen Jury wurden 289 Fotos von 103 Fotografen ausgewählt. Davon waren 28 Amateure, 38 Bildjournalisten und 36 Freischaffende Fotografen, davon wiederum 9 Studenten der Hochschule für Grafik und Buchkunst Leipzig. SAPMO-BArch DY 27/5853, o. T.
45 Die Zentrale Kommission für Fotografie umriss den dort präsentierten Themenkreis mit »Persönlichkeiten, die im Arbeitsprozeß mit ihrer Schöpferkraft die volkswirtschaftlichen Aufgaben verwirklichen. [...] Motive aus der Industrie, Landwirtschaft und begrenzt aus Wissenschaft und Technik und anderen Bereichen [...] Persönlichkeiten, die unsere Kunst, Literatur und Wissenschaft repräsentieren [...] Motive, die aus der Freizeit aufgegriffen werden [...] [d]ie Darstellung der jungen Generation.« Sekretariatsbeschluß Nr. V/81 vom 26.5.1981. Einschätzung der 2. Porträtfotoschau der DDR. SAPMO-BArch, DY 27/5853.
46 Die Fotografin Sibylle Bergemann (1941–2010) hatte ab 1966 bei Arno Fischer eine Ausbildung als Fotografin an der Kunsthochschule Berlin Weißensee absolviert und vor allem als Fotografin für Magazine gearbeitet. Ab 1977 war sie Mitglied im Verband Bildender Künstler der DDR und

Die übrigen Fotografien bewegen sich, ähnlich wie auf der 1. und später auf der 3. Porträtfotoschau, in den Motivbereichen Künstler, Sportler, Kinder, Jugendliche und Aktdarstellungen. Aus der Motivreihe fällt das Porträt einer Rollstuhlfahrerin, das auf die Tendenz der sozialdokumentarischen Fotografie der 1980er-Jahre in der DDR verweist, sich gesellschaftlichen Tabuthemen wie Krankheit, Behinderung und Tod zu widmen. Auch formal unterscheiden sich die Bildkonzeptionen der 2. Porträtfotoschau von denen der vorangegangenen Ausstellung: Einerseits fällt eine deutlich größere Variabilität an fotografischen Stilen auf, andererseits bewegen sich die Arbeiten stärker in Richtung künstlerisch ambitionierter Bildkonzepte. Zwar waren auf der Ausstellung auch weiterhin reportagehafte Darstellungen vertreten, doch die Mehrzahl der Bilder entsprach einer klassischen, inszenierten Porträtfotografie.[47] Die Bilder wirken insgesamt statischer und formal strenger. Sie orientieren sich an einer Porträtfotografie, die dem möglichst objektiven Kamerablick der neusachlichen Fotografie folgt. Deren wichtigster Vertreter, August Sander, hatte mit seinem groß angelegten Mappenwerk *Menschen des 20. Jahrhunderts* in der Weimarer Republik ab 1925 über eine typologisch-klassifikatorische Porträtfotografie namentlich nicht gekennzeichnete Personen nach deren gesellschaftlicher Stellung, Berufszugehörigkeit und Lebensraum geordnet[48], um einen historischen Querschnitt der Gesellschaft der Weimarer Republik bildlich zu erfassen. Sowohl in der DDR als auch in der BRD setzte die Rezeption August Sanders in den 1970er-Jahren ein.[49] In der DDR leistete einen ersten umfassenden Überblick zu seinem Werk aber erst 1981 die Personalausstellung August Sanders in der Galerie der Leipziger HGB mit einer Auswahl von über 300 Fotografien aus den *Menschen*

---

konnte damit als freischaffende Künstlerin arbeiten. 2. Porträtfotoschau der DDR. Ausst.-Kat., Berlin (Ost) 1981, [o. S.].
47 Susanne Holschbach, Sander revisited. Fotografische Porträtkonzeptionen seit den 1980er Jahren, in: Beatrice von Bismarck/Christine Rink (Hg.), Nur hier? Die Galerie der Hochschule für Grafik und Buchkunst Leipzig 1980–2005, Bielefeld 2006, S. 59 f.
48 Pierre Vaisse, Das Porträt der Gesellschaft. Anonymität und Berühmtheit, in: Michel Frizot (Hg.), Neue Geschichte der Fotografie, Köln 1998, S. 510. Neben August Sander haben auch andere deutsche Fotografen in den 1920er- und 1930er-Jahren versucht, ein Abbild breiter Gesellschaftsschichten und ein anonymes Bild des ethnischen oder sozialen Typus zu erzeugen. Dazu gehörten zum Beispiel die Fotoserien von Helmar Lerski »Köpfe des Alltags« (1931), Erna Lendvai-Dirksen »Das deutsche Volksgesicht (1932) und Erich Retzlaff »Antlitz des Alters« (1930).
49 Besonders die Bilder der Industriebauten von Bernd und Hilla Becher wurden innerhalb der westdeutschen Dokumentarfotografie zum Inbegriff des breiten Stroms der westdeutschen Sander-Rezeption. Ähnlich wie bei Sander steht auch bei den Bechers das Prinzip des Ordnens, Sammelns und Klassifizierens im Zentrum der Arbeit. Das Fotobuch *Das deutsche Wohnzimmer* von Herlinde Koelbl (1980), einer Sammlung von Porträts von Menschen in der Bundesrepublik aus allen sozialen Schichten in ihren Wohnzimmern, ist ein repräsentatives Beispiel für das Sujet der Sander-inspirierten Wohnzimmerbilder in der BRD. Mit ihrem Fotoprojekt wollte Koelbl belegen, dass sich der soziale Stand eines Menschen in dessen Wohnungseinrichtung widerspiegele. Herlinde Koelbl/Manfred Sack (m. e. Beitr. v. Alexander Mitscherlich), Das Deutsche Wohnzimmer, München/Luzern 1980.

des 20. Jahrhunderts.[50] Die Ausstellung hatte eine nachhaltige Wirkung auf die Rezeption August Sanders in der DDR, denn sie ermöglichte es den Fotografen erstmals, das Werk Sanders im Original zu sehen.[51] August Sander wurde in der DDR sowohl kunsttheoretisch als auch kulturpolitisch rezipiert, weil dessen Realismusanspruch, und die Methodik, »Typisches« zu verbildlichen mit den Grundsätzen der sozialistischen Ästhetik übereinstimmte.[52] Laut Katharina Röhl habe der DDR-Fototheoretiker Berthold Beiler das Schaffen August Sanders »wie einen gut passenden Schlüssel zur Verbindung verschiedener Anliegen einsetzen« können.[53] Einerseits stimmten die *Menschen des 20. Jahrhunderts* hinsichtlich der Thematisierung von Arbeitern und Angestellten mit dem politischen Selbstverständnis des DDR-Systems überein.[54] Andererseits deckte sich Sanders Methode, durch das Bild des Menschen gesellschaftliches Leben abzubilden, mit dem Realismusanspruch der sozialistischen Fotoästhetik.

Abb. 3 Georg Krause, Detlef M., 23, Kohlenträger, in: 2. Porträtfotoschau der DDR, Ausst.-Kat., Berlin (Ost) 1981, o. S.

Das Foto »Detlef M., 23, Kohlenträger« zeigt zum Beispiel eine deutliche Nähe zu August Sander. Es gehört zu einem Fotoprojekt zum Themenkreis Arbeit, dass der Fotograf Georg Krause als Diplomarbeit an der HGB angefertigt hatte (☞ siehe Abb. 3).

---

50 Die Ausstellung wurde unter der Leitung von Christine Rink, der Kuratorin der Galerie in der Hochschule für Grafik und Buchkunst konzipiert und im Mai 1981 eröffnet. Holschbach, Sander, in: von Bismarck/Rink (Hg.), Nur hier?, 2006, S. 57 f.
51 Im Anschluss an die Ausstellung gab der Fotokinoverlag 1982 eine monografische Publikation im Fotokinoverlag heraus: Gunther Sander (Hg.), August Sander, Leipzig 1982. Die Publikation wurde auf Grundlage der Abzüge erstellt, die nach der Ausstellung in der HGB an den Fotokinoverlag gingen. Holschbach, Sander revisited, in: von Bismarck/Rink (Hg.), Nur hier?, 2006, S. 59.
52 Die Magisterarbeit der Verfasserin, S. 35, zit. n. Röhl, Gesicht – Geschichte – Gegenwart, in: Fotogeschichte, 26 (2006) 102, S. 16.
53 Ebd.
54 Ebd.

Der junge Mann, der auf dem hochformatigen Schwarz-Weiß-Foto zu sehen ist, trägt eine große Stiege voller Kohlen auf seinem Rücken. Sie muss äußerst schwer gewesen sein; in dem großen hölzernen Kasten sind 12 Reihen mit Kohlen übereinandergestapelt. Der Arbeiter hält auf der Aufnahme von seiner anstrengenden Tätigkeit inne und blickt direkt in die Kamera. Ein ähnliches Motiv stellt das Porträt »Handlanger« (1928) dar, eine der Ikonen aus Sanders *Menschen des 20. Jahrhunderts*. Die Frontalaufnahme zeigt einen streng blickenden jungen Mann, der einen großen Stapel aus Ziegelsteinen auf einem Holzbrett schultert. Seine aufrechte, stolze Pose, der rechte Arm ist in der Hüfte abgestützt, lässt nichts von der schweren körperlichen Arbeit erahnen, die er verrichtet. Die Fotografie steht programmatisch für Sanders distanziert-ordnenden Blick auf die Gesellschaft der Weimarer Republik. Im Unterschied zu Krause, der seinen Arbeiter namentlich gekennzeichnet hat, setzte Sander den Fokus in der Bildunterschrift allein auf dessen Berufszugehörigkeit. Ihm ging es vor allem darum, seine Modelle als Stellvertreter für bestimmte Gesellschaftsschichten zu klassifizieren.

Auch das bereits erwähnte Arbeiterbildnis von Sibylle Bergemann, abgebildet auf dem Katalogtitel, folgt einer inszenierten Porträtfotografie. Die große Bedeutung des Porträts wird zusätzlich durch die Ehrenmedaille deutlich, mit der es als Teil der »Gesamtleistung der Fotografin« mit einer Ehrenmedaille ausgezeichnet wurde (☞ siehe Abb. 4, S. 226).

Die Fotografie ist im Katalog nicht betitelt, heißt im Bildband *Fotografie in der DDR* von 1987 jedoch »Gießereiarbeiter«.[55] Im Zentrum der Aufnahme steht das Porträt eines Mannes, der um die 40 Jahre alt sein mag. Er sitzt allein an einem länglichen Tisch; auf dem seine Hände ineinandergelegt ruhen. Es ist anzunehmen, dass die Aufnahme im Pausenraum einer Arbeitsstätte gemacht wurde. Die Fotografie zeigt den Gießereiarbeiter in Aufsicht, mit frontalem Blick, der ihn sorgenvoll und erschöpft wirken lässt. Er trägt eine verschmutzte Arbeitsjacke, auf der sich die Spuren seiner Tätigkeit abzeichnen. Da Bergemann den Arbeiter nicht während des Produktionsprozesses fotografiert hat, verweisen einzig seine Arbeitskleidung und die Bildunterschrift auf dessen Zugehörigkeit zur Arbeitswelt. Auch dieses Porträt repräsentiert den Menschen nicht in erster Linie als Arbeiter, sondern als Individuum, dessen physischer und psychischer Zustand im Vordergrund steht. Wir blicken von oben auf den Werktätigen hinab, statt zu ihm aufschauen zu müssen; dadurch wird ein lebensweltlicher Bezug hergestellt. Arbeit wird nicht anhand von Arbeitsattributen oder -räumen dargestellt, sondern zeichnet sich auf den sorgenvollen Gesichtsfalten des Gießereiarbeiters ab und wird als kräftezehrend und ermüdend repräsentiert.

---

55 Heinz Hoffmann/Rainer Knapp (Hg.), Fotografie in der DDR. Ein Beitrag zur Bildgeschichte, Leipzig 1987, ist es jedoch mit »Gießereiarbeiter, 1977« betitelt.

Abschnitt V | Visuelle Repräsentationen

Abb. 4 Sibylle Bergemann, o. T., in: 2. Porträtfotoschau der DDR, Ausst.-Kat., Berlin (Ost) 1981, o. S.

4 Fotokünstlerische Repräsentation von Arbeit auf der 3. Porträtfotoschau der DDR

Auf der 3. Porträtfotoschau 1986 war die ausstellungsbegleitende politische Rhetorik im Katalog deutlich geringer und das fotokünstlerische Bildnis erhielt eine stärkere Gewichtung als in den vorangegangenen Ausstellungen.[56] In seinem einleitenden Text verwies Alfred Neumann, Vorsitzender der Gesellschaft für Fotografie im Kulturbund der DDR (GfF), sehr knapp auf die politische Funktion der Fotografie.[57] Der Bedeutungszuwachs künstlerischer Fotografie lässt sich anhand der vergebenen Preise feststellen; von 15 wurden insgesamt elf Preise an Diplome vergeben, die an der Hochschule für Grafik und Buchkunst entstanden waren. Zum anderen wurden zusätzlich Auftragswerke der GfF, die 1982 als Nachfolgeorganisation der Zentralen

---

56 Die 3. Porträtfotoschau der DDR wurde zuerst vom 11.–27. April 1986 im Ausstellungszentrum Fučíkplatz in Dresden gezeigt. Danach fand sie vom 11. Juli–3. August 1986 im Ausstellungszentrum am Fernsehturm Berlin statt.

57 »Daß die Ausstellung eine Zahl in ihrem Titel tragen kann, macht deutlich, wie sehr wir uns in unserer Zeit dieser Tradition verbunden fühlen. Auch unter diesem Aspekt ist die Ausstellung einzuordnen in die vielfältigen Aktivitäten unserer Gesellschaft in Vorbereitung des XI. Parteitages der SED.« Alfred Neumann, in: 3. Porträtfotoschau der DDR, Ausst.-Kat, Berlin (Ost) 1986.

Kommission für Fotografie im Kulturbund gegründet wurde, in die Ausstellung integriert.[58] Die künstlerische Fotografie wurde in der DDR ab Beginn der 1980er-Jahre erstmals institutionell gefördert, wozu die Gesellschaft für Fotografie vor allem mit der Vergabe von Arbeitsstipendien für Autorenfotografen beigetragen hatte.[59] Damit wurden den Fotografen innerhalb des »gesellschaftlichen Auftrags« mit Einschränkungen Handlungsspielräume[60] ermöglicht, die sich zum Ende der 1980er-Jahre so stark erweiterten, dass gesellschaftliche Zustände und »ideologische Auffassungen« kritisiert werden durften, wie GfF-intern festgehalten wurde.[61]

Auf der 3. Porträtfotoschau wurden unter anderem, die *Frauenporträts aus dem VEB Treffmodelle Berlin* von Helga Paris[62] und die Fotoserie *KWO – Bilder eines Berliner Betriebes* ausgestellt, die jeweils mit einem Stipendium der Gesellschaft für Fotografie finanziert worden waren.[63] Beide Fotoserien erheben die vergleichende an August Sander geschulte Dokumentarfotografie zum ästhetischen Programm, die schon in die 2. Porträtfotoschau Einzug gehalten hatte. Paris' Fotoserie über Arbeiterinnen im VEB Treffmodelle ist zwar als vergleichende Dokumentation angelegt, zugleich zeugen die Porträts auch von einer persönlichen Annäherung der Fotografin an ihre Modelle, die sie vor unterschiedlichen Hintergründen in ihrem Betrieb porträtiert hat.[64] Das Verbindende der Arbeiterinnen ist neben deren Arbeitsplatz deren weibliches Geschlecht und die Arbeitskleidung, die DDR-typischen Arbeitskittel, die sich in Schnitt und Muster bei keiner der Frauen gleichen.[65] Auch die Frauenporträts zeichnen das Bild einer weiblichen Arbeit, doch sie repräsentieren weniger den

---

58 Kurzinformation über Anliegen und Stand der 3. Porträtfotoschau der DDR, SAPMO-BArch, DY 27-5612.
59 Die Gesellschaft für Fotografie erhielt für diesen Zweck jährlich bis zu 100.000 Mark vom Ministerium für Kultur. Die GfF hat bis 1990 knapp 50 Direktaufträge an Fotografen vergeben. Unter den geförderten künstlerisch ambitionierten Fotografen waren unter anderem Sibylle Bergemann, Christian Borchert, Kurt Buchwald, Jochen Ehmke, Wolfgang Gregor, Eberhard Klöppel, Jörg Knöfel, Georg Krause, Helga Paris, Ludwig Rauch, Manfred Paul, Rudolf Schäfer, Bernd-Horst Sefzik, Ulrich Wüst, Florian Merkel, Peter Oehlmann, Bertram Kober, Helfried Strauß, Sven Marquardt, Tina Bara, Claus Bach, Maria Sewcz und Michael Scheffer. Vgl. Knapp, Chronik, 2008, S. 56.
60 Der Begriff »Handlungsspielraum« verweist im Kontext des Themas darauf, dass ein/e Künstler/in die inhaltliche und formale Konzeption ihrer Arbeit selbst bestimmen und beeinflussen kann.
61 Konzeptioneller Ausgangspunkt, SAPMO-BArch, DY 275611.
62 Die Fotografin Helga Paris (*1938) ist autodidaktisch zur Fotografie gekommen. Sie hatte ein Studium der Modegestaltung an der Fachschule für Bekleidung in Berlin absolviert (1956–1960) und ab Beginn der 1970er-Jahre freischaffend als Fotografin an autorenfotografischen Projekten gearbeitet.
63 Kurzinformation über Anliegen und Stand der 3. Porträtfotoschau der DDR, SAPMO-BArch, DY 27-5612.
64 Paris hatte während ihres Studiums der »Modegestaltung« bereits einen Einblick als Praktikantin in den Betrieb bekommen, die Fotogenehmigung erhielt sie durch das Stipendium der GfF.
65 Der chemische Textilstoff für die Arbeitsschürzen wurde in der DDR auch als »Dederon« bezeichnet. Der Name setzt sich aus »DDR« und der Silbe »on« zusammen.

Abb. 5 Helga Paris, o. T., aus der Serie Frauenporträts aus dem VEB Treffmodelle Berlin, in: Konzept, Auftrag, Fotografie. Eine Ausstellung aus Auftragswerken der Gesellschaft für Fotografie im Kulturbund der DDR, hg. v. Gesellschaft für Fotografie, Berlin (Ost) 1989, S. 57.

Aspekt der Arbeit, als das Individuell-Charakteristische der Frauen, für dessen Darstellung der Arbeitsbereich letztlich nur die Kulisse bildet. Offenbar sind die Porträts in einem vertrauensvollen Einverständnis zwischen Paris und den Frauen entstanden, die sich selbst inszeniert haben; Paris hat sie durchgängig in Normalsicht aufgenommen: Da wäre zum Beispiel eine junge Arbeiterin, die zigarettenrauchend und eingesunken in einem verschlissenen Pausenraum sitzt (☞ siehe Abb. 5).

Die Tapete an der Wand ist rissig, vor ihr befindet sich ein leerer Tisch, auf dem eine Schachtel Zigaretten liegt und ein Aschenbecher steht. Ihr müder Blick geht leicht an der Kamera vorbei, so, als würde sie die Präsenz der Fotografin und das Registriertwerden durch die Kamera nicht bemerken. Auch die sitzende Arbeiterin mit den dunklen, halblangen Haaren schaut an der Kamera vorbei. Doch sie erscheint voller Stolz und Lebensenergie. Trotz ihrer gepunkteten Schürze und dem Verband, den sie am rechten Arm trägt, umgibt sie eine Anmut, die nicht nur von ihrem schönen Gesicht ausgeht, sondern auch von ihrer gespannten Haltung und dem festen Blick. Beide Porträts zeigen, wie durch die formal strenge Inszenierung minimale Abweichungen in Gestik, Körperhaltung und Mimik der Frauen auffallen und damit von deren Persönlichkeiten erzählen.

Ähnlich wie Paris verfolgte auch der Fotograf Wolfgang Gregor[66] mit seiner Fotoserie *KWO – Bilder eines Berliner Betriebes*, das Ziel, dem einzelnen Arbeiter in dem Berliner Großbetrieb VEB Kombinat Kabelwerk Oberspree (KWO) ein Gesicht zu geben. Dieses Anliegen beschrieb Gregor anlässlich einer Ausstellung der Serie 1988 in Ostberlin:

> »Im eintönigen Grau erfährt die Masse der Produzierenden in Fabriken nur sehr selten konkrete individuelle Gestalt. [...] ›Bilder eines Betriebes‹ ist der Versuch, mittels vergleichender Fotografie Werktätige aus allen Bereichen eines Betriebes darzustellen. [...] Wenn nicht durch Auszeichnungen erhoben, führen sie weitgehend ein unbeachtetes Dasein in der Betriebshierarchie.«[67]

Die Serie besteht aus Einzelporträts, die Werktätige vor dem Hintergrund ihres Arbeitsplatzes zeigen. Anders als Paris charakterisierte Gregor seine Modelle damit als Arbeitende, was er dadurch unterstrich, dass sie ihre Arbeitsgeräte und -plätze berühren, indem sie sich etwa darauf abstützen. So wie beispielsweise die Kantinenarbeiterin, die frontal in die Kamera blickend ihren linken Arm auf einem Holzregal abgelegt hat, in dem sich Suppenteller übereinanderstapeln, die wahrscheinlich für das

---

66 Der Fotograf Wolfgang Gregor (*1948) war seit 1978 als freischaffender Fotograf tätig. Nach seinem Fotografiestudium an der Hochschule für Grafik und Buchkunst in Leipzig machte er 1983 seinen Abschluss als Diplomfotograf.
67 Wolfgang Gregor, in: Gesellschaft für Fotografie (Hg.), Konzept, Auftrag, Fotografie. Eine Ausstellung aus Auftragswerken der Gesellschaft für Fotografie im Kulturbund der DDR, Berlin (Ost) 1989, S. 36.

Mittagessen der Arbeiter des KWO bestimmt sind. Paris und Gregor haben in ihren Serien den Menschen als Individuum in den Mittelpunkt gerückt und ihm einen Raum zur Selbstinszenierung gegeben.

Die Porträtfotoschauen belegen, so die Schlussfolgerung, dass das Bildprogramm im Zeitraum zwischen 1971 und 1986 einem Wandlungsprozess unterlag, innerhalb dessen erstens idealisierende Repräsentationen der Arbeit durch objektivierende ersetzt wurden: Statt der typisierten Porträts leistungsstarker Arbeitshelden, diskussionsfreudiger Brigaden und erfinderischer Neuerer, die bis in die 1960er-Jahre die Fotografie dominierten, erschienen in den Ausstellungen der letzten beiden Jahrzehnte individualisierte und alltagsnahe Bildnisse von Werktätigen. Die zunächst auf den scheinbar ungestellten Moment abzielenden Imaginationen von Arbeit und Werktätigen, die noch in den frühen 1970er-Jahren die Bildwelten dominierten, hatten sich im Verlauf der 1970er-Jahre zu streng komponierten, statischen Einzelporträts entwickelt. Auf der Motivebene waren neben die optimistisch-zukunftsweisenden Arbeiterbildnisse Darstellungen von arbeitenden Menschen getreten, die vordergründig vor allem als von der Arbeit innehaltende Subjekte einer persönlichen Gefühls- und Gedankenwelt erscheinen. In die Mimik und Körperhaltung der Porträtierten hielten Erschöpfungszustände und eine unbestimmte Skepsis Einzug.[68] Dieser Tendenz entsprechend schrieb der Fotograf Ulrich Burchert in seiner Ausstellungsbesprechung zur 2. Porträtfotoschau, dass sich in den 1980er-Jahren »im Porträt ein Hinwenden zum verinnerlichten Bildnis anzubahnen« scheine.[69]

Die Porträtfotoschauen belegen zweitens, dass sich in der Porträtfotografie der DDR innerhalb dieser Zeitspanne ein verändertes Verhältnis des Menschen zur Arbeit abzeichnet: Indem Werktätige weniger im direkten Produktionsbereich als in Pausenräumen, im Freien oder sogar zu Hause porträtiert wurden, erschienen sie nicht mehr als bloße Rädchen im Getriebe der Arbeitsprozesse, sondern als von der Arbeit entkoppelte Individuen und die Arbeitstätigkeit rückte aus dem Raum der Sichtbarkeit. Dieses Motiv wurde ab Mitte der 1980er-Jahre in der Autorenfotografie so weit ausgereizt, dass auch die Arbeiterkörper selbst aus den Bildern verschwanden. Junge Fotografen wie Kurt Buchwald oder Jörg Knöfel setzten dazu fotografische Mittel wie Unschärfe oder ausschnitthafte Fragmentierungen von Menschenkörpern ein. Andere wiederum, wie die Fotografen Gundula Schulze oder Peter Oehlmann, richteten ihren Blick zurück auf den Produktionsbereich und ließen den arbeitenden Menschen in oder hinter Maschinen und dem Inventar der Arbeitsplätze verschwinden. Dass auf den letzten beiden Porträtfotoschauen ästhetische Kriterien der Bildgestaltung stärker in den Vordergrund, und die Autorenfotografie stärker berücksichtigt

---

68 Dazu Monica Rüthers/Alexandra Köhring (Hg.), Helden am Ende: Erschöpfungszustände in der Kunst des Sozialismus, Frankfurt a. M. 2014.

69 Ulrich Burchert, Bilder der Ebene. Bemerkungen zur 2. Porträtfotoschau in Dresden, in: Sonntag. Die kulturpolitische Wochenzeitung, hg. v. Kulturbund der DDR, (1981) 49, S. 7.

wurde, ist als Zeichen des Übergangs von der humanistischen Reportagefotografie zu einer Fotografie als Kunst zu werten.

Diese Zunahme einer thematischen und ästhetischen Komplexität in der Fotografie der DDR hatte verschiedene Gründe: Sie lässt sich nicht nur aus der gelockerten Kulturpolitik der Honecker-Ära ableiten, sondern vor allem mit der Institutionalisierung der künstlerischen Fotografie anlässlich des Fotobooms, der seit den 1970er-Jahren in Europa und den USA eingesetzt hatte, begründen. Dadurch wuchs auch – leicht zeitversetzt – in der DDR die Bedeutung der Fotografie. Im Zuge dessen erhielten 1981 die Fotografen mit der Arbeitsgruppe Fotografie eine eigene Interessensvertretung im Verband Bildender Künstler der DDR und hatten dadurch die Möglichkeit, sich als freiberufliche Künstler zu professionalisieren. Mit deren gewachsener Autonomie und einem größeren Mitbestimmungsrecht bei der Auftragsvergabe und der Konzeption von Ausstellungen, erweiterten sich zugleich die Grenzen der Bildpolitik; der Fotograf Roger Melis, Vorsitzender der AG Fotografie, war auf der 3. Porträtfotoschau Mitglieder der Jury.[70] Auch die 1982 aus der Zentralen Kommission für Fotografie hervorgegangene Gesellschaft für Fotografie im Kulturbund erhielt durch ihre Auftragspolitik eine wichtige Bedeutung für die DDR-Autorenfotografie: Zum einen standen ihr bedeutend größere finanzielle Kapazitäten zur Verfügung als ihrer Vorgängerorganisation, zum anderen setzte sie den Schwerpunkt der Auftragsvergabe auf Autorenfotografen, im Speziellen auf Hochschulabsolventen und Fotografen, die im VBK organisiert waren.[71] Diese institutionellen Rahmungen schufen die Grundlage für die Ausdifferenzierung und Entwicklung einer selbstbewussten Autorenfotografie in der DDR.

---

70 Zum Autonomiebegriff Hannes Siegrist, Professionelle Autonomie in der modernen Gesellschaft, Wissenschaft und Kultur. Einführung, in: Dietmar Müller/Hannes Siegrist (Hg.), Professionen, Eigentum und Staat, Göttingen 2014, S. 15-38.
71 Leitsätze der Gesellschaft für Fotografie im Kulturbund der DDR, 24.3.1982, in: Knapp, Chronik, 2008, S. 127 [Anlage 17].

Stefan Moitra

Mitbestimmung im Bild? Zur visuellen Kommunikation der industriellen Beziehungen im westdeutschen Bergbau, 1945–1969

Industrielle Prozesse, Betriebsformen und Ordnungsvorstellungen sind stets auch mit visuellen Repräsentationsformen verbunden. Schon die Enzyklopädisten fühlten sich berufen, ihre Leser auch bildlich über Technik, Arbeits- und Herstellungsweisen der zeitgenössischen Manufaktur aufzuklären. In den dramatisierenden Darstellungen der Fabrikarbeit eines Adolf Menzel verband sich ein Jahrhundert später die Faszination der industriellen Großproduktion mit einer heroischen Körperlichkeit der Arbeiterschaft.[1] Solche Blicke von außen wurden im 20. Jahrhundert ergänzt durch die Integration des Bildes in den industriellen Ablauf selbst. Spätestens mit der abstrahierten Darstellung von Prozessabläufen und innerbetrieblichen Kommunikationswegen in Form von Diagrammen und Schaubildern wurde die Visualisierung der industriellen Ordnung fester Bestandteil der diskursiven Verfestigung einer »wissenschaftlichen Betriebsführung« im ersten Drittel des 20. Jahrhunderts. Aber auch in Form von Werkszeitschriften und Werbematerial wurde die Darstellung von Arbeit Teil der innerbetrieblichen und unternehmerischen Kommunikation.[2]

Die bildliche Repräsentation innerbetrieblicher Verhältnisse umfasste dabei immer ein komplexes Bedeutungsgeflecht. Der dokumentarische Gestus der Enzyklopädie mochte sich etwa im erklärenden, scheinbar neutralen Modus der Fotoreportage oder des Industrie- und Lehrfilms fortsetzen. Gleichzeitig aber spiegelten sich in der Inszenierung von Arbeit und Produktion soziale Ordnungsvorstellungen wider, die sich gleichermaßen auf die Welt innerhalb wie außerhalb des Betriebs bezogen. Insofern handelte es sich zugleich um Abbildungen und Verfestigungen von betrieblichen Machtstrukturen. Die Bildproduktion ging üblicherweise von der Unternehmerseite aus, nicht von den Arbeiterinnen und Arbeitern. Deren Sicht des Betriebs wurde etwa in den 1920er-Jahren allenfalls durch heimlich aufgenommene Fotografien repräsen-

---

1 Klaus Türk, Bilder der Arbeit. Eine ikonographische Anthologie, Wiesbaden 2000, S. 149 ff. sowie Peter H. Feist, Art. Arbeit, in: Martin Warnke/Uwe Fleckner/Hendrik Ziegler (Hg.), Handbuch der politischen Ikonographie, Bd. 1, München 2011, S. 76–81; Françoise Forster-Hahn, Art. Industrie, in: ebd., Bd. 2, S. 14–19.
2 Timo Luks, Der Betrieb als Ort der Moderne. Zur Geschichte von Industriearbeit, Ordnungsdenken und Social Engineering im 20. Jahrhundert, Bielefeld 2010, S. 239–263; Karsten Uhl, Humane Rationalisierung? Die Raumordnung der Fabrik im fordistischen Jahrhundert, Bielefeld 2014, S. 34–86.

tiert.³ Die im Rahmen der Arbeiterkulturbewegung organisierte Arbeiterfotografie fokussierte sich dagegen gezwungenermaßen stärker auf das soziale Umfeld, auf die Darstellung des Alltags in den Wohnquartieren und die Dokumentation des Gewerkschafts- und Parteilebens.⁴

Scheinen also in den Bildern von Arbeit, Produktion und Industrie betriebliche Machtverhältnisse durch, stellt sich die Frage, inwiefern sich bildliche Repräsentationsmuster verschoben, nachdem sich mit der gesetzlichen Verankerung der betrieblichen und überbetrieblichen Mitbestimmung in der Bundesrepublik die Arbeitsbeziehungen zunächst auf dem Papier, nach und nach aber auch in der Praxis maßgeblich veränderten. Wie wandelte sich die Darstellung der betrieblichen Beziehungen, und wie wurde das Verhältnis zwischen Arbeitnehmerschaft und Unternehmen visuell kommuniziert? Der folgende Beitrag möchte sich diesem Problemfeld am Beispiel der westdeutschen Steinkohlenindustrie nähern. Sie bietet sich aus zweierlei Gründen besonders für eine solche Betrachtung an. Zum einen kam ihr, neben der Stahlindustrie, durch das Montanmitbestimmungsgesetz von 1951 eine Vorreiterrolle bei der Reform der industriellen Beziehungen zu. Im Bergbau musste man sich mithin dem Problem, das Bewusstsein für die Mitbestimmung zu schärfen und nach innen und außen zu kommunizieren, frühzeitig stellen. Zum anderen zeichnete sich gerade der deutsche Steinkohlenbergbau seit Langem durch einen rigiden betrieblichen Autoritarismus aus, der zudem durch eine wirkmächtige ständische Ideologie der »Bergknappen« flankiert wurde. Die Knappentradition bot mit einem eigenen Symbolsystem, etwa den eigentlich aus dem frühneuzeitlichen Erzbergbau stammenden Schlägel und Eisen oder den zeitweise verpflichtend zu tragenden bergmännischen Uniformen, ein nach außen sichtbares Zeichenset, das sich mit den überkommenen Hierarchie- und Autoritätsvorstellungen verband.⁵ Zu fragen ist also, in welchem Verhältnis solche älteren Bildprogramme und eine gegebenenfalls neue Bildrhetorik der reformierten Arbeitsbeziehungen zueinander standen.

---

3   Uhl, Humane Rationalisierung, 2014, S. 86-94; zum Industriefilm: Vinzenz Hediger/Patrick Vonderau (Hg.), Filmische Mittel, industrielle Zwecke. Das Werk des Industriefilms, Berlin 2007.
4   Jüngst Wolfgang Hesse (Hg.), Das Auge des Arbeiters. Arbeiterfotografie und Kunst 1930, Leipzig 2014; ders. (Hg.), Die Eroberung der beobachtenden Maschine. Zur Arbeiterfotografie der Weimarer Republik, Leipzig 2012; ders./Claudia Schindler/Manfred Seifert (Hg.), Produktion und Reproduktion – Arbeit und Fotografie, Dresden 2010.
5   Evelyn Kroker/Werner Kroker, Solidarität aus Tradition. Die Knappenvereine im Ruhrgebiet, München 1988. Zum überkommenen Traditionsverständnis der bergbaulichen Führungsschicht Bernd Faulenbach, Die preußischen Bergassessoren im Ruhrbergbau. Unternehmermentalität zwischen Obrigkeitsstaat und Privatindustrie, in: Mentalität und Lebensverhältnisse. Beispiele aus der Sozialgeschichte der Neuzeit. Rudolph Vierhaus zum 60. Geburtstag, hg. v. Mitarbeitern und Schülern, Göttingen 1982, S. 225-242; Michael Farrenkopf, Zwischen Bürgerlichkeit, Beamtenstatus und berufsständischer Orientierung. Die höheren preußischen Bergbeamten in der zweiten Hälfte des 19. Jahrhunderts, in: Der Anschnitt, 47 (1995), S. 2-25.

Dabei sind insbesondere verschiedene Sprecherpositionen zu unterscheiden. Sowohl Gewerkschaften und Betriebsräte auf der einen als auch die Unternehmen auf der anderen Seite mussten sich aus ihrer jeweiligen Perspektive mit dem Wandel der betrieblichen Beziehungen auseinandersetzen. Im Mittelpunkt der folgenden Ausführungen steht daher ein Vergleich der unternehmerischen und der gewerkschaftlichen Bildpolitik in den 1950er- und 1960er-Jahren. Insbesondere Betriebszeitungen der Bergbauunternehmen und Mitgliedszeitschriften der IG Bergbau (IGB), ab 1960 IG Bergbau und Energie (IGBE), aber auch deren Filme, bieten Gelegenheit, die visuellen Repräsentationsvarianten betrieblicher Hierarchien und Sozialbeziehungen zu beobachten.[6] Dabei zeigt sich, dass sich weniger eine feste »Ikonographie der Mitbestimmung« lokalisieren lässt. Vielmehr befand man sich in einem Aushandlungsprozess, in dem gegenläufige visuelle Positionsbestimmungen dazu beitrugen, einen Deutungsrahmen für betriebliche Beziehungen zu schaffen. Dieser Prozess des visuellen Austarierens war zudem von den Entwicklungslinien geprägt, die sich aus der Veränderung der wirtschaftlichen Rahmenbedingungen bis Ende der 1960er-Jahre ergaben. Die tief greifende Krise der Steinkohlenindustrie ab 1958 führte im Ruhrgebiet als wichtigstem Produktionsstandort 1968/69 zur Zusammenfassung der verbliebenen Zechenunternehmen unter dem Dach der Ruhrkohle AG.[7] Am Zustandekommen dieses Konzerns waren Unternehmen wie Gewerkschaft gleichermaßen beteiligt, womit sich auch eine Neuformierung der Machtbalance zwischen Unternehmern und Mitbestimmungsträgern ergab. Bis aber dieses neue, nunmehr partnerschaftliche Verhältnis seine Form gefunden hatte, war das Bild der Mitbestimmung auch kommunikativ und visuell auszutarieren.

---

[6] Der fotografische Blick aus der Bergarbeiterschaft heraus auf ihre Betriebe lässt sich derzeit kaum nachvollziehen. Zu vermuten ist, dass sich entsprechende Überlieferungen im Bochumer Archiv für soziale Bewegungen finden, doch harrt die dortige Fotosammlung im Bestand IGBE noch der Erschließung und steht einer wissenschaftlichen Auswertung nicht zur Verfügung. Wolfgang Jäger/Klaus Tenfelde, Bildgeschichte der deutschen Bergarbeiterbewegung, München 1989 bietet zwar eine umfängliche Bildersammlung zur Geschichte der IGBE und ihrer Vorgängerinnen, doch verfolgten die Autoren im Rahmen einer Organisationsfestschrift keinen bildanalytischen Anspruch. Als systematische Sammlung unternehmerischer Bildproduktion im Bergbau Michael Farrenkopf, Mythos Kohle. Der Ruhrbergbau in historischen Fotografien aus dem Bergbau-Archiv Bochum, Münster i. Westf. 2009.

[7] Werner Abelshauser, Der Ruhrkohlenbergbau seit 1945, München 1984; Karl Lauschke, Schwarze Fahnen an der Ruhr. Die Politik der IG Bergbau und Energie während der Kohlenkrise 1958–1968, Marburg 1984; Christoph Nonn, Die Ruhrbergbaukrise. Entindustrialisierung und Politik 1958–1969, Göttingen 2001; Walter Vollmer, Montanmitbestimmung und Unternehmenskultur während der Ruhrbergbaukrise 1958–1968, Essen 2013.

1 Hierarchisch-paternalistisch – das Betriebsbild der Unternehmen

Die 1950er- und 1960er-Jahre stellten für die Entwicklung der westdeutschen Steinkohlenindustrie eine ambivalente Phase dar. Einerseits profitierte die Branche vom Wiederaufbauboom. Nach Krise und Krieg hatte allein der Ruhrbergbau 1957 mit knapp 500.000 Beschäftigten Belegschaftszahlen, wie sie zuletzt Anfang der 1920er-Jahre erreicht worden waren. Zugleich erfuhr der Abbaubetrieb auf den meisten Zechen und Gruben einen grundlegenden Mechanisierungsschub, der die Arbeitswelt unter Tage tief greifend verändern sollte.[8] Andererseits begann Ende der 1950er-Jahre die Bergbaukrise, als die Konkurrenz durch Importkohle und Heizöl für stagnierenden Absatz und dadurch für die Schließung unrentabler Betriebe sorgte. Schließlich waren auch die betrieblichen Sozialbeziehungen von Ambivalenzen geprägt. Angesichts gewerkschaftlicher Sozialisierungsforderungen nach 1945, die während der Besatzungsphase zumindest von britischer Seite Unterstützung fanden, suchten die Montankonzerne mit der Zustimmung zum ungeliebten Montanmitbestimmungsgesetz von 1951 den Kompromiss mit der organisierten Arbeitnehmerschaft.[9]

Insbesondere auf der alltäglichen Betriebsebene entsprach dieser Kompromiss nur bedingt einer »Demokratisierung der Wirtschaft«, wie sie die gewerkschaftlichen Konzeptionen zeichneten. Soziologische Studien aus den 1950er-Jahren beschrieben nach wie vor das autoritäre Regime im innerbetrieblichen Umgang, das im Übrigen für die große Fluktuation von Arbeitskräften verantwortlich gemacht wurde.[10] Gleichwohl stellte gerade die Ebene des Betriebsklimas ein Feld dar, auf dem sich die Unternehmen als Akteure einer harmonischen Betriebsgemeinschaft darstellen konnten. In der theoretischen Schulung der technischen Angestellten etwa fanden »Menschenkunde und Menschenbehandlung«, »praktische Psychologie« und 1958 schließlich ausdrücklich die Betriebssoziologie einen festen Platz.[11] Die Entscheidung

---

8   Michael Farrenkopf, Wiederaufstieg und Niedergang des Bergbaus in der Bundesrepublik, in: Dieter Ziegler (Hg.), Rohstoffgewinnung im Strukturwandel. Der deutsche Bergbau im 20. Jahrhundert. Geschichte des deutschen Bergbaus, Bd. 4, Münster i. Westf. 2013, S 183-302; Dietmar Bleidick, Bergtechnik im 20. Jahrhundert. Mechanisierung in Abbau und Förderung, ebd., S. 355-412.
9   Zusammenfassend zuletzt: Vollmer, Montanmitbestimmung, 2013, S. 32-48.
10 Carl Jantke, Bergmann und Zeche, Tübingen 1953; Johannes Platz, Die Praxis der kritischen Theorie. Angewandte Sozialwissenschaft in der frühen Bundesrepublik 1950–1960, Diss. Trier 2012, S. 373-440; auch Helmuth Trischler, Partielle Modernisierung. Die betrieblichen Sozialbeziehungen im Ruhrbergbau zwischen Grubenmilitarismus und Human Relations, in: Matthias Frese/Michael Prinz (Hg.), Politische Zäsuren und gesellschaftlicher Wandel im 20. Jahrhundert. Regionale und vergleichende Perspektiven, Paderborn 1996, S. 145-171.
11 Stefan Moitra, Das Wissensrevier. 150 Jahre Bergbauforschung und Ausbildung bei der Westfälischen Berggewerkschaftskasse/DMT-Gesellschaft für Lehre und Bildung. Die Geschichte einer Institution, Bochum 2014, S. 181.

einer Zechendirektion (inklusive des Arbeitsdirektors), zukünftig »von ihren Angestellten und Bergleuten im persönlichen Gespräch nicht mehr mit Titel, sondern nur mit dem Namen angeredet« werden zu wollen, schaffte es bis in die Nachrichtenseiten des »Spiegel«.[12] Solche Symbolpolitik schlug sich durchaus auch bildlich nieder. Schaut man in die Mitarbeiterzeitschriften der 1950er-Jahre, so ist die Unternehmerseite sichtlich bemüht, das Bild eines harmonischen Miteinanders darzustellen. In den hier gedruckten Fotografien waren die Bergleute, ebenso wie ihre Familien, zufriedene Nutznießer der betrieblichen Wohlfahrtseinrichtungen. Abbildungen von gut genutzten Werksbibliotheken und anderen Freizeiteinrichtungen, Schnappschüsse von Kinderferienreisen und Illustrationen von Jubilarehrungen oder Weihnachtsfeiern gehörten zu den festen Bestandteilen unternehmenseigener Bildpolitik.[13] Im Feld der betrieblichen Sozialpolitik konnten sich die Unternehmen besonders als Akteure eines guten Betriebsklimas darstellen, das auf ihrer Rolle als Garanten nicht nur von Arbeit, sondern auch von sozialer und kultureller Gemeinschaft beruhte. Der Belegschaft kam in dieser Rhetorik die passive Rolle von Empfängern des unternehmensseitigen Wohlwollens zu. Betriebsräte und Arbeitsdirektoren fanden in einem solchen Idealbild des Betriebs eigentlich keinen Platz, und dennoch schufen die gesetzliche Verankerung der Mitbestimmung und wohl auch der betriebliche Alltag Realitäten, die die unternehmerische Bildpolitik nicht gänzlich ignorieren konnte. Allerdings tauchten die gewählten Vertreter der Arbeitnehmer allenfalls am Rande auf oder fanden im medialen Kontext der Abbildungen keine Erwähnung. Es seien hier zwei Beispiele genannt, um diese Repräsentationsambivalenz zu illustrieren.

1958 enthielten die regelmäßig erscheinenden »Mitteilungen für unsere Belegschaft« der Steinkohlenbergwerk Friedrich Heinrich AG im linksrheinischen Kamp-Lintfort einen Bericht des Sicherheitsbeauftragten der Zeche, der insbesondere auf die »Häufung der leichten Unfälle« im vorangegangenen Geschäftsjahr hinwies. Wenn auch das bergbauliche Sicherheitsregime mittlerweile vor allem die Unternehmen als maßgebliche Akteure von Sicherheitsvorkehrungen betrachtete, wurde die Verantwortlichkeit im Einzelfall doch weiterhin häufig bei den einzelnen Arbeitern gesucht, während man etwaige betriebliche Unwägbarkeiten relativierte. Dies ist der Tenor auch in diesem Fall. Als Gründe für Unfälle werden vor allem Ablenkungsfaktoren genannt, die die Mitarbeiter selbst zu verschulden hatten:

> »Nebenerwerbsarbeiten, nicht selten auch Selbsthilfe beim Bau eines Eigenheims, die zur Überarbeitung führten. Auch Erkrankungen von Familienangehörigen wurden als mitwirkende Ursachen gesehen. Und gelegentlich – besonders bei le-

---

12 Der Spiegel, (1957) 27, S. 56.
13 Beispielhaft Steinkohlenbergwerk Friedrich Heinrich AG, Mitteilungen für unsere Belegschaft, 1951–1969.

Abb. 1 Unterweisung des Sicherheitsbeauftragten der Zeche Friedrich Heinrich, Abbildung in der Mitarbeiterzeitung, 1958.

digen Bergleuten – musste eine ungünstige Beeinflussung durch die Umwelt als Unfallursache angenommen werden.«[14]

Diesen Schuldzuschreibungen an die Beschäftigten begegnet der Text dann im Paternalismusmodus:

»Als Ergebnis der Gespräche konnte jedoch festgestellt werden, dass in den weitaus meisten Fällen die betreffenden Bergleute eine bemerkenswerte Aufgeschlossenheit zeigten, und dass es am guten Willen, an den Aufgaben der Unfallverhütung mitzuarbeiten […] im Allgemeinen nicht fehlt.«[15]

Dieser paternalistische Ton wird in der zugehörigen Fotografie mit einer entsprechenden Bildanordnung visuell unterstützt (☞ siehe Abb. 1).

In der rechten Bildhälfte sind vier Bergleute im Profil zu sehen, sitzend und in Arbeitskleidung (noch sauber, also vermutlich vor der Schicht), ihnen gegenüber, an seinem Schreibtisch, ebenfalls im Profil, der Sicherheitsbeauftragte. Am linken Bildrand

---

14 Steinkohlenbergwerk Friedrich Heinrich AG, Mitteilungen für unsere Belegschaft, (1958) 2, S. 67.
15 Ebd., S. 67 f.

ist von hinten angeschnitten ein weiterer sitzender Arbeiter zu sehen. Die Höherrangigkeit des Sicherheitsbeauftragten, der üblicherweise zur Betriebsleitung gehörte, ist nicht nur durch die Tatsache gekennzeichnet, dass er an seinem Schreibtisch sitzt, während die zu diesem offiziellen Termin vor ihm aufgereiht sitzenden Arbeiter höflich ihre Helme im Schoß halten. Auch durch seinen Anzug ist eine deutliche Unterscheidung markiert. Zudem ist er in der dargestellten Kommunikationssituation die eigentlich zentrale Figur. Er, als Führungsperson, spricht, während die anderen in Gruppenformation zuhören. Das entspricht ganz den tradierten Hierarchierollen von Arbeitern und Vorgesetzten. Im Hintergrund, gleichzeitig aber auch als Verbindung zwischen den sich Gegenübersitzenden, sind vier weitere Personen abgebildet, von denen die zwei auf der rechten Seite ihrer Kleidung und Körperhaltung nach vermutlich ebenfalls Vorgesetzte sind. Zu vermuten ist dagegen, dass es sich bei den beiden Personen in der linken Bildmitte, ebenfalls im Anzug, aber ohne Schlips, um Vertreter des Betriebsrats handelt. Von ihrer Rolle bei der Sicherheitsbefragung ist im begleitenden Text nichts zu lesen, obgleich die Mitwirkung der Arbeitnehmervertretung gerade im Bereich der Sicherheitsvorsorge zu den Selbstverständlichkeiten gehörte. Hier zeigt sich gewissermaßen eine zweifache Ambivalenz in der bildlichen Repräsentation der betrieblichen Hierarchien. Einerseits wird die Beteiligung der Arbeitnehmervertretung im Text verschwiegen, im Bild taucht sie aber dennoch auf. Andererseits wird der fast auf Höhe des Sicherheitsbeauftragten sitzende Betriebsrat, der wohl ein Gewerkschaftsabzeichen am Revers trägt, in seiner Körperausrichtung und in seinem Blick auf die Arbeiter fast zur proletarischen Doppelung des Sicherheitsbeauftragten. Die im Text ausgedrückte wohlmeinende Maßregelung geht visuell nicht nur von der Figur des Sicherheitsbeauftragten aus, sondern wird gleichsam vom neben ihm sitzenden Arbeitnehmervertreter als Assistenzfigur mitgetragen. Im Bildaufbau übernimmt der Betriebsrat also, wenn auch ungenannt, eine die Unternehmensposition unterstützende Funktion.

Ein anderes Beispiel der Darstellung des Bergbaubetriebs aus unternehmerischer Sicht, in der sich allenfalls Spuren der neuen Mitbestimmungspraktiken finden, stellt der 1956 von der Bergwerksgesellschaft Walsum veröffentlichte Werbefilm »Bergmannsleben von A–Z« dar.[16] Der Film diente der Rekrutierung von Neubergleuten und wurde außer in den einschlägigen Revieren wohl auch bei Werbekampagnen in strukturschwachen Regionen in Süd- und Norddeutschland eingesetzt, um Jugendliche von den Vorteilen einer Karriere im Ruhrbergbau, insbesondere auf der Zeche Walsum, zu überzeugen. Die Rahmenhandlung besteht darin, dass ein Großvater seinem Enkel von den Vorzügen einer bergmännischen Ausbildung erzählt. Dabei blättert er durch ein Buch, das den Titel des Films trägt und von A bis Z verschiedene Aspekte der Arbeit in der Bergbauindustrie vorstellt. Wie viele andere Vertreter des Genres wirft der Film einen recht idealisierten Blick auf die unter Tage eingesetzte

---

16 Eine Kopie des Films findet sich im Montanhistorischen Dokumentationszentrum (montan.dok) beim Deutschen Bergbau-Museum Bochum.

Technik, deren »moderner« und sauberer Betrieb weniger von harter körperlicher Arbeit als von technischer Kompetenz geprägt zu sein scheint.[17] Neben dem eigentlichen Arbeitsaspekt werden die guten Sozialeinrichtungen für die Berglehrlinge dargestellt, sodass jedem Zuschauer klargemacht wird, dass kein Jugendlicher Ausbildung, Arbeit und Karriere im Bergbau zu fürchten hat, selbst dann nicht, wenn er von weither und ohne Familienrückhalt ins Ruhrgebiet kommen muss. Der Betrieb ist zugleich Ort der technischen Modernität, in die der Jungbergmann eingeführt wird, und eine Art Ferienlager, in dem ihm Gemeinschaftsleben und Kultur beigebracht werden. Von etwaigen Mitbestimmungsmöglichkeiten der Belegschaft und ihrer Vertreter in betrieblichen Fragen ist keine Rede. Lediglich beiläufig wird an einer Stelle die Figur des Arbeitsdirektors ins Bild gesetzt, Zigarre rauchend bei einer Feier mit Jugendlichen, bei der er in väterlicher Rolle Preise bei einem Wettbewerb verteilt. Ein Hinweis auf seine Funktion als Arbeitnehmervertreter im Vorstand unterbleibt. Während die Repräsentation des Betriebsrats im Büro des Sicherheitsbeauftragten die bestehenden Betriebshierarchien eher noch unterstreicht, ist der Arbeitsdirektor hier eine neutrale Figur, wobei beide Darstellungen sich auch nach dem anvisierten Adressaten unterscheiden. Im einen Fall handelte es sich dabei um die Belegschaft der Zeche, die sich einer sicherheitstechnischen Disziplin anpassen soll, im zweiten Fall um Eltern potenzieller Nachwuchsbergleute.

Explizit werden in »Bergmannsleben von A–Z« Autoritätsverhältnisse und Entscheidungsstrukturen an einem anderen Punkt thematisiert, aber auch an dieser Stelle spielt die Arbeitnehmervertretung in Form des Betriebsrats oder des Arbeitsdirektors keine Rolle. So gehört zur harmonischen Betriebsgemeinschaft, deren Teil die Ausbildung ist, im Film unter dem Buchstaben »R für Rangordnung« der Hinweis auf die betrieblichen Hierarchien. Sie sind nicht Spiegel von Machtverhältnissen, sondern werden hier vor allem als Aufstiegsmöglichkeit für jeden motivierten Jungbergmann präsentiert (☛ siehe Abb. 2).

Zentrales Motiv ist eine schwarz-weiße Zeichentrickanimation, die den möglichen Weg eines jeden Berglehrlings von der Ausbildung bis hin zum Zechen- und Unternehmensdirektor veranschaulichen soll. Umgesetzt wird dies durch eine Figur, die einen steilen Abhang erklimmt und auf dem Weg bergauf von Station zu Station mit weiteren bergmännischen Accessoires ausgestattet wird. Der Berglehrling als unterstes Glied der Hierarchie trägt zunächst Arbeitskleidung, einen in den 1950er-Jahren üblichen Lederhelm und eine Grubenlampe. Nach Absolvierung der Bergvor- und der Bergschule ist er zum Aufstieg als technischer Angestellter qualifiziert und erhält eine der Gruppe der sogenannten Steiger vorbehaltene moderne Umhängelampe sowie einen Häckel, einen Gehstock, der seine praktische Funktion als Instrument

---

17 Stefan Przigoda, Bergbau – Film – Technik. Wirtschaftsfilm und Technikgeschichte am Beispiel der Überlieferung im Bergbau-Archiv Bochum, in: Hediger/Vonderau (Hg.), Filmische Mittel, 2007, S. 308-319, hier: S. 315.

Abb. 2 Betriebliche Aufstiegsmöglichkeiten im Film »Bergmannsleben von A–Z« (1956).

für Abmessungen und Gesteinsprüfungen längst verloren hatte und mittlerweile nur mehr symbolisch an Führungskräfte verliehen wurde. Markiert durch die Begriffe »Persönliche Leistung« steigt er den Abhang weiter empor und wird zum Betriebsführer, während sich sein Helm in einen zivilen Hut verwandelt und aus Häckel und Grubenlampe eine Aktentasche wird, die er unter dem Arm trägt. Schließlich ist der Gipfel erreicht, auf dem eine Konzernzentrale zu sehen ist, vor der ein Dienstwagen bereitsteht, mit dem der frisch gebackene Direktor in den Feierabend fährt. Der Film folgte hier einem von der Unternehmerseite lange gepflegten Mythos, demzufolge das stets ausgeweitete Weiterbildungssystem im Ruhrbergbau praktisch allen Bergleuten einen Aufstieg auf höchste betriebliche Ebenen ermöglichte, sofern sie das persönliche Talent mitbrachten und die entsprechenden Leistungen zeigten. Der Aufstieg in der »Rangordnung« war insofern vor allem an die Ideale von individueller Leistungsfähigkeit geknüpft und implizierte zudem die Bereitschaft, sich bereitwillig an bestehende Hierarchien und Entscheidungsstrukturen anpassen zu können.

2 Bemühen um Integration – die Bildsprache der IG Bergbau

Während die unternehmerseitige Bildpolitik der 1950er-Jahre weitgehend auf die Visualisierung neuer Mitbestimmungsstrukturen verzichtete, lag es bei der IG Bergbau, eine eigene Bildsprache zu entwickeln, die der gestiegenen Bedeutung von Gewerkschaften und Betriebsräten Rechnung trug. Raum dies zu realisieren, boten vor allem die Mitgliederzeitschriften »Die Bergbauindustrie« sowie »Bergbau und Wirtschaft«. Erstere richtete sich mit einer Auflage von über 530.000 an sämtliche Mitglieder und ihre Familien, Letztere mit stärker programmatischen Beiträgen an Betriebsräte und Funktionäre der Organisation.[18] 1960, mit der Umbenennung in IG Bergbau

---

18 IG Bergbau Jahrbuch 1948/49, S. 301.

und Energie, wurde aus der »Bergbauindustrie« die »Einheit«. Die Illustrierungen dieser Publikationen wurden inhaltlich in die Berichterstattung über Themen und Konflikte eingepasst, die zeitgenössisch auf der Tagesordnung standen, nicht zuletzt mit Blick auf die Durchsetzung des Mitbestimmungsgesetztes. Gleichzeitig waren sie ikonografisch eher berufsständisch geprägt und hätten zuweilen ebenso auch in unternehmerischen Publikationen Platz finden können. Ausschlaggebend war hier der sachliche Zusammenhang, in den Abbildungen gesetzt wurden. Üblicherweise handelte es sich um Szenen aus dem Betrieb oder auch aus den Bergbaugemeinden, die in der Montage aus Text und Bild zu einem Pathos der Alltäglichkeit aufgeladen wurden, in deren Mittelpunkt der prototypische (Berg-)Arbeiter stand. Die Maiproklamation des Internationalen Bundes Freier Gewerkschaften und ein Artikel über die parteiübergreifende Einheitsgewerkschaft wurde etwa im April 1950 einerseits durch »ein alltägliches Bild« illustriert, wie es ausdrücklich im Untertitel heißt, das eine Wäscheleine vor dramatischem Himmel mit zwei Fördertürmen im Hintergrund zeigt (siehe Abb. 3).

Dies wurde auf derselben Seite ergänzt durch ein Portrait mit dem Titel »Alter Bergmann«. Diese Idealisierung des erfahrenen Arbeiters bleibt zunächst ebenso unspezifisch wie die Alltagsszene. Seine eigentliche Bedeutung mit der Anknüpfung an traditionelle Werte der Arbeiterbewegung erhält das Foto erst durch die darunter stehenden Verse: »Dein Antlitz ist vom Sturm der Zeit durchwettert und durchweht, aus solchem Sturm wuchs Einigkeit und Solidarität«.[19] Solche textlich-visuellen Kombinationen zur Bestätigung einer selbstbewussten Arbeiterschaft wiederholen sich in den IG-Bergbau-Publikationen. Ein ähnliches Portrait im selben Bildausschnitt, das einen jüngeren Arbeiter zeigt, der nach seiner Schicht mit Kohlenstaub im Gesicht in die Kamera blickt, trug den Titel »Stolz und selbstbewusst«.[20]

Im Gegensatz zur Abbildung der Arbeiter beim Sicherheitsbeauftragten der Zeche Friedrich Heinrich, bei der alte Autoritätsmuster reproduziert wurden, zeigte sich die gewerkschaftliche Bildsprache in zweifacher Hinsicht als Mittel der Selbstvergewisserung. Einerseits wurde ein Bild der Arbeiterschaft gezeichnet, das sich durch Selbstbewusstsein und Stärke auszeichnete. Dies schien besonders im Anschluss an den Wiederaufbau der Gewerkschaftsbewegung und angesichts der Auseinandersetzungen mit den Unternehmern um die Einführung der Montanmitbestimmung notwendig zu sein. Andererseits führte gerade das zur Betonung der integrativen Rolle sowohl der Gewerkschaft als auch der Belegschaften bei den demokratischen Prozessen in der neuen bundesrepublikanischen Gesellschaft. Die Ausgabe der »Bergbau-

---

19 »Dein Antlitz ist vom Gang der Zeit durchfurcht wie altes Erz; es spricht von Sorge, Not und Leid, doch auch von gold'nem Herz./Dein Antlitz ist vom Sturm der Zeit durchwettert und durchweht; aus solchem Sturm wuchs Einigkeit und Solidarität./Dein Antlitz ist vom Strom der Zeit erfüllt mit Seherkraft; die Augen sehen zukunftsweit, was Einigkeit einst schafft!«, Die Bergbau-Industrie v. 22.4.1950.
20 Die Bergbau-Industrie v. 1.7.1950.

Abb. 3 Titelseite der »Bergbau-Industrie« v. 22. April 1950.

industrie« vom Januar 1951, die sich der Urabstimmung darüber widmete, nötigenfalls für die Durchsetzung des Mitbestimmungsgesetzes in Streik zu treten, verband auf visueller Ebene berufsständische Elemente mit der Inszenierung demokratischer Praxis. Eine Abbildung, die einen »Kohlenhauer und [einen] Gedingeschlepper beim Strebausbau« zeigte, also bei einer typischen untertägigen Arbeitssituation, verband sich im Untertitel mit dem Hinweis: »Unsere Kameraden haben die Urabstimmung durchgeführt. Sie sind bereit, das Mitbestimmungsrecht zu erkämpfen.« Im Anschluss fanden sich in derselben Ausgabe der Zeitschrift ausführliche Berichte über die Abstimmung, die durch zahlreiche Abbildungen von Arbeitern beim Urnengang illustriert wurde.[21] Der Betrieb wurde so zum Austragungsort demokratischer Praktiken, als deren vorrangige Akteure die Belegschaften und ihre Vertretungen agierten. Das Gegenbild hierzu zeichnete eine Karikatur in der Bergbauindustrie von 1951, die visuell auf die Eröffnungsszene des skandalisierten Films »Die Sünderin« aus dem Jahr zuvor rekurrierte. Im Film sieht man die Hauptdarstellerin Hildegard Knef als Prostituierte im schulter- und rückenfreien Kleid an der Theke einer noblen Bar für die dekadente Oberschicht. In der Karikatur sitzen ihr nun zwei Herren im Smoking vor einem Glas Sekt gegenüber und zwinkern sich zu: »Keine Sorge, Herr Assessor, dem neuen Arbeitsdirektor geben wir schicke Sekretärinnen, eine kleine Hausbar ins Arbeitszimmer und dann haben wir ihn bald eingewickelt.«[22] Als Kontrast zu den demokratisch und transparent agierenden Arbeitern wird hier die traditionelle Elite der Bergassessoren, die an der Spitze der Branchenhierarchie standen, zu korrupten und dekadenten Gegnern der Demokratisierung.

Solche Polemik blieb in der bildlichen Repräsentation allerdings selten. So war man auch in den gewerkschaftseigenen Filmproduktionen der 1950er-Jahre bemüht, die demokratische Zielrichtung gewerkschaftlicher Praxis zu betonen, doch blieb der Ton wenig konfrontativ. Im Film »Kameradschaft« von 1954, der in einer Spielhandlung die Tätigkeit der IG Bergbau und die Verbundenheit einer Zechengemeinde mit ihrer Organisation darstellt, bleiben Zechenleitungen und Unternehmen gleichsam als Gegenseite zur Arbeitnehmervertretung praktisch abwesend. Zwar reißt der Film eine Reihe von Problemen an, die es im Namen der Arbeiter zu lösen gilt, nicht zuletzt Sicherheitsfragen in der Untertagearbeit und die gesundheitliche Versorgung versehrter Bergleute. Die Frage der Verantwortungsübernahme für etwaige Missstände bleibt jedoch vage. Verantwortung wird vielmehr von den Arbeitern selbst übernommen, filmisch zugespitzt in der Darstellung einer Betriebsratssitzung, in deren Verlauf grundsätzliche Prinzipien betrieblicher Mitbestimmungsarbeit artikuliert werden. Zunächst ist die Inszenierung des Raums von Bedeutung: Im Gegensatz zum Bild des Sicherheitsbeauftragten im Gespräch mit Arbeitern der Zeche Friedrich Heinrich, das von der Distanz zwischen dem Vorgesetzten und den Arbeitern be-

---

21 Ebd., 27.1.1951.
22 Ebd., 1.9.1951.

stimmt wird – räumlich markiert durch den Schreibtisch als Abgrenzung – sitzen die diskutierenden Betriebsräte in »Kameradschaft« offenbar in gleichberechtigter Runde um einen Tisch versammelt.

Stellvertretend wird das Gespräch von drei Protagonisten geführt, von denen zwei als sachlich ausgleichende Identifikationsfiguren gezeichnet werden, während einer – dick, mit Glatze und sich in den Stuhl fläzend – radikalere Positionen vertritt. Angedeutet findet sich hier die zu diesem Zeitpunkt noch nachhallende Auseinandersetzung mit den Vertretern der KPD, deren anfänglicher Rückhalt in den Belegschaften allerdings bereits zu Beginn der 1950er-Jahre deutlich nachgelassen hatte.[23] Den verbalradikalen Positionen des einen – »Aber das ist alles viel zu lahm. Wir sollten mal richtig durchgreifen und mit der Faust auf den Tisch kloppen! [...] Das ist zu wenig. Wir müssen Forderungen stellen. Wenn sie nicht erfüllt werden: Streik!« – setzen die beiden anderen eine Position der konstruktiven Mitarbeit entgegen: »Das wissen wir alle, dass die Löhne zu niedrig und die Preise zu hoch sind. Wir sind aber alle nur Menschen. Wenn wir wollen, dass es anders wird, dann dürfen wir nicht nur nörgeln und meckern, dann müssen wir auch mitarbeiten!« Die Voraussetzung für diese Mitarbeit wird in der Einführung des Mitbestimmungsgesetzes gesehen. »Die Mitbestimmung ist erkämpft. Unsere Vertreter sitzen in den Aufsichtsräten. Unsere Arbeitsdirektoren vertreten in den Vorständen der Gesellschaften die Arbeitnehmerschaft.«

Abb. 4 Betriebsratssitzung im IGB-Film »Kameradschaft«.

Dass die Einführung dieses Gesetzes konfliktbehaftet war und gegen die Unternehmerseite durchgesetzt werden musste, wird narrativ aus der eigentlichen Spielhandlung des Films ausgelagert. So wird ein Ausschnitt aus einer Rede des Gewerkschaftsvorsitzenden August Schmidt beim Kongress der IG Bergbau eingebaut. Schmidt ist es, der rhetorisch deutlicher auf den Konflikthintergrund bei der Entstehung des Mitbestimmungsgesetzes hinweist:

»Wir fordern die Mitbestimmung nicht, weil die Gewerkschaftsleitungen mehr Macht anstreben, wie Unternehmerkreise wider besseres Wissen behaupten, sondern weil wir überzeugt sind, dass nur durch die Mitbestimmung machtpolitische Interessen einiger Gruppen in Staat und Wirtschaft ausgeschaltet werden können.«

---

23 Till Kössler, Abschied von der Revolution. Kommunisten und Gesellschaft in Westdeutschland 1945–1968, Düsseldorf 2005, S. 175-219; 297-314.

Hier waren es nun explizit die »Unternehmerkreise«, die ihre eigenen gegen die Interessen aller stellten, um eine Demokratisierung »in Staat und Wirtschaft« zu verhindern. Dagegen postulierten die Arbeitnehmerseite und ihre Vertreter in den Aufsichtsräten und Vorständen, ebenso wie auf der hier vorgeführten innerbetrieblichen Ebene des Betriebsrats ein Verantwortungsbewusstsein, das die Interessen aller, auch die der Unternehmer anerkannte, weshalb man eben »nicht nur nörgeln und meckern, sondern auch mitarbeiten« musste.

Der Einbruch der Bergbaukrise 1958, die zu Kurzarbeit, Arbeitsplatzabbau und der Schließungen von Bergwerken führte, erschütterte diesen Willen zum Konsens. Doch auch der stärker konfrontative Tenor, den die Gewerkschaft nun auf der Ebene der bildlichen Repräsentation anschlug, zeichnete sich am Ende durch eine diskursive Selbstdisziplinierung aus, die dazu diente, das eigene Bild in der Öffentlichkeit nicht zu stark vom Konstrukt der bisherigen Integrationsfähigkeit abzuheben. Das wird besonders an zwei Filmen deutlich, die die IG Bergbau in der ersten Phase der Krise produzierte: »Schon vergessen?« von 1958 und »Gewerkschaft in Aktion« von 1959/60.[24] Der erste Film stellt in vielerlei Hinsicht einen Bruch mit der Konsensorientierung in »Kameradschaft« dar. »Schon vergessen?« hatte den Charakter einer Polemik und war gleichzeitig Drohgebärde. Inhaltlich kontrastierte er die Opferbereitschaft der Bergleute im Wiederaufbau nach 1945 mit einer bürgerlichen Saturiertheit des sogenannten Wirtschaftswunders. Bilder von Hunger und Trümmerlandschaften einerseits, von der Schwere und den Lebensgefahren der Untertagearbeit andererseits wurden gegengeschnitten mit Aufnahmen der wiederaufgebauten, modernisierten Stadtlandschaft, mit gut gefüllten Schaufenstern und Geschäftsauslagen. Dies kulminiert schließlich in Bildern eines Schönheitswettbewerbs, bei dem grinsende Herren im Anzug Frauen im Badeanzug taxieren. »Wir vergaßen allzu schnell die Miss-*Stände* und veranstalteten Miss-*Wahlen*. Alles spiegelte sich im deutschen Wirtschaftswunder«, heißt es im zugehörigen Kommentar, bevor als Gegenpol Bilder der Rettungsarbeiten und des Trauerzugs der Gelsenkirchener Zeche Dahlbusch geschnitten werden, wo 1955 nach einer untertägigen Explosion 75 Bergleute ums Leben kamen. Der narrative Gegensatz, der hier ausgebreitet wird – Aufopferung der Bergleute für den Wiederaufbau und die darauffolgende selbstvergessene Konsumhaltung der Wohlstandsgesellschaft – mündet nun, angesichts von Zechenschließungen und drohendem Arbeitsplatzverlust, in eine moralische Anklage: »Schon vergessen?« Ästhetisch unterstützt wird dieser Gestus durch schnelle Schnitte, dramatisierenden Rhythmus und an Hanns Eisler angelehnte Bläsermusik. Mit solchen stilistischen Anlehnungen an den KPD-nahen Film der Weimarer Zeit wurde das Bedrohungs-

---

24 Beide Filme wie auch der oben genannte »Kameradschaft« befinden sich im Archiv für soziale Bewegungen, Bochum. Hierzu Stefan Moitra, »Die Wirklichkeit ist da, aber sie wird manipuliert«. Zur gewerkschaftlichen Filmpraxis in der frühen Bundesrepublik, in: Hediger/Vonderau (Hg.), Filmische Mittel, 2007, S. 214-235.

szenario abgerundet – wenn die Opfer der Bergarbeiter für den gesellschaftlichen Wohlstand im Wirtschaftswunder vergessen werden, droht eine politische Radikalisierung wie gegen Ende der Weimarer Republik. Dieses Spiel mit dem eigenen Bedrohungspotenzial fand während der Bergbaukrise seine Entsprechung in vielen Protestaktionen und zeigte durchaus Wirkung. So zitierte der »Spiegel« den Vorsitzenden der CDU-Bundestagsfraktion, Rainer Barzel, 1966 mit den Worten: »Wenn es an der Ruhr brennt, hat der Rhein nicht genug Wasser, das Feuer zu löschen.« Und im selben Jahr berichtete der Gewerkschaftsvorsitzende Walter Arendt, der 1958 als Leiter der IGB-Presseabteilung und namentlicher Drehbuchautor federführend in »Schon vergessen?« gewesen war, von einer Protestaktion anlässlich der Schließung der Zeche Graf Bismarck in Gelsenkirchen: »Aber ich sage Ihnen, die Atmosphäre war so gespannt, dass es keiner großen Anstrengung bedurft hätte, um es zu irgendwelchen Tumulten kommen zu lassen. Und natürlich gibt es eine ganze Reihe von Extremisten, die solche Gelegenheiten für sich ausschlachten würden, da genügt ein Funke.«[25]

Parallel zu diesem Drohszenario inszenierte die Gewerkschaft aber auch Bilder der Selbstdisziplinierung und Mäßigung. In »Gewerkschaft in Aktion« über den sogenannten Marsch nach Bonn im September 1959 wurde ein anderes Bild der Bergleute gezeichnet. Bei dem »Marsch« handelte es sich mit 60.000 Teilnehmern um die bis dahin größte Demonstration in der Bundeshauptstadt. Aus dem ganzen Ruhrgebiet und darüber hinaus reisten Bergleute nach Bonn, um für politische Unterstützung des Bergbaus in der Krise zu demonstrieren. Der Film zeigt dies vor allem als organisatorisches Problem. Man reist per Bus, Bahn und sogar mit Rheinschiffen, bekommt Verpflegung und marschiert schließlich ordentlich, in Anzug und Mantel, durch die Bundeshauptstadt. Auf Inszenierungen des männlichen Körpers bei der Untertagearbeit als sonst übliches Element der filmischen Darstellung der Bergbauindustrie wurde dagegen gänzlich verzichtet. Das visuelle und mediale Bemühen um Integration in einen bürgerlichen bundesrepublikanischen Konsens taucht hier wieder auf. Allerdings changiert dieser Diskurs in der Zeit der Krise mit der Drohgebärde politischer Radikalisierung wie in »Schon vergessen?«.

3 Ausblick: Kommunikationsstrategien der Sozialpartnerschaft als Antwort auf die Krise

Im zeitlichen Spektrum zwischen dem Wiederaufbau nach 1945, den Anfängen der Montanmitbestimmung und der Krisenzeit seit dem Ende der 1950er-Jahre gingen die Strategien, die bergbauliche Arbeitswelt und ihre betrieblichen Beziehungen visuell zu repräsentieren, offensichtlich stark auseinander. Die Unternehmerseite versuchte,

---

25 Zitate: Der Spiegel, (1966) 24, S. 31; Der Spiegel, (1966) 26, S. 32. Auch Nonn, Ruhrbergbaukrise, 2001, S. 97-126.

die Mitbestimmung bildpolitisch soweit wie möglich zu ignorieren und zeichnete stattdessen ein Bild des sozial fürsorglichen Unternehmens in der Tradition des Paternalismus. Betriebsräte und Arbeitsdirektoren kamen hier allenfalls am Rande vor. Vielmehr ging es darum, ein harmonisches Bild der »Betriebsfamilie« zu zeichnen, für das letztlich Interessenvertretungen wie der Betriebsrat störend wirkten. Die Gewerkschaft ihrerseits versuchte sich als Akteur der jungen Demokratie zu präsentieren und sah zugleich den Betrieb selbst als Ort demokratischer Praxis. Visuell bediente man sich dabei einerseits einer berufsständischen Ikonografie, die andererseits mit der Illustrierung der Betriebsdemokratie kombiniert wurde – mit Bildern von Wahlen und Abstimmungen ebenso wie etwa in Form des runden Tisches der Betriebsratssitzung in »Kameradschaft«. Zugleich zeigte aber auch die visuelle Kommunikation der IG Bergbau ein gewisses Harmoniebedürfnis, in dessen Rahmen die Unternehmerseite nur selten offen angegriffen wurde, jedenfalls, was die Bildsprache betraf. Insofern wäre zu konstatieren, dass beide Seiten, Arbeitgeber wie Gewerkschaft, in der Visualisierung der betrieblichen Beziehungen jeweils Schwerpunkte setzten, die wenige Berührungspunkte zueinander aufwiesen. Gleichzeitig gab es aber auch kaum Fälle bildpolitischer Polemik.

Seitens der IG Bergbau wurde diese Strategie allerdings mit der Bergbaukrise deutlich gestört. Zwar bestimmte weiter eher das Bild der geordneten und zivilen Organisation aus »Gewerkschaft in Aktion« den Ton, doch entsprach die Drohgebärde, die »Schon vergessen?« darstellte, in den 1960er-Jahren der Kampfrhetorik, die sich Gewerkschafter wie auch Belegschaften angesichts drohender Zechenschließungen zu eigen machten. Auch zielte die nahegelegte Gefahr eines politischen Flächenbrands im Ruhrrevier nicht zwangsläufig auf die Unternehmer als Adressaten ab. Vielmehr waren es vor allem die politischen Entscheidungsträger, die gedrängt werden sollten, sich um die Krise zu kümmern.[26] In der sogenannten Konzertierten Aktion kam es dann unter Mitwirkung der Bundesregierung, der Unternehmen sowie der IG Bergbau und Energie tatsächlich zu einer konsensuellen Lösung mit der Gründung der Ruhrkohle AG 1968/69 als Einheitsgesellschaft des gesamten Ruhrbergbaus.

Auf die Hintergründe der Entstehung dieses neuen Konzerns kann hier nicht im Detail eingegangen werden, dennoch seien einige grundsätzliche Punkte zur Vorgeschichte der Gründung genannt, weil sich das Verhältnis zwischen Unternehmer- und Mitbestimmungsseite in der Folge grundlegend veränderte.[27] Die Aufteilung des Reviers in eine Vielzahl von Konzernen und Unternehmen hatte zwischen 1958 und 1968 dazu geführt, dass es kaum über einzelne Konzerne hinweg abgestimm-

---

26 Christoph Nonn, Die Krise des Ruhrbergbaus bis zur Gründung der Ruhrkohle AG (1957/58 bis 1969), in: Michael Farrenkopf/Michael Ganzelewski/Stefan Przigoda/Inga Schnepel/Rainer Slotta (Hg.), Glück auf! Ruhrgebiet. Der Steinkohlenbergbau nach 1945, Bochum 2009, S. 236-242.
27 Abelshauser, Der Ruhrkohlenbergbau, 1984, S. 122-164.

te Planungen von Betriebsschließungen und Rationalisierungsmaßnamen gegeben hatte. Lösungsperspektiven wurden vor allem in einer Konzentration der diversen Unternehmen und ihrer Produktionsstätten gesehen, um bessere Planbarkeiten zu erreichen. Hier standen sich aber unterschiedlichste Eigentümerinteressen und wirtschaftspolitische Ideen seitens Politik, Unternehmen und Gewerkschaft gegenüber. Vor allem die IGBE drängte darauf, eine Einheitsgesellschaft zu gründen, in die der gesamte Grubenbesitz des Ruhrgebiets eingebracht werden sollte, um so zu einer rationaleren und langfristigen Planung der Steinkohlenförderung zu kommen – wie auch zu ihrer potenziellen Reduzierung, wo nötig durch Zechenstilllegungen. Es gab auch andere Planspiele in Detailfragen und Unternehmen, die sich sperrten, aber im Großen und Ganzen setzte sich die IGBE unter Vermittlung der Politik durch. Langfristig implizierte dieses Konzept auch Personalabbau unter sozialverträglichen Bedingungen, der von der Arbeitnehmerseite mitgetragen werden musste. Um dieses Austarieren aller Interessen – Sozialpolitik, Gewinnorientierung, Rationalisierungslogik – zu gewährleisten, mussten sämtliche relevanten Akteure an Bord geholt werden. Die Mitsprache der Arbeitnehmerseite bekam daher eine neue Qualität, die sich zukünftig im Begriff der »Sozialpartnerschaft« ausdrücken sollte.

Diese neue Beziehung zwischen Arbeitnehmervertretung und Unternehmensseite wurde beispielhaft in der neu geschaffenen Mitarbeiterzeitschrift »Ruhrkohle« veranschaulicht, die im Januar 1970 erstmals erschien. Sie stellte den Belegschaften den neuen Konzern, den Aufbau und die Funktion der sieben regionalen Betriebsführungsgesellschaften sowie die Struktur und Besetzung sämtlicher Geschäftsführungs-, Aufsichts- und Beratungsgremien vor. Als Selbstverständlichkeit wurden nun neben den Vorständen des Konzerns und seiner Tochtergesellschaften die Mitglieder des Gesamtbetriebsrats und anderer Mitbestimmungsgremien vorgestellt. Gleich die erste Doppelseite wurde sowohl durch die Illustrationen als auch durch die hier angesprochenen Themen von gewerkschaftlichen Schwerpunkten dominiert (☞ siehe Abb. 5, S. 250 f.).

Das die erste Seite bestimmende Foto zeigte den Gewerkschaftsvorsitzenden Adolf Schmidt während seines Antrittsbesuchs bei Ministerpräsident Heinz Kühn. Der darüber gesetzte Artikel thematisierte die Ernennung der neuen Direktoren der Bundesknappschaft. Visuell stach aber in der dazugehörigen Schlagzeile vor allem »Minister Arendt« hervor, nachdem der vorhergehende IGBE-Vorsitzende Arbeitsminister in der sozialliberalen Koalition geworden war. Sowohl der neue als auch der alte Gewerkschaftsvorsitzende waren also prominent in der Unternehmenszeitschrift präsent. Dazu kam dann noch ein kurzer Artikel über die Arbeitsgemeinschaft der Gesamtbetriebsräte des Konzerns.

Der rechte Teil der Doppelseite stellte großformatig die neue Lohn- und Gehaltsordnung der Ruhrkohle AG dar, visuell dominiert von einem Foto von Arbeitern, die lächelnd und mit verschmierten Gesichtern von der Schicht kommen. Dies war anschlussfähig an die alte unternehmerische Bildrhetorik der Betriebsharmonie, war

Abb. 5 Erste Ausgabe der »Ruhrkohle. Werkzeitschrift für die Mitarbeiter der Ruhrkohle AG«,

aber nun ganz und gar eingefasst in einen gewerkschafts- und mitbestimmungspolitischen Rahmen. Dieser Spagat wurde schließlich von einem Editorial des Ruhrkohle-

mann Klos (46), Angestelltenvertreter auf der Zeche Friedrich Heinrich, der gleichzeitig stellv. Gesamtbetriebsvorsitzender in der Bergbau AG Niederrhein ist. Schriftführer wurde Erich Haake (49) von Victor 3/4 in Castrop-Rauxel.

Die Aufgabe dieser Betriebsräte - Arbeitsgemeinschaft wird es sein, solche Angelegenheiten zu behandeln, die über den Rahmen der einzelnen Betriebsführungsgesellschaften hinausgehen und deshalb nicht mehr von den einzelnen Gesamtbetriebsräten wahrgenommen werden können. ∎

Zahlreiche materielle Verbesserungen sind ab 1. Januar 1970 für die Beschäftigten im Ruhrbergbau wirksam. Zusätzliche Leistungen beim Urlaubsgeld. Zahlung einer Treueprämie.

Neue Lohn- und Gehaltsordnung

Udo im Streb

Udo Jürgens schwitzte diesmal nicht auf der Bühne, sondern in 900 m Tiefe. Auf Einladung der IG Bergbau und Energie stattete er der Zeche Friedrich der Große (Herne) einen Besuch ab. Und Udo, ganz oben auf der Beliebtheitsliste, drang auch im Hobelstreb von allen Gästen am weitesten vor. Anschließend gab er ein kleines Konzert im Lichthof der Waschkaue. Im Scheinwerferlicht des Fernsehens umdrängten die Bergleute den Sänger, der sich vor Autogrammwünschen kaum retten konnte. Das obligate Blumensträußchen überreichte Resi Klier und bekam dafür ein schwarz gefärbtes Udo-Küßchen. Mehr überrascht hatte den Star allerdings ein Bergmann vor Ort. Udo erinnerte sich später: „Eine dufte Type" war der Hauer da unten. Ich glaube, er hieß Wilhelm Bauer. Er führte mich in die Kunst des Schnupfens ein. Ich mußte eine große Prise nehmen, sonst wäre ich wahrscheinlich gekränkt gewesen." sch.

Die Tarifbewegung im rheinisch-westfälischen Bergbau ist abgeschlossen. Am 14. Januar 1970 setzten die Vertreter der beiden Tarifpartner — Unternehmensverband Ruhrbergbau und IG Bergbau und Energie — ihre Unterschrift unter die neuen Lohn- und Gehaltsverträge. Die bereits seit dem 1. September 1969 gezahlte Sonderzulage von 3,50 DM je vergütete Schicht (vorgezogene Lohnerhöhung, vertraglich an sich erst frühestens ab 1. Januar 1970 möglich) wurde mit Wirkung vom 1. Januar 1970 in die bisherige Lohnordnung eingebaut. Die ebenfalls im September von den Tarifparteien in Aussicht genommene Neuordnung der Lohnordnung konnte bis zum Jahresbeginn 1970 noch nicht erreicht werden. Der Grund: Die Meinungsunterschiede über die Entwicklung einer neuen, objektivierten Lohnordnung konnten so rasch nicht ausgeräumt werden.

Die für diese Neuordnung der einzelnen Lohngruppen vorgesehenen Mittel (zwei Prozent der gesamten Lohnsumme) wurden deshalb in die neuen Lohnsätze einbezogen. Dadurch ergeben sich zusammen mit den seit September 1969 gezahlten 3,50 DM prozentuale Erhöhungen in den einzelnen Lohngruppen zwischen 11 und 17 Prozent gegenüber den Arbeiterlöhnen vom August 1969.

Der tarifliche Gedingerichtlohn für neu abzuschließende Gedinge wurde auf 41,— DM angehoben. Bei den laufenden Gedingen erfolgt ebenfalls dann eine Anhebung, wenn sie auf dem bisherigen tariflichen Richtlohn von 35,60 DM beruhen. Übertarifliche Bestandteile des laufenden Gedingesatzes sollen weder erhöht noch verringert werden.

Gleichzeitig wurde für die Angestellten eine Erhöhung in den einzelnen Gehaltsgruppen und -stufen zwischen 9,5 und 11,5 Prozent gegenüber August 1969 vereinbart. Dadurch ergeben sich Erhöhungen von mindestens 85,— DM. Dieser Betrag wurde bereits ab September 1969 als tarifliche Sonderzulage gewährt. Der Tarifabschluß mit Wirkung vom 1. Januar 1970 hat jedoch in den meisten Fällen eine höhere Zulage als 85,— DM erbracht.

Nicht übersehen werden sollte, daß ab 1. Januar 1970 noch weitere materielle Verbesserungen für die Beschäftigten im Ruhrbergbau wirksam wurden:

● Zahlung einer Treueprämie von jährlich 312,— DM bzw. 120,— DM für Lehrlinge als vermögenswirksame Leistung im Sinne des 2. Gesetzes zur Förderung der Vermögensbildung der Arbeitnehmer.

● Erhöhung des Urlaubsgeldes von 180,— DM auf 240,— DM.

● Mindesturlaub von vier Wochen bzw. 20 Arbeitstagen. Für Untertagebeschäftigte ist der Höchsturlaub um einen Tag verlängert worden.

● Die knappschaftlichen Vorsorgekuren werden nicht mehr zur Hälfte auf den Tarifurlaub angerechnet; der volle Lohn wird weitergezahlt.

● Weiterhin haben die Tarifparteien vereinbart, daß im Laufe des Jahres 1970 die Arbeitskleidung nicht nur kostenlos gewaschen, sondern einschließlich Schuhwerk durch das Unternehmen zur Verfügung gestellt wird.

vom Januar 1970.

Vorstands bestärkt. Er wies klar auf das gemeinsame Ziel hin, die Krise zu meistern und für »die Gesundung und Stärkung des Steinkohlenbergbaus an Rhein und Ruhr«

251

einzutreten. Dazu war man »auf die Mitarbeit und das Mitdenken eines jeden« angewiesen. Die Werkszeitschrift sollte daher »nicht in der Form langweiliger und langatmiger Obrigkeits-Berichterstattung« wirken, »sondern sie soll freimütig, sachlich und in engem Kontakt zu den Lesern unterrichten«.[28]

Die traditionelle Konfliktrhetorik, sei sie latent oder explizit gewesen, zwischen Arbeitnehmer- und Arbeitgeberseite war an dieser Stelle vollständig einer neuen Kommunikationsstrategie gewichen. Sowohl inhaltlich als auch in der Nutzung und Einbettung von Fotos und Illustrationen war die neue unternehmerische Kommunikation auf die Einbindung beider Interessenslagen ausgerichtet. Im Jahr zuvor hatte die IGBE noch festgestellt, dass die Ruhrkohle AG »durch [ihre] politische Initiative« zustande gekommen sei. »Aber sie ist nicht ein Unternehmen der IG Bergbau und Energie. Sie ist vielmehr eine privatwirtschaftlich organisierte und geführte Gesellschaft und daher zwangsläufig spannungsbezogen zur gewerkschaftlichen Interessenvertretung.«[29] Diese Spannungsbezogenheit wurde in der Mitarbeiterzeitschrift des Unternehmens weitgehend überbrückt und traf sich dabei mit der sozialpartnerschaftlichen Sprache, die zukünftig auch die gewerkschaftseigenen Publikationen mehr und mehr nutzen sollten. Mit diesem auf Konsens ausgerichteten Tenor ist die Mitarbeiterzeitschrift der Ruhrkohle AG das Produkt einer langen Entwicklung. Während die Publikationen der Unternehmen die Mitbestimmungsseite bislang weitgehend ignoriert und explizite sozialpolitische Stellungnahmen vermieden hatten, konstruierte die »Ruhrkohle« ein Bild der Interessenkongruenz zwischen Arbeitgebern und Arbeitnehmern, unter deutlicher Einbeziehung der Mitbestimmungsinstitutionen. Voraussetzung für diese Konstruktion eines interessenübergreifenden Konsenses war die Bewältigung der Bergbaukrise, die die Unternehmer ebenso betraf wie ihre Beschäftigten. Zu fragen wäre daher, inwiefern die Strukturkrisen in anderen Wirtschaftszweigen »nach dem Boom« zu ähnlichen übergreifenden Kommunikationsstrategien der Sozialpartnerschaft geführt haben.[30]

---

28 Ruhrkohle. Werkszeitschrift für die Mitarbeiter der Ruhrkohle AG, (1970) 1, S. 1. Der einzige Artikel, der an gleicher Stelle inhaltlich aus dem Rahmen fiel, betraf eine Grubenfahrt von Udo Jürgens.
29 Einheit, 15.9.1969, zit. b. Abelshauser, Der Ruhrkohlenbergbau, 1984, S. 147.
30 Knud Andresen/Ursula Bitzegeio/Jürgen Mittag (Hg.), »Nach dem Strukturbruch?« Kontinuitäten und Wandel von Arbeitsbeziehungen und Arbeitswelt(en) seit den 1970er-Jahren, Bonn 2011; Anselm Doering-Manteuffel/Lutz Raphael (Hg.), Nach dem Boom. Perspektiven auf die Zeitgeschichte nach 1970, Göttingen 2008.

Rudolf Tschirbs

Bergarbeit im Film: Über das Spannungsverhältnis zwischen ästhetischen Darstellungsformen und epistemischen Ansprüchen

Kürzlich hat Martin Sabrow unter dem Titel »Zeitgeschichte schreiben in der Gegenwart« aus der Perspektive des Historikers darauf reagiert, dass das zunehmend verbreitete »Ereignisfernsehen« zu einer signifikanten »Kombination aus fiktionalen und nichtfiktionalen Elementen« greift, um eine historische Rahmenhandlung mit einer unhistorischen Binnenhandlung melodramatischen Zuschnitts zu verweben.[1] Die Grenzen zwischen Faktizität und Fiktionalität würden dadurch auf neue Proben gestellt, dass »die mediale Präsentation von Zeitgeschichte« durch »Doku-Dramen« und »Doku-Fiktionen« geprägt werde. Dabei werde der Übergang zwischen Original und Mimesis ästhetisch inszeniert, etwa durch den Wechsel von monochromen und polychromen Szenen. In den gegenwärtigen Dokudramen emanzipiere sich die Geschichtskultur von der Vetokraft der Quellen und projiziere die Weltvorstellungen der Gegenwart in den historischen Raum. Insgesamt sieht Sabrow dadurch, übrigens ohne einen klagenden Gestus, »eine zeittypische Verschmelzung von der historischen Wahrheit zur historischen Authentizität«.[2]

Nun ist der Begriff des Authentischen, der gerne an der Figur des »moralischen Zeugen« mit seinen gelegentlich faktisch inakkuraten Erinnerungen herangetragen wird, im Sinne einer historischen Wahrhaftigkeit überaus schillernd. Um wie viel mehr muss sich die Schere zwischen Darstellungsstrategien und epistemischen Ansprüchen öffnen, wenn man einen historischen Spielfilm untersucht. Siegfried Kracauer hat in diesem Zusammenhang recht apodiktisch formuliert: »Wie die Dinge liegen, dienen historischer Forschergeist und verfilmte Historie verschiedenen Herren.«[3] Gleichzeitig aber verwies er darauf, dass ein gestellter Vorgang aus dem realen Leben eine stärkere Illusion der Realität erweckt, als dies der originale Vorgang tun würde, wäre

---
1 Martin Sabrow, Zeitgeschichte schreiben in der Gegenwart, in: Merkur, 68 (2014) 2, S. 122-131. Grundsätzlicher zum Verhältnis der Geschichtswissenschaft zu den audiovisuellen Medien siehe Rudolf Tschirbs, Der 20. Juli 1944 in der deutschen Film- und Fernsehproduktion, in: Günter Brakelmann/Manfred Keller (Hg.), Der 20. Juli 1944 und das Erbe des deutschen Widerstands, Münster i. Westf. 2005, S. 201-238, bes. S. 235-238.
2 Siehe auch Andreas Dörner, Der Eventfilm als geschichtspolitisches Melodram, in: Aus Politik und Zeitgeschichte [APuZ], (2008) 12, S. 28-32 und Aleida Assmann, Das neue Unbehagen in der Erinnerungskultur. Eine Intervention, München 2013, bes. S. 33-42.
3 Siegfried Kracauer, Theorie des Films. Die Errettung der äußeren Wirklichkeit, Frankfurt a. M. 1964, S. 119.

er direkt von der Kamera aufgenommen worden. So hatte Ernö Metzner, der die Szenenbilder zu den Atelieraufnahmen des Grubenunglücks von Courrières in G. W. Pabsts »Kameradschaft« entworfen hatte, darauf bestanden, dass Aufnahmen eines wirklichen Grubenunglücks wohl kaum den gleichen überzeugenden Effekt hervorgerufen hätten.[4] Unter anderem diesen Film werden wir im Folgenden ins Zentrum der Analyse stellen.

In einem mit »Narrative der Gleichzeitigkeit« überschriebenen Essay hat Karl Schlögel die Problematik thematisiert, wenn die Dynamik der geschichtlichen Entwicklung unter der »Vorherrschaft der Zeit« wiedergegeben wird.[5] Es sind die Prinzipien der Konsekutivität, der Sequenzialität und der Prozessualität, die sich mit dem Schreibvorgang selbst decken: »[...] erzählte Zeit und Zeit der Erzählung befleißigen sich gleichermaßen der Ordnung des Nacheinander«. Der Preis, den ein historisches Narrativ im Zeichen der Zeitlichkeit zu entrichten habe, liege in der Vernachlässigung des Raums, dessen Prinzipien des Nebeneinanders, der Koexistenzialität und der Simultaneität in einem linearen Nacheinander des Erzählens nicht zu fassen seien. Die Leichtigkeit, mit der die Literatur Zeiträume erschaffen und erzählen könne, bleibe dem Historiker verwehrt: »Sie führt uns aber Register vor Augen, von denen wir lernen können.«[6] Wie Schlögel in diesem Zusammenhang Michail Bachtins »Chronotopos« heranzieht[7], in dem der Autor »die literarische Aneignung der historischen Zeit und des realen historischen Raumes sowie des – in ihnen zutage tretenden – realen Menschen« entfaltet, gibt uns entscheidende Hinweise auch für die filmische Verarbeitung historischer Ereignisse:

> »Die Zeit verdichtet sich hierbei, sie zieht sich zusammen und wird auf künstlerische Weise sichtbar; der Raum gewinnt Intensität, er wird in die Bewegung der Zeit, des Sujets, der Geschichte hineingezogen. Die Merkmale der Zeit offenbaren sich im Raum, und der Raum wird von der Zeit mit Sinn erfüllt und dimensioniert.«

Und in der Tat vollzieht Schlögel auch den gedanklichen Wechsel ins filmische Kunstwerk: Der Film schien mit seinen bewegten Bildern den unüberbrückbaren Gegensatz von Bild und Sprache, von Statik und Dynamik, von Beschreibung und Erzählung aufzulösen. Im Grunde sei nur der Film »mit seiner Kombination von erzählerischer Dynamik und dem Ineinandergreifen von Situationen in einem Bild in der Lage, die Grenzen der narrativen Struktur zu sprengen.«[8] Er schaffe dies durch radikale Beschleunigung, rasche Ortswechsel, die Verschränkung von Orten und Handlungen

---

4 Kracauer, Theorie, 1964, S. 62.
5 Karl Schlögel, Narrative der Gleichzeitigkeit oder die Grenzen der Erzählbarkeit von Geschichte, in: Merkur, 65 (2011) 7, S. 583-595, hier: S. 584 ff.
6 Ebd., S. 588 ff.
7 Michail M. Bachtin, Chronotopos, Frankfurt a. M. 2008.
8 Schlögel, Narrative, in: Merkur, 65 (2011) 7, S. 594.

oder durch Rückblenden. Der zeitliche Sinnzusammenhang werde in einer Simultanstruktur nicht mehr primär auf der Ebene der Fiktion (durch die erzählte Zeit), sondern auf der Ebene der Komposition (durch die Erzählzeit) hergestellt.

Folgt man diesen Überlegungen, so wird offensichtlich, dass wir beim Vergleich historischer Darstellungen mit filmischen Repräsentationen der Vergangenheit nicht länger von einer Hierarchie zwischen den Darstellungsmodi ausgehen dürfen, sondern von einer Andersartigkeit. Freilich hat auch der historische Spielfilm das Vetorecht der Quellen zu berücksichtigen, will er nicht ins Fantastische abdriften. Was sich vorab aber für den Historiker wie für den Filmregisseur gleichermaßen als gültig erweist, ist, dass beide als »Fremdling in die Vergangenheit« eindringen.[9] Im Folgenden soll an zwei berühmten Filmen des Genres »Bergarbeiterfilm« untersucht werden, inwieweit zum einen zentrale Aspekte von Bergarbeit in ihnen repräsentiert werden, zum anderen soll aber auch der Einfluss ästhetischer Darstellungsstrategien auf die filmische Repräsentation von Bergarbeit beleuchtet werden. Es geht um Georg Wilhelm Pabsts »Kameradschaft« (1931) und John Fords »How Green was my Valley« (1941). Beide Filme stehen in einer längeren Tradition der Verfilmung von Bergbaumilieus, die auch in unseren Beispielfilmen Spuren hinterlassen hat.

Die Karriere von Bergarbeiterfilmen setzte bemerkenswert früh ein. Der früheste Bergarbeiterfilm ist »Au Pay Noir« von Ferdinand Zecca aus dem Jahr 1905.[10] In Deutschland ragen unter den früheren Werken »Schlagende Wetter« von Karl Grune (1923), »Hunger in Waldenburg« von Piel Jutzi (1929) und »Grube Morgenrot« von Wolfgang Schleif und Erich Freund (1948) heraus.[11] Für die französischen Beispiele ist es bezeichnend, dass der große Roman »Germinal« von Emile Zola aus dem Jahr 1885 häufig Pate stand. So ist die literarische Tradition auch eine der Hauptquellen für die Produktion von Bergarbeiterfilmen. Der sozialkritische Roman von A. J. Cronin »The Stars Look Down« aus dem Jahr 1935 wurde 1940 von Carol Reed mit einem riesigen Budget in Szene gesetzt.

Neben Romanen und realen Ereignissen gelten die Werke von Malern (so des frühen Vincent van Gogh) sowie die Illustriertenfotos von wartenden Frauen vor Grubentoren oder von Streikszenen als Inspirationsquelle. Bert Hogenkamp hat darauf hingewiesen, dass Bergarbeiterfilme ein relativ begrenztes Angebot von Bildern und Handlungen aufweisen, wenn sie den Versuch unternehmen, die Erfahrungen

---

9   Siegfried Kracauer, Der historische Film, in: ders., Kino, hg. v. Karsten Witte, Frankfurt a. M. 1974, S. 44.
10 Bert Hogenkamp, Zur Dramaturgie des Bergarbeiterfilms, in: ders. (Hg.): Bergarbeiter im Spielfilm, Oberhausen 1982, S. 39 ff., und ders., A Mining Film without a Disaster is like a Western without a Shoot-out: Representations of Coal Mining Communities in Feature Films, in: Stefan Berger/Andy Croll/Norman LaPorte (Hg.), Towards a Comparative History of Coalfield Societies, Aldershot 2005, S. 86-98, hier: S. 86.
11 Siehe dazu Thomas Kramer (Hg.), Reclams Lexikon des deutschen Films, Stuttgart 1995.

von Bergarbeiterkommunen darzustellen.[12] So wie in einem Paris-Film der Eiffelturm in einem *Establishing Shot* aufzutauchen hat, so dient der Förderturm als Anhaltspunkt in der Eröffnung eines Bergarbeiterfilms, um das zentrale Milieu anzudeuten. Der Förderkorb fungiert, so Hogenkamp, als Pars pro Toto, das An- und Ausfahren des Bergmanns soll dem Zuschauer suggerieren, dass unter Tage produktive Arbeit geleistet wird. Die eigentliche Untertagearbeit wird schlicht vorausgesetzt. Wie die Kohle gewonnen wurde – in reiner Handarbeit oder in mechanischen Verfahren –, wird kaum berührt, zumal den Filmregisseuren oft entscheidende Kenntnisse fehlten. Die Bedeutung der Kohlegewinnung für die Gesamtgesellschaft wird jedoch in aller Regel erkennbar, und die Aura des Bergmanns schillert zwischen emsiger Produktivität und kameradschaftlichem Heroismus.[13]

Die Szenen unter Tage dienen häufig dem einen Zweck, nämlich Gefahr und Rettung unter Tage zu zeigen: »A mining film without a disaster is like a Western without a shoot-out.«[14] Von hohem Interesse für Regisseure wie das Kinopublikum gleichermaßen waren die Übergangsriten der Waschungen, bei denen sich die kohlegeschwärzten Arbeiter in Familien- und Gemeindemitglieder verwandelten. Das Milieu über Tage schließlich findet eine gründliche Beleuchtung: Familie, Frauenarbeit, kirchliche Bindungen, Gesangs- und Festkultur. Auch das Problem, ob man Gefangener des Bergarbeitermilieus, in das man hineingeboren wurde, bleiben wollte oder ob man die Schwere der Arbeit, die Gefahren am Arbeitsplatz oder die oft willkürlichen Herrschaftsmethoden von Steigern und Betriebsführern hinter sich lassen konnte, findet in zahlreichen Filmen seinen Niederschlag.

Der Film »Kameradschaft« von Pabst bestätigt in gewisser Weise eine von Kracauers zentralen Auffassungen:

> »Indem der Film die physische Realität wiedergibt und durchforscht, legt er eine Welt frei, die niemals zuvor zu sehen war, eine Welt, die sich dem Blick entzieht wie Poes gestohlener Brief, der nicht gefunden werden kann, weil er in jedermanns Reichweite liegt.«[15]

Das Kinopublikum der Großstädte im letzten Drittel der Weimarer Jahre kannte den Alltag der Bergleute kaum, obwohl hinsichtlich der Produktion von Wärme, Energie und Licht eine tägliche Abhängigkeit vom Arbeitsalltag der Bergleute bestand. Es gab auch, anders als etwa in der Stahlindustrie, kaum Bilder aus der Bergwelt. Nach der Uraufführung von »Kameradschaft« am 17. November 1931 im Berliner Premieren-

---

12 Hogenkamp, Mining Film, in: Berger/Croll/LaPorte, Comparative History, 2005, S. 86-98, hier: S. 86.
13 Hogenkamp, Dramaturgie, in: ders. (Hg.), Bergarbeiter, 1982, S. 47-49.
14 Hogenkamp, Mining Film, in: Berger/Croll/LaPorte, Comparative History, 2005, S. 90.
15 Kracauer, Theorie, 1964, S. 388.

kino Capitol an der Gedächtniskirche bemerkte Kracauer daher bissig in Richtung des Presse- und Filmzaren Alfred Hugenberg, der übrigens noch stellvertretender Vorsitzender des Essener Zechenverbandes war: »Der Film ist von Nero hergestellt. Wir wünschten, daß sich auch die Ufa einmal dazu entschlösse, anstelle tanzender Kongresse arbeitendes Volk zu zeigen.« »Kameradschaft« des prominenten Pabst trat im Herbst 1931 gleichzeitig in Berlin und Paris – der französische Filmkonzern Gaumont war neben Nero Mitproduzent – mit großer Premierengeste auf.[16]

Es war der Regisseur selbst, der im Filmvorspann auf die Grubenkatastrophe von Courrières vom März 1906 als historisches Vorbild hinwies. Am Morgen des 10. März 1906 hatte eine gewaltige Explosion den unterirdischen Komplex der Kohlengruben der Bergwerksgesellschaft von Courrières in Nordfrankreich zerstört. Von 1.425 Bergleuten wurden 1.099 getötet. Zwei deutsche Rettungsmannschaften eilten unverzüglich zum Ort der Katastrophe.[17] Vom Versuch einer mimetischen Wiedergabe des damaligen Geschehens kann man schon deshalb nicht sprechen, weil Pabst die Handlung aus dem Jahre 1906 in die späten 1920er-Jahre versetzte, mithin nach dem Ende des Weltkriegs, nach dem Vertrag von Versailles, nach Gebietsabtretungen und Reparationszahlungen, nach Aufhebung der Ruhrbesetzung durch die Franzosen.[18]

Die Intentionen Pabsts, der in der Öffentlichkeit als »konservativer Roter« eingeschätzt wurde, sind schnell umschrieben. Im Frühjahr 1931 hatte Pabst der »Revue de Cinema« erklärt, »nicht auf ästhetischem, sondern auf ethischem Gebiet liegen die Aufgaben des Regisseurs«[19] Der Filmregisseur solle am »Aufbau unserer Zukunft« mithelfen. Schon daran wurde deutlich, dass Pabst sich die Freiheit nehmen würde, vom Pfad der historischen Überlieferung durch gestaltende Eingriffe abzuweichen. Wie er in seinem Film »Westfront 1918« gegen die Eruption der nationalen Gegensätze oder ihre Lösung durch den Krieg eingetreten sei, so wolle er in einem Bergwerksfilm versuchen, »gegen jene Mauern anzurennen, die unter dem Namen ›Grenzen‹ die Völker trennen und verhindern, sich verstehen, sich dulden zu lernen«. Er wolle

---

16 Stefan Przigoda, »Kameradschaft« und Bergbauindustrie. Anmerkungen zur Entstehung und Rezeption des Filmes von G. W. Pabst, in: Michael Farrenkopf/Peter Friedemann (Hg.), Die Grubenkatastrophe von Courrières 1906. Aspekte transnationaler Geschichte, Bochum 2008, S. 174-188, und Rudolf Tschirbs, Fromme Lügen – G. W. Pabsts »Kameradschaft« (1931) zwischen filmischer und historischer Wahrheit, in: Farrenkopf/Friedemann (Hg.), Grubenkatastrophe, 2008, S. 189-201.

17 Rudolf Tschirbs, Kabalen und Nächstenliebe. Die rheinisch-westfälischen Bergwerksindustriellen und das Grubenunglück von Courrières 1906, in: Zeitschrift für Unternehmensgeschichte [ZfU], 46 (2001), S. 77-94.

18 Es muss aber betont werden, dass die Filmkritik, von den Zeitgenossen einschließlich Kracauers bis weit in die 1980er-Jahre hinein, das Filmgeschehen für ein getreues Abbild der damaligen Ereignisse hielt.

19 Siehe Hermann Barth u. a. (Hg.), Kameradschaft. Materialband. Begleitheft. Infoblatt. Plakat, Frankfurt a. M. 1992, S. 3.

»einen menschlichen Film« machen. Politik werde in dem Film nicht getrieben: »Ich sehe in dem Film alles so natürlich, wie es in Wirklichkeit sein würde.«[20]

Pabsts Film traf mit voller Wucht ins Selbstverständnis der Bergbaueliten an der Ruhr.[21] Deren Reaktion auf das Werk zeigte, dass handfeste Interessen der Öffentlichkeitskultur auf dem Spiel standen. Freilich ging es dabei nicht mehr um die verbandsinternen Konflikte, die sich im Frühjahr 1906 im Ruhrbergbau abspielten, als es galt, welcher Persönlichkeit und welcher Zechendirektion an der Ruhr zu Recht der Ruhm an dem »Rettungswerk« zukäme und wie sich deutsche technische Überlegenheit gegenüber den Franzosen nationalistisch verwerten ließe. Vielmehr waren die Ruhrindustriellen zunächst geneigt gewesen, den 25. Jahrestag dieses ideellen Gedächtnisortes ohne Feier verstreichen zu lassen. In den Vordergrund rückten seit der Uraufführung nun die Schuldzuweisungen, wie es dazu kommen konnte, dass ein Film auf den Zechen des Ruhrgebiets realisiert werden konnte, der die Wirklichkeit in angeblich klassenkämpferischer Absicht entstellte.

In der Tat ergreifen im Film, anders als 1906, die deutschen Bergleute die Initiative zu der Hilfsaktion, während den Steigern und dem Grubendirektor eher passive Rollen zugesprochen wurden. Als Schlüsselszene wurde vom Bergbau-Verein in Essen zu Recht jene Sequenz betrachtet, in der die Arbeiter die Rettungsgeräte einfordern. Dadurch sei die historische Realität in ihr Gegenteil verkehrt worden. Es steht außer Zweifel, dass dies zutrifft.[22] Das Hilfsangebot war damals vom Geschäftsführer des Essener Bergbau-Vereins Konrad Engel ausgegangen, der sich mit dem Direktor der französischen Unglücksgrube blendend verstand, Französisch parlierte und, statt proletarischer Internationalität, eher die »internationale Verständigung des Kapitals« dokumentierte.[23] Zudem war ein Großteil der deutschen Rettungsmannschaften von den Zechen Hibernia des Bergrats Behrens und der Rheinelbe-Truppe des ultrareaktionären Emil Kirdorf Mitglieder in scharf antifranzösischen Kriegervereinen, und unter ihnen war kein einziges Gewerkschaftsmitglied. Auch deshalb betrachteten die Bergwerksrepräsentanten die filmische Darstellung als persönliche Diffamierung, zumal »das dem anständigen Menschen innewohnende Gefühl der Hilfsbereitschaft in persönlicher Not […] als ein Privileg des Arbeiters« beansprucht werde.[24] Der Geschäftsführer der Fachgruppe Bergbau im Reichsverband der Deutschen Industrie, Wilhelm Hölling, resümierte, »daß keine Zeitungskampagne uns so geschadet hat wie dieser Film«, dem er gleichwohl »technische Brillanz und Eindringlichkeit« attestieren musste. Symptomatisch für die autoritär fixierten Industriellen war die Be-

---

20 Barth (Hg.), Kameradschaft, 1992, S. 3.
21 Przigoda, »Kameradschaft«, in: Farrenkopf/Friedemann (Hg.), Grubenkatastrophe, 2008, passim.
22 Tschirbs, Kabalen, in: ZfU, 46 (2001), S. 80 ff.
23 Ebd., S. 84.
24 Przigoda, »Kameradschaft«, in: Farrenkopf, Friedemann (Hg.), Grubenkatastrophe, 2008, S. 184.

fürchtung, »das bergfremde Publikum wird in eine Mitleidspsychose mit dem schwer arbeitenden Bergarbeiter, der Leib und Leben wagt«, eingehüllt.²⁵

Die Angriffe der Geschäftsführer von Bergbau-Verein und Fachgruppe richteten sich insbesondere gegen das Grubensicherheitsamt beim Oberberghauptmann im Preußischen Ministerium für Handel und Gewerbe, das die staatliche Versuchsgrube Hibernia für Filmaufnahmen zur Verfügung gestellt hatte. Dabei wurde übergangen, dass weitere Aufnahmen auf der Zeche Alma der Vereinigten Stahlwerke und auf Consolidation aus dem Mannesmann-Konzern durchgeführt werden konnten. Nachdem der zweisprachige Film in Paris Triumphe feierte, verfolgte Hölling noch im April 1933 auch durch einen persönlichen Besuch beim neuen Reichsminister für Propaganda und Volksaufklärung Joseph Goebbels den Plan eines Verbots des Films.

Was geben Inhalt und Struktur des Films jenseits solcher Polemiken für unsere Fragestellung nach der Repräsentation von Bergarbeit her? Verfolgen wir an verschiedenen Einstellungen die filmische Narration. Die ersten beiden Einstellungen zeigen Bergleute eines deutschen Bergwerks nach der Schicht: Schwarzkaue und Duschbad.²⁶

Abb. 1 In der Schwarzkaue.   **Abb. 2** Im Duschbad.

Zweifelsohne Bilder einer Ethnografie des Inlands, die die harte, kollektiv erlebte Realität des Bergbaus zeigen, die auch, beim sogenannten Buckeln, dem wechselseitigen Rückenwaschen, Züge des Kameradschaftlichen erkennen lässt (☞ siehe Abb. 1 u. 2).

Der Hauer Wittkopp (Ernst Busch) hat vom Unglück in Frankreich erfahren, stößt aber mit seinem Impuls zur Hilfeleistung zunächst auf Ablehnung. Inzwischen bereden Direktor und ein Ingenieur den Unglücksfall, freilich ohne Initiative zu zeigen. Die Forderung der Bergleute nach Aushändigung der Rettungsgeräte stößt zunächst auf Skepsis beim Obersteiger (Oskar Höcker), bis der Direktor (Fritz Wendhausen) nach der Ursache des Lärms fragt.

---

25 Ebd.
26 Siehe auch Tschirbs, Fromme Lügen, in: Farrenkopf/Friedemann (Hg.), Grubenkatastrophe, 2008, S. 199.

Abb. 3 Hauer Wittkopp.

Abb. 4 Wittkopps Überzeugungsrede.

In Schnitt und Gegenschnitt stehen sich nun die Repräsentanten von Kapital und Arbeit gegenüber. Auf der Treppe der Direktor in extremer Untersicht, Wittkopp, durchaus mit Respekt, in Aufsicht, gleichwohl beleuchtungstechnisch positiv akzentuiert.

Abb. 5 Im Gespräch mit dem Obersteiger.

Abb. 6 Nachfrage des Grubendirektors.

Abb. 7 Wittkopp ergreift das Wort.

Abb. 8 Telefonat mit Frankreich.

Nach separatem Dialog zwischen Direktor und Ingenieur erfolgt die Zustimmung. Für die humoristische Auflösung der Sequenzspannung sorgt ein Kumpel, der, auf den Einwand des Obersteigers: »Die lassen euch ja gar nicht über die Grenze!«, vielsagend entgegnet: »Das lassen Sie mal ruhig unsere Sorge sein!« Die Rettungsgeräte werden geladen, der Direktor kündigt dem Kollegen der französischen Unglücksgrube telefonisch das deutsche freiwillige Hilfskontingent an.

Abb. 9 Wittkopp mit Grubenrettungsmaske.

Abb. 10 Re-Traumatisierung Jeans.

Worin liegt nun die höhere, künstlerische Wahrheit der Sequenz, wenn sie, unter dem Gesichtspunkt historisch verstandener Referenzialität, die Wirklichkeit von 1906 verfehlt? Nun, stimmig sind die Räume und Apparaturen des Bergbaus, stimmig ist der sprachliche Gestus der Akteure, stimmig ist die personifizierte Hierarchie vom Kumpel über Revier- und Obersteiger zum Direktor. Aber es geht hier nicht um Klassenkampf, um Lohn- oder Arbeitszeitkonflikte, sondern um ein Exempel in Menschlichkeit: Die Fähigkeit zur aktionsauslösenden Empathie geht von den Bergleuten aus, die konventionellen Bildkompositionen von »oben« und »unten« werden durch die Kraft der Humanität konvertiert. Die zentrale filmische Sequenz des deutschen Rettungswerks ist schließlich, nach 70 Minuten, die Darstellung der Rettung des Franzosen Jean (Daniel Mendaille). Dieser hat gerade unter größter Anstrengung bergmännischer Solidarität seinen Kameraden Emile, den Freund seiner Schwester Françoise, aus den Geröllbergen befreit. Völlig entkräftet hört er den deutschen Ausruf: »Ist hier wer?« (☞ siehe oben Abb. 10).

Abb. 11 Jean als Weltkriegssoldat.

Er imaginiert in dem mit einer Atemmaske erscheinenden Retter Wittkopp den deutschen Soldaten im Schützengraben des Weltkriegs, der, zum Schutz vor den von

Abb. 12 Rückfall in eine Grabenszenerie.

den »Boches« verursachten Giftgasschwaden, mit einer ähnlichen Maske ausgestattet war. In einem Akt der Re-Traumatisierung verbeißt er sich erneut in den vermeintlichen »Erbfeind«, der sich durch die Verwendung der deutschen Sprache »verraten« hatte. Hier scheint am stärksten die politische Hoffnung des Regisseurs durch, dem bewusst war, dass sich die Zukunft der Verständigung zwischen Deutschen und Franzosen nur durch die Bearbeitung ihrer feindseligen Vergangenheit anbahnen lassen könnte. Das Maskenmotiv ist zudem ein eminent theatralisches Motiv: Wer verbirgt sich hinter der Maske, welche Rolle spielt er, was sind seine wahren Züge? Pabst hatte schon 1926 mit dem Stummfilm »Geheimnisse der Seele« einen Film geschaffen, in dem die Verfahren der noch jungen Psychoanalyse und die Themen Impotenz, Trieblatenz, Traum und Traumatisierung bildstark zutage traten.[27] Wenn man so will, arbeitete er nun etwa zeitgleich mit dem Surrealisten Buñuel mit psychoanalytischen Ansätzen, aber wohl erstmals am Beispiel eines Filmakteurs, in dem die Rollen des einfachen Soldaten und Arbeiters koinzidierten. Dabei mag die bildmetaphorische Strukturentsprechung von Unterbewusstsein und Untertagewelt des Bergwerks, die schon die großen Autoren des frühen 19. Jahrhunderts wie E. T. A. Hoffmann und Johann Peter Hebel inspiriert hatte, ein Auslöser gewesen sein.[28]

Abb. 13 Drei deutsche Retter: eingeschlossen.

Abb. 14 Wilderer am Grubentelefon.

27 Elisabeth Bronfen, Heimweh: Illusionsspiele in Hollywood, Berlin 1988, S. 39-75.
28 Hartmut Böhme, Geheime Macht im Schoße der Erde. Das Symbolfeld des Bergbaus zwischen Sozialgeschichte und Psychohistorie, in: ders., Natur und Subjekt, Frankfurt a. M. 1988, S. 67-144.

Dass die Verständigung zwischen den Angehörigen verschiedener Nationen schon allein an der Sprachbarriere scheitern kann, verdeutlichen auch jene Sequenzen mit deutschen Bergleuten, die unter Tage durch einen Grenzzaun in das als benachbart gedachte Unglücksbergwerk eindrangen. Sie retteten den Jungbergmann George und dessen Großvater, werden aber durch Einbrüche im Hangenden erneut eingeschlossen.

Durch ein Grubentelefon mit der Zentrale verbunden, kann Wilderer (Fritz Kampers) mühsam den Zielort für einen Rettungstrupp angeben: »Cinque hommes, dans la chambre de locomotive!« Sprachkenntnisse sind lebensrettend!

Kommen Frauen in dieser Männerwelt filmisch zum Zuge? Wir kennen wohl die traditionell anmutenden Bilder der vor der Unglücksgrube ausharrenden Frauen, in der Wirklichkeit und in Pabsts Film.

Abb. 15 Die wartenden Frauen von Courrières.

Abb. 16 Eine fürsorgliche Ehefrau.

Abb. 17 Wittkopps Frau und Kind.

Abb. 18 Im Schatten des Rettungs-Lkw.

In »Kameradschaft« kommen die Bilder der besorgten Ehefrauen hinzu, die die gefährdeten Männer des Rettungstrupps verabschieden:

Die um das alltägliche leibliche Wohl besorgte Ehefrau, die ein Essensbündel hochreicht, die erschütterte Frau Wittkopp (Elisabeth Wendt) mit Tochter, ein früh verblühter, geschwächter Mensch, und doch mit einer geradezu pathetischen Würde ausgestattet.

Um seiner Intention eines völkerverbindenden Films nachzukommen, nahm sich Pabst sogar die künstlerische Freiheit, die politische Geografie zu ignorieren. Er lässt die beiden Zechen – die französische Unglücksgrube und das deutsche Bergwerk der Rettungstrupps – an der Landesgrenze benachbart sein. Auf dieser Landkarte kommt Belgien nicht vor. Schon zu Beginn des Films hatte es nachbarschaftliche Beziehungen zwischen Deutschen und Franzosen gegeben; der kleine Grenzverkehr führte sie in einem französischen Tanzlokal zusammen. Die im Film dargestellte spontane Hilfeleistung der deutschen Bergleute über und unter Tage wäre bei einer Anerkennung der Distanz zwischen Gelsenkirchen und Courrières (350 km) nicht denkbar gewesen. Was Pabst mit der Schrumpfung räumlicher Ferne erreicht, ist gleichzeitig eine Erweiterung, vielleicht eine Überdehnung des im Untertagebetrieb üblichen Solidarprinzips. Die Arbeitskameradschaften, im Gedingelohn stehend, wählten sich im Ruhrbergbau ihre Ortsältesten, die mit den Steigern über den Akkordlohn zu verhandeln hatten. Das aufeinander angewiesen sein in der alltäglichen Gefahrensituation schweißte die Kameradschaften ebenso zusammen wie die Frontstellung gegen die Aufseher des Grubenkapitals.[29] Ein realer Solidarpakt vor Ort wurde vom Regisseur so zu einem transnationalen Akt der Nächstenliebe überhöht, ein Vorgang im Übrigen, der 1906 angesichts der eintreffenden deutschen Hilfskonvois in der Tat von Bertha von Suttner und Jean Jaurès gleichermaßen pathetisch gefeiert wurde und das Bild internationaler Solidarität imaginierte.[30] In der triumphalen Pariser Uraufführung wurde die Botschaft in der Tat verstanden, während im Berlin des Spätherbstes 1931 die Invektiven von Nationalsozialisten und Kommunisten gegen den Film dessen Start erheblich beeinträchtigten.[31]

Von grundsätzlich anderer Natur ist das Repräsentationsverhältnis zwischen der Arbeitswelt walisischer Bergleute im letzten Drittel des 19. Jahrhunderts und der Darstellung in »How Green was my Valley«. Wir haben es hier mit einer doppelten Fiktionalität zu tun: von der sozialen Realität über den Roman zum Film. Der Autor des gleichnamigen Romans, Richard Llewellyn, durch mehrmonatige Arbeit mit dem walisischen Bergbau vertraut, schilderte am Beispiel einer Familie die tief greifenden sozialen Wandlungen, denen sich die Bergleute seiner Heimat zwischen 1870 und 1900 ausgesetzt sahen. Der Roman, später durch drei Fortsetzungen entfaltet, wurde zum Welterfolg und rief Hollywood auf den Plan.[32]

---

29 Franz-Josef Brüggemeier, Leben vor Ort. Ruhrbergleute und Ruhrbergbau 1889–1919, München 1983.
30 Tschirbs, Kabalen, in: ZfU, 46 (2001), S. 78.
31 Ders., Fromme Lügen, in: Farrenkopf/Friedemann (Hg.), Grubenkatastrophe, 2008, S. 200 f.
32 Richard Llewellyn, How Green was my Valley, London 1939.

Das Studio Twentieth Century Fox plante ursprünglich ein vierstündiges Technicolorepos im Stile von »Vom Winde verweht«.[33] Das Skript des Drehbuchautors Philip Dunne musste wegen des Kriegsbeginns auf die von Darryll F. Zanuck gewollte Länge gekürzt werden. Viele politische Elemente fielen den Kürzungen zum Opfer. William Wyler trat als Regisseur zurück, und John Ford sprang ein. Er akzeptierte auch die Budgetgrenzen. Das Drehen an Originalschauplätzen in Wales entfiel wegen der Kriegssituation; stattdessen entstand in den Ventura Hills in Kalifornien eine künstliche Bergbaugemeinde mit Förderturm, Steinhäusern und Kapelle, die, abgesehen davon, dass die Fördertürme im Rhondda Valley im Tal und nicht, wie im Film, auf den Hügeln standen, die überzeugende Illusion einer walisischen Kommune hervorbrachte.

Die Familie der Morgans ernährt sich durch den Kohlebergbau. Der Vater (Donald Crisp) bringt es zum Wiegemeister auf der Zeche, die erwachsenen Söhne tragen zum Familieneinkommen bei. Die Mutter Beth (Sara Allgood) herrscht im Hause, unterstützt von der schönen Tochter Angharad (Maureen O'Hara). Der sozioökonomische Wandel im Tal greift tief in die Familienstrukturen ein; Arbeitslosigkeit, Lohnkürzungen, Gewerkschaftsbildung, Arbeitskonflikte und Unruhen wirken sich auch auf den Familienzusammenhalt aus. Der Vater hält an seiner Auffassung von einer gerechten, paternalistischen Grubenleitung fest, während die erwachsenen fünf Söhne die Notwendigkeit gewerkschaftlicher Organisierung erkennen, um nicht der zunehmend willkürlich agierenden Kapitalmacht ausgeliefert zu sein.

Die Mutter vermag kein Verständnis für die veränderten sozialklimatischen Bedingungen aufzubringen. Weder die Lernbemühungen des jüngsten Sohnes Huw (Roddy McDowall) noch die Haltung der älteren Söhne beim Aufbau einer Gegenmacht finden Resonanz bei ihr. Die resignierenden Söhne verlassen als Arbeitsmigranten ihre Heimat, die Tochter, dem Prediger Gruffydd (Walter Pidgeon) in tiefer Zuneigung verbunden, wird mit dem ungeliebten Sohn des Zechendirektors verheiratet.

Die Familiengeschichte wird im Roman aus der Perspektive des inzwischen 50-jährigen Huw erzählt, der trotz seiner günstigen Bildungskarriere seinem Vater in die Stollen und Strebe des Bergwerks nachfolgte, sich später als Zimmermann verdingte und erst nach dem Tod der Mutter dem durch die Verwüstungen des Industrialisierungsprozesses gekennzeichneten, von Schlacke bedeckten Ort den Rücken kehrt. In der Retrospektive, als er sein Bündel packt, erscheint der Glanz der weitgehend noch naturbestimmten Landschaft ebenso wie der intakten Familienverhältnisse. Der nostalgische Blick zurück, durch die Erzählerstimme immer wieder akzentuiert, setzt die ursprüngliche Autorität des Vaters als Welterklärer wieder in Kraft und beschwört die Dominanz gewachsener Familienbande über die Umbrüche in der Arbeitswelt.

Die Form der Rahmenerzählung, die die Darstellungslogik – mit dem durch sie institutionalisierten Blick zurück aus der Perspektive eines Knaben – diktierte, forderte

---

33 Siehe besonders David Berry, Wales and Cinema. The First Hundred Years, University of Wales Press 1994, S. 161-166.

Abb. 19 Die Welt der Morgans ist noch fest gefügt.

Abb. 20 Kindliches Weltvertrauen.

die zeitgenössische Filmkritik stärker heraus als das Publikum. Boswell Crowther schrieb am 29. Oktober 1941 in der New York Times von einem Widerspruch zwischen dramatischer Intensität und einem strapazierten Aufmerksamkeitsvermögen der Kinobesucher. So attestierte er dem Regisseur: »Apparently the intention was to have the film follow the formless flow of life. But an audience finds it hard to keep attentive to jerky episodes for the space of two hours.« Anschließend freilich gesteht Crowthers ein: »[…] you can never expect to see a film more handsomely played.«[34]

Tatsächlich warf man Fords Film schamloses Pathos vor; die Familien seien ihrer Vitalität beraubt und die Figuren eher Ikonen als Menschen; die Politik und ihre Probleme seien entschärft.[35] Für ein gewisses Befremden sorgte in Wales die Tatsache, dass vier irische Schauspieler (mit ihrem erkennbaren Akzent) Schlüsselrollen erhielten, der Schauspieler des Gruffydd Kanadier und der Vater Gwilym Schotte war. Dem wurde entgegengehalten, dass der Film eine andere Art von Wahrheit repräsentiere: »What counts […], is a recognition of the diverse emotional ties and loyalties which bound both families and workers in Valley communities.« Ford habe es verstanden, die Auflösung alter Werte zu inszenieren sowie das wachsende Misstrauen zwischen den Kohlebaronen und den Bergleuten. David Berry zitiert einen Filmhistoriker, der dem Film einen sehr nostalgischen und tief bewegenden Blick auf eine Bergarbeiterkommune bescheinigt: »Whether or not it is an accurate picture of the life of a mining family is irrelevant for it is life as seen through the eyes of a child.«[36]

In der Tat lässt die Filmcrew Huw anfangs räsonieren, den zeitlichen Spalt zwischen den 1930er-Jahren und den Ereignissen in den 1890ern überbrückend: »Who shall say what is real and what is not?« Und, die verlorenen Freunde erinnernd: »[…]

---

34 Bosley Crowthers, A Beautiful and Affecting Film Achievement is »How Green Was My Valley«, at the Rivoli, in: New York Times v. 29.10.1941.
35 Zur Rezeption siehe Berry, Wales, 1994.
36 Jeffrey Richards, zit. n.: Berry, Wales, 1994, S. 162.

they remain a living truth within my mind.« Das Voice-Over von Huw hebt die Fähigkeit des Menschen hervor, in einem Tagtraum in der Zeit zurückzuwandern und das als gegenwärtig zu evozieren, was auch dem Filmregisseur gegeben ist:

>There is no fence nor hedge round time that is gone. You can go back and have what you like of it, if you can remember. So I can close my eyes on my Valley as it is today – and it is gone – and I see it as it was when I was a boy. Green it was, and possessed of the plenty of the earth. In all Wales, there was none so beautiful.«

Ohne Zweifel charakterisiert dieser Monolog das, was wir das Authentische bei einer Rückwendung in die Vergangenheit nennen: die Gültigkeit einer Weltsicht, die in der Würde einer biografischen Identität verankert ist. Sichtbar aber wird gleichzeitig, dass wir das, was wir für den Kern einer wissenschaftlich fundierten Weltsicht halten, nämlich dass sie intersubjektive Gültigkeit beanspruchen muss, damit nicht zur Kongruenz bringen können. Der Film als Kunstwerk aber ist primär der Stimme des Menschen verpflichtet, weniger etwa den generalisierenden Tendenzen einer Geschichte als historische Sozialwissenschaft. David Berry betonte 1994 zu Recht:

»From that first movement of Ford's camera, almost on the word ›memory‹, we are in a world of selective imagery. The south wales valleys of Ford's film are a rich country of the mind and they are only as true and real as the protagonists' (or the film-goers') of them.«[37]

Abb. 21 Die hässliche Erzählergegenwart.   **Abb. 22** Ruß und Schlacke dominieren.

Diese Argumentation könnte nun freilich den Eindruck erwecken, als sei die soziale Welt Huw's im Film eine Fantasiewelt. Das Gegenteil ist der Fall.[38] Tatsächlich

---

37 Ebd., S. 163.
38 Werner Berg, Zwei Typen industriegesellschaftlicher Modernisierung. Die Bergarbeiter im Ruhrgebiet und in Südwales im 19. und frühen 20. Jahrhundert, in: Gustav Schmidt (Hg.), Bergbau in

war das Gefühl unmittelbarer Sozialbeziehungen in den engen Dörfern des Rhondda Valleys, das spontane Zugehörigkeitsgefühl, der unmittelbare Kontakt ähnlich ausgeprägt wie in der Filmhandlung. Die Wahl und Alimentierung eines Wiegemeisters durch die Belegschaft, auch die Wahl von Deputationen bei betrieblichen Konflikten, suggerierten nicht zu Unrecht das Gefühl einer prinzipiellen Vereinbarkeit von Unternehmer- und Arbeiterinteressen. Da der Lohn durch die »sliding scale« an den Marktwert der Kohle gebunden war, galt das als Garantie eines gerechten Lohns, zumindest so lange, bis durch von Entlassung betroffene Arbeitergruppen aus den früher kriselnden Eisenwerken der Nachbarschaft der Lohndruck im Kalkül der Unternehmer an Bedeutung gewann.[39]

Abb. 23 Die Mutter als Herrscherin im Haus. **Abb. 24** Körperreinigung im privaten Raum.

Die konflikthaften Arbeitsverhältnisse im Ruhrbergbau bis 1918 nahmen indessen ihren Ausgang schon in den Gedingeverhandlungen der Ortskameradschaften mit dem Betriebsführer oder Reviersteiger, und wegen der Verweigerung von Einigungsstellen seitens der Arbeitgeber konnte dort, wie 1872, 1889, 1905 oder 1912, leicht ein erbitterter Arbeitskampf entstehen.[40] Dagegen erschien das Leben im Rhonddatal als Arbeits- und Lebensgemeinschaft. Die monoindustrielle Ausrichtung, die vergleichbare Arbeit, bei gleicher Stellung und Lohnhöhe, bereitstellte, war auch dadurch ga-

---

Großbritannien und im Ruhrgebiet. Studien zur vergleichenden Geschichte des Bergbaus 1850–1930, Bochum 1985, S. 199-219, hier: S. 203 f. Werner Berg, Wirtschaft und Gesellschaft in Deutschland und Großbritannien im Übergang zum »organisierten Kapitalismus«. Unternehmer, Angestellte, Arbeiter und Staat im Steinkohlenbergbau des Ruhrgebietes und von Südwales 1850–1914, Berlin 1984, S. 234; Stefan Berger, Von »Landschaften des Geistes« zu »Geisterlandschaften«, in: Mitteilungsblatt des Instituts für soziale Bewegungen, (2008) 39, S. 49-65, hier: S. 55.

39 Berg, Zwei Typen, in: Schmidt (Hg.), Bergbau, 1985, S. 232, und Berger, Landschaften, in: Mitteilungsblatt des Instituts für soziale Bewegungen, (2008) 39, S. 49-65, hier: S. 56.
40 Bernd Weisbrod, Arbeitgeberpolitik und Arbeitsbeziehungen im Ruhrbergbau. Vom »Herr-im-Haus« zur Mitbestimmung, in: Gerald D. Feldman/Klaus Tenfelde (Hg.), Arbeiter, Unternehmer und Staat im Bergbau. Industrielle Beziehungen im internationalen Vergleich, München 1989, S. 107-162.

rantiert, dass die Söhne noch im Knabenalter ihre Lehre beim Vater im Streb begannen und bis zur Heirat, zu Beginn des dritten Lebensjahrzehnts, ihre Löhne in die Haushaltskasse der »Welsh Mam« einzahlten.[41] Durch die Zuwanderung von Iren, Spaniern und Italienern jedoch verlor die soziale Homogenität an Bindekraft, das Englische verdrängte das Walisische nicht nur im Schulwesen. Beim Übergang von der lokalen Organisation zur regionalen Gewerkschaft, die sich auch in der Filmhandlung widerspiegelt, war ein rabiates Vorgehen gegen Streikbrecher an der Tagesordnung; solchen Abweichlern wurde, meist von Frauen, das symbolische »weiße Hemd« übergezogen.[42] Die Auswanderung von vier Morgan-Söhnen wird der Mutter von Huw durch Verbindungslinien auf der Weltkarte demonstriert, ebenso wie der Wegzug der Tochter Angharad nach Südafrika. Eine kompositionsstarke Einstellung zeigt Vater Morgan nach seinem tödlichen Arbeitsunfall in den Armen des kleinen Huw, während Pfarrer Gruffydds Körper im Förderkorb ein Kreuzessymbol nachbildet.

Abb. 25 Orte der Emigration der Kinder.   **Abb. 26** Bergung des verunglückten Vaters.

Auch die Bedeutung der methodistischen freikirchlichen Chapels verdient daher in diesem Zusammenhang eine Erwähnung. Anders als in den autokratischen katholischen oder protestantischen Kirchengemeinden des Ruhrgebiets waren die Chapels lokal und basisdemokratisch strukturiert. Sie entwickelten durchaus auch soziale Perspektiven auf die Lage der Arbeiter.[43] Der charismatische Prediger des Ford-Films, Gruffydd, hatte während seines Studiums in Cardiff selbst 10 Jahre lang im Bergbau gearbeitet, und sein Widerwille gegen die Bigotterie des geifernden Kirchenvorstands, etwa in der Frage unehelicher Schwangerschaft, bildet einen nicht unwesentlichen Handlungsstrang. Gruffydd als sein Lehrer in Leseunterweisung und als ethische Ins-

---

41 Berg, Zwei Typen, in: Schmidt (Hg.), Bergbau, 1985, S. 205-207, und Berger, Landschaften, in: Mitteilungsblatt des Instituts für soziale Bewegungen, (2008) 39, S. 49-65, hier: S. 55.
42 Berg, Wirtschaft, 1984, S. 544, und Berg, Zwei Typen, in: Schmidt (Hg.), Bergbau, 1985, S. 212.
43 Berger, Landschaften, in: Mitteilungsblatt des Instituts für soziale Bewegungen, (2008) 39, S. 49-65, hier: S. 50 f., und Berg, Zwei Typen, in: Schmidt (Hg.), Bergbau, 1985, S. 212.

tanz wird im verklärenden Rückblick mit Huw auf das Neue jenen Narzissenteppich durchmessen, in dem sich die Gesundung des Knaben nach schwerer Erkrankung vollendet hatte. Die Leistung des Filmteams wurde im Übrigen 1941 mit zehn Oscarnominierungen gewürdigt, der Film erhielt schließlich fünf Oscars, unter anderem für den besten Film und die beste Regie. Wer den Film sieht, wundert sich kaum, dass er bei dieser Wahl Orson Welles' »Citizen Kane« und John Hustons »Malteserfalken« aus dem Felde schlug.

Abb. 27 Die nostalgische Erinnerungswelt von Huw.

In seinem posthum veröffentlichten Werk »Geschichte – Vor den letzten Dingen« hat Siegfried Kracauer über die Schnittstellen, den »Zwischenbereich«, nachgedacht, in dem die Historiografie ästhetisch operiert, ohne Kunst zu sein, und die fotografischen Medien Wissen erzeugen und vermitteln, ohne Wissenschaft zu sein.[44] Simon Rothöhler hat Kracauers Analogiebildung auf die Idee zurückgeführt, dass sich Film und Historiografie in einer geteilten Äquidistanz zu den tradierten Ansprüchen der jeweils angrenzenden Felder situieren lassen:

> »Demnach verfehlt das Autonomiebestreben der Kunst die mediale Spezifik des Films wie auf der anderen Seite ein Objektivitätsverständnis, das im 19. Jahrhundert von den positivistischen Naturwissenschaften ausgehend in die Historiografie eindringt, deren wissenschaftlichen Anspruch verzerrt perspektiviert.«[45]

Kracauer fokussiere stattdessen die wechselseitige Durchdringung von ästhetischen und epistemischen Gehalten, untersuche die »epische Qualität der Geschichtsschreibung und die ästhetische Sensibilität des in die Vergangenheit reisenden Historikers«

---

44 Siegfried Kracauer, Geschichte – Vor den letzten Dingen, Frankfurt a. M. 2009.
45 Simon Rothöhler, Zum Sensory Ethnography Lab der Harvard University, in: Merkur, 67 (2013) 8, S. 722.

gleichermaßen. Die Oppositionspaare Bild/Schrift, Ästhetik/Wissen löse Kracauer im Verlauf seiner Argumentation auf, »um die generelle Medialität von Geschichte, von historiografischen Verstehensprozessen hervortreten zu lassen«.

Eine gängige Definition des in den Geschichtswissenschaften lange kontrovers diskutierten »linguistic turn« besagt: Die Sprache beherrscht den Erkenntnisprozess von Anfang bis Ende.[46] Den extremen Vertretern des »linguistic turn« wurde sogar der gänzliche Verlust historischer Referenzialität vorgeworfen, ja schließlich unterstellt zu verneinen, dass es überhaupt eine Wirklichkeit gebe. Mit Hans-Jürgen Goertz darf man inzwischen aber für gesichert halten, »daß die Sprache sich zwischen uns und die Wirklichkeit schiebt, den Zugang zur Wirklichkeit verwehrt, zumindest aber reguliert und sich aus dieser Position nicht mehr verdrängen läßt«.[47] Und in der Tat weist die vorfindliche Realität keine erzählerische Kohärenz auf. Ontologisch wird durchaus eine Realität vorausgesetzt, erkenntnistheoretisch aber erscheint sie in sprachlicher Gestalt: »Mit den Tropen wird dem ›realen‹ Geschehen eine Handlungsstruktur eingezogen, die diesem selbst nicht innewohnte, ohne die es aber nicht erzählt bzw. zur Sprache gebracht werden kann.«[48] Goertz spielt hierbei auf die von Hayden White vorgestellten vier Grundmuster des Erzählens an, nämlich die Romanze, die Satire, die Komödie und die Tragödie.[49] Eine Erzählung, so Hans-Jürgen Goertz, weist notwendigerweise einen Anfang, ein Ende und eine Peripetie auf. Das sind »unvermeidlich poetische Konstruktionen und nicht Abbilder eines Geschehensablaufs«. Dem Geschehen werde vom Ende her eine Struktur eingezogen, die es realiter nicht aufweisen konnte.[50] Goertz räumt dabei aber ein, dass den ermittelten »Tatsachen« zweifelsohne bereits ein »Bedeutungskoeffizient« anhafte.[51] Der Historiker, und hier dürfen wir den Filmregisseur gleichwertig einbeziehen, muss die semantische Aktivität im tropologischen Ausdruck erkennen und den Augenblick entdecken, »in dem sich eine bestimmte Trope für die Interpretation des historischen Feldes anbietet«.[52]

Wollte man unsere beiden Filme nun Tropen-logisch einordnen, so sehen wir, dass »Kameradschaft« die Züge einer Romanze aufweist, d. h., das Gute triumphiert über das Böse. Das Werk »How Green was my Valley« weist die Züge einer Tragödie auf, d. h., die kämpfenden Kräfte steigern sich und die Protagonisten der Handlung scheitern. Besonders dem konflikthaften Handlungsverlauf in »Kameradschaft« merkt man überdies das dramaturgische Konzept des gewöhnlichen Spielfilms an. Ohne Struktur hätte der Film keinen Handlungsfaden und keine Entwicklungslinie.

---

46 Hans-Jürgen Goertz, Unsichere Geschichte. Zur Theorie historischer Referentialität, Stuttgart 2001, S. 13.
47 Goertz, Geschichte, 2001, S. 13 f.
48 Ebd., S. 17.
49 Ebd., S. 18.
50 Ebd., S. 20.
51 Ebd., S. 22.
52 Ebd., S. 26 f.

Die Einteilung in drei oder fünf Akte, nach Maßgaben von Aristoteles bis Gustav Freytag, gehört bekanntlich zum Rüstzeug jedes Drehbuchautors.

Sowohl Georg Wilhelm Pabst als auch John Ford trafen mit ihren Drehbuchautoren vor Drehbeginn grundsätzliche ästhetische Entscheidungen, die fraglos an die historischen Wirklichkeiten anknüpften. Bei Pabst ist es die zeitliche und räumliche Verschiebung des Unglücksgeschehens, das als Exempel für transnationale Solidarisierung zwischen Deutschen und Franzosen, zwischen Arbeitern und Grubenherren und zwischen verfeindeten Gruppen in der Arbeiterbewegung beim gemeinsamen Rettungswerk dienen soll. Der Zeiger auf der Skala der Referenzialität schlägt dabei heftig von der historischen Wahrheit zum anderen Extrempol, der menschlichen Wahrhaftigkeit, aus. Das Erkenntnisinteresse von John Ford und Philip Dunne liegt dagegen darin, die Berechtigung einer menschlichen Perspektive zu zeigen, die, in ihrem nostalgischen Gestus, wohl auch ein Dementi eines geschichtlichen Fortschrittsoptimismus darstellt.

Die vermeintlichen Schwächen der beiden Filme laden zu einer Reflexion ihrer Erzählhaltung ein. Derartig angeregte Debatten kreisen daher nur vordergründig um »ästhetische Strategien«, vielmehr können sie zeigen, dass sich in allen »Vergegenwärtigungen« der Vergangenheit gleichermaßen, seien sie sprachlich oder filmisch gespiegelt, ein sich langsam entwickelnder Sinn entfaltet, der vom Autor, dem Herrn des Verfahrens, gesteuert wird und in dem sich sein Erkenntnisinteresse, seine Wahrhaftigkeit, seine Authentizität und sein Sinn für historische Gerechtigkeit vergegenwärtigen. Mit Aleida Assmann lässt sich bilanzierend sagen: »Der ontologische Abstand zwischen ›Geschichte‹ als vergangener Realität und erlebter Wirklichkeit einerseits und ›Geschichte‹ als Erzählung von dieser Realität und Erfahrung ist und bleibt (egal ob wissenschaftlich oder fiktional) unüberbrückbar.«[53]

---

53 Assmann, Unbehagen, München 2013, S. 40.
    Die abgedruckten filmischen Einstellungen sind Snapshots aus den Film-DVDs; die Rechte liegen für »Kameradschaft« bei der Stella Film GmbH München © 2013 und für »So grün war mein Tal« bei der Twentieth Century Fox Home Entertainment © 2005.

Anhang

Abkürzungsverzeichnis

AdsD	Archiv der sozialen Demokratie
AEG	Allgemeine Elektricitäts-Gesellschaft
AfS	Archiv für Sozialgeschichte
AG	Aktiengesellschaft
APuZ	Aus Politik und Zeitgeschichte
BArch	Bundesarchiv
BAuA	Bundesanstalt für Arbeitsschutz und Arbeitsmedizin
BDA	Bundesvereinigung der Deutschen Arbeitgeberverbände
BRD	Bundesrepublik Deutschland
CDU	Christlich Demokratische Union Deutschlands
DASA	Deutsche Arbeitsschutzausstellung (Dortmund)
DDR	Deutsche Demokratische Republik
DG	Der Gewerkschafter. Monatsschrift für die Funktionäre der IG Metall
DGB	Deutscher Gewerkschaftsbund
Diss.	Dissertation
e. V.	eingetragener Verein
EU	Europäische Union
FAZ	Frankfurter Allgemeine Zeitung
FR	Frankfurter Rundschau
GfF	Gesellschaft für Fotografie im Kulturbund der DDR
GuG	Geschichte und Gesellschaft. Zeitschrift für Historische Sozialwissenschaft
GM	Arbeitgeberverband Gesamtmetall
GMH	Gewerkschaftliche Monatshefte
HGB	Hochschule für Grafik und Buchkunst (Leipzig)
ICOM	International Council Of Museums
IG	Industriegewerkschaft
IG Metall	Industriegewerkschaft Metall
IGB	Industriegewerkschaft Bergbau
IGBE	Industriegewerkschaft Bergbau und Energie
IGM	Industriegewerkschaft Metall
JSH	Journal of Social History
KPD	Kommunistische Partei Deutschlands
KWO	VEB Kombinat Kabelwerk Oberspree
KZ	Konzentrationslager
LIZ	Leipziger Illustrirte Zeitung
LVB	Landschaftsverband
LWL	Landschaftsverband Westfalen-Lippe
MEW	Marx-Engels-Werke
MINT	Mathematik, Informatik, Naturwissenschaft, Technik
MK	Museumskunde
NCB	National Coal Board
NDR	Norddeutscher Rundfunk
NUM	National Union of Mineworkers
P&G	Psychologie & Gesellschaftskritik
PKW	Personenkraftwagen
RVB	Regionalverband
SAPMO	Stiftung Archiv der Parteien und. Massenorganisationen im Bundesarchiv
SED	Sozialistische Einheitspartei Deutschlands
SN	Streiknachrichten

Anhang

SPD	Sozialdemokratische Partei Deutschlands
SZ	Stuttgarter Zeitung
TechnikG	Technikgeschichte
UNESCO	Organisation der Vereinten Nationen für Bildung, Wissenschaft und Kultur
US	Siehe USA
USA	Vereinigte Staaten von Amerika
VBK	Verband Bildender Künstler der DDR
VEB	Volkseigener Betrieb
VfZG	Vierteljahrshefte für Zeitgeschichte
VSWG	Vierteljahrschrift für Sozial- und Wirtschaftsgeschichte
WAZ	Westdeutsche Allgemeine Zeitung
WG	Wohngemeinschaft
ZfU	Zeitschrift für Unternehmensgeschichte
ZfVk	Zeitschrift für Volkskunde
ZK	Zentralkomitee
ZKF	Zentrale Kommission für Fotografie im Kulturbund der DDR

Verzeichnis der Bildrechteinhaber nach Beiträgen

Beitrag von Lars Bluma
Abb. 1 Röntgenbilder/unbekannt
Abb. 2 Knappschaft-Bahn-See/Deutsche Bergbau Museum/Fotograf unbekannt
Abb. 3 Montanhistorisches Dokumentationszentrum bei Deutschen Bergbau-Museum Bochum 03000646600/ Heinz-Werner Voß

Beitrag von Arne Hordt
Abb. 1 u. 2 Durham County Record Office

Beitrag von Cora Rok
Abb. 1 u. 2 Medusa Film S. p.A. Motorino Amaranto S. r.l.
Abb. 3 Friman (CC – https://commons.wikimedia.org/wiki/File:Presidio-modelo2.JPG)

Beitrag von Olaf Schmidt-Rutsch
Abb. 1 LWL-Industriemuseum/Manfred Vollmer
Abb. 2 LWL-Industriemuseum/Manfred Saltmann
Abb. 3 LWL-Industriemuseum/Annette Hudemann, Martin Holtappels

Beitrag von Sabine Kritter
Abb. 1–4 Sabine Kritter

Beitrag von Daniela Mysliwietz-Fleiß
Abb. 1 Leipziger Illustrirte Zeitung, 95. Bd., Nr. 2471, 8. November 1890/unbekannt
Abb. 2 Deutsches Technikmuseum Berlin (Bibliothek, Bestand AEG), K 138, S. 25./unbekannt
Abb. 3 Leipziger Illustrirte Zeitung, 95. Bd., Nr. 2471, 8. November 1890/unbekannt

Beitrag von Jana Hawig
Abb. 1 Paul Bertheau, 25 Jahre Deutsches Arbeitsschutz-Museum, Berlin, Büxenstein 1928, S. 24/unbekannt
Abb. 2–3 Archiv DASA Arbeitswelt Ausstellung Dortmund/unbekannt

Beitrag von Agneta Jilek
Abb. 1 Reiner Lehmann
Abb. 2 Uwe Steinberg
Abb. 3 Georg Krause

Abb. 4 Sibylle Bergemann
Abb. 5 Helga Paris

Beitrag von Stefan Moitra
Abb. 1–2 u. 5 RAG AG
Abb. 3–4 IGBCE

Beitrag von Rudolf Tschirbs
Abb. 1–18 Stella Film GmbH München, 2013
Abb. 19–27 Twentieth Century Fox Home Entertainment, 2005

Literaturverzeichnis

Abelshauser, Werner, Der Ruhrkohlenbergbau seit 1945, München 1984.
Abelshauser, Werner, Deutsche Wirtschaftsgeschichte. Von 1945 bis zur Gegenwart [^{1}2004], München 2011.
Ahrens, Jörn, »Bekommt ein Junge vielleicht jeden Tag einen Zaun zu streichen?«: Krise und Konjunktur der Arbeit in der Gegenwart, in: Limbus. Australisches Jahrbuch für germanistische Literatur- und Kulturwissenschaft, 2 (2009), Narrative der Arbeit – Narratives of Work, S. 71-85.
Albers, Patricia C./William R. James, Travel Photography. A Methodological Approach, in: Annals of Tourism Research 13 (1988), S. 134-158.
Albrecht, Helmuth, Nordrhein-Westfalens Industriekultur im Kontext, in: Land Nordrhein-Westfalen/Landschaftsverband (LVB) Westfalen-Lippe/LVB Rheinland/Regionalverband (RVB) Ruhr/Stadt Dortmund/Stadt Essen (Hg.), Industriekultur 2020. Positionen und Visionen für Nordrhein-Westfalen, Essen 2014, S. 31-47.
Alemann, Ulrich von, Parteien und Medien, in: Oscar W. Gabriel/Oskar Niedermayer/Richard Stöss (Hg.), Parteiendemokratie in Deutschland, 2. aktual. u. erw. Aufl., Bonn 2002, S. 467-83.
Ames, Eric, Wilde Tiere. Carl Hagenbecks Inszenierung des Fremden, in: Alexander Honold/Klaus R. Scherpe (Hg.), Das Fremde. Reiseerfahrungen, Schreibformen und kulturelles Wissen, Bern/Berlin/Brüssel/Frankfurt a. M./New York/Oxford/Wien 1999.
Anders, Stefan, Ein Bandit, der Böses dabei denkt? Die Gattung Schelmenroman, kurzgeschlossen mit Hobsbawms »Sozialrebellen«, in: Kritische Ausgabe. Zeitschrift für Germanistik und Literatur, 16 (2008), S. 15-21.
Andresen, Knud/Ursula Bitzegeio/Jürgen Mittag (Hg.), »Nach dem Strukturbruch?« Kontinuitäten und Wandel von Arbeitsbeziehungen und Arbeitswelt(en) seit den 1970er-Jahren, Bonn 2011.
Arendt, Hannah, Vita activa oder Vom tätigen Leben [^{1}1958], 12. Aufl., München 2013.
Arlt, Hans-Jürgen, Kommunikation, Öffentlichkeit, Öffentlichkeitsarbeit. PR von gestern, PR für morgen – Das Beispiel Gewerkschaft, Opladen/Wiesbaden 1998.
Arlt, Hans-Jürgen/Otfried Jarren, Abwehrkünstler am Werk. Über die Kampagnenfähigkeit des DGB, in: Ulrike Röttger (Hg.), PR-Kampagnen. Über die Inszenierung von Öffentlichkeit, 2. überarb. Aufl., Wiesbaden 2002, S. 183-203.
Ashworth, William, The History of the British Coal Industry Vol. 5. 1946–1982: The Nationalized Industry, Oxford 1986, S. 61-118.
Assmann, Aleida, Das neue Unbehagen in der Erinnerungskultur. Eine Intervention, München 2013.
Aumann, Philipp/Frank Duerr, Ausstellungen machen, München, 2013.
Bachtin, Michail M., Chronotopos, Frankfurt a. M. 2008.
Backhaus, Hans-Joachim, Der Zeitgenosse im Porträt, in: Fotografie, 24 (1970) 10.
Bähr, Christine, Der flexible Mensch auf der Bühne. Sozialdramatik und Zeitdiagnose im Theater der Jahrtausendwende, Bielefeld 2012.
Bajani, Andrea, Cordiali Saluti, Torino 2005.
Balint, Iuditha/Sebastian Zilles (Hg.), Literarische Ökonomik, München 2014.
Bär, Johannes/Axel Drecoll, Rüstungsproduktion, Konzernumbau und Zwangsarbeit (1939–1945), in: Johannes Bär/Axel Drecoll/Bernhard Gotto/Kim C. Priemel/Harald Wixforth (Hg.), Der Flick-Konzern im Dritten Reich, München 2008, S. 471-558.
Baratay, Eric/Elisabeth Hardouin-Fugier, Zoo. A History of Zoological Gardens in the West, London 2004.
Barndt, Kerstin, Layers of Time: Industrial Ruins and Exhibitionary Temporalities, PMLA 125.(2010) 1, S. 134-141.
Barron, Hester, The 1926 Miner's Lockout. Meanings of Community in the Durham Coalfield, Oxford/New York 2009.
Barth, Hermann et al. (Hg.), Kameradschaft. Materialband. Begleitheft. Infoblatt. Plakat, Frankfurt a. M. 1992.
BauA, Was ist die DASA?, https://www.dasa-dortmund.de/ueber-die-dasa/was-ist-die-dasa/ (eingesehen am 15.12.2017).
Bauer, Matthias, Der Schelmenroman, Stuttgart/Weimar 1994.
Baumgartner, Frank R./Bryan D. Jones, Agendas and Instability in American Politics, Chicago 1993.
Baur, Joachim, Musealisierung der Migration. Einwanderungsmuseen und die Inszenierung der multikulturellen Nation, Bielefeld 2009.

Anhang

Bartmann, Christoph, Leben im Büro. Die schöne neue Welt der Angestellten, München 2012.
Beckett, Francis/David Hencke, Marching to the Fault Line. The Miners' Strike and the Battle for Industrial Britain, London 2009.
Behnke, Kerstin/Benedikt Haller/Stephan Meier-Oeser/Eckart Scheerer/Oliver R. Scholz, Repräsentation – V. Krise der Repräsentation, in: Joachim Ritter/Karlfried Gründer/Gottfried Gabriel (Hg.), Historisches Wörterbuch der Philosophie, Bd. 8, Basel/Stuttgart 1992, S. 797-853.
Beier-de Haan, Rosmarie, Erinnerte Geschichte – Inszenierte Geschichte. Ausstellungen und Museen in der Zweiten Moderne, Frankfurt a. M. 2005.
Beiler, Berthold, »Das fotografische Bildnis des werktätigen Menschen in Geschichte und Gegenwart (I)« in der Fotografie (1971) in H. 5 (S. 14-17), 6 (S. 18-21) u. 7 (S. 14-17).
Beiler, Berthold, Das fotografische Bildnis des werktätigen Menschen in Geschichte und Gegenwart (II), in: Fotografie, 25 (1971) 7 (Fotokinoverlag), S. 17.
Beiler, Berthold, in: Mitteilungsblatt, 5 (1970), Deutscher Kulturbund; Zentrale Kommission Fotografie der DDR, Berlin 1970 [o. S.].
Bennett, Tony, Der bürgerliche Blick. Das Museum und die Organisation des Sehens, in: Dorothea Hantelmann/Carolin Meister (Hg.), Die Ausstellung. Politik eines Rituals, Zürich/Berlin 2010, S. 47-77.
Berg, Werner, Wirtschaft und Gesellschaft in Deutschland und Großbritannien im Übergang zum »organisierten Kapitalismus«. Unternehmer, Angestellte, Arbeiter und Staat im Steinkohlenbergbau des Ruhrgebietes und von Südwales 1850–1914, Berlin 1984.
Berg, Werner, Zwei Typen industriegesellschaftlicher Modernisierung. Die Bergarbeiter im Ruhrgebiet und in Südwales im 19. und frühen 20. Jahrhundert, in: Gustav Schmidt (Hg.), Bergbau in Großbritannien und im Ruhrgebiet. Studien zur vergleichenden Geschichte des Bergbaus 1850–1930, Bochum 1985, S. 199-219.
Berger, Stefan, Von »Landschaften des Geistes« zu »Geisterlandschaften«, in: Mitteilungsblatt des Instituts für soziale Bewegungen, (2008) 39, S. 49-65.
Berghoff, Hartmut, »Dem Ziele der Menschheit entgegen«. Die Verheißungen der Technik an der Wende zum 20. Jahrhundert, in: Ute Frevert (Hg.), Das Neue Jahrhundert. Europäische Zeitdiagnosen und Zukunftsentwürfe um 1900, Göttingen 2000, S. 47-78.
Berry, David, Wales and Cinema. The First Hundred Years, University of Wales Press 1994.
Bismarck, Beatrice von/Christine Rink (Hg.), Nur hier? Die Galerie der Hochschule für Grafik und Buchkunst Leipzig 1980–2005, Bielefeld 2006.
Blackbourn, David, The German Bourgeoisie. An Introduction, in: David Blackbourn/Richard J. Evans (Hg.), The German Bourgeoisie. Essays on the Social History of the German Middle Class from the late Eighteenth to the early Twentieth Century, London/New York 1993, S. 1-45.
Bleidick, Dietmar, Bergtechnik im 20. Jahrhundert. Mechanisierung in Abbau und Förderung, in: Dieter Ziegler (Hg.), Rohstoffgewinnung im Strukturwandel. Der deutsche Bergbau im 20. Jahrhundert, Geschichte des deutschen Bergbaus, Bd. 4, Münster i. Westf. 2013, S. 355-412.
Bluma, Lars, Der Hakenwurm an der Ruhr: Umwelt, Körper und soziale Netzwerke im Bergbau des Kaiserreichs, in: Der Anschnitt. Zeitschrift für Kunst und Kultur im Bergbau, 61 (2009) 5-6, S. 314-329.
Bluma, Lars, Der Körper des Bergmanns in der Industrialisierung. Biopolitik im Ruhrkohlenbergbau 1890–1980, in: Lars Bluma/Karsten Uhl (Hg.), Kontrollierte Arbeit – disziplinierte Körper? Zur Sozial- und Kulturgeschichte der Industriearbeit im 19. und 20. Jahrhundert, Bielefeld 2012, S. 35-72.
Bluma, Lars, Die Hygiene des Bergmanns. Zur Biopolitik im Ruhrkohlenbergbau des Kaiserreichs, in: Blätter für Technikgeschichte, 73 (2011), S. 31-54.
Bluma, Lars, Fürsorge und Kontrolle: Medizinhistorische Perspektiven der Knappschaftsgeschichte im Ruhrgebiet, in: Christoph Bartels (Hg.), … höchst verpönte Selbst-Hülfe … Sozialversicherung in Bergbau-, Seefahrt und Eisenbahnwesen, Bochum 2012, S. 201-280.
Bluma, Lars, Heterotope Orte: Raumhistorische Dimensionen des knappschaftlichen Krankenhauswesens im Ruhrgebiet, in: Christoph Bartels (Hg.), Berufliches Risiko und soziale Sicherheit, Bochum 2010, S. 67-98.
Bluma, Lars/Sybilla Nikolow, Die Zirkulation der Bilder zwischen Wissenschaft und Öffentlichkeit. Ein historiographischer Essay, in: Bernd Hüppauf/Peter Weingart (Hg.), Frosch und Frankenstein. Bilder als Medium der Popularisierung von Wissenschaft, Bielefeld 2009, S. 45-78.
Bluma, Lars/Judith Rainhorn (Hg.), European Review of History – Revue européene d'histoire, 20 (2013) 2, Special Issue: History of the Workplace: Environment and Health at Stake.

Literaturverzeichnis

Bluma, Lars/Stefan Schulz/Jochen Streb, Prinzipal-Agenten-Probleme in der knappschaftlichen Krankenversicherung: Die Bekämpfung des »Simulantentums« durch Anreize und Kontrolle, in: Vierteljahrschrift für Sozial- und Wirtschaftsgeschichte [VSWG], 97 (2010) 3, S. 310-334.

Bluma, Lars/Karsten Uhl (Hg.), Kontrollierte Arbeit – disziplinierte Körper? Zur Sozial- und Kulturgeschichte der Industriearbeit im 19. und 20. Jahrhundert, Bielefeld 2012.

Böhme, Hartmut, Geheime Macht im Schoße der Erde. Das Symbolfeld des Bergbaus zwischen Sozialgeschichte und Psychohistorie, in: Hartmut Böhme, Natur und Subjekt, Frankfurt a. M. 1988, S. 67-144.

Bollenbeck, Georg, Bildung und Kultur. Glanz und Elend eines deutschen Deutungsmusters, Frankfurt a. M. 1994.

Boltanski, Luc/Ève Chiapello, Der neue Geist des Kapitalismus, Konstanz 2003.

Bönnighausen, Helmut, 25 Jahre Westfälisches Industriemuseum, in: Manfred Rasch/Dietmar Bleidick (Hg.): Technikgeschichte im Ruhrgebiet – Technikgeschichte für das Ruhrgebiet, Essen 2004, S. 128-132.

Bonnke, Manuela, Kunst in Produktion, Köln/Dresden 2007.

Borsdorf, Ulrich/Heinrich T. Grütter (Hg.), Ruhr Museum – Natur. Kultur. Geschichte, Katalog zur Ausstellung, Essen 2010.

Borsdorf, Ulrich/Heinrich T. Grütter/Jörn Rüsen, Einleitung, in: Ulrich Borsdorf/Heinrich T. Grütter/Jörn Rüsen (Hg.), Die Aneignung der Vergangenheit. Musealisierung und Geschichte, Bielefeld 2004, S. 7-11.

Bothe, Katrin, Die imaginierte Natur des Sozialismus. Eine Biografie des Schreibens und der Texte Volker Brauns 1959–1974, Würzburg 1997.

Bourdieu, Pierre, Die feinen Unterschiede. Kritik der gesellschaftlichen Urteilskraft, Frankfurt a. M. 1982.

Bourdieu, Pierre, Ökonomisches Kapital, kulturelles Kapital, soziales Kapital, in: Reinhard Kreckel (Hg.), Soziale Ungleichheiten, Göttingen 1983, S. 183-198.

Bourdieu, Pierre, Identity and Representation. Elements for a Critical Reflection on the Idea of a Region, in: Pierre Bourdieu, Language and Symbolic Power, Oxford 1992, S. 220-251.

Boyer, Josef, Unfallversicherung und Unternehmer im Bergbau. Die Knappschafts-Berufsgenossenschaft 1885–1945, München 1995.

Braun, Volker, Das ungezwungene Leben Kasts, Berlin 1972.

Braun, Volker, Machwerk oder Das Schichtbuch des Flick von Lauchhammer, Frankfurt a. M. 2008.

Brecht, Bertold, Wahrnehmung. Werke (1949). Große kommentierte Berliner und Frankfurter Ausgabe, Bd. 15, Gedichte 5, 1993.

Brenner, Peter J., Reisen in die Neue Welt. Die Erfahrung Nordamerikas in deutschen Reise- und Auswandererberichten des 19. Jahrhunderts, Tübingen 1991.

Brilli, Attilio, Als Reisen eine Kunst war. Vom Beginn des modernen Tourismus: Die »Grand Tour«, 2. Aufl., Berlin 2001.

Bröckling, Ulrich, Totale Mobilmachung. Menschenführung im Qualitäts- und Selbstmanagement, in: Ulrich Bröckling/Thomas Lemke/Susanne Krasmann (Hg.), Gouvernementalität der Gegenwart. Studien zur Ökonomisierung des Sozialen, Frankfurt a. M. 2002, S. 131-167.

Bröckling, Ulrich, Das unternehmerische Selbst. Soziologie einer Subjektivierungsform, Berlin 2007.

Brogi, Susanna/Carolin Freier/Ulf Freier-Otten/Katja Hartosch (Hg.), Repräsentationen von Arbeit. Transdisziplinäre Analysen und künstlerische Produktionen, Bielefeld 2013.

Bronfen, Elisabeth, Heimweh: Illusionsspiele in Hollywood, Berlin 1988.

Brückweh, Kerstin/Martina Steber, Aufregende Zeiten. Ein Forschungsbericht zu Neuansätzen der britischen Zeitgeschichte des Politischen, Archiv für Sozialgeschichte [AfS], 50 (2010), S. 671-701.

Brüggemeier, Franz-Josef, Leben vor Ort. Ruhrbergleute und Ruhrbergbau 1889–1919, München 1983.

Brüggemeier, Franz-Josef, Geschichte Großbritanniens im 20. Jahrhundert, München 2010.

Brunhöber, Beatrice, Die Erfindung »demokratischer Repräsentation« in den Federalist Papers, Tübingen 2010.

Burchert, Ulrich, Bilder der Ebene. Bemerkungen zur 2. Porträtfotoschau in Dresden, in: Sonntag. Die kulturpolitische Wochenzeitung, hg. v. Kulturbund der DDR, ?? (1981) 49, S. 7.

Castel, Robert/Klaus Dörre (Hg.), Prekarität, Abstieg, Ausgrenzung. Die soziale Frage am Beginn des 21. Jahrhunderts, Frankfurt a. M./New York 2009.

Celestini, Ascanio, Lotta di Classe, Torino 2009.

Conze, Werner, Arbeit, in: Otto Brunner/Werner Conze/Reinhart Koselleck, Geschichtliche Grundbegriffe. Historisches Lexikon zur politisch-sozialen Sprache in Deutschland [Bd. 1], Stuttgart 1972, S. 154-215.

Chartier, Roger, Die Welt als Repräsentation (frz. 1989), in: Matthias Middell/Stefan Sammler (Hg.), Alles Gewordene hat Geschichte. Die Schule der »Annales« in ihren Texten 1929–1992, Leipzig 1994, S. 320-347.

Anhang

Chartier, Roger, Kulturgeschichte zwischen Repräsentationen und Praktiken, in: Roger Chartier, Die unvollendete Vergangenheit. Geschichte und die Macht der Weltauslegung, Berlin 1989, S. 7-34.

Chirumbolo, Paolo (Hg.), Letteratura e lavoro. Conversazioni critiche, Soveria Mannelli 2013.

Conze, Eckart, Die Suche nach Sicherheit. Eine Geschichte der Bundesrepublik von 1949 bis in die Gegenwart, München 2009.

Crowthers, Bosley, A Beautiful and Affecting Film Achievement is »How Green Was My Valley«, at the Rivoli, in: New York Times v. 29.10.1941.

Dahinden, Urs, Framing. Eine integrative Theorie der Massenkommunikation, Konstanz 2006.

Dahm-Zeppenfeld, Karin/Wolfgang Köbernik, »Heute Lehrling, morgen Fachmann«. Berufliche Aus- und Weiterbildung auf der Henrichshütte Hattingen, Hattingen 1996.

Dahrendorf, Ralf, Wenn der Arbeitsgesellschaft die Arbeit ausgeht [[1]1982], in: Rainer Barbey (Hg.), Recht auf Arbeitslosigkeit?, Essen 2012, S. 104-110.

Daniel, Ute, Kompendium Kulturgeschichte. Theorien, Praxis, Schlüsselwörter, 3. Aufl., Frankfurt a. M. 2002.

Deiters, Franz-Josef/Axel Fliethmann/Birgit Lang/Alison Lewis/Christiane Weller (Hg.), Narrative der Arbeit – Narratives of Work, Limbus. Australisches Jahrbuch für germanistische Literatur, Freiburg i. Br./Berlin/Wien/Rombach 2009.

Deleuze, Gilles, Postskriptum über die Kontrollgesellschaften, in: Christoph Menke/Juliane Rebentisch (Hg.), Kreation und Depression. Freiheit im gegenwärtigen Kapitalismus, Berlin 2010.

Denning, Michael, Representing Global Labor, in: Social Text 92, Vol. 25 (2007) No. 3, Duke University Press, S. 125-145

Deutsches Bergbau-Museum Bochum (Hg.), Ausstellung Constantin Meunier vom 17. Oktober 1970 bis 17. Januar 1971, Bochum 1970.

Dezio, Francesco, Nicola Rubino è entrato in fabbrica, Milano 2004.

Diehl, Paula (Hg.), Körper im Nationalsozialismus. Bilder und Praxen, München 2006.

Diehl, Paula/Felix Steilen, Einleitung, in: Paula Diehl/Felix Steilen (Hg.), Politische Repräsentation und das Symbolische. Staat – Souveränität – Nation, Wiesbaden 2016, S. 1-6.

Diehl, Paula/Felix Steilen, Politische Repräsentation und das Symbolische. Historische, politische und soziologische Perspektiven, Berlin 2015.

Ditt, Karl, Die Entwicklung des Raumbewusstseins in Rheinland und Westfalen, im Ruhrgebiet und in Nordrhein-Westfalen während des 19. und 20. Jahrhunderts. Charakteristika und Konkurrenzen, in: Karl Ditt/Klaus Tenfelde (Hg.), Das Ruhrgebiet in Rheinland und Westfalen. Koexistenz und Konkurrenz des Raumbewusstseins im 19. und 20. Jahrhundert, Paderborn 2007, S. 405-473.

Doering-Manteuffel, Anselm/Lutz Raphael (Hg.), Nach dem Boom. Perspektiven auf die Zeitgeschichte nach 1970, Göttingen 2008, 2010.

Doerry, Martin, Übergangsmenschen. Die Mentalität der Wilhelminer und die Krise des Kaiserreichs, Weinheim/München 1986.

Dommer, Olge, Geschundener Mensch oder Held der Arbeit? Zur kleinplastischen Arbeiterdarstellung in der Sammlung Werner Bibl, in: Klaus Türk (Hg.), Arbeiterskulpturen, Bd. 2: Die Sammlung Werner Bibl, Essen 2011, S. 12-15.

Dörner, Andreas, Der Eventfilm als geschichtspolitisches Melodram, in: Aus Politik und Zeitgeschichte [APuZ], ?? (2008) 12, S. 28-32.

Dreesbach, Anne, Gezähmte Wilde. Die Zurschaustellung »exotischer« Menschen in Deutschland 1870–1940, Frankfurt a. M. 2005.

Dubois, Philippe, Der photographische Akt, Dresden 1998.

Dürbeck, Gabriele, Samoa als inszeniertes Paradies. Völkerausstellungen um 1900 und die Tradition der populären Südseeliteratur, in: Cordula Grewe (Hg.), Die Schau des Fremden. Ausstellungskonzepte zwischen Kunst, Kommerz und Wissenschaft, Stuttgart 2006, S. 69-94.

Ecker, Gisela/Claudia Lillge (Hg.), Kulturen der Arbeit, München 2011.

Ehmer, Josef, History of Work, in: International Encyclopedia of the Social and Behavioral Sciences, Bd. 24, London 2001, S. 16569-16575.

Eilders, Christiane, Fokussierung und Konsonanz im Mediensystem: Zu den Voraussetzungen politischer Medienwirkungen, in: Christiane Eilders/Friedrich Neidhardt/Barbara Pfetsch (Hg.), Die Stimme der Medien. Pressekommentare und politische Öffentlichkeit in der Bundesrepublik, Wiesbaden 2004, S. 196-226.

Elias, Norbert/John Scotson, Etablierte und Außenseiter, Frankfurt a. M. 1990.

Literaturverzeichnis

Elkar, Rainer, Auf der Walz. Handwerkerreisen, in: Hermann Bausinger/Klaus Beyrer/Gottfried Korff (Hg.), Reisekultur. Von der Pilgerfahrt zum modernen Tourismus, 2. Aufl., München 1999, S. 57-61.

Ellis, Joyce, The »Black Indies«. Economic Development of Newcastle, c. 1700–1840, in: Robert Colls/Bill Lancaster (Hg.), Newcastle upon Tyne. A Modern History, Chichester 2001, S. 1-26.

Emmerich, Wolfgang, Kleine Literaturgeschichte der DDR [¹1996], Berlin 2005.

Engler, Wolfgang, Der Arbeiter, in: Martin Sabrow (Hg.), Erinnerungsorte der DDR, München 2009, S. 172-182.

Entman, Robert M., Framing, in: Journal of Communication, 43 (1993), S. 76.

Entman, Robert M., Framing U.S. Coverage of International News: Contrasts in Narratives of the KAL and Iran Air Incidents, in: Political Communication, 41 (1991) 4, S. 6-27.

Entman, Robert M., Framing: Toward clarification of a fractured paradigm, in: Journal of Communication, 43 (1993) 4, S. 51-8.

Erdbrügger, Torsten/Inga Probst/Ilse Nagelschmidt (Hg.), Omnia vincit labor? Narrative der Arbeit – Arbeitskulturen in medialer Reflexion, Berlin 2013.

Eschenburg, Theodor, Herrschaft der Verbände, Stuttgart 1956.

Fahlenbrach, Kathrin, Die Mobilisierung von Öffentlichkeit, Formen des politischen Protestes, in: Olaf Hoffjann/Roland Stahl (Hg.), Handbuch Verbandskommunikation, Wiesbaden 2010, S. 259-274.

Fahlenbrach, Kathrin, Protestinszenierungen. Visuelle Kommunikation und kollektive Identitäten in Protestbewegungen, Wiesbaden 2002.

Fallon, Michael, The Keegan quality, The Northern Echo v. 21.6.1984.

Farrenkopf, Michael, Mythos Kohle. Der Ruhrbergbau in historischen Fotografien aus dem Bergbau-Archiv Bochum, Münster i. Westf. 2009.

Farrenkopf, Michael, Wiederaufstieg und Niedergang des Bergbaus in der Bundesrepublik, in: Dieter Ziegler (Hg.), Rohstoffgewinnung im Strukturwandel. Der deutsche Bergbau im 20. Jahrhundert. Geschichte des deutschen Bergbaus, Bd. 4, Münster i. Westf. 2013, S 183-302.

Farrenkopf, Michael, Zwischen Bürgerlichkeit, Beamtenstatus und berufsständischer Orientierung. Die höheren preußischen Bergbeamten in der zweiten Hälfte des 19. Jahrhunderts, in: Der Anschnitt, 47 (1995), S. 2-25.

Faulenbach, Bernd, Die preußischen Bergassessoren im Ruhrbergbau. Unternehmermentalität zwischen Obrigkeitsstaat und Privatindustrie, in: Mentalität und Lebensverhältnisse. Beispiele aus der Sozialgeschichte der Neuzeit. Rudolph Vierhaus zum 60. Geburtstag, hg. v. Mitarbeitern und Schülern, Göttingen 1982, S. 225-242.

Feist, Peter H., Aktuelle Tendenzen in der sozialistisch-realistischen Kunst der DDR, in: Bildende Kunst, 24 (1976) 7, S. 358.

Feist, Peter H., Art. Arbeit, in: Martin Warnke/Uwe Fleckner/Hendrik Ziegler (Hg.), Handbuch der politischen Ikonographie, Bd. 1, München 2011, S. 76-81.

Feldkamp, Jörg, Zweckverband Sächsisches Industriemuseum (Hg.), Industriemuseum Chemnitz. Augenblicke zwischen GESTERN und MORGEN, Katalog zur Ausstellung, Chemnitz 2003.

Ferré, Raffaella R., Santa precaria, Viterbo 2008.

Fishman, Nina, Coal. Owned and Managed on Behalf of the People, in: Jim Fyrth (Hg.), Labour's High Noon. The Government and the Economy 1945–51, London 1993, S. 61-77.

Flügel, Katharina, Einführung in die Museologie, Darmstadt 2009.

Foucault, Michel, Die Geburt der Sozialmedizin, in: Daniel Defert/François Ewald (Hg.), Schriften in vier Bänden. Dits et Ecrits, Bd. 3: 1976–1979, Frankfurt a. M. 2003, S. 272-298.

Foucault, Michel, Sexualität und Wahrheit, Bd. 1: Der Wille zum Wissen, Frankfurt a. M. 1983.

Foucault, Michel, Überwachen und Strafen. Die Geburt des Gefängnisses, Frankfurt a. M. 1975.

Freller, Thomas, Adlige auf Tour. Die Erfindung der Bildungsreise, Ostfildern 2007.

Frey, Manuel, Der reinliche Bürger. Entstehung und Verbreitung bürgerlicher Tugenden in Deutschland 1760–1860, Göttingen 1997.

Friemert, Chup, Produktionsästhetik im Faschismus. Das Amt »Schönheit der Arbeit« von 1933 bis 1939, München 1980.

Fröhlich, Michael/Karl-Rudolf Korte, Politik und Regieren in Deutschland. Strukturen, Prozesse, Entscheidungen, 3. überarb. Aufl., Paderborn 2009.

Fuchs-Heinritz, Werner/Alexandra König, Pierre Bourdieu. Eine Einführung, Konstanz 2005.

Fust, Boris, Zwölf Stunden sind kein Tag, München 2008.

Gamson, William A., Talking Politics, New York 1992.

Gebauer, Mirjam, Wendekrisen. Der Pikaro im deutschen Roman der 1990er Jahre, Trier 2006.

Anhang

Gebhardt, Hartwig, Illustrierte Zeitschriften in Deutschland am Ende des 19. Jahrhunderts. Zur Geschichte einer wenig erforschten Pressegattung, in: Buchhandelsgeschichte, 2 (1983), S. 41-65.

Gebhardt, Hartwig, Kollektive Erlebnisse. Zum Anteil der illustrierten Zeitschriften im 19. Jahrhundert an der Erfahrung des Fremden (1834–1900), in: Ina M. Greverus/Konrad Köstlin/Heinz Schilling (Hg.), Kulturkontakt – Kulturkonflikt. Zur Erfahrung des Fremden, Bd. 2, Frankfurt a. M. 1988, S. 517-544.

Gesser, Susanne/Martin Handschin/Angela Jannelli/Sibylle Lichtensteiger (Hg.), Das partizipative Museum. Zwischen Teilhabe und User Generated Content, Neue Anforderungen an kulturhistorische Ausstellungen, Bielefeld 2012.

Geyer, Martin H., Die Reichsknappschaft. Versicherungsreformen und Sozialpolitik im Bergbau 1900–1945, München 1987.

Glasenapp, Jörn, Die deutsche Nachkriegsfotografie: eine Mentalitätsgeschichte in Bildern, Paderborn/München 2008.

Goebel, Stefan, »Kohle und Schwert«. Zur Konstruktion der Heimatfront in Kriegswahrzeichen des Ruhrgebiets im Ersten Weltkrieg, in: Westfälische Forschungen, 51 (2001), S. 257-281.

Göhler, Gerhard, Institutionen – Macht – Repräsentation. Wofür politische Institutionen stehen und wie sie wirken, Baden-Baden 1997.

Goertz, Hans-Jürgen, Unsichere Geschichte. Zur Theorie historischer Referentialität, Stuttgart 2001.

Goetz, Rainald, Johann Holtrop, Berlin 2012.

Goldmann, Stefan, Wilde in Europa. Aspekte und Orte ihrer Zurschaustellung, in: Thomas Theye (Hg.), Wir und die Wilden. Einblicke in eine kannibalische Beziehung, Reinbek b. Hamburg 1985; S. 243-269.

Gorriahn, Laura, Partizipation und Repräsentation, in: Gisela Riescher (Hg.), Spannungsfelder der Politischen Theorie, Stuttgart 2014, S. 68-84.

Green, Adrian/A. J. Pollard, Conclusion. Finding North-East England, in: dies. (Hg.), Regional Identities in North East England, 1300–2000, Woodbridge 2007, S. 209-225.

Green, Ewen, Ideologies of Conservatism. Conservative Political Ideas in the Twentieth Century, Oxford/New York 2002.

Gregor, Wolfgang, in: Gesellschaft für Fotografie (Hg.), Konzept, Auftrag, Fotografie. Eine Ausstellung aus Auftragswerken der Gesellschaft für Fotografie im Kulturbund der DDR, Berlin (Ost) 1989.

Gregorio, Concita de, Io vi maledico, Torino 2013.

Grenier, Katherine H., Tourism and Identity in Scotland, 1770–1914. Creating Caledonia, Aldershot 2005.

Gretschel, Hans-Volker, Die Figur des Schelms im deutschen Roman nach 1945, Frankfurt a. M./Bern 1993.

Griesebner, Andrea, Geschlecht als mehrfach relationale Kategorie. Methodologische Anmerkungen aus der Perspektive der frühen Neuzeit, in: Veronika Aegerter (Hg.), Geschlecht hat Methode. Ansätze und Perspektiven in der Frauen- und Geschlechtergeschichte. Beiträge der 9. Schweizerischen Historikerinnentagung 1998, Zürich 1999, S. 129-137.

Griffiths, Bill, Pitmatic. The Talk of the North East Coalfield, Newcastle upon Tyne 2007.

Großbölting, Thomas, Im Reich der Arbeit. Die Repräsentation gesellschaftlicher Ordnung in den deutschen Industrie- und Gewerbeausstellungen 1790–1914, München 2008.

Grosser, Thomas, Reisen und soziale Eliten. Kavalierstour – Patrizierreise – bürgerliche Bildungsreise, in: Michael Maurer (Hg.), Neue Impulse der Reiseforschung, Berlin 1999, S. 139-150.

Guillén, Claudio, Zur Frage der Begriffsbestimmung des Pikaresken, aus dem Englischen von Ruth Krawschak, in: Helmut Heidenreich (Hg.), Pikarische Welt. Schriften zum europäischen Schelmenroman, Darmstadt 1969, S. 375-396.

Günther, Dagmar, Wandern und Sozialismus. Zur Geschichte des Touristenvereins »Die Naturfreunde« im Kaiserreich und in der Weimarer Republik, Hamburg 2003.

Gyr, Ueli, Touristenkultur und Reisealltag. Volkskundlicher Nachholbedarf in der Tourismusforschung, in: Zeitschrift für Volkskunde, [ZfVk], 85 (1988), S. 224-240.

Haarmann, Karl-Richard, Gebirgsdruck und Grubenausbau unter besonderer Berücksichtigung des Strebausbaus, in: Michael Farrenkopf/Michael Ganzelewski/Stefan Przigoda/Inga Schnepel/Rainer Slotta (Hg.), Glück auf! Ruhrgebiet. Der Steinkohlenbergbau nach 1945, Bochum 2009, S. 351-362.

Hackenbroch, Rolf, Verbände und Massenmedien, Wiesbaden 1998.

Hackl, Wolfgang, Eingeborene im Paradies. Die literarische Wahrnehmung des alpinen Tourismus im 19. und 20. Jahrhundert, Tübingen 2004.

Händler, Ernst Wilhelm, Wenn wir sterben, Frankfurt a. M. 2003.

Literaturverzeichnis

Hager, Kurt, Zu Fragen der Kulturpolitik der SED. Referat auf der 6. Tagung des ZK der SED. 6. Juli 1972, in: Hager, Kurt, Beiträge zur Kulturpolitik, Berlin (Ost) 1987, S. 12.

Hagner, Michael/Hans-Jörg Rheinberger/Bettina Wahrig-Schmidt (Hg.), Räume des Wissens. Repräsentation, Codierung, Spur, Berlin 1997.

Hall, Stuart, The rediscovery of ideology: Return of the repressed in Media Studies, in: Tony Bennett/James Curran/Michael Gurevitch/Janet Wollacott (Hg.), Culture, Society and the Media, London/New York 1983, S. 56-90.

Hall, Stuart, The Work of Representation, in: ders. (Hg.), Representation: Cultural Representations and Signifying Practices, London/Thousand Oaks (CA) 1997, S. 13-64.

Hanak-Lettner, Werner, Die Ausstellung als Drama. Wie das Museum aus dem Theater entstand, Bielefeld 2011.

Hansard's House of Commons Debates, 31.7.1984, Government Policy, Vol. 65, S. 233-317.

Harden, Lars, Rahmen der Orientierung. Eine Längsschnittanalyse von Frames in der Philosophieberichterstattung deutscher Qualitätsmedien, Wiesbaden 2002.

Hardt, Michael/Antonio Negri, Empire. Die neue Weltordnung, Frankfurt a. M./New York 2002.

Hauser, Heinrich, Schwarzes Revier, Berlin 1930.

Hediger, Vinzenz/Patrick Vonderau (Hg.), Filmische Mittel, industrielle Zwecke. Das Werk des Industriefilms, Berlin 2007.

Hegel, Georg Wilhelm Friedrich, Phänomenologie des Geistes, Hamburg 1988.

Hegermann, Günter/Wolfhard Weber, Bergbautechnik nach 1945, in: Michael Farrenkopf/Michael Ganzelewski/Stefan Przigoda/Inga Schnepel/Rainer Slotta (Hg.), Glück auf! Ruhrgebiet. Der Steinkohlenbergbau nach 1945, Bochum 2009, S. 330-341.

Heilig, Walter, Das fotografische Schaffen in der entwickelten sozialistischen Gesellschaft, in: VI. Zentrale Tagung der Fotoschaffenden der Deutschen Demokratischen Republik am 10. und 11. Dezember 1971 in Berlin, Berlin (Ost) 1971.

Heimburger, Susanne, Kapitalistischer Geist und literarische Kritik. Arbeitswelten in deutschsprachigen Gegenwartstexten, München 2010.

Hein, Jakob, Herr Jensen steigt aus, München 2006.

Held, Jutta, Arbeit als künstlerisches Motiv. Theoretische und bildliche Modelle aus der DDR. Eine historische Skizze, in: Frances K. Pohl (Hg.), Kunst und Politik. Jahrbuch der Guernica-Gesellschaft, hg. v. Jutta Held, Bd. 7 (2005), Schwerpunkt: Kunst und Arbeit, Göttingen 2005.

Helmstetter, Rudolf, Austreibung der Faulheit, Regulierung des Müßiggangs. Arbeit und Freizeit seit der Industrialisierung, in: Ulrich Bröckling/Eva Horn (Hg.), Anthropologie der Arbeit, Tübingen 2002, S. 259-279.

Henrik, Markus, Copy Man, Frankfurt a. M. 2009.

Herbers, Klaus, Unterwegs zu heiligen Stätten. Pilgerfahrten, in: Hermann Bausinger/Klaus Beyrer/Gottfried Korff (Hg.), Reisekultur. Von der Pilgerfahrt zum modernen Tourismus, 2. Aufl., München 1999, S. 23-31.

Herlyn, Gerrit/Johannes Müske/Klaus Schönberger/Ove Sutter (Hg.), Arbeit und Nicht-Arbeit. Entgrenzungen und Begrenzungen von Lebensbereichen und Praxen, München/Mering 2009.

Hermsdorf, Klaus, Thomas Manns Schelme. Figuren und Strukturen des Komischen, Berlin (Ost) 1968.

Herneck, Friedrich, Fotografie und Wahrheit. Beiträge zur Entwicklung einer sozialistischen Fotokultur, Leipzig 1979.

Hesse, Wolfgang (Hg.), Das Auge des Arbeiters. Arbeiterfotografie und Kunst 1930, Leipzig 2014.

Hesse, Wolfgang (Hg.), Die Eroberung der beobachtenden Maschine. Zur Arbeiterfotografie der Weimarer Republik, Leipzig 2012.

Hesse, Wolfgang/Claudia Schindler/[Seifert, Manfred] (Hg.), Produktion und Reproduktion – Arbeit und Fotografie, Dresden 2010.

Hettling, Manfred, Bürgerliche Kultur – Bürgerlichkeit als kulturelles System, in: {Lundgreen, Peter} (Hg.), Sozial- und Kulturgeschichte des Bürgertums. Eine Bilanz des Bielefelder Sonderforschungsbereichs (1986–1997), Göttingen 2000, S. 319-339.

Heuken, Lutz, Der letzte Abstich – der Kampf geht weiter, in: Otto König/Robert Laube/Egon Stratmann (Hg.), Das Ende der Stahlzeit. Die Stillegung der Henrichhütte Hattingen, Essen 1997.

Hilpert, Thilo, Die funktionelle Stadt. Le Corbusiers Stadtvisionen. Bedingungen – Motive – Hintergründe, Braunschweig 1978.

Hindrichs, Wolfgang/Uwe Jürgenhake/Christian Kleinschmidt, Der lange Abschied vom Malocher. Sozialer Umbruch in der Stahlindustrie und die Rolle der Betriebsräte von 1960 bis in die neunziger Jahre, Essen 2000.

Anhang

Hobsbawm, Eric, Die Banditen. Räuber als Sozialrebellen, aus dem Englischen von Rudolf Weys und Andreas Wirthensohn, München 2007.

Hoffmann, Heinz/Rainer Knapp (Hg.), Fotografie in der DDR. Ein Beitrag zur Bildgeschichte, Leipzig 1987.

Hofmann, Hasso, Repräsentation. Studien zur Wort- und Begriffsgeschichte von der Antike bis ins 19. Jahrhundert, Berlin 1974.

Hogenkamp, Bert, A Mining Film without a Desaster is like a Western without a Shoot-out: Representations of Coal Mining Communities in Feature Films, in: Stefan Berger/Andy Croll/Norman LaPorte (Hg.), Towards a Comparative History of Coalfield Societies, Aldershot 2005, S. 86-98.

Hogenkamp, Bert, Bergarbeiter im Spielfilm, Oberhausen 1982.

Hollander, Anne, Anzug und Eros. Eine Geschichte der modernen Kleidung, Berlin 1995.

Holzer, Anton, Die Bewaffnung des Auges. Die drei Zinnen oder Eine kleine Geschichte vom Blick aufs Gebirge, 2. Aufl., Wien 1997.

Howell, David, Defiant Dominoes. Working Miners and the 1984–85 Strike, in: Ben Jackson/Robert Saunders (Hg.), Making Thatcher's Britain, Cambridge 2012, S. 148-164.

Hradil, Stefan, Arbeit, Freizeit, Konsum: Von der Klassengesellschaft zu neuen Milieus? in: Thomas Raithel/Andreas Rödder/Andreas Wirsching (Hg.), Auf dem Weg in eine neue Moderne? Die Bundesrepublik Deutschland in den siebziger und achtziger Jahren, München 2009, S. 69-82.

Hubert, Andrea, Heldenhaft? Der Kampf um die Arbeitsplätze der Henrichshütte Hattingen, in: LWL-Industriemuseum (Hg.), Helden. Von der Sehnsucht nach dem Besonderen, Essen 2010, S. 306-323.

Hübner, Peter, Arbeitergeschichte, Version: 1.0, in: Docupedia-Zeitgeschichte.

Hudson, Kenneth, Attempts to define »Museum«, in: David Boswell/Jessica Evans (Hg.), Representing the Nation: A Reader. Histories, heritage and museums, London/New York 2007, S. 371-379.

Hüppauf, Bernd/Peter Weingart (Hg.), Frosch und Frankenstein. Bilder als Medium der Popularisierung von Wissenschaft, Bielefeld 2009.

IG Metall (Hg.), Streiknachrichten des Metallarbeiterstreiks in Schleswig-Holstein vom 24. Oktober 1956 bis 14. Februar 1957, Frankfurt a. M. 1976.

IG Metall (Hg.), Dokumentation. Streik der Metaller Schleswig-Holstein 1956/57, Frankfurt a. M.1978.

Illichmann-Rajchl, Florian, Der weite Weg zum Wasserspender, Wien 2012.

Imbusch, Peter, Machtfigurationen und Herrschaftsprozesse bei Norbert Elias, in: ders., (Hg.), Macht und Herrschaft, 2. Aufl., Wiesbaden 2012, S. 169-193.

Incorvaia, Antonio/Alessandro Rimassa, Generazione 1000 Euro, Milano 2006.

Jackson, Ben, An Ideology of Class. Neo-Liberalism and the Trade Unions, c. 1939–1979, in: Clare V. J. Griffiths/James J. Nott/William Whyte (Hg.), Classes, Cultures, and Politics. Essays on British History for Ross McKibbin, Oxford 2011, S. 263-281.

Jacobs, Jürgen, Der deutsche Schelmenroman. Eine Einführung, München/Zürich 1983.

Jaeggi, Rahel, Entfremdung. Zur Aktualität eines sozialphilosophischen Problems, Frankfurt a. M. 2005.

Jaeggi, Rahel, Kritik von Lebensformen, Berlin 2014.

Jaeggi, Rahel, Welt und Person. Zum anthropologischen Hintergrund der Gesellschaftskritik Hannah Arendts, Berlin 1997.

Jantke, Carl, Bergmann und Zeche, Tübingen 1953.

Jarren, Otfried/Dominik Lachenmeier/Adrian Steiner, Politische Interessenvermittlung im Wandel. Eine Einleitung, in: dies. (Hg.), Entgrenzte Demokratie. Herausforderungen für die politische Interessenvermittlung, Baden-Baden 2007, S. 7-18.

Jentges, Erik, Die soziale Magie politischer Repräsentation. Charisma und Anerkennung in der Zivilgesellschaft, Bielefeld 2010.

Kaelble, Hartmut, The 1970s: What Turning Point?, in: Andeas Wirsching (Hg.), The 1970s and 1980s as a Turning Point in European History? Journal of Modern European History, 9 (2011) 1, S. 8-26.

Kalk, Wilfried, 120 Jahre Metallarbeiterbewegung in Kiel. Die Geschichte der IG Metall-Verwaltungsstelle bis 1989, Kiel 1989.

Kaschuba, Wolfgang, Erkundung der Moderne. Bürgerliches Reisen nach 1800, in: Zeitschrift für Volkskunde [ZfVk], 87 (1991) ??, S. 29-52.

Kaudelka-Hanisch, Karin, Hundert Jahre für den Arbeitsschutz, in: Gerhard Kilger/Ulrich Zumdick (Hg.), Mensch, Arbeit, Technik. Katalog zur Deutschen Arbeitsschutzausstellung, Köln 1993, S. 74-83.

Literaturverzeichnis

Kaufmann, Gerhard, Die Postkarte im Spiegel der Kultur und Gesellschaft, in: Robert Lebeck/Gerhard Kaufmann (Hg.), Viele Grüße ... Eine Kulturgeschichte der Postkarte, Dortmund 1985, S. 399-437.

Keghel, Isabelle de, Helden im Ausnahmezustand: Die Bildberichterstattung über das Bergwerksunglück in Zwickau, in: Monica Rüthers/Alexandra Köhring (Hg.), Helden am Ende. Erschöpfungszustände in der Kunst des Sozialismus. Frankfurt a. M./New York 2014, S. 97-113.

Keller, Reiner/Andreas Hirseland/Werner Schneider/Willy Viehöver (Hg.), Zur Aktualität sozialwissenschaftlicher Diskursanalyse – Eine Einführung, in: dies. (Hg.): Handbuch sozialwissenschaftliche Diskursanalyse. Bd. 1: Theorien und Methoden, Opladen 2001, S. 7-29.

Kelly, John E., Rethinking Industrial Relations: Mobilization, Collectivism, and Long Waves, London 1998.

Kepplinger, Hans Mathias, Publizistische Konflikte und Skandale, Wiesbaden 2009.

Kiecol, Daniel, Selbstbild und Image zweier europäischer Metropolen. Paris und Berlin zwischen 1900 und 1930, Frankfurt a. M. 2001.

Kift, Dagmar/Hanneliese Palm (Hg.), Arbeit – Kultur – Identität. Zur Transformation von Arbeitslandschaften in der Literatur, Essen 2007.

Kilger, Gerhard, Das Konzept der DASA, in: Verein der Freunde und Förderer der deutschen Arbeitsschutzausstellungen (Hg.), ... voll Leben und Bewegung: einhundert Jahre deutsche Arbeitsschutzausstellungen; zehn Jahre deutsche Arbeitsschutzausstellung, Dortmund 2003, S. 24-27.

Kirby, Jack, Icons and Impacts: Current Approaches to Making History of Industry in Museums, in: Social History in Museums, 32 (2008), S. 61-68.

Kittner, Michael, Arbeitskampf: Geschichte, Recht, Gegenwart, München 2005.

Kleinschmidt, Christian, Technik und Wirtschaft im 19. und 20. Jahrhundert, München 2007.

Knapp, Rainer (Hg.), Chronik der Gesellschaft für Fotografie. Eine Zeitgeschichte zur Fotografie im Kulturbund der DDR 1945 bis 1990. Berlin 2008.

Koch-Baumgarten, Sigrid, Das Ende der Geheimdiplomatie? Zur Medialisierung der Tarifpolitik, in: dies./Lutz Mez (Hg.), Medien und Politik. Neue Machtkonstellationen in ausgewählten Politikfeldern, Frankfurt a. M. 2007, S. 143-60.

Koch-Baumgarten, Sigrid, »Er war ein Mann nehmt alles nur in allem.« Geschlechterbilder in gewerkschaftlichen Nachrufen, in: Brigitte Kerchner/Sigrid Koch-Baumgarten (Hg.), Geschlechterbilder in den Gewerkschaften. Internationale Wissenschaftliche Korrespondenz zur Geschichte der Arbeiterbewegung, 34 (1998) 3-4, S. 316-42.

Koch-Baumgarten, Sigrid, Medien im Tarifkonflikt. Akteurs- und Medienframes im Streik um die Lohnfortzahlung im Krankheitsfall 1956/57, Münster i. Westf. 2013.

Kocka, Jürgen, Arbeit früher, heute, morgen: Zur Neuartigkeit der Gegenwart, in: ders./Claus Offe (Hg.), Geschichte und Zukunft der Arbeit, Frankfurt a. M. 2000, S. 476-492.

Kocka, Jürgen, Mehr Lust als Last. Arbeit und Arbeitsgesellschaften in der europäischen Geschichte, in: ders., Arbeiten an der Geschichte. Gesellschaftlicher Wandel im 19. und 20. Jahrhundert, Göttingen 2011, S. 203-224.

Kocka, Jürgen, Work as a Problem in European History, in: ders. (Hg.), Work in a Modern Society. The German Historical Experience in Comparative Perspective, New York/Oxford 2010, S. 1-15.

Kocka, Jürgen, Work in a Modern Society. The German Historical Experience in Comparative Perspective, New York 2010.

Kocka, Jürgen/Claus Offe (Hg.), Geschichte und Zukunft der Arbeit, Frankfurt a. M. 2000.

Koelbl, Herlinde/Manfred Sack (m. e. Beitr. v. Alexander Mitscherlich), Das Deutsche Wohnzimmer, München/Luzern 1980.

Kohli, Martin, Die DDR als Arbeitsgesellschaft? Arbeit, Lebenslauf und soziale Differenzierung, in: Hartmut Kaelble/Jürgen Kocka/Hartmut Zwahr (Hg.), Sozialgeschichte der DDR, Stuttgart 1994, S. 31-61.

Koller, Christian, Streikkultur. Performanzen und Diskurse des Arbeitskampfes im schweizerisch-österreichischen Vergleich, Münster i. Westf./Wien 2009.

König, Otto, Band der Solidarität. Widerstand, Alternative Konzepte, Perspektiven. Die IG Metall-Verwaltungsstelle Gevelsberg-Hattingen 1945–2010, Hamburg 2012.

Kössler, Till, Abschied von der Revolution. Kommunisten und Gesellschaft in Westdeutschland 1945–1968, Düsseldorf 2005.

Korff, Gottfried, Bildwelt Ausstellung. Die Darstellung von Geschichte im Museum, in: Ulrich Borsdorf/Heinrich T. Grütter (Hg.), Orte der Erinnerung. Denkmal, Gedenkstätte, Museum, Frankfurt a. M./New York 1999, S. 319-335.

Korff, Gottfried, Objekt und Information im Widerstreit. Die neue Debatte über das Geschichtsmuseum, in: ders., Museumsdinge. Deponieren – exponieren, Köln/Weimar/Wien 2007, S. 113-125.
Korff, Gottfried, Speicher und/oder Generator. Zum Verhältnis von Deponieren und Exponieren im Museum, in: Moritz Csáky/Peter Stachel (Hg.) Speicher des Gedächtnisses. Bibliotheken, Museen, Archive. Teil 1: Absage an und Wiederherstellung von Vergangenheit. Kompensation von Geschichtsverlust, Wien 2000, S. 49.
Koshar, Rudy, »What ought to be seen«. Tourists' Guidebooks and National Identities in Modern Germany and Europe, in: Journal of Contemporary History, 33 (1998), S. 323-340.
Kracauer, Siegfried, Der historische Film, in: ders., Kino, hg. v. Karsten Witte, Frankfurt a. M. 1974, S. 44.
Kracauer, Siegfried, Geschichte – Vor den letzten Dingen, Frankfurt a. M. 2009.
Kracauer, Siegfried, Theorie des Films. Die Errettung der äußeren Wirklichkeit, Frankfurt a. M. 1964.
Kramer, Thomas (Hg.), Reclams Lexikon des deutschen Films, Stuttgart 1995.
Krause, Stephan, Orte der Arbeit. Volker Brauns *Schichtbuch* und *Die hellen Haufen*, in: Torsten Erdbrügger/Ilse Nagelschmidt/Inga Probst (Hg.), Omnia vincit labor?, Narrative der Arbeit – Arbeitskulturen in medialer Reflexion, Berlin 2013, S. 51-68.
Kremer, Christian, Milieu und Performativität, Marburg 2008.
Kretschmer, Winfried, Geschichte der Weltausstellungen, Frankfurt a. M./New York 1999.
Kretschmer, Winfried, Weltausstellungen oder die Erfindung des Edutainments, in: Museumskunde, 65 (2000) 1, S. 83-90.
Kroker, Evelyn, Der Arbeitsplatz des Bergmanns, Bd. 2: Der Weg zur Vollmechanisierung, Bochum 1986.
Kroker, Evelyn/Gabriele Unverfehrt, Der Arbeitsplatz des Bergmanns in historischen Bildern und Dokumenten, 2. Aufl., Bochum 1991.
Kroker, Evelyn/Werner Kroker, Solidarität aus Tradition. Die Knappenvereine im Ruhrgebiet, München 1988.
Kruse, Jan, Kritik der disziplinierenden Simulation. Ein soziologisches Fragment über »postmoderne« Arbeitsgesellschaften, in: parapluie. Elektronische Zeitschrift für Kulturen – Künste – Literaturen, 27 (2011).
Kuhn, Anja, Bildung mit Spaß?! Museumspädagogik im Westfälischen Industriemuseum, in: Westfälisches Industriemuseum (Hg.), Schätze der Arbeit. 25 Jahre Westfälisches Industriemuseum, Essen 2004, S. 34-45.
Kuhn, Anja/Thomas Weiß, Zwangsarbeit in Hattingen, Essen 2003.
Kuhnert, August, Man ist selbständiger geworden, in: Otto König/Robert Laube/Egon Stratmann (Hg.), Das Ende der Stahlzeit. Die Stilllegung der Henrichshütte Hattingen, Essen 1997, S. 76-79.
Kutter, Uli, Der Reisende ist dem Philosophen, was der Arzt dem Apotheker. Über Apodemiken und Reisehandbücher, in: Hermann Bausinger/Klaus Beyrer/Gottfried Korff (Hg.), Reisekultur. Von der Pilgerfahrt zum modernen Tourismus, 2. Aufl., München 1999, S. 38-47.
Lancaster, Bill, The North East. England's Most Distinctive Region?, in: Bill Lancaster/Diana Newton/Natasha Vall (Hg.), An Agenda for Regional History, Newcastle upon Tyne 2007, S. 23-41.
Landschaftsverband Westfalen-Lippe (Hg), Ein westfälisches Industriemuseum, Münster i. Westf. 1979.
Landschaftsverband Westfalen-Lippe (Hg.), Feuerländer – Regions of Vulcan, Malerei um Kohle und Stahl, Münster i. Westf. 2010.
Landwehr, Achim, Historische Diskursanalyse, Frankfurt a. M./New York 2009.
Laube, Robert (Hg.), Die Henrichshütte. Eine grüne Geschichte, 2. Aufl., Essen 2001.
Lauf, Ulrich, Der Allgemeine Knappschaftsverein zu Bochum (1890-1923). Mythos und Wirklichkeit, Bochum 2009.
Lauschke, Karl, Schwarze Fahnen an der Ruhr. Die Politik der IG Bergbau und Energie während der Kohlenkrise 1958–1968, Marburg 1984.
Leboutte, René, Space Construction as a Mental Process. Heavy Industrial Regions in Comparative Perspective. Mitteilungsblatt des Instituts für soziale Bewegungen, 29 (2008), S. 99-112.
Lenzburg, Stapferhaus/Sibylle Lichtensteiger/Aline Minder/Detlef Vögeli (Hg.), Dramaturgie in der Ausstellung. Begriffe und Konzepte für die Praxis, Bielefeld 2014.
Letteratura e azienda. Rappresentazioni letterarie dell'economia e del lavoro nell'Italia degli anni 2000, Nanterre 2010.
Liebig, Dieter, Zehn Jahre danach, in: Otto König/Robert Laube/Egon Stratmann (Hg.), Das Ende der Stahlzeit. Die Stilllegung der Henrichshütte Hattingen, Essen 1997, S. 106-112.
Lillge, Claudia/Gisela Ecker (Hg.), Kulturen der Arbeit, München 2011.
Linden, Markus/Winfried Thaa (Hg.), Die politische Repräsentation von Fremden und Armen, Baden-Baden 2009.
Linke, Angelika, Sprachkultur und Bürgertum, Stuttgart 1996.

Linke, Angelika, Politics as Linguistic Performance. Function and »Magic« of Communicative Practices, in: Willibald Steinmetz (Hg.), Political Languages in the Age of Extremes, Oxford/New York 2011, S. 53-66.

Ling, Cristina/Nayda Terkildsen/Frauke Schnell, Interest Groups, the Media, and Policy Debate Formation: An Analysis of Message Structure, Rethoric,and Source Cues, in: Philip Seib (Hg.), Political Communication, Vol.1, London u. a. 2008, S. 430-47.

Llewellyn, Richard, How Green was my Valley, London 1939.

Lolli, Massimo, Il lunedì arriva sempre di domenica pomeriggio, Milano 2009.

Lorey, Isabell, Die Regierung der Prekären, Wien 2012.

Lüdtke, Alf, Gesichter der Belegschaft. Portraits der Arbeit, in: Klaus Tenfelde (Hg.), Bilder von Krupp. Fotografie und Geschichte im Industriezeitalter, München 1994, S. 67-87.

Luks, Timo, Der Betrieb als Ort der Moderne. Zur Geschichte von Industriearbeit, Ordnungsdenken und Social Engineering im 20. Jahrhundert, Bielefeld 2010.

LWL-Industriemuseum (Hg.), Gute Arbeit. Von Wünschen und Wirklichkeiten, Dortmund 2011.

LWL-Industriemuseum (Hg.), Helden im Zeichen von Schlägel und Eisen. Denkmale für tödlich verunglückte und gefallene Bergleute im Ruhrgebiet, Essen 2010.

MacCannell, Dean, The Tourist. A New Theory of the Leisure Class, Berkeley/Los Angeles/London 1999.

Macdonald, Sharon, Introduction, in: dies./Gordon Fyfe (Hg.), Theorizing Museums. Representing identity and diversity in a changing world, Oxford 1996, S. 1-20.

Macdonald, Sharon/Gordon Fyfe, Expanding Museum Studies. An Introduction, in: dies. (Hg.), A Companion to Museum Studies, Oxford 2006, S. 1-12.

Märthesheimer, Peter, Publizistik und gewerkschaftliche Aktion. Das Bild der IG Metall in westdeutschen Zeitungen dargestellt an der Tarifauseinandersetzung 1961/62 in der Metallindustrie [= Dortmunder Beiträge zur Zeitungsforschung, 8. Bd.], Dortmund 1964.

Mallmann, Luitwin, 100 Jahre Gesamtmetall: Perspektiven aus Tradition, Köln 1990.

Manning, Paul, Spinning for Labour: Trade Unions and the New Media Environment, Ashgate 1998.

Manow, Philip, Im Schatten des Königs. Die politische Anatomie demokratischer Repräsentation, Frankfurt a. M. 2008.

Manow, Philip, Repräsentation, in: Martin Hartmann/Claus Offe (Hg.), Politische Theorie und Politische Philosophie. Ein Handbuch, München 2011, S. 297-299.

Marchart, Oliver, Cultural Studies, Konstanz 2008.

Marcinkowski, Frank/Barbara Pfetsch, Die Macht der Medien in der Demokratie – Zum Wandel von wissenschaftlichen Perspektiven, realweltlichen Konstellationen und subjektiven Perzeptionen, in: Edwin Czerwick (Hg.), Politische Kommunikation in der repräsentativen Demokratie der Bundesrepublik Deutschland. Festschrift für Ulrich Sarcinelli, Wiesbaden 2013, S. 133-148.

Marckwort, Ulf-Heiner, Der deutsche Schelmenroman der Gegenwart. Betrachtungen zur sozialistischen Rezeption pikaresker Topoi und Motive, Köln 1984.

Martin, Michael, Arbeiterschutz und Arbeitsmedizin im Ruhrbergbau 1865–1914. Diss. Ruhr-Universität Bochum, Mikrofiche 2000.

Martin, Michael, Spuren der Arbeit. Zur Beweiskraft des Röntgenbildes bei der Anerkennung der Silikose als Berufskrankheit, in: Westfälische Forschungen, 64 (2014), S. 223-243.

Marx, Karl, Ökonomisch-philosophische Manuskripte, Marx-Engels-Werke [MEW], Bd. 40, Berlin (Ost) 1968.

Marx, Karl, Ökonomisch-philosophische Manuskripte, hg. v. Barbara Zehnpfennig, Hamburg 2005.

Menzel, Elmar, Bergbau-Medizin einst und jetzt. Entwicklung des bergmännischen Gesundheitswesens unter Einschluß der Kranken- und Unfallversicherung, Berlin 1989.

Menzel, Ulrich, Die Musealisierung des Technischen. Die Gründung des »Deutschen Museums von Meisterwerken der Naturwissenschaft und Technik« in München, Braunschweig 2002.

Mergel, Thomas, Die Bürgertumsforschung nach 15 Jahren. Für Hans-Ulrich Wehler zum 70. Geburtstag, in: Archiv für Sozialgeschichte [AfS], 41 (2001), S. 515-538.

Merkel, Rainer, Das Jahr der Wunder, Frankfurt a. M. 2001.

Meschnig, Alexander/Mathias Stuhr (Hg.), Arbeit als Lebensstil, Frankfurt a. M. 2003.

Meyer, Steve/Rough Manhood, The Aggressive and Confrontational Shop Culture of U.S. Auto Workers during World War II, in: Journal of Social History, 36 (2002) 1, S. 125-147.

Meßling, Sonja (Hg.), Stahl und Moral: Die Henrichshütte im Krieg 1914–1945, Essen 2014.

Minner, Ina/Ralf Molkenthin, Ein Denkmal lernt das Sprechen. Lebensgeschichtliche Interviews zu Hochofen 3 der Henrichshütte Hattingen, in: industrie-kultur, 2 (2000), S. 32-33.

Mitchell, Maria, Die Volksgemeinschaft im Dritten Reich: Konflikt, Konzession, Konsens, in: Norbert Finzsch/ Hartmut Lehmann (Hg.), Zukunftsvisionen: Politische und soziale Utopien in Deutschland und den Vereinigten Staaten im 20. Jahrhundert, Krefeld 2001, S. 37-68.

Möbius, Helga/Peter Pachnicke, Alltag und Epoche, in: Alltag und Epoche. Werke bildender Kunst der DDR aus fünfunddreißig Jahren, Berlin (Ost) 1984, S. 14.

Moebius, Stephan (Hg.), Kultur. Von den Cultural Studies bis zu den Visual Studies. Eine Einführung, Bielefeld 2012.

Moitra, Stefan, Das Wissensrevier. 150 Jahre Bergbauforschung und Ausbildung bei der Westfälischen Berggewerkschaftskasse/DMT-Gesellschaft für Lehre und Bildung. Die Geschichte einer Institution, Bochum 2014.

Moitra, Stefan, »Die Wirklichkeit ist da, aber sie wird manipuliert«. Zur gewerkschaftlichen Filmpraxis in der frühen Bundesrepublik, in: Vinzenz Hediger/Patrick Vonderau (Hg.), Filmische Mittel, industrielle Zwecke. Das Werk des Industriefilms, Berlin 2007, S. 214-235.

Mommsen, Hans, Die Auflösung des Bürgertums seit dem späten 19. Jahrhundert, in: Jürgen Kocka (Hg.), Bürger und Bürgerlichkeit im 19. Jahrhundert, Göttingen 1987, S. 288-315.

Mooser, Josef, Abschied von der »Proletarität«, in: Werner Conze/M. Rainer Lepsius (Hg.), Sozialgeschichte der Bundesrepublik Deutschland. Beiträge zum Kontinuitätsproblem, Stuttgart 1983, S. 143-186.

Mückenberger, Ulrich, Der Wandel des Normalarbeitsverhältnisses unter Bedingungen einer »Krise der Normalität«, in: Gewerkschaftliche Monatshefte [GMH], (1989) 4, S. 211-223.

Müller, Birgit, Körper werden. Dekonstruktion, Embodiment und Psychologie, in: Psychologie und Gesellschaftskritik, 25 (2001) 1, S. 9-36.

Müller, Jan, Ist Arbeit eine Metapher? Und wie arbeiten wir mit ihr?, in: Felix Heidenreich/Jean-Claude Monod/ Angela Oster (Hg.), Arbeit neu denken. Reponser le travail, Berlin 2009, S. 24-46.

Müller-Jentsch, Walther, Soziologie der Industriellen Beziehungen. Eine Einführung, 2. überarb. u. erw. Aufl., Frankfurt a. M. 1997.

Müller-Scheessel, Nils, To See Is to Know. Materielle Kultur als Garant von Authentizität auf Weltausstellungen des 19. Jahrhunderts, in: Stefanie Samida (Hg.), Inszenierte Wissenschaft. Zur Popularisierung von Wissen im 19. Jahrhundert, Bielefeld 2011, S. 157-176.

Murgia, Michela, Il mondo deve sapere, Milano 2010.

Negt, Oskar, Gewerkschaften brauchen eine Gesellschaftsutopie, in: Frankfurter Rundschau [FR] v. 8.7.2003.

Neidhardt, Friedhelm/Dieter Rucht, Auf dem Weg in die Bewegungsgesellschaft?, in: Soziale Welt, 44 (1993), S. 305-326.

Nerdinger, Winfried, Vom Klassizismus zum Impressionismus. Eine Kunstgeschichte des 19. Jahrhunderts in Einzelinterpretationen, München 1980.

Nesi, Edoardo, Storia della mia gente, Milano 2011.

neues alter e. V. (Hg.), »Der Ofen ist aus!« Stahlarbeiter erzählen ihre Geschichte, Iserlohn 1995.

Neuheiser, Jörg, Vom bürgerlichen Arbeitsethos zum postmaterialistischen Arbeiten? Werteforschung, neue Arbeitssemantiken und betriebliche Praxis in den 1970er Jahren, in: Jörn Leonhard/Willibald Steinmetz (Hg.), Semantiken von Arbeit. Diachrone und vergleichende Perspektiven (= Industrielle Welt. Schriftenreihe des Arbeitskreises für Moderne Sozialgeschichte, Bd. 91), Köln 2016, S. 319-346.

Neuheiser, Jörg/Andreas Rödder, Der »Wertewandel« zwischen Diskurs und Praxis. Die Untersuchung von Wertvorstellungen zur Arbeit mit Hilfe von betrieblichen Fallstudien, in: Bernhard Dietz/Christopher Neumaier/ Andreas Rödder (Hg.), Gab es den Wertewandel? Neue Forschungen zum gesellschaftlich-kulturellem Wandel seit den 1960er Jahren, München 2014, S. 141-167.

Neuheiser, Jörg/Andreas Rödder, Eine Geschichte vom Werteverfall? Die Deutschen und ihre Einstellungen zur Arbeit, in: Stiftung Haus der Geschichte der Bundesrepublik Deutschland (Hg.), Hauptsache Arbeit. Wandel der Arbeitswelt nach 1945, Bielefeld 2009, S. 31-37.

Neumann, Alfred, Tradition – Last oder Chance?, in: Fotografie, 3 (1970), S. 5.

Nies, Sarah/Dieter Sauer, Arbeit – mehr als Beschäftigung? Zur arbeitssoziologischen Kapitalismuskritik, in: Klaus Dörre/Dieter Sauer/Volker Wittke (Hg.), Kapitalismustheorie und Arbeit. Neue Ansätze soziologischer Kritik, Frankfurt a. M./New York 2012, S. 34-62.

Niethammer, Lutz, Einleitung des Herausgebers, in: ders. (Hg.), »Die Jahre weiß man nicht, wo man die heute hinsetzen soll«. Faschismuserfahrungen im Ruhrgebiet. Lebensgeschichte und Sozialkultur im Ruhrgebiet 1930 bis 1960, Bd. 1, Bonn/Berlin 1983, S. 7-29.

Literaturverzeichnis

Niethammer, Lutz (Hg.), »Die Menschen machen ihre Geschichte nicht aus freien Stücken, aber sie machen sie selbst«. Einladung zu einer Geschichte des Volkes in NRW, Berlin 1984.
Nipperdey, Thomas, Deutsche Geschichte 1866–1918, Bd. 1: Arbeitswelt und Bürgergeist, München 1990.
Noé, Claus, Gebändigter Klassenkampf: Tarifautonomie in der Bundesrepublik Deutschland. Der Konflikt zwischen Gesamtmetall und IG Metall vom Frühjahr 1963, Berlin 1970.
Noelle-Neumann, Elisabeth, Die Schweigespirale. Öffentliche Meinung – unsere soziale Haut, Frankfurt a. M./Wien/Berlin 1982.
Nonn, Christoph, Die Krise des Ruhrbergbaus bis zur Gründung der Ruhrkohle AG (1957/58 bis 1969), in: Michael Farrenkopf/Michael Ganzelewski/Stefan Przigoda/Inga Schnepel/Rainer Slotta (Hg.), Glück auf! Ruhrgebiet. Der Steinkohlenbergbau nach 1945, Bochum 2009, S. 236-242.
Nonn, Christoph, Die Ruhrbergbaukrise. Entindustrialisierung und Politik 1958–1969, Göttingen 2001.
Nove, Aldo, Mi chiamo Roberta, ho quarant'anni, guadagno 250 euro al mese, Torino 2006; (veränd. Neuaufl.) versione 2.0, Massa 2011.
Nünning, Ansgar (Hg.), Grundbegriffe der Kulturtheorie und Kulturwissenschaften, Weimar 2005.
Oelerich, Gertrud/Hans-Uwe Otto, Empirische Forschung und Soziale Arbeit. Ein Studienbuch, Wiesbaden 2011.
Offe, Claus, »Arbeitsgesellschaft«: Strukturprobleme und Zukunftsperspektiven, Frankfurt a. M./New York 1984.
Offer, Avner, British Manual Workers. From Producers to Consumers, c. 1950–2000, Contemporary British History, 22 (2008), S. 537-571.
Ohm, Johannes, Das Augenzittern als Gehirnstrahlung. Ein Atlas der Augenzitternkurven, Berlin/Wien 1925.
Ohm, Johannes, Das Augenzittern der Bergleute. Sein Krankheitsbild und seine Entstehung, dargestellt an mehr als 500 selbst beobachteten Fällen, Leipzig 1912.
Ohm, Johannes, Nachlese auf dem Gebiete des Augenzitterns der Bergleute. Ein Beitrag zur Gehirnfunktion, Stuttgart 1954.
Osterhammel, Jürgen/Niels P. Petersson, Geschichte der Globalisierung. Dimensionen, Prozesse, Epochen, München 2012.
Palla, Rudi, Das Lexikon der untergegangenen Berufe, Frankfurt a. M. 1998.
Parent, Thomas, Die Henrichshütte in Hattingen. Ein neuer Standort des Westfälischen Industriemuseums, in: TKD – Technische Kulturdenkmale, 20 (1990), S. 20-23.
Parent, Thomas, Rettung vor Abbruch und frühe Umnutzung. Zur Geschichte der Maschinenhalle der Zeche Zollern II/IV zwischen 1969 und 1979, in: ders. (Hg.): Von der Schönheit der Eisenkonstruktion. Studien zur »Musterzeche« Zollern II/IV, Essen 2013, S. 241-278.
Paris, Rainer/Wolfgang Sofsky, Figurationen sozialer Macht. Autorität – Stellvertretung – Koalition, 2. Aufl., Frankfurt a. M. 1994.
Pattison, Gary, Planning for Decline. The Category D Village Policy of County Durham, UK, Planning Perspectives, 19 (2004), S. 311-332.
Pehnt, Annette, Mobbing, München 2007.
Pemberton, Hugh, The Transformation of the Economy, in: Paul Addison/Harriet Jones (Hg.), A Companion to Contemporary Britain 1939–2000, Oxford 2005, S. 180-202.
Phillips, Jim, Collieries, Communities and the Miners' Strike in Scotland, 1984–85, Manchester/New York 2012.
Pirker, Theo, Die blinde Macht. Die Gewerkschaftsbewegung in der Bundesrepublik, Bd. 2: 1953–1960. Weg und Rolle der Gewerkschaften im neuen Kapitalismus, Berlin 1978.
Pitkin, Hanna F., The Concept of Representation, Los Angeles/Berkeley 1967.
Plato, Alice von, Zwischen Hochkultur und Folklore. Geschichte und Ethnologie auf den französischen Weltausstellungen im 19. Jahrhundert, in: Cordula Grewe (Hg.), Die Schau des Fremden. Ausstellungskonzepte zwischen Kunst, Kommerz und Wissenschaft, Stuttgart 2006, S. 45-68.
Platz, Johannes, Die Praxis der kritischen Theorie. Angewandte Sozialwissenschaft in der frühen Bundesrepublik 1950–1960, Diss. Universität Trier, 2012.
Pocock, Douglas/Roger Norris, A History of County Durham, Chichester 1990.
Podlech, Adalbert, Repräsentation, in: Otto Brunner/Werner Conze/Reinhart Koselleck (Hg.), Geschichtliche Grundbegriffe. Historisches Lexikon zur politisch-sozialen Sprache in Deutschland, Stuttgart 1984, S. 509-547.
Poser, Stefan, Museum der Gefahren, Münster i. Westf. 1998.
Poser, Stefan, Sozialmuseen, Technik und Gesellschaft. Zur gesellschaftlichen Bedeutung von Arbeitsschutz und Sicherheitstechnik am Beispiel von Gegenwartsmuseen um 1900, in: Technikgeschichte [TechnikG], 67 (2000), S. 205-224.

Anhang

Prager, Hans G., Abstich 11 Uhr. Männer zwischen Glut und Eisen. Das Buch vom Hüttenwerk, Stuttgart 1954.

Pretzel, Ulrike, Die Literaturform Reiseführer im 19. und 20. Jahrhundert. Untersuchung am Beispiel des Rheins, Frankfurt a. M. 1995.

Preusse, Joachim/Sarah Zielmann, Gesellschaftlicher Wandel, Mediengesellschaft und Wirtschaft. Die Kommunikationsaktivitäten bundesweit agierender Interessenverbände der Wirtschaft, in: Wolfgang Schroeder/Bernhard Wessels (Hg.), Arbeitgeber- und Wirtschaftsverbände in Deutschland. Ein Handbuch, Wiesbaden 2010, S. 298-313.

Priemel, Kim C., Gewerkschaftsmacht? Britische und westdeutsche Gewerkschaften im Strukturwandel, in: Thomas Raithel/Thomas Schlemmer (Hg.), Die Rückkehr der Arbeitslosigkeit. Die Bundesrepublik Deutschland im europäischen Kontext 1973 bis 1989, München 2009, S. 107-120.

Probst, Inga, Vakante Landschaft. Postindustrielle Geopoetik bei Kerstin Hensel, Wolfgang Hilbig und Volker Braun, Würzburg 2017.

Prott, Jürgen, Öffentlichkeit und Gewerkschaften. Theoretische Ansätze und empirische Erkenntnisse, Münster i. Westf. 2003.

Przigoda, Stefan, Bergbau – Film – Technik. Wirtschaftsfilm und Technikgeschichte am Beispiel der Überlieferung im Bergbau-Archiv Bochum, in: Vinzenz Hediger/Patrick Vonderau (Hg.), Filmische Mittel, industrielle Zwecke. Das Werk des Industriefilms, Berlin 2007, S. 308-319.

Przigoda, Stefan, Bergbaufilme. Inventar zur Überlieferung in Archiven, Museen und anderen Dokumentationsstellen in der Bundesrepublik Deutschland, Bochum 2005.

Przigoda, Stefan, »Kameradschaft« und Bergbauindustrie. Anmerkungen zur Entstehung und Rezeption des Filmes von G. W. Pabst, in: Michael Farrenkopf/Peter Friedemann (Hg.), Die Grubenkatastrophe von Courrières 1906. Aspekte transnationaler Geschichte, Bochum 2008, S. 174-188.

Purdue, A. W., The History of the North East in the Modern Period. Themes, Concerns and Debates since the 1960s, in: Northern History, 52 (2005), S. 107-117.

Rabinbach, Anson, The Aesthetics of Production in the Third Reich, London 1979.

Radkau, Joachim, Das Zeitalter der Nervosität. Deutschland zwischen Bismarck und Hitler, München/Wien 1998.

Radkau, Joachim, Technik in Deutschland: Vom 18. Jahrhundert bis heute, Frankfurt a. M. 1989.

Radkau, Joachim, Technik im Temporausch der Jahrhundertwende, in: Michael Salewski/Ilona Stölken-Fitschen (Hg.), Moderne Zeiten. Technik und Zeitgeist im 19. und 20. Jahrhundert, Stuttgart 1994, S. 61-76.

Rainhorn, Judith (Hg.), Santé et travail à la mine, XIXe–XXIe siècle, Lille 2014, S. 35-57.

Rasch, Manfred, Zur Geschichte der Ruhrstahl-Gruppe und ihrer Werke, in: Andreas Zilt (Bearb.), Findbuch zu den Beständen der Ruhrstahl-Gruppe, Duisburg 1998.

Raucher, Allan R., Public Relations and Business 1900–1929, Baltimore 1968.

Reichardt, Sven, Bourdieu für Historiker? Ein kultursoziologisches Angebot an die Sozialgeschichte, in: Thomas Mergel/Thomas Welskopp (Hg.), Geschichte zwischen Kultur und Gesellschaft. Beiträge zur Theoriedebatte, München 1997, S. 71-93.

Rieke-Müller, Annelore/Lothar Dittrich, Der Löwe brüllt nebenan. Die Gründung Zoologischer Gärten im deutschsprachigen Raum 1833–1869, Wien/Köln/Weimar 1998.

Riesche, H.-P., Unsere Tarifbewegung im Spiegel der Presse, in: Der Gewerkschafter [DG]. Monatsschrift für die Funktionäre der IG Metall, 11 (1963) 11, S. 422-24.

Requate, Jörg, Kennzeichen der deutschen Mediengesellschaft des 19. Jahrhunderts, in: ders., (Hg.), Das 19. Jahrhundert als Mediengesellschaft, München 2009, S. 30-42.

Röckner, Katja, Ausgestellte Arbeit. Industriemuseen und ihr Umgang mit dem wirtschaftlichen Strukturwandel, Stuttgart 2009.

Rödder, Andreas, Deutschland einig Vaterland. Die Geschichte der Wiedervereinigung, München 2009.

Röggla, Kathrin, Wir schlafen nicht, Frankfurt a. M. 2004.

Röhl, Katharina, Gesicht – Geschichte – Gegenwart. Das Porträtwerk August Sanders als Impuls für die ostdeutsche Fotografie, in: Fotogeschichte, 102 (2006) 26, S. 15-24.

Rok, Cora, Wi(e)der die Entfremdung? Arbeit und Leben in der Gegenwartsliteratur, in: Eva Holling/Matthias Naumann/Frank Schlöffel (Hg.), Nebulosa. Figuren des Sozialen, 06 (2014), S. 130-144.

Rötzer, Hans Gerd, Picaro – Landstörtzer – Simplicissimus. Studien zum niederen Roman in Spanien und Deutschland, Darmstadt 1972.

Literaturverzeichnis

Rohe, Karl, Regionalkultur, regionale Identität und Regionalismus im Ruhrgebiet. Empirische Sachverhalte und theoretische Überlegungen, in: Wolfgang Lipp (Hg.), Industriegesellschaft und Regionalkultur. Untersuchungen für Europa, Köln/Berlin/Bonn/München 1984, S. 123-153.

Rosa, Hartmut, Kritik der Zeitverhältnisse. Beschleunigung und Entfremdung als Schlüsselbegriffe einer erneuerten Sozialkritik, in: Rahel Jaeggi/Tilo Wesche (Hg.), Was ist Kritik?, Frankfurt a. M. 2009, S. 23-54.

Rosa, Hartmut, Beschleunigung und Entfremdung, Frankfurt a. M. 2013.

Rothöhler, Simon, Zum Sensory Ethnography Lab der Harvard University, in: Merkur, 67 (2013) 8, S. 722.

Rousseau, Jean-Jacques, Abhandlung über den Ursprung und die Grundlagen der Ungleichheit der Menschen, in: ders., Sozialphilosophische und politische Schriften, München 1981.

Rossmann, Andreas, Schrottplatz mit Aussicht, in: ders., Der Rauch verbindet die Städte nicht mehr. Ruhrgebiet: Orte, Bauten, Szenen, Köln 2012, S. 200-209.

Rucht, Dieter, Das intermediäre System politischer Interessenvermittlung, in: Otfried Jarren/Dominik Lachenmeier/Adrian Steiner (Hg.), Entgrenzte Demokratie? Herausforderungen für die politische Interessenvermittlung, Baden-Baden, 2007.

Rucht, Dieter, Öffentlichkeit als Mobilisierungsfaktor für soziale Bewegungen, in: Öffentlichkeit, öffentliche Meinung, soziale Bewegungen [= Sonderheft Kölner Zeitschrift für Soziologie und Sozialpsychologie], Wiesbaden, S. 337-58.

Ruhrstahl AG (Hg.), Ein Jahrhundert Henrichshütte Hattingen, 1854–1954, Darmstadt 1954.

Rüschemeyer, Dietrich, Bourgeoisie, Staat, und Bildungsbürgertum. Idealtypische Modelle für die vergleichende Erforschung von Bürgertum und Bürgerlichkeit, in: Jürgen Kocka (Hg.), Bürger und Bürgerlichkeit im 19. Jahrhundert, Göttingen 1987, S. 101-120, 288-315.

Rüthers, Monica/Alexandra Köhring (Hg.), Helden am Ende: Erschöpfungszustände in der Kunst des Sozialismus, Frankfurt a. M. 2014.

Sabrow, Martin, Zeitgeschichte schreiben in der Gegenwart, in: Merkur, 68 (2014) 2, S. 122-131.

Samuel, Raphael, Introduction, in: ders./Barbara Bloomfield/Guy Boanas (Hg.), The Enemy Within. Pit Villages and the Miners' Strike of 1984–85, London/New York 1986, S. 1-39.

Sander, Gunther (Hg.), August Sander, Leipzig 1982.

Sandkühler, Hans Jörg (Hg.), Repräsentation und Modell. Formen der Welterkenntnis. Eine Ringvorlesung, Bremen 1993.

Sarasin, Philipp/Jakob Tanner (Hg.), Physiologie und industrielle Gesellschaft. Studien zur Verwissenschaftlichung des Körpers im 19. und 20. Jahrhundert, Frankfurt a. M. 1998.

Schaede, Stephan, Stellvertretung, V. Ethisch, in: Hans Dieter Betz/Don S. Browning/Bernd Janowski/Eberhard Jüngel (Hg.), Religion in Geschichte und Gegenwart. Handwörterbuch für Theologie und Religionswissenschaft, 4. Aufl., Tübingen 2004, Sp. 1712 f.

Schäfer, Martin J., Die Gewalt der Muße. Wechselverhältnisse von Arbeit, Nichtarbeit, Ästhetik, Zürich/Berlin 2013.

Schatz, Heribert, Regieren in der Mediengesellschaft. Zur Medialisierung von Politik und Verwaltung in der Bundesrepublik Deutschland, in: Werner Jann/Klaus König (Hg.): Regieren zu Beginn des 21. Jahrhundert, Tübingen 2008, S. 127-173.

Scheufele, Bertram, Frames – Framing – Framing-Effekte. Theoretische und methodische Grundlegung des Framing-Ansatzes sowie empirische Befunde zur Nachrichtenproduktion, Wiesbaden 2003.

Schildt, Axel, Das Jahrhundert der Massenmedien. Ansichten zu einer künftigen Geschichte der Öffentlichkeit, in: Geschichte und Gesellschaft [GuG], 27 (2001) 2, S. 177-206.

Schlögel, Karl, Narrative der Gleichzeitigkeit oder die Grenzen der Erzählbarkeit von Geschichte, in: Merkur, 65 (2011) 7, S. 583-595.

Schmidt, Alexander, Reisen in die Moderne. Der Amerika-Diskurs des deutschen Bürgertums vor dem ersten Weltkrieg im europäischen Vergleich, Berlin 1997.

Schmidt, Gert, Arbeit und Gesellschaft, in: Fritz Böhle/G. Günter Voß/Günther Wachtler (Hg.), Handbuch Arbeitssoziologie, Wiesbaden 2010, S. 127-147.

Schmidt, Gustav, »Industrial Relations« und »Industrial Democracy«, in: Gustav Schmidt (Hg.), »Industrial Relations« und »Industrial Democracy« in Großbritannien, Bochum 1984, S. 7-31.

Schmidt-Rutsch, Olaf, Stahlzeit im Ruhrtal: Eine kurze Geschichte der Henrichshütte, in: ders. (Hg.), Meine Hütte. Die Henrichshütte Hattingen im Wandel vom Industriestandort zum Industriemuseum, Essen 2013, S. 8-16.

Schmidt-Rutsch, Olaf, Das Bessemerstahlwerk der Henrichshütte – Neue Erkenntnisse zu einem alten Gebäude, in: Forum Geschichtskultur Ruhr, 2 (2013), S. 35-37.

Anhang

Schneider, Manfred, Transparenztraum. Literatur, Politik, Medien und das Unmögliche, Berlin 2013.
Schöll, Norbert, Der pikarische Held. Wiederaufleben einer literarischen Tradition seit 1945, in: Thomas Koebner (Hg.), Tendenzen der deutschen Literatur seit 1945, Stuttgart 1971, S. 302-321.
Schönhoven, Klaus, Einleitung, in: Walter Dörrich/Klaus Schönhoven (Bearb.), Die Industriegewerkschaft Metall in der frühen Bundesrepublik [= Quellen zur Geschichte der Gewerkschaftsbewegung im 20. Jahrhundert, hg. v. Klaus Schönhoven/Hermann Weber, Bd. 10], Köln 1991, S. IX-LXIII.
Schönthaler, Philipp, Das Schiff das singend zieht auf seiner Bahn, Berlin 2013.
Schulz, Andreas, Lebenswelt und Kultur des Bürgertums im 19. und 20. Jahrhundert, München 2005.
Schulz, Wolfgang, Politische Kommunikation. Theoretische Ansätze und Ergebnisse empirischer Forschung, 2. vollst. überarb. u. erw. Aufl., Wiesbaden 2008.
Schürmann, Christian, Die Regulierung der Silikose im Ruhrkohlenbergbau bis 1952. Staat, Unternehmen und die Gesundheit der Arbeiter, Wiesbaden 2011.
Schwarz, Angela, ... absurd to make moan over the imagined humiliation and degradation. Exhibiting the Colonial Other at World's Fairs and the Institutionalization of Cruelty, in: Trutz von Trotha/Jakob Rösel (Hg.), On Cruelty. Sur la Cruauté. Über Grausamkeit, Köln 2011, S. 538-556.
Schwarz, Angela, Bilden, überzeugen, unterhalten. Wissenschaftspopularisierung und Wissenskultur im 19. Jahrhundert, in: Carsten Kretschmann (Hg.), Wissenspopularisierung. Konzepte der Wissensverbreitung im Wandel, Berlin 2003, S. 221-234.
Schwarz, Angela, Der Park in der Metropole. Urbanes Wachstum und städtische Parks im 19. Jahrhundert, Bielefeld 2005.
Schwarz, Angela, Der Schlüssel zur modernen Welt. Wissenschaftspopularisierung in Großbritannien und Deutschland im Übergang zur Moderne (ca. 1870–1914), Stuttgart 1999.
Schwarz, Angela, Die Reise ins Dritte Reich. Britische Augenzeugen im nationalsozialistischen Deutschland, Göttingen 1993.
Schwarz, Angela, The Regional and the Global. Folk Culture at World's Fairs and the Reinvention of the Nation, in: Timothy Baycroft/David Hopkins (Hg.), Folklore and Nationalism in Europe During the Long Nineteenth Century, Leiden/Boston 2012, S. 99-111.
Sennett, Richard, Der flexible Mensch. Die Kultur des neuen Kapitalismus, Berlin 1998.
Sennett, Richard, Handwerk, aus dem Amerikanischen von Michael Bischoff, 2. Aufl., Berlin 2010.
Shapiro, Ian/Susan C. Stokes/Elisabeth J. Wood/Alexander S. Kirshner (Hg.), Political Representation, Cambridge 2010.
Siebers, Winfried, Ungleiche Lehrfahrten. Kavaliere und Gelehrte, in: Hermann Bausinger/Klaus Beyrer/Gottfried Korff (Hg.), Reisekultur. Von der Pilgerfahrt zum modernen Tourismus, 2. Aufl., München 1999.
Siegrist, Hannes, Professionelle Autonomie in der modernen Gesellschaft, Wissenschaft und Kultur. Einführung, in: Dietmar Müller/Hannes Siegrist (Hg.), Professionen, Eigentum und Staat, Göttingen 2014, S. 15-38.
Slotta, Rainer, Denkmäler für verunglückte Bergleute im Ruhrgebiet, in: Forum Geschichtskultur Ruhr, 2 (2013), S. 25-28.
Slotta, Rainer, Der Bergbau als Thema der Kunst im 19. und 20. Jahrhundert, in: Klaus Tenfelde/Toni Pierenkemper (Hg.), Geschichte des deutschen Bergbaus, Bd. 3: Motor der Industrialisierung. Deutsche Bergbaugeschichte im 19. und 20. Jahrhundert, Münster i. Westf. 2016. S. 533-556.
Slotta, Rainer, Skulpturen von Bergleuten im Auftrag der Knappschaft: Arnold Frische – Rudolf Belling – Erich Schmidtbochum, in: Michael Fessner/Christoph Bartels/Rainer Slotta (Hg.), Auf breiten Schultern. 750 Jahre Knappschaft, Bochum 2010, S. 39-50.
Solomon-Godeau, Abigail, Wer spricht so? Einige Fragen zur Dokumentarfotografie, in: Herta Wolf (Hg.): Diskurse der Fotografie. Fotokritik am Ende des fotografischen Zeitalters, Frankfurt a. M. 2003, S. 53-74.
Sorg, Richard/Ulla Wittig-Goetz, Solidaritätsform Streikhochschule. Das Beispiel Frankfurt und Mainz/Wiesbaden, in: o. A., Arbeitskampf um Arbeitszeit. Perspektiven gewerkschaftlicher Zukunft in flexibler Arbeitswelt, Marburg 1985, S. 141-150.
Speth, Rudolph, Grenzen der politischen Kommunikation von Unternehmerverbänden, in: Wolfgang Schroeder/Bernhard Wessels (Hg.), Arbeitgeber- und Wirtschaftsverbände in Deutschland. Ein Handbuch, Wiesbaden 2010, S. 220-235.
Spode, Hasso, Der moderne Tourismus – Grundlinien seiner Entstehung und Entwicklung vom 18. bis zum 20. Jahrhundert, in: Dietrich Storbeck (Hg.), Moderner Tourismus. Tendenzen und Aussichten, Trier 1988, S. 59-60.

Literaturverzeichnis

Staab, Joachim F., Nachrichtenwert-Theorie. Formale Struktur und empirischer Gehalt, Freiburg i. Br./München 1990.

Stamp, Friedrich, Arbeiter in Bewegung. Die Geschichte der Metallgewerkschaften in Schleswig-Holstein, Malente 1997.

Stedman Jones, Gareth, Introduction, in: ders., (Hg.), Languages of Class. Studies in English Working Class History 1832–1982, Cambridge/London 1983, S. 1-24.

Steinaecker, Thomas von, Das Jahr in dem ich aufhörte mir Sorgen zu machen und anfing zu träumen, Frankfurt a. M. 2012.

Steinmetz, Willibald, New Perspectives on the Study of Language and Power in the Short Twentieth Century, in: Willibald Steinmetz (Hg.), Political Languages in the Age of Extremes, Oxford/New York 2011, S. 3-51.

Stollberg-Rilinger, Barbara, Repräsentation 2: Politische Aspekte, in: Friedrich Jaeger (Hg.), Enzyklopädie der Neuzeit, Bd. 11, Stuttgart 2010, Sp. 65-73.

Stremlow, Matthias, Postkarten aus dem »Dachgarten Europas«. Skizzen einer Geschichte touristischer Alpenbilder, in: Tourismus-Journal. Zeitschrift für tourismuswissenschaftliche Forschung und Praxis, 3 (1999), S. 255-274.

Strosetzki, Christoph, Miguel de Cervantes. Epoche – Werk – Wirkung, München 1991.

Sturm-Trigonakis, Elke, Pikareskes Arbeiten? Hari Kunzrus *Transmission* (2004) und Aravind Adigas *The White Tiger* (2008) als Narrative von globalisiertem »In-decent Work«, in: Torsten Erdbrügger/Ilse Nagelschmidt/ Inga Probst (Hg.), Omnia vincit labor? Narrative der Arbeit – Arbeitskulturen in medialer Reflexion, Berlin 2013, S. 339-356.

Suttner, Andreas, »Beton brennt«. Hausbesetzer und Selbstverwaltung im Berlin, Wien und Zürich der 80er, Wien/ Berlin/Münster i. Westf. 2011.

Süß, Dietmar/Winfried Süß, Zeitgeschichte der Arbeit: Probleme und Perspektiven, in: Knud Andresen/Jürgen Mittag/Ursula Bitzegeio (Hg.), »Nach dem Strukturbruch?« Kontinuität und Wandel von Arbeitsbeziehungen und Arbeitswelt(en) seit den 1970er-Jahren, Bonn 2011, S. 345-365.

Süß, Winfried, Umbau am »Modell Deutschland«. Sozialer Wandel, ökonomische Krise und wohlfahrtsstaatliche Reformpolitik »nach dem Boom«, in: Journal of Modern European History, 9 (2011) 2: European Responses to the Crisis of the 1970s and 1980s, S. 215-239.

te Heesen, Anke, Theorien des Museums zur Einführung, Hamburg 2012.

Tedlow, Richard S., Keeping the Corporate Image, Greenwich (Conn.) 1979.

Telesko, Werner, Das 19. Jahrhundert. Eine Epoche und ihre Medien, Wien 2010.

Tenfelde, Klaus, Raumbildung als ökonomischer, sozialer und mentaler Prozess, in: Mitteilungsblatt des Instituts für soziale Bewegungen, 39 (2008), S. 5-20.

Thiel, Sebastian, Call Center. Wer dranbleibt, hat verloren, Berlin 2012.

Thönnessen, Werner, Zur Öffentlichkeitsarbeit der Gewerkschaften, in: Gewerkschaftliche Monatshefte [GMH], 16 (1965) 6, S. 321-328.

Tomlinson, Jim, Economic »Decline« in Post-War Britain, in: Paul Addison/Harriet Jones (Hg.): A Companion to Contemporary Britain 1939–2000, Oxford 2005, S. 164-179.

Trischler, Helmuth, Partielle Modernisierung. Die betrieblichen Sozialbeziehungen im Ruhrbergbau zwischen Grubenmilitarismus und Human Relations, in: Matthias Frese/Michael Prinz (Hg.), Politische Zäsuren und gesellschaftlicher Wandel im 20. Jahrhundert. Regionale und vergleichende Perspektiven, Paderborn 1996, S. 145-171.

Tschirbs, Rudolf, Der 20. Juli 1944 in der deutschen Film- und Fernsehproduktion, in: Günter Brakelmann/Manfred Keller (Hg.), Der 20. Juli 1944 und das Erbe des deutschen Widerstands, Münster i. Westf. 2005, S. 201-238.

Tschirbs, Rudolf, Fromme Lügen – G. W. Pabsts »Kameradschaft« (1931) zwischen filmischer und historischer Wahrheit, in: Michael Farrenkopf/Peter Friedemann (Hg.), Die Grubenkatastrophe von Courrieres 1906. Aspekte transnationaler Geschichte, Bochum 2008.

Tschirbs, Rudolf, Kabalen und Nächstenliebe. Die rheinisch-westfälischen Bergwerksindustriellen und das Grubenunglück von Courriéres 1906, in: Zeitschrift für Unternehmensgeschichte [ZfU], 46 (2001), S. 77-94.

Tschopp, Silvia S./Wolfgang E. J. Webber, Grundfragen der Kulturgeschichte, Darmstadt 2007.

Türk, Klaus, Arbeiterskulpturen, Bd. 2: Die Sammlung Werner Bibl, Essen 2011.

Türk, Klaus, Arbeitsdiskurse in der bildenden Kunst, in: Sabine Maasen/Torsten Mayerhauser/Cornelia Renggli (Hg.), Bilder als Diskurse – Bilddiskurse, Weilerswist 2006, S. 142-180.

Türk, Klaus, Bilder der Arbeit. Eine ikonografische Anthologie, Wiesbaden 2000.

Türk, Klaus, Mensch und Arbeit. 400 Jahre Geschichte der Arbeit in der bildenden Kunst, Bonn 2003.

Uhl, Karsten, Humane Rationalisierung? Die Raumordnung der Fabrik im fordistischen Jahrhundert, Bielefeld 2014.

Ulitzka, Norbert Das Bergmannsheil als Forschungsstätte, in: Norbert Ulitzka (Hg.), Die Bergbau-Berufsgenossenschaft 1885–2009. Eine Sammlung von Beiträgen zur Geschichte der gesetzlichen Unfallversicherung für den Bergbau in Deutschland, Bochum 2009, S. 239-258.

Ullrich, Volker, Die nervöse Großmacht. Aufstieg und Untergang des deutschen Kaiserreichs 1871–1918, Frankfurt a. M. 1997.

Urry, John, The Tourist Gaze. Leisure and Travel in Contemporary Societies, London 1990.

Vaisse, Pierre, Das Porträt der Gesellschaft. Anonymität und Berühmtheit, in: Michel Frizot (Hg.), Neue Geschichte der Fotografie, Köln 1998, S. 510.

Vall, Natasha, Cultural Region North East England 1945–2000, Manchester/New York 2011.

van der Linden, Marcel, How Normal is the »Normal« Employment Relationship?, in: Jürgen Kocka/Claus Offe, Transnational Labour History. Explorations, Aldershot 2003, S. 197-203.

van der Pot, Johan H. J., Die Bewertung des technischen Fortschritts. Eine systematische Übersicht der Theorien, Bd. 1, Assen 1985.

Verwoert, Jan (Hg.), Die Ich-Ressource. Zur Kultur der Selbst-Verwertung, München 2003.

Vienne, Florence/Christina Brandt (Hg.), Wissensobjekt Mensch. Humanwissenschaftliche Praktiken im 20. Jahrhundert, Berlin 2008.

Vierhaus, Rudolf, Der Aufstieg des Bürgertums vom späten 18. Jahrhundert bis 1848/49, in: Jürgen Kocka (Hg.), Bürger und Bürgerlichkeit im 19. Jahrhundert, Göttingen 1987, S. 64-78.

Virzì, Paolo, Tutta la vita davanti, Medusa Film 2008.

Vollmer, Walter, Montanmitbestimmung und Unternehmenskultur während der Ruhrbergbaukrise 1958–1968, Essen 2013.

Vulner, Jo, Das Verhältnis von Gewerkschaften und Medien – Wie unterhaltsam dürfen Gewerkschaften sein?, in: Die Mitbestimmung, 47 (2001) 1-2, S. 12-19.

Wagner, Niels, Repräsentation/repräsentativ, in: Karlheinz Barck (†)/Martin Fontius/Friedrich Wolfzettel/Burkhart Steinwachs (Hg.), Ästhetische Grundbegriffe. Ein Historisches Wörterbuch in sieben Bänden, Bd. 5, Stuttgart/Weimar 2003, S. 264-290.

Weber, Hermann, Die DDR 1945–1990, München 2006.

Weber, Jürgen, Interessengruppen im Politischen System der Bundesrepublik Deutschland, München 1976.

Weber, Max, Die protestantische Ethik und der »Geist« des Kapitalismus. Textausgabe auf der Grundlage der ersten Fassung von 1904/05 mit einem Verzeichnis der wichtigsten Zusätze und Veränderungen aus der zweiten Fassung von 1920, hg. u. eingel. v. Klaus Lichtblau/Johannes Weiß, 3. Aufl., Weinheim 2000, S. 53-156.

Weber, Wolfgang, Technikentwicklung und Technikkonsum – ein gesellschaftlicher Grundkonsens, in: Wolfgang König (Hg.), Propyläen Technikgeschichte, Bd. 1840–1914: Netzwerke. Stahl und Strom, Berlin 1990, S. 536-552.

Wehler, Hans-Ulrich, Deutsche Gesellschaftsgeschichte, Bd. 3: Von der »Deutschen Doppelrevolution« bis zum Beginn des Ersten Weltkrieges 1849–1914, München 1995.

Wehler, Hans-Ulrich, Deutsche Gesellschaftsgeschichte, Bd. 5: Bundesrepublik und DDR 1949–1990, München 2008.

Wehler, Hans-Ulrich, Die neue Umverteilung. Soziale Ungleichheit in Deutschland, München 2013.

Weinhauer, Klaus, Konflikte am Arbeitsplatz und im Quartier. Perspektiven einer sozialgeschichtlichen Erforschung von Arbeitskämpfen und Konsumentenprotesten im 20. Jahrhundert, Archiv für Sozialgeschichte [AfS], 38 (1998), S. 337-356.

Weisbrod, Bernd, Arbeitgeberpolitik und Arbeitsbeziehungen im Ruhrbergbau. Vom »Herr-im-Haus« zur Mitbestimmung, in: Gerald D. Feldman/Klaus Tenfelde (Hg.), Arbeiter, Unternehmer und Staat im Bergbau. Industrielle Beziehungen im internationalen Vergleich, München 1989, S. 107-162.

Wessels, Bernhard, Gewerkschaften in der Mediengesellschaft, in: Wolfgang Schröder/Bernhard Wessels (Hg.), Die Gewerkschaften in Politik und Gesellschaft der Bundesrepublik Deutschland. Ein Handbuch, Wiesbaden 2003, S. 322-41.

Wessely, Christina, Künstliche Tiere. Zoologische Gärten und urbane Moderne, Berlin 2008.

Wietschorke, Jens, Entdeckungsreisen in die Fabrik. Bürgerliche Feldforschungen 1890–1930, in: Zeitschrift für Volkskunde [ZfVk], 104 (2008), S. 41-71.

Wild, Ilse, Der Nystagmus der Bergleute. Eine Untersuchung der Berufskrankheit vom ersten Auftreten 1860 bis zu ihrem Erlöschen im europäischen Steinkohlebergbau, Bochum 1992.

Wildmann, Daniel, Begehrte Körper. Konstruktion und Inszenierung des »arischen Männerkörpers« im »Dritten Reich«, Würzburg 1998.
Wilkinson, Margaret, Welfare State, in: John Cannon (Hg.), The Oxford Companion to British History, Oxford/New York 2002.
Winterton, Jonathan/Ruth Winterton, Coal, Crisis and Conflict. The 1984–85 Miners' Strike in Yorkshire, Manchester/New York 1989, S. 248-256.
Wirsching, Andreas, Konsum statt Arbeit? Zum Wandel von Individualität in der modernen Massengesellschaft, Vierteljahreshefte für Zeitgeschichte [VfZG], 57 (2009) 2, 171-199.
Wörner, Martin, Vergnügung und Belehrung. Volkskultur auf den Weltausstellungen 1851–1900, Münster i. Westf./Tübingen 1999, S. 3-6.
Wolbring, Barbara, »Auch ich in Arkadien!«. Die bürgerliche Kunst- und Bildungsreise im 19. Jahrhundert, in: Dieter Hein/Andreas Schulz (Hg.), Bürgerkultur im 19. Jahrhundert, München 1996, S. 82-101.
Wolbring, Barbara, Krupp und die Öffentlichkeit im 19. Jahrhundert. Selbstdarstellung, öffentliche Wahrnehmung und gesellschaftliche Kommunikation, München 2000.
Wolfrum, Edgar, Die geglückte Demokratie. Geschichte der Bundesrepublik Deutschland von ihren Anfängen bis zur Gegenwart, Stuttgart 2006.
Wood, Gerald, Die Umstrukturierung Nordost-Englands. Wirtschaftlicher Wandel, Alltag und Politik in einer Altindustrieregion (= Duisburger Geographische Arbeiten, 13), Dortmund 1994.
Wrigley, Chris, British Trade Unions since 1933, Cambridge 2002.
Wyss, Beat, Bilder von der Globalisierung. Die Weltausstellung von Paris 1889, Berlin 2010.
Zache, Dirk, in: LWL-Industriemuseum (Hg.), Wanderarbeit. Mensch – Mobilität – Migration, Historische und moderne Arbeitswelten, Essen 2013.
Zahl, Peter-Paul, Die Glücklichen. Schelmenroman [¹1979], München 2001.
Zedelmaier, Helmut, Die ungeheure Neugierde der Zivilisierten. Zehn Feuerländer in München 1881/1882, in: ders./Anne Dreesbach (Hg.), »Gleich hinterm Hofbräuhaus waschechte Amazonen«. Exotik in München um 1900, München/Hamburg 2003, S. 53-77.
Zeiss, Erich, Das Augenzittern der Bergleute. Vergleichende Untertageuntersuchungen im Ruhrgebiet, in Ober- und Niederschlesien, Leipzig 1936.
Zelter, Joachim, Schule der Arbeitslosen, Tübingen 2006.
Zimmermann, Harro, Irrenanstalten, Zuchthäuser und Gefängnisse, in: Hermann Bausinger/Klaus Beyrer/Gottfried Korff (Hg.), Reisekultur. Von der Pilgerfahrt zum modernen Tourismus, 2. Aufl., München 1999, S. 207-213.
Zipfel, Astrid, Public Relations in der Elektroindustrie. Die Firmen Siemens und AEG 1847 bis 1939, Köln 1997.

Autorinnen und Autoren

Knud Andresen, PD Dr., wissenschaftlicher Mitarbeiter an der Forschungsstelle für Zeitgeschichte in Hamburg und Privatdozent an der Universität Hamburg.

Lars Bluma, Dr., Leiter des Forschungsbereichs Bergbaugeschichte am Deutschen Bergbau-Museum Bochum und Lehrbeauftragter am Historischen Institut der Ruhr-Universität Bochum.

Torsten Erdbrügger, M. A., Doktorand und wissenschaftlicher Mitarbeiter am Zentrum für Frauen- und Geschlechterforschung der Universität Leipzig.

Jana Hawig, M. A., Kuratorin in der DASA Arbeitswelt Ausstellung in Dortmund und Promovendin im Fach Museumswissenschaft/Museum Studies an der Julius-Maximilians-Universität Würzburg.

Arne Hordt, Dr., Arne Hordt hat in Tübingen in Neuerer und Neuester Geschichte promoviert. Er arbeitet als Referent in der Verwaltung des Landes Nordrhein-Westfalen in Düsseldorf.

Agneta Jilek, Dr., Alumni-Koordinatorin an der Universität Leipzig.

Sigrid Koch-Baumgarten, Prof. Dr., Professorin für Politikwissenschaft (Politik, Geschichte und Ökonomie der Bundesrepublik Deutschland) an der Philipps-Universität Marburg.

Sabine Kritter, Dipl.-Pol., Promovendin an der Ruhr-Universität Bochum und Stipendiatin der Hans-Böckler-Stiftung.

Michaela Kuhnhenne, Dr., Referatsleiterin Bildung in der und für die Arbeitswelt/ Geschichte der Gewerkschaften bei der Hans-Böckler-Stiftung Düsseldorf.

Jürgen Mittag, Prof. Dr., Jean-Monnet-Professor und Leiter des Instituts für Europäische Sportentwicklung und Freizeitforschung der Deutschen Sporthochschule Köln.

Stefan Moitra, Dr., wissenschaftlicher Mitarbeiter im Deutschen Bergbaumuseum Bochum und Leiter des Kooperationsprojekts »Digitaler Gedächtnisspeicher – Menschen im Bergbau«.

Stefan Müller, PD Dr., Referent im Archiv der sozialen Demokratie der Friedrich-Ebert-Stiftung und Privatdozent an der Universität Duisburg-Essen.

Daniela Mysliwietz-Fleiß, Dr., wissenschaftliche Mitarbeiterin am Lehrstuhl für Neuere und Neueste Geschichte der Universität Siegen.

Inga Probst, Dr., DAAD-Lektorin für DaF/Landeskunde und germanistische Literatur- und Kulturwissenschaft an der Latvijas Universitāte in Riga (Lettland).

Cora Rok, M. A., wissenschaftliche Mitarbeiterin in der Abteilung für Romanistik an der Rheinischen Friedrich-Wilhelms-Universität Bonn.

Olaf Schmidt-Rutsch, Dr., wissenschaftlicher Referent im LWL-Industriemuseum Dortmund für den Bereich Eisen- und Stahlindustrie und das Erinnerungsarchiv Industriearbeit.

Rudolf Tschirbs, Dr., Studiendirektor a. D., Historiker.

Nach dem Strukturbruch?

Der Band behandelt die Veränderungen der Arbeitsbeziehungen und Arbeitswelt in den letzten vier Jahrzehnten. Er geht von der bekannten These aus, dass in den frühen 1970er-Jahren ein tiefgreifender gesellschafts- und sozialpolitischer »Strukturbruch« stattgefunden hat.

Welche Zäsuren zeichnen das späte 20. Jahrhundert aus? Gab es einen »Strukturbruch« als einen »sozialen Wandel von revolutionärer Qualität«? Anhand so wichtiger Themen wie der digitalen Revolution, Arbeit im Betrieb, Gewerkschaften und Rationalisierung, Mitbestimmung oder Tarifautonomie wird dieser Wandel erkundet.

Mit Beiträgen von: Ingrid Artus, Thilo Fehmel, David Furch, Anselm Doering-Manteuffel, Rüdiger Hachtmann, Jan-Otmar Hesse, Viktoria Kalass, Monika Matthes, Stephan Meise, Lutz Rafael, Andrea Rehling, Anne Seibring, Dietmar Süß, Winfried Süß, Christian Testorf und Nina Weimann-Sandig

Knud Andresen • Ursula Bitzegeio
Jürgen Mittag (Hg.)
NACH DEM STRUKTURBRUCH?
Kontinuität und Wandel von Arbeitsbeziehungen und Arbeitswelt(en) seit den 1970er-Jahren

Reihe Politik- und Gesellschaftsgeschichte, Bd. 89

400 Seiten, Hardcover
46,00 Euro
erschienen im Juni 2011
ISBN 978-3-8012-4202-2

Verlag J.H.W. Dietz Nachf. – www.dietz-verlag.de

Arbeitswelten im 20. Jahrhundert

Der Betrieb ist im 20. Jahrhundert ein Ort, an dem soziale und politische Veränderungen auf kleinstem Raum sichtbar werden. Die damit verbundenen innerbetrieblichen Konflikte hatten erhebliche Auswirkung auf die Handlungsfelder und Aktivitäten von Gewerkschaften. Die Gewerkschaftsgeschichte braucht deshalb einen Methodenpluralismus, der verschiedene Aspekte berücksichtigt: die gewerkschaftliche Organisation vor Ort, die praktische Arbeit der Akteure und gesellschaftliche, wissenschaftliche und kulturelle Diskurse im Betrieb.

Diese Studien untersuchen das Handeln von Arbeitenden ebenso wie Betriebsdiskurse und verknüpfen dies mit Feldanalysen zu mikropolitischen Auseinandersetzungen in Unternehmen. Im Ergebnis liefern sie neue Erkenntnisse zu Arbeitswelten, der Sozialordnung des Betriebs, dem Wertewandel und ›wilden Streiks‹.

Der Band ist aus der 3. Jahrestagung des Netzwerkprojekts der Friedrich-Ebert-Stiftung und der Hans-Böckler-Stiftung »Jüngere und jüngste Gewerkschaftsgeschichte« hervorgegangen.

Knud Andresen • Michaela Kuhnhenne
Jürgen Mittag • Johannes Platz (Hg.)
DER BETRIEB ALS SOZIALER UND POLITISCHER ORT
Studien zu Praktiken und Diskursen in den Arbeitswelten des 20. Jahrhunderts

Reihe Politik- und Gesellschaftsgeschichte, Bd. 98

320 Seiten
Broschur
38,00 Euro
erschienen im März 2015
ISBN 978-3-8012-4226-8

Verlag J.H.W. Dietz Nachf. – **www.dietz-verlag.de**